제국은

어떻게

움직이는가?

EMPIRE WITH IMPERIALISM :
The Globalizing Dynamics of Neo-liberal Capitalism
by James Petras and Henry Veltmeyer

Copyright ⓒ 2005 by James Petras and Henry Veltmeyer

This Korean edition was published by Galmuri Publishing Co. in 2010 by arrangement with Fernwood Publishing Co. Ltd. through KCC(Korea Copyright Center Inc.), Seoul.

이 책은 (주)한국저작권센터(KCC)를 통한 저작권자와의 독점계약으로 갈무리에서 출간되었습니다. 저작권법에 의해 한국 내에서 보호를 받는 저작물이므로 무단전재와 복제를 금합니다.

 카이로스총서17

제국은 어떻게 움직이는가?

Empire with Imperialism : The Globalizing Dynamics of Neo-liberal Capitalism

지은이 제임스 페트라스 · 헨리 벨트마이어 · 루치아노 바사폴로 · 마우로 까사디오
옮긴이 황성원 · 윤영광

펴낸이 조정환, 장민성
책임운영 신은주 편집부 김정연 마케팅 정성용 프리뷰 오정민

펴낸곳 도서출판 갈무리 등록일 1994. 3. 3. 등록번호 제17-0161호
초판인쇄 2010년 3월 23일 초판발행 2010년 3월 30일

주소 서울 마포구 서교동 375-13호 성지빌딩 302호 전화 02-325-1485 팩스 02-325-1407
website http://galmuri.co.kr e-mail galmuri@galmuri.co.kr
ISBN 978-89-6195-024-4 94340 / 978-89-86114-63-8(세트)

도서분류 1. 사회과학 2. 정치학 3. 사회학 4. 경제학 5. 역사학 6. 외교학 7. 국제관계 8. 사회사상

값 19,000원

이 도서의 국립중앙도서관 출판시도서목록(CIP)은 e-CIP홈페이지(http://www.nl.go.kr/ecip)에서 이용하실 수 있습니다. (CIP제어번호 : CIP2010001035).

Empire with Imperialism
The Globalizing Dynamics of Neo-liberal Capitalism
신자유주의적 자본주의의 세계화 동력학

제임스 페트라스
헨리 벨트마이어
루치아노 바사폴로
마우로 까사디오
지음

황성원 · 윤영광 옮김

제국은 어떻게 움직이는가?

| 옮긴이 일러두기 |

1. 이 책은 James Petras, Henry Veltmeyer, Luciano Vasapollo and Mauro Casadio, *Empire with Imperialism*, Fernwood Publishing, Zed Books, 2005를 완역한 것이다.
2. 저자의 주가 아닌 역주의 경우, [옮긴이]로 별도 표시하였다. 본문에 들어있는 [ ]안의 내용은 별도의 표시가 없는 경우 옮긴이가 읽는 이의 이해를 돕기 위해 덧붙인 것이다.
3. 외국인명과 지명은 원어발음에 가깝게 표기하는 것을 원칙으로 하였으나, 특정의 표기가 관행으로 굳어진 경우는 관행에 따랐다.
4. 단행본, 전집, 정기간행물에는 겹낫표(『 』)를, 논문, 논설, 기고문, 단편 등에는 홑낫표(「 」)를, 단체명, 행사명, 영상, 전시, 공연물, 법률에는 가랑이표(〈 〉)를 사용하였다.

감사의 말

우리는 펀우드 출판사Fernwood Publishing가 원고를 정리(더글라스 빌 Douglas Beall, 브렌다 콘로이Brenda Conroy)하고 제작(비버리 라쉬Beverley Rach)하는 등 훌륭한 작업을 해준 것에 대해 감사를 표하고 싶다. 또한 에롤 샤프Errol Sharpe는 시작부터 이 일을 꾸준히 후원해 주었다.

우리는 또한 마크 루쉬톤Mark Rushton이 색인을 만들어주고 이 책의 표지 디자인을 하면서 이 책에 기여해 준 점에 대해 크게 감사한다. 마크의 무수한 기술과 뛰어난 판단은 우리의 뜻을 전적으로 따라 주었고, 이 점에 대해 우리는 깊은 감사를 표하고 싶다.

그리고 물론 우리 생의 반려자인 로빈 이스트맨 아바야Robin Eastman Abaya와 아넷 라이트Annette Wright의 무조건적인 후원에 감사를 표하지 않으면 안 될 것이다. 게다가 로빈은 제임스 페트라스가 이 책을 위해 작성한 모든 원고를 워드프로세서로 작업하여 편집해 주었다. 정말 고맙다.

차례

감사의 말
서문 : 미국의 지위

1장 제국주의의 향기 019
제국은 제국주의와 공존하는가? | 비장소(Non-place)로서의 제국 | 미제국주의 |
(과학적/기술적) 성공의 달콤한 향기? | 신제국주의 : "제국"의 대안 | 하위주체의 제국? | 결론

2장 제국적 권력의 경제적 기초 053
제국의 경제학 | 제국적 중심들 간의 관계 | 결론

3장 제국적 국가 071
국민국가가 없는 상상의 세계 | 국가의 중심성 | 제국적 국가의 정치력과 군사력의 확장 |
국가와 대중매체 | 투쟁 지역으로서의 재식민화된 국가 |
국가는 왜 중심적 역할을 수행하는가 | 결론

4장 제국의 전리품 — 라틴아메리카에서의 미국 102
라틴아메리카라는 "주변부"에서 : 제국적 국가와 종속국가 간의 관계 |
제국의 전리품들 : 상어 사육 | 제국적 통치의 기술 | 제국의 새로운 방향들/지침들

5장 공화국 미국과 제국의 영향력 135
미제국의 경제 구조 | 군사주의와 경제적 제국 | 공화국의 몰락 | 제국 전쟁과 공화국 |
제국간 갈등 | 빵이 없는 서커스

6장 제국 건설과 제국적 통치의 역학관계 168
미제국의 계급과 국가 | 제국주의 간 갈등과 국가 및 계급 갈등 |
제국 건설 : 관찰자의 눈에 비친 전능함 | 제국의 미래?

7장 반제국주의 정치(학)의 계급 역학 195
반제국주의 운동 | 반제국주의 운동의 출현을 위한 조건 | 역사적 관점에서의 반제국주의 운동 |
미국에서의 반제국주의 | 제국주의와 계급구조 | 몇몇 해결되지 않은 이론적 문제들 |
반제국주의적 운동과 정권들 | 근대 반제국주의 운동들의 전술과 전략 | 반제국주의 운동에 대한 성찰

8장 제국주의 간 경쟁의 동학 236

자본주의 간 경쟁의 동학 | 경제생산성과 복지국가 |
유럽연합의 정치 동학 : 복지국가에 대한 공격과 진보정치의 침식 | 유로화와 달러에 무슨 일이? |
기술 경쟁 : 양날의 칼 | 유럽은 성장하고 있는 위협인가 아니면 뒤처지고 있는가? 생산성의 문제 |
에너지 자원과 지정학적 통제 : 제국주의 간 전쟁의 근거가 될 수 있는 것들 |
중앙아시아에서의 경쟁과 각축 | 탈레반 및 사우디아라비아와의 동맹

9장 제국 안의 러시아와 중국 — 궁지에 몰린 서구의 제국주의 295

제국주의의 눈에 비친 러시아 : 전략적 고려들 | 미국의 중국 증후군

10장 지역개발로서의 제국주의 321

1940년대와 1950년대의 원조 : 공산주의의 유혹과 싸우기 |
1960년대와 1970년대의 원조 : 개혁이냐 혁명이냐? | 이행기 체제에서의 대외원조 : 1973~1983 |
세계화 시대의 원조 : 1980년대와 1990년대 | 세계화 시대의 대안적 개발과 제국주의 : 1983~2003 |
퇴행의 촉매제로서의 대외원조 | 결론

11장 전쟁으로서의 제국주의 — 네오콘이 행동을 취하다 338

네오콘과 미국의 전 지구적 제국 | 부시 독트린 : 거침없는 제국 건설 |
중동과 제국주의적 전쟁의 지정학 | 미제국주의의 희생양 이라크 |
이라크의 의미와 용도 : 군사력, 석유 그리고 기업 이익의 확보 | 결론

12장 제국과 제국주의에 관한 숙고 371

하트와 네그리 : 현실을 찾고 있는 이론 | 제국은 어떻게 작동하는가 : 다궤도 전략 |
2003~2004 : 진단, 예측 그리고 사후 검토 | 제국적 전쟁, 경제위기 그리고 대중봉기

옮긴이 후기 395
참고문헌 397
찾아보기 405

:: 약어표

ACP : 아프리카, 카리브해, 태평양 지역 (African, Caribbean and Pacific Group of States).

AIM : 반제국주의 운동 (Anti-Imperialist Movement).

ALCA/FTAA : 미주자유무역지대 (Area de Libre Comercio de las Américas / Free Trade of the Americas).

APEC : 아시아-태평양 경제협력체 (Asia-Pacific Economic Cooperation).

ASEAN : 동남아시아 국가연합 (Association of South East Asian Nations).

CIA : 미국 중앙정보국 (Central Intelligence Agency).

CEO : 최고경영자 (Chief Executive Officer).

CEPAL/ECLAC : 라틴아메리카 카리브해 경제위원회 (Comisión Económica para América Latina y el Caribe / Economic Commission for Latin America and the Caribbean).

EC : 유럽위원회 (European Commission).

ELN : 콜롬비아 민족해방군 (Ejército de Liberación Nacional).

FARC-EP : 콜롬비아 무장혁명군 (Fuerzas Armadas Revolucionarias de Colombia - Ejército del Pueblo).

G8 : 주요 8개국 정상회담 (Group of Eight).

GATT : 관세 및 무역에 관한 일반 협정 (General Agreement on Tariffs and Trade).

GDP : 국내 총 생산 (Gross Domestic Product).

GNP : 국민 총 생산 (Gross National Product).

GPS : 위성 위치추적 시스템 (Global Positioning System).

FDI : 해외직접투자 (Foreign Direct Investment).

FMLN : 파라분도 마르띠 민족 해방 전선 (Farabundo Marti National Liberation).

FRB : 연방준비은행 (Federal Reserve Bank).

IAEA : 국제원자력기구 (International Atomic Energy Association).

IMF : 국제통화기금 (International Monetary Fund).

LAFTA : 라틴아메리카 자유무역지대 (Latin American Free Trade Association).

MST : 무토지 농업노동자 운동 (Movimento sin Terra).

NAFTA : 북미자유무역지대 (North American Free Trade Agreement).

NATO : 북대서양조약기구 (North Atlantic Treaty Organization).

NGO : 비정부기구 (Non-Governmental Organization).

ODA : 공적개발원조 (Official development assistance).

OECD : 경제협력개발기구 (Organisation for Economic Co-operation and Development).

OPEC : 석유수출국기구 (Organization of Petroleum Exporting Countries).

PNAC : 새로운 미국의 세기를 위한 프로젝트 (Project for the New American Century).

SAP : 구조조정 프로그램 (Structural Adjustment Program).

TRIPS : 무역 관련 지적재산권 협정 (The Agreement on Trade Related Aspects of Intellectual Property Rights).

UBINIG : 개발대안을 위한 정책연구 (Unnayan Bikalper Nitinirdharoni Gobeshona / Policy Research for Development Alternatives).

UNCTAD : 유엔무역개발회의 (United Nations Conference on Trade and Development).

UNDP : 유엔개발계획 (United Nations Development Programme).

USAID : 미국 국제개발처 (United States Agency for International Development).

WTO : 세계무역기구 (World Trade Organization).

서문: 미국의 지위

조지 W. 부시의 2004년 "새해 국정 연설"State of the Union은 사람들이 주장하는 것처럼 "미국"을 찬미하는 내용이 아니었다. 그것은 해외의 제국주의와 — 우크라이나가 정치적 위기를 겪고 있는 상황에서[1] 푸틴 대통령은 이를 두고 "미국이 국제사事에 대해 국제적 독재 정권을 세우려 하고 있다"고 묘사했다 — 국내의 준파시즘quasi-fascism 에 대한 것이었다. 그것은 제3세계의 파탄국가failed state 혹은 깡패국가rogue state (아프가니스탄과 이라크)에 대한 정복을 찬미하는 연설이었고, 정치적 갈취 수단으로서 무력을 칭송한 것이었으며(리비아), 중동 전역에 새로운 제국적 짐을 지우겠다는 선언이었다. 그 연설은 부시 정권 정책의 가장 퇴행적인 요소

---

1. [옮긴이] 우크라이나에서는 2004년 대선을 앞두고 정당별 합종연횡이 일어났다. 하지만 무엇보다 선거가 치러진 이후 선거결과에 불만을 품은 시민들이 다양한 형태의 불복종운동을 펼쳐 결국 2006년 선거결과가 무효화되는 상황에 이르렀는데, 이 전반적인 과정은 우크라이나 시민운동의 성숙으로 평가되기도 하지만, 다른 한 편 미국 국무부 등을 비롯한 외세의 개입이 적지 않았음을 지적하는 시각도 있다.

들— 일방적인 무력 사용, 예방 전쟁, 적국과 동맹국들의 국가 주권에 대해 최고의 지위를 갖는 미국의 제국적 명령 등— 을 되풀이한 것이었다. 의회를 가득 채우고 있는 아첨꾼들과 일당들의 지지를 받으며, 미국의 제국적 정복을 칭송하며 미소 짓는 대통령은 일종의 "뉘른베르크 축소판"Nuremberg lite 2이었다. 제국 대통령의 완성에 힘을 실어주기 위해 연출된 시나리오였던 것이다.

제국의 황제 부시는 제국의 정복을 옹호하고 새로운 군비 지출을 계획할 때조차 제국적 의도가 없다고 주장했다. 그의 연설은 "승리주의"와 허위를 넘어선 것이었다. 그것은 "선택받은 사람들"의 미국이 그 적들을 절멸시키고 꺼림칙해 하는 동맹국들을 강제로 계몽하게 될, 거룩한 우주의 중심에 미국이 위치하는 기상천외한 전망에 근거한 것이었다.

부시는 천년왕국의 신봉자로서, 머리에 기름을 부어 성직에 임명된 신의 사도로서, 정의의 칼(혹은 집속탄)을 가지고 악마들("테러리스트들")을 처단하겠다며 연설을 했다. 하지만 승리주의와 찬양 사이에서 황제는 적들의 폭력에 대한 공포심을 유포하여 제국주의적 사명을 정당화하고자 했다. 이 사명은 과대망상을 통해 보완된다. 즉, "테러리즘"이 몸을 숨기고 변장한 채로 도처에 널려 있고, 언제든지 사악한 힘이 9/11을 재현할 수 있다는 과대망상 말이다.

승리주의라는 제국적 이데올로기는 영원한 취약성과 나란히 놓이게 되었다. 공포를 느끼면서도 [제국을] 찬미하게 된 것이다. 하지만 "2004년 국정 연설"의 비논리적이고 모순적이며 위선적인 본질은 중요하지 않다. 우리는 다양한 변장을 한 이데올로기, 그중에서도 특히 스마트 폭탄과

---

2. [옮긴이] 나치의 본거지가 뉘른베르크였던 점을 가지고 비꼬는 말.

미사일처럼 세계 지배를 염원하는 제국적 힘의 군사적 도구를 가지고 만들어 내는 자유와 평화라는 담론처럼 빤히 들여다보이는 이데올로기와는 너무나도 친숙하다. 중요한 것은 권력이다. 승리주의적 수사는 사악한 식민전쟁을 지속하기 위한 국내 자원(부풀려진 군사 예산과 군인들)을 모으는 데 사용되었고, 과대망상은 반전운동을 억압하고 침묵시키며 위축시키기 위한 목적으로 자유를 제한하는 독재 권력(〈애국자법〉USA Patriot Act 3을 통해)의 집결을 정당화하는 데 사용되었다. (〈애국자법 2세〉Patriot II의 501항에 따르면, [불법적인 행위에4 연루된 미국 시민은 변호사, 언론 혹은 가족들과 만나거나 이들에게 알리지도 못한 채로 도로나 집에서 연행되어 비밀 군사 법정으로 끌려갈 수 있다. 수사관이 "그 행동을 가지고 그 시민의 수상쩍은 의도를 추정하기만 하면" 이 연행은 정당한 것으로 인정될 수 있다.)

세상에 실재하는 그 무엇도 세계 제국의 이 영광스런 전망을 구축하는 데 간섭할 수 없었다. [전쟁터에서] 살해당한 수백 명의 미국 장병들과, 불구가 되거나 팔다리가 절단된 수천 명의 군인들, 자살을 하거나 정신

---

3. [옮긴이] 정식 명칭은 〈테러대책법〉(Anti-terrorism legislation)이다. 2001년 10월 26일, 대통령 부시가 서명함으로써 성립되었다. 〈케이블 텔레비전·프라이버시 법〉 및 〈합중국 법전 제 18편 제 2703조〉를 수정하여 수사 당국에 의한 도청의 권한을 대폭 확대하는 등 당국에 유례없는 강력한 권한을 부여하고 있다. 이 법이 성립되기 전 연방법에서는 '케이블 사업자는 어떠한 계약자에 대해서도 개인을 특정할 수 있는 정보를 제공해서는 안 된다'고 규정하고 있었다. 그러나 이 규정이 수정 후에는 '케이블 사업자는 정부 관계자에 대해서는 …… 그런 정보를 제공할 수 있다'로 바뀌었다. 더 나아가, 수사당국에 의한 IP주소의 입수도 인정하고 있으며, 또한 정부는 ISP로부터 로그 정보를 입수하기 위한 영장도 얻을 수 있게 되었다. 이 법은 테러리즘과의 전쟁이라는 대의명분하에서 미국 국민의 기본적 법적 권리의 일부에 변화를 가져온 것이다.(네이버 백과사전 - 두산 백과사전, 2010년 2월 13일 검색)
4. [옮긴이] 원문에는 lawful activity라고 되어 있으나 문맥상 unlawful activity의 오기인 것으로 추정.

적으로 불안한 상태에 놓인 수천 명의 사람들에 대한 언급은 전혀 없었다. 부시는 미국의 사망자들에 대해 전혀 언급하지 않았다. 이는 이런 사실들을 언급하는 것이 제국을 칭송하려는 그 목적에 부합하지 않는다는 단순한 이유 때문이 아니었다. 이에 대한 언급은 미국 군인들이 취약하며(따라서 신의 선택을 받아 보호받는 "슈퍼맨들"이 아니며), 식민화된 사람들이 "무적의 군사 기계"에 효과적으로 저항하고 있었다는 것을 밝히는 꼴이 되기 때문이었다.

부시와 그 내부 측근들은 [전쟁에 대한] 열기가 좀 가시고 나면 이라크인들의 저항이 승리하고 미국인 사상자가 발생할 때마다 선거에서 부시의 지지도가 떨어지고 럼스펠드의 "권력에의 의지"가 훼손된다는 것을 너무나도 잘 알고 있다. 이라크에서 패배하게 되면 중동에서 무제한적인 전쟁을 벌이고 있는 펜타곤 - 시온주의자 - 군사주의자들의 전망이 조롱당하게 된다. 연속적으로 이어지는 군사적 정복(이라크에 이어, 시리아, 이란 및 다른 나라들)에 대한 군사주의적이고 시온주의적인 천년왕국의 미래상은 바그다드 외곽의 전투와 바스라Basra의 수십만 명의 시위대, 그리고 도처에 심어 놓은 지뢰들 때문에 산산이 부서져 버렸다.

이라크의 저항은 펜타곤의 아랍 혐오자들과 이스라엘에 있는 그 동료들이 만들어 놓은 인종주의적 이미지가 거짓임을 밝혀 왔다. 아랍인들은 미국의 군사력에 위협당하지 않으며, 저항을 조직하는 데 무능하지도 않다. 군대에서 물러나는 것은 수백 명의 미국 군인들이며, 사기가 저하된 미군으로 들어와 달라며 중앙아메리카 출신의 용병들에게 필사적으로 간청하고 있는 것은 바로 미국 정부다.

"제국의 지위"State of the Empire에 대한 부시의 보고는 필연적으로 그 체제의 사회 및 경제적인 국내 성공에 대한 압도적인 찬양을 내포하고 있었다. 제국은 "총과 버터"로 만들어졌거나, 아니면 그의 메시지가 그런 내용을 전달코자 했던 것으로 보였다. 하지만 여기서 그 이야기는 미국 대중들의 가장 후진적이며 광신적 애국주의 부문마저도 믿지 않을 정도로 신뢰도가 떨어졌다.

대부분의 사람들은 지난 3년 동안 3백만 명의 미국 노동자들이 일자리를 잃었다는 것을 알고 있다. 대부분의 미국인들은 민간 보험과 제약製藥 제도가 잘못되어가고 있으며, 부시의 정책들은 소수 부유층을 제외한 모든 사람들의 취약성을 증가시켜 왔다는 것을 아주 잘 알고 있다. 부시는 미국 대중의 60% 이상이 그의 사회정책들을 거부했다는 것을 알고 있다. 그는 파시즘적이고 억압적인 〈애국자법〉을 확대할 필요가 있음을 강조했는데, 그 법의 조항들은 대통령이 모든 민주적 권리를 유보할 수 있게 하는 것이었다.

1930년대의 파시스트들과 최근 몇 년간 나타난 근본주의 종교 우파들처럼, 부시는 비非전통 가족들, 즉 동성 결혼 부부, 동성애자, 불법 이민자들(천만 멕시코인들에게 사면은 없다)에 대한 전쟁을 선포함으로써 근본주의적 기독교인들의 광범위한 기반을 동원하고자 했다.

부시는 연설에서 경찰, (억압적인) 법률의 제정 및 군대의 핵심적 역할을 국가 안보라는 수사로 포장해서 강조했다. 반면 80%에 육박하는 이라크의 실업률(또는 전쟁과 미국 점령에 대한 이라크인 98%의 반대)과 아프가니스탄 마을의 폭격, 매일매일 벌어지는 팔레스타인인들에 대한 학살 또는 미국을 방문할 때면 범죄자로 추정되어 (사진 찍히고 지문 날인을 당하며) 자신의 결백을 증명해야만 하는 비유럽인들에 대한 억압적인 경찰국가적 대우 등에 대해서는 전혀 언급하지 않았다.

지난날의 황제들처럼 부시는 제국의 국내 기초가 취약하다는 점을 전혀 인정하지 않고 있다. 혹은 제국에 재정을 공급하기 위해 "공화국"(국내 경제)에서 국가 자금을 대량으로 이전시켜, 엄청난 양의 재정 적자를 야기하여 2004년에는 그것이 5천억 달러 이상에 이르게 되었다는 사실을 전적으로 부인하고 있다. 오만함 아니면 아둔함 혹은 그 둘 다에 눈이 멀고, 제국적 경제 확장과 세계 지배라는 꿈에 이성을 상실한 부시는 자본의 과잉 유출과 미국 기업들의 해외 보조금 수출이 막대한 무역 적자를 야기하고 미국 통화를 손상시키고 있다는 것을 인식하지 못한다.

그의 제국 선배들처럼 부시는 자유와 평화의 덕망 있는 제국의 보다 큰 선을 위해 "미국 사람들"이 희생해야 한다고 믿고 있다. 이 메시지는 준국가적 수준의 비굴하며 "자기 검열적인" 대중매체의 전폭적인 지지를 받으며 미국과 전 세계로 퍼져나간다. 하지만 세계의 다른 곳에서는 이를 미국과는 다르게 받아들인다. 『르몽드 디플로마띠끄』*Le Monde Diplomatique*는 부시의 연설 이후 독자의 68%가 미국이 세계 평화에 막중한 위협이 되고 있다고 느꼈다고 보도하고 있다. 세계의 다른 지역들에서도 똑같은 의견들이 있었다(이스라엘을 제외하고). 사실 미국 국민의 15% 이하가 그 연설을 들었는데, 확신에 찬 일부를 제외하면 공공연한 지지의 목소리를 내는 사람은 거의 없었다. 그보다는 2주 뒤에 있을 슈퍼볼 미식축구 선수권 대회에 더 많은 관심이 있었다.

역사가들이 "파시즘"이라고 묘사해 왔던 것의 미국적 형태는 몇 가지 점에서 그 앞에 있었던 것들과 상당히 다르다. 미국판 파시즘은 몇 억 달러어치의 대중매체 선동으로 표를 구매한다. 인정해 달라고 강요하거나 공공연하게 사람들을 겁 먹이지 않고 그 대신 "타인들", 즉 내부와 외부의 적, 도처에 있는 적들에 대한 과대망상과 공포의 씨를 뿌린다. 군중들에게 최면을 거는 대규모 조직이나 큰 볼거리는 없지만, 그 대신 투표자들을 이간질하고, 50% 이상의 기권율을 양산하는 경박함과 진부한 거짓말들이 있다. 미국 대통령은 2004년에 대략 절반가량의 기권율과 "불법" 이민자(천만 명) 및 수감 경력자(4백만 명)의 배제를 전제로 한 상태에서 유효 유권자의 4분의 1이하로 당선될 수 있었다. 이렇게 배타적인 선거 과정마저도 [부시에게] 적합한 결과를 보장하는 데 충분하지 않았다면, 유권자 사기, 배제, 사법적 개입까지 일어났을지도 모른다.

어떤 사람들은 이것을 "가벼운 파시즘"fascism lite이라고 생각할지도 모르겠다. 하지만 이것은 20세기 역사를 통틀어서 우리에게 알려진 가장 무거운 형태가 될 가능성을 가지고 있다. 이라크에서 미국 침략군의 지휘관이었던 토미 프랭크 장군General Tommy Franks(부시의 가까운 조언자)은 최근 미국에서 "주요한 공격"이 한 번 더 발생하면 헌법을 잠시 유보하고, 군사법을 선포하며 용의자를 심문하는 군사 재판소를 만들어야 한다고 주장했다. 부시가 되풀이해서 〈애국자법〉을 옹호했던 것이 프랭크 장군의 준파시스트적 주장이라는 메아리로 되돌아온 것이다. 다시 말해서 체제 선동적인 도발은 미세하게 잡혀 있는 균형을 우리가 알고 있는 그 파시즘 쪽으로 옮겨 놓을 수도 있다는 것이다.

제국주의를 추구하는 권위주의는 이 순간 세 가지 근원적인 방해물에 직면해 있다. 대중 민주주의의 힘과 무장한 저항, 그리고 미 공화국의 쇠퇴가 그것이다. 계급을 지배하는 신세계의 구성원들과 초국적 자본주의의 행위자들은 매년 스위스 다보스에 있는 리조트에서 만나 회의를 하는데, 이들은 분명 달러화의 지속적인 하락과 제국주의적 적대 및 "과도한" 경쟁의 결과물, 사회적 불평등과 빈곤의 불안정 효과, 문명들 간의 충돌, 테러리즘과 세계 질서에 대한 위협 요인들, 그리고 미국과 세계 질서에 대한 위협들 때문에 곤란을 겪고 있다. 하지만 미국을 비롯하여 세계 지배계급을 구성하는 다양한 국가 단위 대표단들은 다보스나 그와 유사한 정책 포럼 및 정상회담에 모여서 미국의 이라크 침략을 지지하였고, 제국주의적 팽창과 미국 공화당의 쇠락 간에 연계가 있음을 인정하지 않으려 하고 있다.

신자유주의 세계 질서를 수호하는 독단적인 신보수주의자들의 딜레마는 좌파에게는 기회이다. 제국주의의 힘에 도전하고 이를 약화시키기 위해 이라크 등 여러 지역에서 벌어지고 있는 저항의 힘에 대한 연대가 더 많을수록, 민주적 공화국의 기초를 다시 세우고, 대중 혁명운동을 건설 및 강화하며, 또 다른 세계를 만들어 낼 가능성은 더 커지게 되기 때문이다.

1장
제국주의의 향기

> 지나간 일은 결코 소멸되지 않는다. 그것은 지나갔다고 볼 수조차 없다.
> — 윌리엄 포크너(William Faulkner)

이 책의 제목은 마이클 하트와 안또니오 네그리가 "제국주의가 사라진"이라는 부제를 함축하고서 『제국』이라는 제목으로 2000년에 출간한 한 권의 책이 담고 있는 전 지구적 정치경제에 대한 분석에서 따온 것이다. 하트와 네그리의 책은 전 지구적 발전의 동학을 분석하려는 의도에서 출발했지만, 저자들에 따르면 과학과 기술력의 결과로 전 지구적 자본주의는 오늘날 시장과 다국적 기업들에 의해서만 지배되는 자율적인 "제국"으로 기능하고 있다고 한다. 우리는 이 논제에 직접 반대하면서 자본주의적 발달이 취하는 형태를 결정하고 그 체계를 보존하며 그것을 변화하는 조건에 적응시키는 제국적 국가의 역할을 하트와 네그리가 심각하게 저평가하거나 무시했다고 주장할 것이다. 우리는 또한 혁신과 과학, 그리고 기술이 자본주의 생산성에 미치는 경제적 영향이 과대평가되었다고 주장할 것이다. 제국적 국가는 오늘날 변화와 발전의 전 지구적 동학을 이해하는 데 있어서 여전히 중요할 뿐만 아니라, 자본주의, 신자유주의, 세계화 및 제국주의를 지지하거나 반대하는 힘들이 서로 적대적으로 대면하고 있는 전 지구적 정치학의 각축장에서 중심적인 역할을 하고 있다.

오늘날 [체제의] 형태를 바꾸는 변화와 전 지구적 발전의 동학을 이해하는 데는 세 가지 기본적인 방법이 있다. 첫 번째는 "국제적 발전" international development 개념과 관련된 것이다. 이것은 근대화, 산업화 및 경제성장의 과정으로, 또한 소위 "제3세계" 민중들의 삶을 향상시킬 수 있는 수단으로 종종 묘사되는 것이다. — (14억에 이르는 것으로 추정되는) 제3세계의 많은 사람들은 엄청난 노력에도 불구하고 그들이 처한 상황 때문에 (어떤 생산수단도 소유하지 못하고, 생산적인 자원이나 안정된 생계수단에 접근하지 못하는) 빈곤의 구렁텅이에 빠져서 기본적인 욕구마저 충족시키지 못하고 있다. 최근 몇 십 년의 특징이라고 볼 수 있는 엄청난 변화와 악화된 조건에 대한 두 번째 대중적인 해석은 "세계화"globalization 개념에 근거를 두고 있다. "세계화"는 경제, 사회, 정치 및 문화 등 다양한 수준에서 사람들과 국가들 간의 상호연결성을 증가시키는 결과를 낳는 전면적인 변화라는 다층적이고 다차원적인 과정으로 정의된다. 하지만 세 번째 접근법도 있는데, 이 책에서 우리는 이 세 번째 접근법을 따를 것이다. 이 접근법의 관점으로 보았을 때 발전과 세계화는 모두 "제국주의"라는 전혀 다른 기획과 의제에 씌워진 이데올로기적 가면이다. 이 제국주의는 작게는 세계 지배의 기획으로, 제국적 국가의 이해와 지배 권력에 전 세계의 민중들과 국가들을 복속시키는 것으로 정의될 수 있다. 이렇게 정의된 제국주의는 다양한 형태를 취해 왔으며 — 그리고 취하고 있으며— 정치 및 군사적일 뿐만 아니라 경제적이며 이데올로기적인 권력의 투사投射와 함께 이루어진다.

  이 책은 오늘날 제국주의의 동학에 대한 것이다. 이 책은 미국이라는 제국적 국가와 이 미국이 체제 전체에 대해 미국의 주도권을 행사하는 새로운 세계 질서를 형성하려는 노력에 대한 것이다. 이러한 노력을 하다보면, 하트와 네그리식의 "제국"뿐만 아니라 점점 더 많은 분석가 및 관찰자들, 심지어는 "신보수주의 우익" 내부에서조차 제국주의라고 이해하고 있는 것이 논란의 소지를 갖게 된다. 제국주의의 실체를 부정하고, 제국주의와 경제위기, 국가, 계급 및 계급투쟁에서 전 지구적 자본주의 발전의 동학을 분리시키는 하트와 네그리의 노력은 오도되고 순수하지 않은 것으로 비춰질 수 있다는 점을 전제로 하고, 우리는 제국에 대한 비판적 검토 속에 제국주의의 영역에 대한 탐색을 시작할 것이다. 우리는 이 비판의 초점을 하트와 네그리가 노동자(다양한 형태로 존재하는 노동계급) 및 소작농의 상황과, 그들이 선택한 "다중"multitude 1이라는 용어의 또 다른 구성 요소들을 이해하는 데 사용한 분석의 함의에 둘 것이다.

제국은 제국주의와 공존하는가?

---

1. 『제국』에서 저자들은 대중 부문과 대중운동 ─ 혹은 다른 이론적 관점에서 보았을 때는 "전 지구적 시민사회"의 등장이라고 할 수 있는 ─ 을 구성하는 집단과 범주들에 대한 계급 분석을 상당히 모호하고 분석적으로 의미 없는 "다중"이라는 개념으로 대체했다. 2004년, 엘리트와 대립관계에 있는 "대중"(the masses)이라는 19세기의 사회학적 이론을 부활시킨 "다중"은 제국 안에서 구축되고 있는 "저항의 힘"과 연관된 동학을 분석하는 데 있어서 초점의 중심이 되고 있다. [네그리와 하트의 다중 개념에 대해서는 『다중 ─ 제국이 지배하는 시대의 전쟁과 민주주의』(마이클 하트·안토니오 네그리 지음, 조정환·정남영·서창현 옮김, 세종서적, 2008) 참죄.

다른 많은 똑같은 포스트모던 부류들처럼 하트와 네그리는 (다시 한 번) 우리 모두가 "새로운" 시대에 살고 있다고 독자들을 설득하려 한다. 이 점에 있어 그들의 책은 포스트모던 이론적 "분석"의 지적인 종합이자 정치적 기반이라는 용어로 표현될 만한 것을 대표한다고 하겠다. 이 책은 이전에 포스트모던 저작들이 국가, 지방, 지역 및 마을 관계와 그 속의 갈등들에 대해서 해 왔던 것과 같은 역할을 국제관계 및 전 지구적 자본주의를 위해서 행하고 있다.2 포스트모던 분석들이 농민 대중들의 동학을 이해하는 데 있어서 계급과 계급투쟁[의 역할]을 거세해 버린 것과 똑같이 하트와 네그리는 제국주의를 세계 경제가 작동하는 방식과 다시 분리시키고, 이 중요한 개념을 "탈脫역사"라는 인식론적 블랙홀에 처넣고 있다.

이것의 함의는 쉽게 설명할 수 있다. 만일 제국주의가 없다면 자본주의 그 자체가 (제국주의적 경쟁에서 명백하게 드러나는) 모순을 야기한다고 말할 수 없다. 또는 자본주의 안에 그 종말의 씨앗을 내포하고 있다고 (그리고 따라서 소유, 생산 및 교환의 역사적으로 특수한 형태에 대한 대안을 가지고 있다고) 말할 수 없다. 체제의 이행이라는 개념은 따라서 정치적 의제에서 탈락하게 되고, 그와 함께 다양한 종류의 해방, 그 중에서도 특히 존재의 가장자리에서 움직이고 있는 소농들과 노동자들의 해방이 정치적 의제에서 빠지게 된다.

제국주의라는 주제, 그리고 이 개념이 언제까지고 전 지구적 자본주의 체제에 적용 가능한가의 여부는 제3세계 마을에 살고 있는 소농의 일상 현실과 상당히 괴리된 문제처럼 보이지만, 실제로는 그렇지 않다.

---

2. 분석의 형태로서 포스트모더니즘에 대한 해설과 비평에 대해서는 Brass(1991)와 Veltmeyer(1997과 2002a)를 참조하라.

제국주의의 존재와 부재를 둘러싼 논쟁은 농민 대중의 변형에 대한 연구와 연관되어 있을 뿐만 아니라, 제국주의의 부재라는 맥락에 미치는 영향/효과는 소작농에 대한 보다 최근의 논의에(맑스주의적이건 비맑스주의적이건 간에) 빠져 있는 인식론적 차원을 형성한다고 말할 수 있다. 물론 이것이 항상 아무런 논쟁 없이 기정사실로 인정받았던 것은 아니다. 제국주의/농업/소작농 간의 연계는 좌파의 정치적 논쟁에 있어서 오랜 역사를 가지고 있는데, 이점을 분명하게 하기 위해서는 로자 룩셈부르크, 니콜라이 부하린, 그리고 레닌을 언급할 필요가 있겠다.

이 모든 이유 때문에, 그리고 또한 그들의 책『제국』이 세계화에 대한 "분석"으로 유행할 것이 거의 확실하기 때문에, 하트와 네그리가 제기한 주장들은 면밀하게 검토할 만한 가치가 있다.

『제국』에 대한 우리의 비평은 다섯 부분으로 이루어져 있다. 첫째로 우리는 저자들의 일반적인, 다소 철학적인(정치경제학에 반대되는 의미에서) 접근법에 대해 몇 가지 문제를 제기할 것이다. 둘째로 우리는 제국적인 국가가 기업 자본corporate capital의 전 지구적 확장으로 대체되었다는 이 책의 주장을 반박할 것이다. 우리는 반대로 제국적 국가는 성장해 왔고 세계 정치경제의 본질적인 구성 성분이 되었다고 주장할 것이다. 하트와 네그리가 사용한 "제국"이라는 개념은 다국적 기업들의 특권과 권력을 옹호하면서 제국적 국가의 역할을 신비화하고 — 따라서 본질적인 적대 관계를 희석하고 — 있다. 셋째로 우리는 정보 혁명이라고 하는 것에 근거를 둔 "새로운 자본주의 시대"의 존재에 대한 그들의 주장에 이의를 제기할 것이다. 하트와 네그리에게는 실례지만, 20세기 초중반의 혁신은 분명 20세기 말의 컴퓨터화된 정보 체계보다 훨씬 더 중요한 생산성 향상의 계기이었다. 넷째로 오늘날의 상황은 "제국" 대신에 새로운 제국주의에 부응한다. 마지막으로 미시적 수준의 구조와 관련된 문제들과 이 제국이 만들어 내는 행위자agent의 종류에 대해 검토할 것이다. 제국의 특징을 밝히는 분석은 이제는 진부해져 버린 포스트모던 이론의 길을 따르게 된다고 우리는 주장할 것이다. 하트와 네그리는 "계급"을 "하위주체"subaltern로 대체할 뿐만 아니라 이 하위주체를 그들이 "신 프롤레타리아트"라고 부르는 것과 융합하고 있다. 그런데 이렇게 만들어진 범주는 네그리가 이전에 자율주의 시기에 "하위 프롤레타리아트"sub-proletariat를 구성하는 주변적 주체에 속하는 것이라고 했던 모든 특징들을 나타내고 있다.

비장소Non-place로서의 제국

『제국』은 좋게 말해도 이상한 책이다. 미국이 유일한 초강대국이요 패권국인 시기에, 최대의 다국적 기업 5백 개 중 거의 50%가 미국 소유이거나 미국에 본부를 두고 있고, 워싱턴이 아프가니스탄과 이라크의 소작농 및 노동자에 대한 간섭 전쟁을 주도하고 있는 이 시기에, ─ 발칸반도, 중앙아메리카(파나마), 카리브해(그레나다)에서 소작농과 노동자를 탄압하는 개입전을 벌이고, 앙골라, 모잠비크, 니카라과, 그리고 나중에는 콜롬비아(플랜 콜롬비아)에서 대리전을 펼친 이후 ─ 폭넓은 칭송을 받고 있는 이 책의 저자들은 제국주의가 이미 지나간 시대의 일이라고 우리에게 말하고 있다. 그들은 새로운 제국은 권력이 분산되어 있고, 단일한 국가가 통제력을 행사하지 않는 탈제국주의적 현상이라고 주장한다. 여기서 더 나아가 그들은 이 제국이 세계사에 있어서 긍정적인 진보라고 바라보고 있다.

413쪽에 달하는 본문과 57쪽에 달하는 각주를 통해 저자들은 결국 우리에게 "제국의 이러한 매끄러운 공간에는 권력의 장소가 없다. 권력은 모든 곳에 있지만 동시에 어디에도 존재하지 않는다. 제국은 **우토피아**ou-Topia[어디에도 존재하지 않는 곳]이거나 정말로 **비장소**non-place이다" (p. 190)라고 말하고 있다. "제국"의 행위자 혹은 현실의 제국주의 국가들과 우리 시대 기업들의 동학 속에 움직이는 행위자에 대한 분명한 개념을 제시하지 않은 채로 그들은 제국은 "제국적"imperial인 성격을 가지고 있지만 제국주의적imperialist이지는 않다고, 그리고 미국의 헌법 또한 제국적이지만 제국주의적이지는 않다고 말한다. 이를 통해 그들은 미국의 입헌 프로젝트는 열린 공간을 재조합하고 경계가 없는 영토상에서 끊임없이 변신하며 독특한 네트워크를 재창조하는 모델 위에 만들어진 것이기 때문에 ─ 제국주의의 기획이 항상 폐쇄된 공간 안에서 선형으로 그 권력을 확장시키며, 그 통치권 내에서 속국들을 침략, 파괴, 포섭하는데 반해서 ─ 미국 헌법은 제국적이라고 추론한다. (그리고 우리는 그렇게 배우게 된다.)

"제국이라는 생각은 미국의 내부적인 헌법 기획의 전지구적 확장을 통하여 탄생하였다."(p. 182) 다시 말해서 제국에 대한 이러한 찬양은 제국을 "민주화"하는 모델인 미국식 입헌주의(정확히 말해서 그 개념)에 대한 찬양이기도 하다. 이들의 연구는 계급과 계급 갈등(그리고 이와 함께 소작농과 농민들)을 시대에 뒤떨어지고 정확하지 않은 개념으로 치부하고 "생정치 생산 다중"biopolitical production multitudes이라는 개념으로 대체했다. 하지만 이 용어는 분명하게 설명되지도 않았고 역사적 혹은 경험적 특수성 또한 갖추지 못하고 있다. "다중"을 제외하고 나면 그 어떤 것도 공표만 되었을 뿐 구체적으로 명시된 적이 없는 "혁명"의 행위자로 지목되지 않았다. 이러한 기발한 혁명의 기획은 복지국가 사회 민주주의자들이 채택한 것과 크게 다르지 않다.

많은 사람들이 『제국』이 가한 "충격과 그 이론적 장엄함"에 대한 글을 썼다. 포스트모던 이론가인 프레드릭 제임슨Frederic Jameson(하트의 듀크 대학 동료이기도 하다)이 이 책을 "새로운 밀레니엄에 대한 최초의 위대하고도 새로운 이론적 종합"이라고 부른 것은 놀랄 일도 아니다. 과장법은 차치하더라도 이 책의 수많은 불확실한 주장들을 뒷받침할 만한 역사적이며 경험적인 근거가 부족한 것에 대한 학문적 검토는 거의 찾아볼 수가 없다. 하트와 네그리는 일찍이 미국 혁명의 지적 근원은 스피노자와 마키아벨리로 거슬러 올라갈 수 있으며, 루소와 로크는 좀더 큰 직접적 관련성을 갖긴 했지만 가차 없는 평가를 받게 되었다고 주장했다. 주권에 대한 확장되고 편향된 논쟁은 수많은 변수들을 하나로 축소시키거나 생략해 버리는 환원주의적 확신들로 점철되어 있다. 예를 들어 전체주의와 국민국가에 대한 논의에서 하트와 네그리는 다음과 같이 주장한다. "나치 독일이 근대적 주권의 민족주권으로의 전환과 자본주의적 형태의 접합을 나타내는 이상적 유형이라면 스탈린의 러시아는 민중적 이익과 그로부터 나오는 잔인한 논리가 민족 근대화의 기획으로 전환하여 자본으로부터의 해방을 바라는 생산력을 자신의 목적을 위하여 동원하였다."(p. 110) 이 인용문은 저자들의 포괄적이고도 공허한 일반론이 가진 혼란스럽고 비논리적이며 몰역사적인 본질을 단적으로 보여준다. 나치 독일이 "유일무이한"the 이상형이라고 주장하는 경험적 혹은 역사적 근거는 무엇인가? 국가의 주권은 나치보다 먼저 존재했고 나치가 사라진 이후 비전체주의적 환경 속에서도 지속되었다. 스탈린의 러시아가 "공익"을 구현했다면 사람들은 왜 그것에서 해방될 방법을 찾았겠는가? "공익"이라는 "잔인한 논리"는 구체제ancien regime에서 유래한 것이다 — 저자들이 세상을 민주화하는 새로운 행위자로 묘사한 "다중"을 정당화하는 근거가 되기 힘들다. 정확히 말해서 노동자와 농민들이 이 모든 것 속의 어디에서 역할을 수행하게 되는지(사회경제적으로 형체가 없는 "다중"의 일부로서를 제외하고는), 그들이 무엇을 목적으로 삼아 어떤 형태의 행위자로서 기능하게 되는지는 모호하다.

『제국』의 저자들은 조지 사보울George Saboul이 한때 역사에 대한 "진공청소기" 접근법이라고 표현했던 방식을 취하고 있는데, 이 방식은 고대사 일부를 규정하고 기초 정치이론에 대한 해설의 겉만 핥으며, 포스트모더니즘에 대한 손익 평가와 미국 입헌주의에 대한 찬양, 그리고 식민주의와 탈식민주의에 대한 간단한 개요를 제공하는 것이다. 이런 논증적 약탈 행위는 오늘날의 세계를 다루고 있는 핵심적 주장 — 제국주의의 소멸, 제국주의 국가들과 국민국가(및 그 경계들)의 쇠퇴, 잘 정의되지 않은 제국의 우세함, 세계화, 유엔을 명백하게 닮아 있는 초국적 지배기구들 — 들의 겉치레를 제공하고 있다. 역사적 변환의 행위자로서 소작농과 노동자들의 역할은 제국주의 및 계급과 함께 개념적 블랙홀 속으로 빨려 들어가게 된다.

미제국주의

국가 혹은 제국적 국가의 소멸에 대한 하트와 네그리의 주장을 검토해보자. 국가가 없는 제국에 대한 그들의 주장은 국가와 대치하고 있는 자본의 자율성을 과장하고 있다. 또한 "세계시장"은 특수한 국가의 이익과 별개로 작동한다는 점에서 최상의 지위를 누리고 있으며 정치적으로 수용할 수밖에 없다고 주장하는 자유시장 이론가들의 잘못된 전제를 되풀이할 뿐이다. 하지만 하트와 네그리의 견해와 다르게 오늘날의 세계에서 국민국가는 제국적인 동시에 신식민주의적인 형태로 그 활동성을 확장해 왔다. 국가는 낡아 빠진 것이 아니라 오히려 세계 경제와 국민국가들 속에서 중심적인 요소가 되었다. 하지만 국가의 행위는 그 국가의 계급적 성격과, 제국적 국가인지 아니면 신식민적인 국가인지 여부에 따라 달라진다. 최근 몇 년 동안 제국적 국가의 중심성은 제국주의 열강들, 특히 미국의 지위를 지원하는 모든 근원적 정치경제, 문화 및 경제적 행위들 속에서 명백해졌다.

최근 몇 십 년간 세계 여러 지역에서 주요한 재정 및 경제위기들이 발생했다. 각각의 예들에서 제국적 국가들, 특히 미국은 다국적 기업들을 구제하고 재정 체계의 붕괴를 막기 위해 개입했다. 예를 들어 1994년에 멕시코 재정이 붕괴할 위기에 놓이게 되자 미국 클린턴 대통령은 2백억 달러3를 멕시코 정부에 급히 보내서 미국의 투자자들을 긴급하게 구제하고 페소화를 안정화시키는 데 개입했다. 이와 유사하게 1998년 아시아 위기 당시에도 미국과 유럽의 정부들은 기초 산업에 대한 해외 경영권 인수에 아시아 경제를, 특히 한국의 경제를 개방하는 조건으로 국제통화기금(이하 IMF)와 세계은행World Bank이 수십억 달러의 긴급 구제금융을 시행하는 것을 승인했다. 1999년 브라질 위기와 오늘날 아르헨티나 위기에서는 워싱턴이 IMF에 압력을 가해 구제금융을 제공하도록 했다. 미국 안에서도 주요한 국제 투자은행이 붕괴하게 되자 연방준비

---

3. 이 책에 나오는 모든 달러 표현은 다른 언급이 없으면 미국 달러화를 말한다.

은행(이하 FRB)(미국의 중앙은행)이 개입하여 민간은행에게 긴급 융자를 해 주었다. 따라서 제국적 국가는 더 자주, 그리고 더 많은 자원을 가지고 위기관리에서 지배적인 역할을 행사해 왔다. 주요 투자자들이 도산하지 않게 막아 주었고, 지불 능력이 없는 다국적 기업들을 지원하였으며, 통화 붕괴를 막았다. 다국적 기업들과 소위 세계 경제는 위기를 관리하고 지방 기업들의 주식을 매점하여 이익을 보장해 주는 제국적 국가의 지속적인 대규모 개입에 전보다 더 많이 의존하고 있다.

국가 부채의 일반적 현황도 똑같은 상황이며, 특히 미국 농업 부문도 마찬가지다. 1970년대와 80년대는 미국 농민들에게는 부흥기였다. 당시 소련에서 곡물을 대량 구매해 갔기 때문이다. 이 시기에는 시장이 상대적으로 안정되었고, 판로가 보장되어 있었기 때문에 미국 농민들은 생산을 증대하여 더 많은 토지와 기계를 구입하고 많은 돈을 대출 받았다. 미국 은행은 기꺼이 돈을 대출해 줬다. 시장 경기가 좋았고 지대가 높은 편이었기 때문이다. 하지만 1980년대에 접어들어 소련이 아프가니스탄을 침공한 후 카터 대통령은 소련에 추가적인 판매를 금지했고, 이로 인해 농산품의 가격이 떨어지게 되었다. 은행 담보물의 가치가 떨어졌고, 그들에게 돈을 빌려주었던 은행들과 함께 농부들도 법적으로 도산하게 되었다. 이러한 국내 부채 위기를 막고, 이로 인해 악영향을 입게 될 미국 농업 기업들을 돕기 위해 미국 정부는 수출 보조금에 점점 의지하게 되었다.

역사적으로나 오늘날에 이르러서나 경쟁관계에 있는 경제 기업체들과 다국적 기업들 간의 경쟁에는 필연적으로 경쟁관계에 있는 제국적 국가들이 선봉에 서 왔다. 특히 농업에서 이것은 사실이다. 예를 들어 1989년 유럽 국가들은 가축에 대한 성장촉진호르몬 처방이 건강상의 위험을 야기한다는 이유로 미국산 쇠고기 수입을 금지하겠다고 위협했다. 유럽에서 미국산 쇠고기 수입을 금지하게 되면 미국 입장에서는 1억4천만 달러어치의 수출이 가로막히게 되므로 미국 정부는 1억 달러어치의 유럽산 쇠고기 수입을 금지함으로써 보복하겠다고 위협했다. 제국주의적 경쟁관계의 일반적인 특징이 무역으로 왜곡된 가격 지원책에 대한 논쟁의 형태로 나타나고 있는 것이다. 예를 들어 미국은 1980년대 후반, 잉여 곡물을 처분하고 새로운 시장을 얻거나 오래된 시장들을 되찾으려는 시도로 수출 진흥 계획Export Enhancement Program, EEP을 시행했다. 캐나다와 유럽 국가들 모두 곡물 생산을 줄이는 것이 아니라 미국의 보조금에 맞먹는 프로그램으로 이에 응대했다. 오늘날 제국적 국가인 미국은 미국산 쇠고기와 라틴아메리카산 바나나의 미국산 수출품을 유럽 시장에서 받아들이게 하는 투쟁을 이끌고 있다. 반면 일본 및 유럽 국가들은 (철강과 섬유를 포함해서) 일련의 수출품들에 대한 "상품 할당량"을 늘이기 위해 미국과 협상하고 있다. 무역과 시장은 대체로 국가간의 협약으로 정해지고, 자율적이며 자연발생적이라고 간주되는 "세계화"라는 과정은 다국적 기업들의 성장의 산물일 뿐만 아니라 대체로 이러한 국가간 협약을 통해 인위적으로 만들어진 것이다. 따라서 자본의 국가적 형태 간의 경쟁은 국가를 통해 중재되고 국가의 영향을 받으며, 국가가 지도한다. 시장은 국가를 능가하지 않으며, 국가가 정해 놓은 경계 안에서 작동한다.

    국가는 해외 시장을 정복하고 지역 시장을 보호하는 데 있어서 침투적이고 심원한 역할을 수행하고 있다. 먼저 국가는 수출 부문에 직간접적인 보조금을 준다. 미국에서 농업 수출품들은 물과 전력에 포함되어 있는 보조금의 형태로 간접적인 원조를 받게 되며, 조세 감면의 형태로 직접적인 보조금을 받게 된다. 둘째로, 제국적 국가는 국제금융기관들 IFIs을 통해 무역 장벽을 낮추거나 제거하고, [공적 부문] 사업들을 사유화하고 탈국유화하라는 융자 조건 협약을 내밀면서 제 3세계 대부 공여국들에게 압력을 가한다. 그 결과 미국, 유럽, 일본의 다국적 기업들은 시장에 침투하여 지역 사업의 주주가 되거나 그 회사를 사들인다. 간단히 말해서 국가 개입이 없었다면 소위 세계화라고 하는 것은 존재하지 않았을 것이다. 또는 제국적 국가의 군사 및 선거 개입과 정치경제적 압력과 위협, 지역 예속민들의 동원이 없었다면 시장은 개방되지 않았을 것이다.

제국주의는 다양한 형태를 취하지만, 시장을 정복하고, 경쟁자들에게 침투하며, 자국 시장을 보호한다는 비슷한 목표를 추구한다. 미국은 전략적 중요성을 가진 폭넓은 상품 분야에서 정교한 무역 장벽을 가지고 있다. 수입 자동차의 할당량은 제한되어 있고, 설탕, 섬유, 철강 또한 마찬가지이다. 다양한 비전통적인 제약과 비공식적인 협약들 때문에 수출국들은 미국 시장에 진입하는 데 제한을 받는다. 이 모든 것이 국가간 협상을 통해 이루어진다. 미국 정부는 많은 경우 신식민지적 체제를 다룰 때, 까르도소Cardoso 대통령 하의 브라질에서처럼 호혜주의를 거부하고 그 대신 "반덤핑"이라는 터무니없는 핑계로 브라질 철강 수출에 제약을 가하면서 정보 산업의 자유화를 요구하며 이를 확보하려 하고 있다.

무역을 자유화하고 새로운 무역 규제를 만들어 내는, 국제적으로 구속력이 있는 모든 주요한 무역 협정들은 국가를 통해 협상이 이루어지고, 국가에 의해 강화되며, 국가의 조절에 종속되어 있다. 따라서 예를 들면 관세 및 무역에 관한 일반협정(이하 GATT)과, 그것을 계승한 세계무역기구(이하 WTO), 그리고 로메 협정Lome Convention 4은 전 지구적 무역 네트워크의 틀과 무역 규칙들을 제정한 것으로, 모두 국가를 통해 공식화되었다. 이에 더해서 유럽연합EU, 북미자유무역지대(이하 NAFTA), 라틴아메리카자유무역지대(이하 LAFTA)처럼 쌍무적일 뿐만 아니라 지역적인 다자간 무역 조약들은 국가의 발의로 다국적 기업들에게 새로운 시장을 열어 주고 있다. 제국적 국가들은 다국적 기업들과 협력하며 움직인다. 하트와 네그리가 자연발생적이며 인위적 개입 없이 일어난 것이라고 인식하고 있는 "시장의 확장"을 다국적 기업들이 시대에 뒤떨어진 국가를 넘어서는 현상으로 이해해서는 안 된다. 오히려 자본이 새로운 시장으로 흘러가는 대부분의 움직임은 장벽을 없애는, 따라서 어떤 경우에는 국가주의적 체계를 불안정하게 만드는 국가 개입에 따른 것이다.

투자 협약과 보호 무역, 보조금, 파산 선고 모두 마찬가지다. 쌍무적인 협정들뿐만 아니라 새로운 다자적 투자 협정들은 다국적 기업들의 동의와 왕성한 참여와 함께 국가 수준에서 공식화된다. 그 이유는 분명하다. 다국적 기업들은 자신들의 자본이 징발되거나 "차별적인" 세금에 구속되거나 이윤을 송금하는 것에 제약당하지 않도록 국가가 보장해 주기를 바라기 때문이다. 거칠게 말해서 국가는 투자 보장의 이행자이자 기업 투자 확장에 있어서 핵심적인 요소인 것이다. 많은 경우 제국적 국가는 국제금융기관에 대표를 파견하여 "안정화"나 개발 차관의 조건으로 새로운 투자 규약을 강제한다. 유럽연합 내부의 제국적 국가들은 자

---

4. [옮긴이] 유럽공동체(이하 EC)와 아프리카, 카리브해, 태평양 지역(이하 ACP)간 로메협정의 약칭으로, EC와 ACP 지역 개도국이 결성한 통상, 공업 협력, 자금, 기술 원조에 관한 협정이다. 1975년 토고의 수도 로메에서 제1차 협정(1976년 4월~1980년 2월)이 조인되었다. 협정의 골자는 ACP 산품에 대하여 무관세로 수입하는 한편, ACP의 1차 산품 수출소득 안정화를 위하여, 보상제도(STABEX)를 설치한다는 것.(드림위즈 경제용어사전, 2008년 4월 5일 검색)

국 농산물에 대해 강력한 보호 장벽을 만들어 놓았다. 미국과 유럽 국가들 모두 값싼 전기료와 물 사용료를 통해 농업에 엄청난 보조금을 제공하고 있다. 신기술에 대한 연구 개발 또한 국가의 엄청난 재정 지원을 받고 있으며, 연구 개발의 결과물은 마케팅을 위해 다국적 기업들에게 인계된다. 다국적 기업이 국제 시장으로 확장해 나가는 전후 모든 과정에 국가는 깊이 개입한다. 더욱이 제국적 국가는 경쟁력이 없는 국내 산업 부문을 좀더 효율성이 높은 생산자들로부터 보호하기 위해 핑계를 댄다. 예를 들어 쌀 생산비가 소비자가 실제 구입하는 비용보다 10배 더 비싼 일본은 이 쌀 생산자들을 보호해 주고 있다. 미국 또한 연구, 값싼 수도 요금, 수출용 곡물의 취득과 관련된 대부 등의 형태로 기업형 농업 수출업자들에게 막대한 보조금을 제공하고 있으며, 유럽연합은 첨단 기술 산업의 조성formation을 지원하고 있다.

"국가주의" 혹은 "신국가주의"neo-statism라는 용어로 표현될 만한 어떤 것이 제국적 국가에 그 뿌리를 두고 있는 다국적 기업들의 "전 지구적 확장"에 핵심적인 역할을 하고 있다. 국가는 성장해 왔고, 국가의 영향력이 미치는 범위가 넓어졌으며, 그 활동들은 확장되었다. 다시 말해서 국제 경제에 있어서 국가의 역할은 자본주의 체제의 재생산에 필수적이다. 이렇게 볼 때, 보수적 선동가들이 활성화시킨 "자유시장"이라는 공허한 수사가 그것의 정체를 더 잘 알고 있어야 하는 사람들, 즉 "지구주의적 좌파"globalist left를 통해 사용되고 되풀이된다는 것은 안타까운 사실이다. 하트와 네그리가 쇠퇴하고 있는 국가의 역할에 대한 글을 쓰는 동안 전 세계의 정치적 우익들은 다국적 기업들의 이익을 확대하기 위한 국가 활동을 촉진하느라 바쁘게 움직였다. 이와 유사하게 하트와 네그리가 시장의 "세계화"에 대한 글을 쓰는 동안 제국적 국가 출신의 다국적 기업들은 이 시장들을 분할하여 자신의 영향력과 지배 및 통제의 범위를 넓혀 왔다. 무엇보다 제국적 국가는 단순한 경제 기구가 아니다. 다국적 기업의 해외 확장은 제국적 국가의 군사 및 정치적 역할과 깊은 관계를 맺고 있다.

다국적 기업들의 해외 확장은 북대서양조약기구(이하 NATO)와 남아프리카, 남미, 아시아에 있는 대리 군대를 통해 유럽-아메리카 제국주의를 군사적, 정치적으로 확장시킴으로써 가능해진 것이다. 러시아와 구소련 및 동유럽에서는 제국적 국가들이 이에 딸린 [국가] 체제들을 후원해 주었고, 그러면서 엄청난 양의 전략 산업과 에너지원 등을 인수할 기초를 마련해 주었다. 미국이라는 제국적 국가의 소련에 대한 승리는 유럽 복지국가와 미국이라는 유사-복지국가를 해체하는 원동력으로 작용했다. 걸프만과 발칸 반도에서 벌어진 유럽-아메리카 전쟁은 제국적 국가들의 지배를 강화하고 반체제적 국가들에 대한 영향력을 확장시켰다. 이전의 공산주의 체제가 불안정해지고 남아프리카, 남미 등 여러 곳에서 민족주의적이고 사회주의적인 체제에 대항한 파괴적인 전쟁이 벌어지면서 이 국가들은 신자유주의적 정책 명령들에 개방되었다. 군사적 확장은 국가적 장치들을 통해 조직되었는데, 이는 다국적 기업들의 해외 확장을 동반하고 촉진하였다.

소위 세계화라고 하는 것은 한 자루 총에서 비롯되었다. 이 총은 제국적 국가가 휘두르고 겨누며 발사하는 총이다. 미국과 유럽연합은 해외 자본을 더욱 보호하기 위해 중대한 경제적 이익(즉, 그들의 다국적 기업들)을 위협하는 유럽 밖에 있는 모든 국가를 상대로 한 공격전을 합리화하는 새로운 NATO 원칙을 만들어 냈다. NATO는 동유럽의 새로운 속국들과 발트해 연안국들 및 구소련 공화국들(그루지야, 카자흐스탄

등) 중에 있는 새로운 "평화 연합들"을 통합하기 위해 확장되었다. 다시 말해서 제국적 국가의 군사 동맹들이 더 많은 국가들을 포괄하게 되면서, 유럽과 미국의 다국적 기업들이 이들 국가로 흘러가는 안전한 통로를 보장하고, 미국과 서유럽에 있는 본사로 다시 이윤이 쉽게 흘러갈 수 있도록 보장하는 데 전보다 더 많은 국가 장치들이 관여하게 되었다는 것이다. 하트와 네그리가 제국주의가 사라진 시대의, 국가와 계급이 없는 제국에 대해 주장하는 내용은 간단히 말해서, "궁극적으로 제국주의를 극복하고, 내부와 외부의 장벽을 무너뜨려야 하는"(p. 234) 자본(다국적 기업)의 지배를 받는 세계시장 개념에 근거한 것이다. 그들에 따르면 이러한 "전 지구적" 기업들 때문에 국가와 제국적 국가들은 시대에 뒤떨어진 것이 되었다.

하트와 네그리는 다국적 기업들의 내부 조직에 대한 그 어떤 자료도 제공하지 않고, 의사 결정 구조에 대한 그 어떤 분석도 하지 않았으며, 국가와 그들의 관계에 대해 논하지도 않았다. 단언적인 이론화는 불편한 경험 연구를 회피하는 편리한 수단이다. 본질적으로 이들의 주장은 수많은 실체 없는 가정들에 근거하고 있는데, 이 중 첫 번째는 다국적 기업들이 특정한 국민국가 안에 근거지를 두고 있지 않은 전 지구적 기업이라는 것이다. 하트와 네그리에 따르면 이러한 기업들은 국가적 통제를 벗어난 새로운 세계 경제의 핵을 구성하고, 새로운 세계 지배계급의 일부가 된다. 이러한 가정은 대기업들이 여러 나라에서 활동하고 있으며 이동성이 높고 많은 국가적 관할구역 안에서 조세와 규제 ─ 특히 그들이 고용하고 있는 노동자나 농민들을 보호하는 규제들 ─ 모두를 없애 버릴 힘이 있다는 사실에 근거한 것이다. 이 가정에는 몇 가지 개념적이고 경험적인 문제가 있다.

첫째로 다국적 기업들이 많은 국가에서 활동한다는 사실은 대부분의 전략적 결정과 책임자, 이윤이 집중되는 본사가 미국, 유럽, 일본에 집중되어 있다는 사실의 중요성을 훼손하지 못한다. 둘째로, 이동성은 제국적 중심부에 있는 이런 책임자들이 내린 전략적 결정에 근거한 것이며 이러한 결정은 제국적 국가와 국제금융기관에 있는 그 대표들이 만들어 낸 정치·경제적 조건에 따라 달라진다. 이동성은 국가간 관계에 부수적으로 딸린 것일 뿐이다. 셋째로 조세 및 규제의 회피는 제국적 국가들과 그들의 다국적 기업들이 마련한 의도적인 정책들 때문에 가능한 것이다. 신식민지 국가들에서 제국적 국가로 불법적인 소득을 이전시키지 못하도록 하는 법을 시행하지 않는 것은 국가가 막대한 부의 이전을 통해 외부의 거래를 탄탄하게 만들고 싶어 하기 때문이다. 다국적 기업들이 신식민지 국가의 규제를 무시하는 것은 제국적 국가와 신식민지 국가간의 좀더 폭넓은 권력 관계의 단면이라고 할 수 있다.

하트와 네그리의 분석에서 특징적인 두 번째 가정은 오래된 국민국가 정부들이 국제금융기관들과 WTO의 수장들 및 다국적 기업들의 수장으로 구성된 새로운 세계 정부로 대체되었다는 것이다(p. 336). 이것은 권력 구조에 대한 좀더 깊이 있는 분석적 관점을 결여한 채 부수적인 현상들에 대한 피상적 논의에 근거한 주장이다. 국제금융기관들이 많은 지리적 지역들에서 중요한 경제 및 사회적 부문들에 영향을 미치는 핵심적인 결정들을 많이 하는 것은 사실이지만, 이러한 결정 사항들과 그 의사결정자들은 이것에 영향을 미치는 제국적 국가들과 다국적 기업들에 긴밀하게 연결되어 있다. 국제금융기관의 모든 고위 관료들은 자국의/제국적 정부에 의해 지명되고, 대부 및 융자 이행 조건을 지시하는 모든 핵심적 정책 지침들은 제국적 국가의 재무부 장관들이 정한 것이다. 국제금융기관들 그 자체를 유지하는 막대한 양의 자금들은 제국적 국가에서 흘러나오며, 국제금융기관 집행위원회의 대표성은 제국적 국가가 제공하는 자금의 비율로 정해진다. IMF과 WTO의 고위경영자들과, IMF의 총재 및 WTO의 사무총장은 항상 유럽인이거나 미국인이다. 하트와 네그리가 국제금융기관들의 권력에 대해 가지는 입장은 권력의 근원이 아니라 그 파생물에 대한 인식에 기초한 것이다. 따라서 그들은 G8에 무리지어 있는 가장 막강한 국가들의 부속물에 불과한 다국적 개체들[기업들]에서가 아니라, 제국적 국가 속에 전 지구적 권력이 얼마나 많이 자리매김하고 있는가를 알아보지 못하게 될 것이다. 그들의 관점은 국제금융기관들의 자율성을 터무니없이 과장하였고, 그 결과 제국적 국가에 이들이 종속되어 있다는 것을 과소평가했다. 국제금융기관들의 진정한 중요성은 이것들이 제국적 국가들의 권력을 얼마나 확대하고 확장시키며 깊이 있게 만드는가, 그리고 이것들이 ─ 이 때문에 ─ 어떻게 경쟁 국가들 사이에서 경쟁의 장이 되는가에 있다. 국제금융기관들은 오래된 국가들의 지위를 넘어서는 것이 아니라 이들 국가들의 지위를 강화해 왔다.

하트와 네그리 같은 세계화 이론가들은 제국주의적 국가imperialist states와 대립하는 "제국적 체제"imperial system에 대해 글을 쓰고자 한다. 이는 마치 제국적 체제가 제국주의적 국가 없이도 존재할 수 있다는 식이다. 이 "체제"에는 "중심"이 없다. 시장을 지배하는 막강한 다국적 기업들 앞에서 모든 국가들이 각각의 특수한 중요성을 상실해 버렸기 때문이다. 이들의 "체제 접근법"system approach은 국가가 소유하고 감독하는 은행과 산업들의 제도적으로 유도된 계급 기반 권력을 파악하지 못하고 있다. 더 걱정스러운 것은 하트와 네그리 같은 세계체제이론가들이 제국적 국가 및 다국적 기업들의 영향력 범위가 막대하고 이윤, 이자, 지대와 저작료가 모두 제국주의적 국가에 집중된 상황에서 제국주의 국가와 다국적 기업들, 그리고 국제금융기관 내부의 하수인들 사이에 존재하고 있는 연계와 구조, 작동 방식, 법적 규약들을 연결시키지 못하고 있다는 것이다. 사실 "체제"라는 것은 제국적 국가와 다국적 기업들의 결합력으로 지탱되는 것이다. 제국적 체제를 부각시키기 위해 소유 구조와 국가 권력의 특수성을 무시하는 것은 근본 모순과 갈등, 국가간의 제국적 경쟁관계 및 국가 권력을 위한 계급투쟁을 제대로 보지 못하고 있기 때문이다(이것은 8장에서 논한다).

(과학적/기술적) 성공의 달콤한 향기?

하트와 네그리 같은 세계화 이론가들이 하는 더 일반적인 주장 중 한 가지는, 정보 혁명이 국가의 경계를 없애고 생산력 발전에 새로운 원동력을 제공함으로써 자본주의를 변형시켰다(즉, "신세기"를 만들어 냈다)는 것이다. 정보기술이 경제를 혁명적으로 바꾸고 그 결과 국민국가와 국가 단위 경제가 무의미해졌다는 주장은 정말로 미심쩍은 것이다. 더욱이 미국 인구 조사는 생산성 수치가 높아진 것에 대해 다른 설명을 하고 있다. 5백만 명 이상의 불법 이민자들이 1990년대 이후로 미국의 노동 시장에 넘쳐나게 된 것이다. 생산성은 추정된 노동자당 산출물로 측정되는 것이기 때문에 이 5백만 명의 노동자가 계산되지 않음으로써 생산성 수치는 부풀려졌다. 만일 그들이 포함된다면 생산성 수치는 줄어들게 될 것이다.

하트와 네그리에 따르면 우리는 새로운 "세계 질서" 속에 살고 있는데, 이 세계 질서는 제조업, 광공업, 농업 및 사회적 서비스로 구성된 "낡은 경제"를 능가하는 것(pp. 285ff.)으로, 이들은 (카스텔Castells를 통해) 세 번째 과학기술 혁명을 간접적으로 참고하고 있다. 하트와 네그리는 우리가 완전히 새로운 시대에 살고 있으며, 이것은 완전히 새로운 형태의 자본주의와 다름없다고 주장한다. 세계화 이론가들에 따르면 "시장"은 새로운 기술을 가지고 새로운 효율성을 창조하며 높은 성장은 보장한다. 적어도 2000년 말과 2002년 사이의 침체기는 "새로운 경제" 선동가들의 주장을 반박해 주고 있다. 경기순환이 끊임없이 작동하는 와중에 "새로운 경제"의 고도로 투기적인 본성이 그것을 특히 두드러지게 만든 것이다. 입증된 바와 같이 "새로운 경제"는 높은 수익에 대한 터무니없는 주장 때문에 추진된 일시적인 투기 경제의 모든 속성을 드러내주고 있다. 이윤 혹은 심지어 수익 자체가 없는 상태에서 "새로운 경제"로 과장되게 선전되던 것 중 많은 부분이 어마어마한 금융 사기였으며, 여기서 초기 투자자들이 낸 이익은 나중에 뛰어든 투자자들의 재정 파탄으로 이어졌음이 모두 밝혀졌다.

하트와 네그리에게는 불행하게도 1990년대 경제에 대한 세부적인 경험 연구들은 정보기술IT과 광섬유, 생명공학기술이 생산력을 혁명적으로 변화시킴으로써 "새로운 자본주의 시대"의 막을 열었다는 주장을 효과적으로 반박하고 있다. 일찍이 공장을 자동화하고 많은 새로운 정보기술 상품들을 제작, 적용한 일본은 침체기에 빠져 있으며(1990년대 초 이후 연평균 성장률이 1% 정도이다) 2001년에는 깊은 불경기에 빠지기도 했다. 미국 제조업 부문은 2000년 8월 말 마이너스 성장 상태에 있었는데, 이 상황은 이후 12개월간 지속되었다. — 이것은 2차 세계대전 이래로 기록된 것 중 가장 긴 마이너스 성장 기간이었다. 이 침체기가 언제까지 지속될지는 알 수 없었다 — 1년에서 3년에 이를 것이라는 추정들이 있었다. 하지만 2004년 들어 몇 년 만에 최고의 경제성장률(7%)을 보인 1사분기 이후 정부 안에서는 상당한 안도와 축하 분위기가 있기는 했다. 하지만 2004년 11월경에도 이 성장률은 일자리로 이어지지 않았다 — "일자리 없는 회복"일 뿐이었던 것이다.

정보기술의 성장률도 2001년 내내 마이너스였고 그 어느 때보다 둔했는데 이것은 관련 주가가 극적으로 감소한 것에서 나타난다. 마이너스 저축률, 5천억 달러가 넘는 막대한 적자, 외국 투자자들 때문에 유지되는 달러의 강세 등의 상황은 국내 성장 또는 수출을 동력으로 삼는 성장을 막고 있다. 이 상황이 회복될 것이라는 전망은 거의 없다. 구조적 위기와 순환 위기가 동시에 발생한 것이기 때문에 침체는 앞으로도 한동안 이어질 가능성이 높다. [오랫동안 이어진] 침체기와, 기술주㈜ 주식 시장 거품의 붕괴는 "새로운 경제"가 "경기순환"(1973년에서 1995년까지 이어진 "긴 하강기"와 좀더 장기간에 걸쳐 벌어지는 "구조적" 순환은 말할 것도 없고 경기에 있어서 "정상적"인 상승과 하강)을 폐물로 만들었다고 주장하는 정보 산업 선동가들의 입장을 완전히 논박하고 있다고 볼 수 있다. 사실 정보 산업 회사들이 최근의 하강기에 가장 혹독한 시련을 맞이했고, 이에 따라 80% 이상의 닷컴 회사들이 이익을 내지 못하고 있으며, 그 상황은 지금까지 이어지고 있다.

정보 경제 및 그 주식 가치가 하락하면서, "정보 혁명"은 새로운 세계 질서를 규정하기는커녕 주요한 제국적 국가의 경제를 규정하는 탁월한 힘이 될 수 없다는 것이 분명해졌다. 대부분의 사람들이 컴퓨터를 가지고 정보 검색을 하고 있으며, 일부 기업이 자신들의 재고 목록을 [컴퓨터

릴 더 잘 통제하고 온라인으로 판매한다는 사실만을 가지고 권력이 국민국가를 넘어 이동해 버렸다고 해석할 수는 없다. 따라서 "정보 혁명"에 대해 선전하는 사람들이 하는 주장은 공허하게 울린다. 특히 세계 주식 시장의 투자자들이 수익 없이 손실만 늘어나는 첨단 기술 회사에서 실물경제로 자금을 이동시키는 상황에서는 더욱 그렇다.

정보 산업 몽상가들에 대한 선도적 비평가인 폴 슈트라스만Paul Strassman의 한 연구(1999)는 3천 개의 유럽 회사들에 대한 연구를 근거로 하여, 컴퓨터에 대한 투자와 수익성 간에는 아무런 관련성이 없음을 밝히고 있다. 따라서 정보 혁명이 경기순환을 멈추게 하였고, 지속적인 생산성 혁명을 유발하였으며, 높은 수익을 낳는다는 기본적인 세 가지 주장들은 현실에 부합하지 않는다. 사실 자본주의 체제의 비합리성들은 정보 산업 거품을 통해 확대되었다. 경기순환은 충분한 힘으로 작동하고 있고 생산성은 하락하는 경향이 있으며 이윤율은 저하하는 경향이 있다. 로버트 고든Robert Gordon(1999)은 1995년과 1999년 사이에 있었던 생산성 향상을 분석하면서 "새로운 세기"의 존재와 관련한 하트와 네그리의 주장에 대해 심각한 의구심을 제기하고 있다. 그는 생산성 향상의 70% 정도는 인플레이션의 증대(인플레이션을 더 낮게 평가하게 되면 필연적으로 실제 산출물이, 따라서 생산성이 더 많이 증가한 것처럼 보이게 된다)와 그 시기의 예외적으로 빠른 산출물 증가에 대한 생산성의 대응으로 설명할 수 있다고 주장한다. 따라서 1995년에서 1999년 동안 있었던 생산성 향상의 0.3%만이 자동화, 소위 정보 혁명에서 기인했다고 볼 수 있다. 이것은 거의 혁명이라고 할 수도 없다. 1950년에서 1996년의 기술적 진보에 대한 고든의 장기적 연구에 따르면, 다요소multi-factor 생산성의 연성장으로 표현되는 기술 진보가 최고조에 달한 시기는 1950

년과 1964년 사이로 이 시기의 다요소 생산성 성장율은 약 1.8%에 달했다. 지난 세기 다요소 생산성 성장이 가장 낮았던 시기는 1988년에서 1996년 사이로 이때는 겨우 0.5% 밖에 안 되었다!

보장된 것으로 보였던 "새로운 효율성"은 자본주의의 경기순환 논리를 극복하지 못했다. "적기 생산"just-in-time이라는 낙관적 범주로 분류되던 것도 안정적이며 지속적인 수요 증가를 전제로 한 것이었다. 2000년에서 2002년 사이의 침체기와 수요의 급격한 감소 때문에 생산자와 판매자는 재고품이 쌓이게 되고, 결국 이것은 휴업으로 이어졌다. 현금 유통 문제, 부채의 증가, "낡은 경제"를 특징짓는 파산 같은 것들이 맹렬하게 재등장했다. 소위 새로운 경제라는 것이 자본주의 위기를 넘어서지 못하는 것은 분명하다. 반대로 새로운 경제는 사실 더 취약하고 기댈만한 자원이 더 적다. 왜냐하면 그 현금 흐름의 대부분은 꾸준한 고수익이라는 투기적 기대에 좌우되기 때문이다. 웹사이트 상의 상업 광고 소득이 급감하고 컴퓨터 시장이 포화되자 하드웨어와 소프트웨어 생산자에게 구조적 위기가 발생했고, 이는 정보 산업의 거대한 혼돈으로 이어졌다. 정보 산업 주식의 과대평가된 액면가는 몇 분의 일 수준으로 굴러 떨어졌고, 주요 인터넷 업체들은 "새로운 자본주의 시대"의 본질을 규정하는 것은 고사하고 살아남기 위해 분투하고 있다.

신제국주의 : "제국"의 대안

오늘날 미국과 유럽의 "전 지구적 패권"은 불안정하고 점점 지속할 수 없는 세 가지 토대를 기초로 구축된 것이다. 그중 첫 번째는 휘발성이 강하고 깊은 침체기에 접어들기 쉬운, 매우 취약한 투기 부문이다. 두 번째는 신식민 지역에서 이윤과 이자 지불금 및 특허권 사용료를 대량으로 이전시켜 오는 것이다. 라틴아메리카 한곳의 예만 보더라도 1990년부터 1998년까지 7천억 달러 이상이 지불금의 형태로 유럽과 미국 은행으로 이전되었다. "제국"을 지탱하는 세 번째 토대는 자국에서 불법적으로 확보한 수십억 달러 등의 자금을 이전시키는 해외 동포들에게 유럽과 미국의 국가들이 제공하는 안보와 정치적 권력(적자분을 감당할 돈을 찍어낼 권력을 포함해서)이다. 제국적 국가들의 정치권력과 안보는 경쟁관계에 있는 제국적 국가들과 비제국적 국가들이 자유시장 경쟁에 취약한 전략적 경제 부문들을 묵인 혹은 동의해 주는지 여부에 좌우된다. 간단히 말해 유럽과 미국 통치자들의 문제는 [전반적인] 침체 국면과 정보 산업 부문의 쇠퇴, 세계시장에서 경쟁력이 없는 경제 부문에서의 실업의 증가 같은 문제들에 직면해서 자신들의 제국을 어떻게 관리할 것인가이다.

많은 사람들이 지적한 바대로 신자유주의는 항상 신화일 뿐이었다. 제국적 국가들은 결코 자신의 시장을 완전히 개방한 적이 없고 모든 보조금을 없앤 적이 없으며, 정치적인 이유에서든 사회적인 이유에서든 전략적 경제 부문을 지원하거나 보호하기 위한 개입을 하지 않은 적이 없었다. 신자유주의적 제국주의는 항상 선택적인 상품 영역에서 특정 시기에 걸쳐 선택된 국가들에 대해서만 선택적인 개방성을 보여주는 것을 의미했다. 미국은 해외에 있는 미국의 동맹국들이 생산한 상품에 시장을 개방했다. 제국적 국가에서의 "자유무역"은 경제적 기준에 근거한 것이 아니라 정치적 기준에 근거한 것이었다. 반면 유럽과 미국의 정책 입안자들과 IMF 및 세계은행에서 일하는 유럽과 미국의 하수인들은 제

3세계에 "시장 근본주의"를 설파했다. 모든 무역 장벽과 보조금, 모든 부문의 모든 상품 및 서비스에 대한 규제를 철폐해야 한다는 것이다. 제국적 국가들의 선택적 자유시장 관행들 때문에 유럽과 미국의 다국적 기업들은 중요한 정치적 선거구들이 포함되어 있는 국내 경제 부문들은 보호하는 한편, 대상국가에서는 시장 근본주의를 실행하면서 시장 기회를 이용할 수 있게 되었다. 제국주의 라이벌인 미국과 유럽의 정부(둘 다 선택적 시장 경영자이다)들이 서로 자신의 정치적 후원자들의 경제적 이익을 보호하면서 상대방의 시장은 비집고 열려는 시도를 하기 때문에 갈등이 분출했다.

침체기, 투기 붕괴, 그리고 경쟁의 강화라는 3중의 위기가 출현하면서 제국적 국가들은 다양한 부문들에서 더 큰 국가 개입에 의존하게 되었다. [그 결과 농업 및 기타 정부 보조금들이 증가하고(2001년 미국 정부의 보조금은 3백억 달러였다), 수입물에 "할당량"을 강제하는 무역 개입이 증가하였으며(예를 들어 미국 철강 산업에 대한 부시 대통령의 집념에서 나타나듯이), 이윤과 이자 및 무역 이익의 흐름을 증가시켜 제3세계 지역들에서 착취를 강화하고(미국의 "미주자유무역지대"(이하 ALCA)안), 아프가니스탄과 이라크에 대한 미국의 공격과 같은 전쟁(군사적 케인즈주의)을 벌이는 것이다. 자국 시장의 보호와 독점 시장 이익 및 투자 이익을 보장해 주는 공격적인 개입이 결합된 국가 관리 무역은 신중상주의적 제국주의의 속성을 규정한다. 자유시장에 대한 수사와 선택적인 시장 개방을 특징으로 하는 신자유주의적 제국주의는 지역적인 무역 지대를 좀더 많이 독점하고, 무역 이익을 극대화하고 자국 생산자들을 보호하는 일방적 정치 결정을 더 자주 하며, 군사 전략에 더 많이 의지하려고 하는 신중상주의로 대체되고 있다. 그런데 이 신중상주의의 지향들은 모두 평판이 좋지 못한 종속국들이 운영하고 있는, [경제] 위기로 고통 받는 신자유주의 경제에 대한 통제력을 더욱 강화 하고 군사적 케인즈주의를 증가시키기 위한 것이다. 미국이 그 신자유주의 제국을 발전시키는 데 있어서 선구자였고 유럽이 추종자였던 것처럼, 미국이 주도적 역할을 수행하는 신중상주의 제국으로의 이행에 있어서도 마찬가지이다. 아메리카의 전 대륙에서 통용될 특허법과 무역 및 투자를 지배하는 규제와 규칙들을 미국이 지시하게 될 것이라는 사실 또한 중요하다. 이렇게 되면 미국 정부는 자국에서는 보호주의를 시행하고, 남미에서 유럽을 배제하며, 양 아메리카 대륙에서 자유시장을 형성하게 하는 위치에 서게 될 것이다.

따라서 제국적 국가가 자국의 보호주의와 해외 독점, 그리고 제국 내에서 자유무역이라는 세 가지 조건을 결합시키는 것을 특징으로 하는 중상주의적 제국주의는, 제국을 유지하고 자국의 정치적 토대를 지키기 위해 제국적 국가가 선택한 전략이다. 여기에는 남미의 엄청난 희생과 유럽 경쟁자들의 동요가 뒤따르게 된다. 신중상주의 제국을 추구하는 과정에서 워싱턴은 점점 더 일방적인 의사 결정과 정책 입안에 의지해야만 한다. 신중상주의는 그 독점적 성격 때문에 경쟁자 동맹들을 배제하고 일방적 국가 결정을 통해 무역 이익을 극대화할 수밖에 없다. 하트와 네그리의 주장에도 불구하고 뉴욕과 워싱턴에서 있었던 테러리스트 공격들은 결국 최고의 (혹은 최악의) 제국주의 전통에 따라 미국이 아프가니스탄에 폭격하는 결과로 이어졌다. 마침 세계시장의 상황이 악화되었던 때이기도 했다. 유럽연합과의 동맹 구축 전략도 워싱턴이 헤게모니를 좇는 것을 막지는 못했다. 반대로 미국의 군사적 통제에 대한 유럽연합의 종속과, 전쟁과 관련된 모든 결정을 미국이 독점한다는 기반 위에 동맹 관계가 구축되었다. 이것은 코소보에서보다 정도가 심했다. 미국의 군사 개입 첫 단계에서 충격적이었던 것은 유럽연합, 러시아, 중국, 그리고 일부 중동 아랍 정권들이 미국의 전쟁 요구를 어떤 명백한 보상도 없이 완전히 받아들였다는 점에 있었다. 아프가니스탄에 대한 개입과, 당시의 상황, 동맹 관계, 그리고 시장 거래를 위한 정치적 환경을 규정하는 제국적 국가의 강력한 역할은 "국가 없는 제국" 관觀에 쐐기를 박으며 신중상주의적 형태의 제국주의 이론과 관련된 주장을 뒷받침한다는 점은 이제 말할 필요도 없다. 아프가니스탄 전쟁 때문에 군비 지출이 엄청나게 증가하였고 보호주의가 더욱 만연하게 되었으며, 모든 측면에 대해 군사적 위협이 생겨났다. 제국주의와 제국은 정말로 잘 나가고 있다. "다중"(즉, 소작농과 노동자)만이 고통 받을 뿐이다. 이 상황에서 두 가지 부가적인 질문이 떠오른다. 소작농과 노동자들은 제국에 대항하는 행동을 하고 있는가? 그렇다면 어떻게 하고 있는가?

하위주체의 제국?

하트와 네그리는 권력 구성을 규정할 때 너무 미세한 추상 수위에 머무르다보니 체제 안에서 가장 중요한 변수들인 국가와 계급을 덮어버렸다. 그 결과 사회경제적 변화에 대한 이들의 개념화는 인식론적 영역에서 불편하게 맴돌고 있다. 이것은 처음부터 아예 존재하지 않거나 전적으로 설득력이 없는 것이다. 따라서 이들의 포스트모던적 편향을 감안해 볼 때, 이들이 변화란 계급이라는 행위자에서 유래하는 것이 아니라 최신 유행으로 도처에 널려 있는 "하위주체"라는 행위자에서 유래한다고 보는 것은 놀랄 일이 아니다.

네그리의 초기 저작에서 제국주의에 대한 최근의 입장을 예견하게 해 주는 이론적 요소들을 찾아볼 수 있다. 푸코 같은 포스트모던주의자들이나 다양한 신식민주의/하위주체 사상가들의 "주변성"marginality에 대한 찬양을 고려했을 때, "아우또노미아"Autonomia가 1970년대부터 계속 현존 정당 체계와 대립관계를 가지며 그 외부에서 작동할 수 있는 새로운 정치 계급을 모색했다는 것은 의미심장한 일일 것이다.[5] 확고부동하게 이탈리아 공산당PCI를 지지해온 북부 산업 노동계급의 대중적 지지를 받지 못한 상태에서, 이들을 대신하여 아우또노미아로부터 이러한 역할을 부여받은 사람들은 신분이 낮은 "주변인"declasse "marginals"이었다. 이들은 청년실업자들과(남부 이탈리아에서 살고 있는 농촌 출신 이민자들) 여성, 그리고 도시 비공식 부문에서 일하고 있는 자영업자들("공식 통계에 등록되지 않는" 노동자들) 혹은 잠재적으로 혹은 실제로 도시 그리고/또는 지방의 "권력을 부여받은 사람들"처럼 많은 포스트모던 이론들이 연달아 추켜세운 범주들로 구성된다.

이러한 초기 아우또노미아 개념은 사실 『제국』속에 스며들어 있는데, "존재론적 구성의 장소는 새로운 프롤레타리아가 구성적 힘으로서 등장하는 곳이다. …… 이는 새로운 산업 노동자계급이 아니라 새로운 프롤레타리아이다." 프롤레타리아트는 "자본에 의하여 착취되는 노동자들 전체, 협동하는 다중 전체"로 구성된다.(p. 402) 책 앞부분에서 하트

---

[5]. 1970년대 초 네그리는 정치 정당 없이 정치를 할 수 있는 새로운 방식에 대한 모색으로 규정된 지적이며 정치적인 운동인 "아우또노미아"를 착안하여 그 일원이 되었다. 정치를 사고하고 행하는 이 새로운 방식 ― 1980년대에 등장하게 된 "포스트모던적" 정치 형태(Holloway, 2002)의 근간이 되는 ― 의 배경은 이탈리아로, 이는 네그리에게 있어서 새롭게 출현하는 세계 질서에 대한 정치적 "실천"과 성찰의 주요한 대상이었다.

와 네그리는 "우리의 요점은…… 다양한 형태의 노동이 어떤 면에서는 자본주의적 기율과 자본주의적 생산관계에 종속되어 있다는 것이다. 자본의 내에서 자본을 지탱하고 있다는 사실이 프롤레타리아를 계급으로 정의하는 것이다."(p. 53) 라고 서술하고 있는데, 여기서 같은 문제의식이 발견된다. "자본주의 생산관계"라는 표현이 있기는 하지만, 『제국』의 저자들에게 프롤레타리아트는 소유 관계로 정의되지 않는 것이 분명하다. 오히려 잉여의 일부를 프롤레타리아트에게 내주는 자본과 똑같이 경제 순환의 일부라는 사실로 규정된다. 이러한 정의는 맑스주의적이지 않을 뿐만 아니라, 이런 식으로 개념화하면 잉여노동의 일부를 신흥 부르주아지에게 내주었던 봉건 토지 소유 계급 또한 프롤레타리아트의 일부를 구성한다고 말할 수 있을 것이다!

따라서 『제국』은 아우또노미아 시절로부터 자본주의적 노동을 (그리고 노동 훈련을) 거부하면 이것이 필연적으로 사회주의 혹은 그와 유사한 어떤 것의 예비적 형태라고 추정할 수 있는 진보적인 정치로 이어진다는 의심스런 전제를 물려받았다. 초반의 저작을 근거로 했을 때 네그리는 분명 이것이 어떻게, 누구에 의해 구축되었는지 혹은 어떤 정치적 방향으로 향하고 있는지에 대해 면밀하게 탐구하지 않은 채 풀뿌리 행위자들의 "주관적인 면"을 받아들여 버렸다. 다시 말해서 네그리는 일찍부터 투쟁에 관련된 주체가 신봉하게 되었다는 이유만으로 기존의 이데올로기들이 해방적인 성격을 갖는다고 잘못 규정했던 것이다. 더욱이 네그리는 이런 관점을 관련된 주체가 자본주의 관계에서 "실질적으로 독립되"었다는 증거로 인식했다. "자본주의적 노동에 대한 거부" 주장의 문제점은 — 스콧Scott 같은 포스트모던주의자나 하위주체 연구 기획과 연관된 사람들처럼 — 반대 담론을 그것이 반대 담론이라는 이유만으로 정치적으로 진보적이라고 생각한다는 것이다. 자본주의 행위주체나 이데올로기의 존재를 허용하지 않으며, 하위주체라는 폭넓은 계급 안에 있는 노동계급적 요소들에 대한 퇴행적 혹은 반동적 이데올로기의 존재를 인정하지도 않는다.

따라서 "하위주체"라는 포괄적인 범주처럼 하트와 네그리가 사용한 "새로운 프롤레타리아트"라는 용어는 그 계급적 지위가 완전히 다르지는 않지만 적대적이며, 따라서 그것의 작동이 서로 타협할 수 없는 정치적 목적을 성취할 것으로 예상되는 주체들을 모두 포괄한다. 그러므로 예를 들어 소작농들은 일반적으로 "자신의 농장과 마을에 뿌리를 두고 세계적 생산이라는 불타는 대장간으로 던져진다"(p. 247)는 입장을 지지하는 저자들은 자본주의에 대한 소작농들의 저항에 대한 제임스 스콧 James Scott의 연구(1990)(p. 455, 각주 16)에 근거하고 있다. 하지만 이들은 스콧의 분석적 접근 방식이 부유한 농민과 중간 및 빈곤한 소작농들을 구분하지 않았을 뿐만 아니라 자본주의를 대상으로 한 농촌의 행위들은 (저임금에 대한 빈농들의 반대처럼) 사회주의를 대상으로 해서도 똑같이 발생했다(토지개혁에 대한 부농들의 저항)는 점에서 크게 비판받았다는 사실을 망각했다(아니면 몰랐을지도 모른다). 하트와 네그리는 하위주체 이론에 대한 열정을 가지고 그들이 "하위주체 민족주의"subaltern nationalism라는 용어로 규정한 것을 "진보적"인 것으로 범주화하고 있다(pp. 105ff.). "제국"의 주변부에서 "다중들"이 벌이는 투쟁은 그 자체로 진보적이라는 것이다.

그 주장이 얼마나 얄팍한 것인가는 다음 진술에서 확인된다. "민족 the nation은 잠재적 공동체의 공통성을 정립한다는 점에서 …… 진보적인 성격을 드러낸다. 종속된 국가에서 민족의 '근대화' 효과 중에는 종교, 인종, 문화, 언어의 장벽을 부수고 다양한 사람들을 통합해 내는 것도 포함된다."(p. 112) 사람들은 지난 십년간 하트와 네그리가 어느 별에서 살았는지 의심할 수밖에 없다. 1989년 베를린 장벽이 붕괴한 후 전 세계적 상황은 이들이 묘사하고 있는 것과 정반대였다. 즉, 근대화의 "반대편"은 경쟁적 민족주의와 문화주의, 종교 및 인종문제가 고삐 풀린 듯 풀어져 모두 각자의 특수한 "차이"를 지키기 위해 전쟁으로 치달았기 때문이다. 하트와 네그리는 오늘날의 근본주의는 퇴행적이지 않는다는 주장으로 이 문제를 우회하려고 했지만 다음에서 드러나듯 이것은 너무나도 의심스러운 관점이다. "근본주의를 규정하는 반근대적 경향은 전근대적인 기획이라기보다는 포스트모던 기획으로 보아야 더 잘 이해가 될 것 같다."(p. 149) 그들은 이러한 주장의 모순적이면서도 입증 불가능한 속성을 거의 즉시 인식했지만 그럼에도 불구하고 거기서 빠져 나가기는커녕 그것을 설명해 낼 수도 없었다("포스트모더니즘 담론과 근본주의 담론이 대부분의 경우 정반대 입장(혼종성 대 순수성, 다양성 대 정체성, 이동성 대 정체停滯 같은— 저재에 서 있다는 점을 고려했을 때 포스트모더니즘과 근본주의의 이러한 결합은 분명 이상한 조합이다"[pp. 146ff.]). 하트와 네그리는 포스트모더니즘이 근대성을 연대기적으로 넘어서는 것과 동일한 것으로 파악하고 있기 때문에 분명한 전통 담론과 일시적 "넘어섬"을 조율하는 데 어려움을 겪고 있다. 해답이 그들에게서 멀어진 것은 당연한 일이다. 포스트모더니즘이 제기한 바로 그 정체성은 퇴행적 근본주의가 방어하는 정체성들과 다르지 않다(혼종성hybridity 은 다양한 순수성과 동일하고, 정체성identity은 차이의 복수성과 동일하다).

결론

하트와 네그리의 분석을 특징짓는 "제국" 개념은 임마누엘 월러스틴 Immanuel Wallerstein의 잘못된 세계체제 접근법과 너무나도 닮아 있다. 하지만 중심, 반주변부, 주변부라는 개념 대신 그들은 "하위주체"라는 포괄적인 범주로 소작농과 노동자를 묶는 과정에서 "제국"과 "다중"이라는 용어를 쓰고 있다. 세계 경제와 권력에 대한 단순화된 추상적 층화層化는 계급관계의 동학이 시장 지분의 정적 분배보다 중요하지 않은 것으로 표현한다. 추상적 범주들은 동적인 국가와 침체된 국가들 간의 차이뿐만 아니라 각 범주 안에 있는 국가들 간의 계급 이해에 따른 근본적인 차이 ― 시장 지분이 분배되는 방식과 재산 소유권 및 생활수준을 결정하는 차이들 ― 를 모호하게 만든다. 간단히 말해서 이런 추상적인 범주들은 좀 더 발달한 산업 국가들과, 예전에는 식민지였던 저개발된 농업 환경 속에서 자본에 의해 재생산된 계급 구분을 지워 버린다. 좀더 근본적으로 하트와 네그리는 시장의 상황에만 주목함으로써, 국가와 경제들 간의 관계를 유지하는 한편 이에 도전하고 세계 경제를 재편성하는 모든 곳에 국가가 있음을 간과한 것이다.

『타임』지와 『뉴욕 타임스』의 논평가들이 『제국』을 읽은 후 이 책을 환영하고 그토록 높이 평가한 것은 당연하다. 『제국』은 일반적인 "허위 세계화"globaloney 6이론의 연장선에서 세계화는 진보적인 역사 운동이며 ― 지적 명령으로 제국주의의 폐지를 요구하는 입장 ― 체제의 대안은 오늘날 혁명운동에 필요한 정치조직과 구조적 응집력을 모두 갖추지 못한 형체 없는 다중 속에 위치하고 있다고 주장하고 있다. 다양한 사상가들

---

6. [옮긴이] globalization(세계화)과 baloney(허튼소리)의 합성어.

에게서 인용한 요약된 인용문들은 미국 입헌주의에 대한 찬양에 공식적으로 이용될 여지가 많다. 『제국』의 독자들이 이라크와 유고슬라비아(그들의 소작농과 노동자들을 포함해서)를 철기시대의 상황으로 만들어 놓고 나서 이제는 아프가니스탄(그리고 그 소작농과 노동자들)에 폭격을 가해 석기시대로 만들어 놓은 지금과 같은 시기에 말이다. 『제국』은 세계화, 포스트모더니즘, 탈맑스주의, 그리고 탈역사주의를 모두 섞어 경제적이며 역사적인 현실과 심각하게 모순되는 일련의 의심스러운 주장과 가정들을 만들어 낸 지적 공허함의 완전한 종합이다. 탈제국주의라는 "제국의 명제"는 참신하지 못하다. 그것은 위대한 이론도 아니고 현실 세계를 충실히 설명해 내지도 못한다. 오히려 비판적 지성이 결여된 장황한 변명만 늘어놓을 뿐이다. 시골 들판에서 일을 하다가 농장 마당에 있는 거름더미와 마주쳐 버린 독자들은 제국주의의 진정한 향기를 떠올릴 필요를 못 느끼게 된다. 하트와 네그리가 후각을 완전히 상실한 것처럼 보여서 안타까울 뿐이다.

2장
제국적 권력의 경제적 기초

제국주의는 시간이 흘러감에 따라 다양한 형태를 취한다. 토니 블레어의 조언자였던 로버트 쿠퍼Robert Cooper(2000b)의 표현을 빌면 "전근대적"premodern, "근대적"modern, "포스트모던적"postmodern 제국주의 혹은 좀더 분석적으로 유용한 용어를 쓰자면 전前자본주의적 제국주의와 자본주의적 제국주의가 있었다. 자본주의 발전과 사회주의에 관한 20세기 주요 이론가 중 한명인 레닌은 제국주의를 가장 발전된 단계의 자본주의로 정의했는데, 이 단계에 이르면 금융적 형태 및 산업적 형태의 자본이 거대한 독점기업에 융합되고, 이 거대 독점기업은 국가 권력의 동력들(주로는 군사력)을 가지고 세계를 자본 및 잉여 생산의 시장들로 분할하고 종속 관계에 있던 국가들을 식민지로, 지역 지배계급들을 총독과 예속 평민으로 바꿔 놓는다고 했다. 하지만 제국주의는 어떤 형태를 취하건 간에 자신들의 계급이나 "국가적" 이익을 증진하고 다른 나라들을 이러한 이익에 종속시키기 위해 — 일부 국가가 다른 국가들을 지배하는 데 어떤 비용을 치르게 되든지 간에— 다양한 형태로(경제적, 정치적, 군사적) 국가 권력을 투영한다.

이러한 권력의 투영과, 그 결과 오늘날 세계 정치의 영역에서 형성된 지배-종속 관계를 창조하는 데 관여하는 지배적인 행위자는 자본주의 국민국가이다. 자본주의 국민국가는 민주적인 국가와 권위적인 국가, (지배적인 정치 의제에 따라) 자유주의적인 국가와 신자유주의 국가 등 다양한 형태를 발달시켜 왔다. 제국주의의 또 다른 행위자에는 거대 자본주의 기업들이 포함되는데, 이 기업들은 대중적인 표현이나 학문 영역의 지배적인 정치적 "상상"에 따르면 투자 혹은 자본 이익을 찾아 온 세상을 배회한다. 하지만 이 기업들은 자유롭게 풀려 있거나 국가 이익에 대한 고려에서 벗어나 있는 것이 아니다. 사실 이러한 자본주의 기업들이 표현하는 경제적 이익은 오늘날 미국이 지배하고 있는 체계인 "제국적 국가 체계"라고 불리는 것을 구성하는 국민국가가 증진시키고 보호하는 국가 이익으로 모두 수렴된다. 더욱이 자국에 본부를 두고 있는 다국적 기업들이 세계의 "신흥 시장들"을 이용하고 그 속에서 유익하게 작동하는 데 필요한 조건을 만드는 것은 바로 자신의 군사 및 정치적 권력을 투영하는 국가들이다. 제국적 국가인 미국은 직접적인 방식(국무부와 국방부를 통해)과 간접적인 방식(세계은행과 IMF 같은 금융기관들에 대한 통제력을 가지고) 모두를 동원하여 세계 체제를 운영하는 일종의 이사회를 구성하고 있다. 마치 한 나라의 정부기관에서처럼 새로운 세계 질서(세계자본주의 혹은 제국주의 체제)의 이 이사회에 집중된 의사결정권을 억압적 기구들이 뒷받침해 주고 있다. 그런 억압적 기구 중 하나인 미국군을 유지하고 세계적으로 운영하는 데는 미국 납세자들의 희생이 뒤따르며 자본금은 이라크와 아프가니스탄 추가 예산을 포함해서 2003년 약 3천억 달러, 2004년 최소 4천8백억 달러, 2005년 5천억 달러 이상이 들어갔다.

이러한 제국을 건설하고 유지하는 경제적 비용들은 너무나도 막대해서 제국의 기초와 제국주의적 의제에 심각한 문제를 유발한다. 사실 이전에 있었던 모든 제국들은 결국 경제적 문제와 정치적 문제들이 결합함으로써 붕괴했다. 결국 제국의 경제적 비용은 그 체제가 감당할 수 있는 한계를 넘어서는 경향이 있다. 그리고 모든 형태의 제국주의는 결국 그 체제에 대항하여 결집된 저항과 반대의 힘을 만들어 낸다. 얼마 안 가 이러한 힘들은 제국주의가 그 내적 모순의 무게와 그 모순이 만들어 낸 정치적 힘 때문에 붕괴하게 될 때, 그 체제를 와해시킬 수 있다. 경제적·정치적 비용을 감당하는 그 체제의 능력은 부분적으로 제국주의 체제의 경제적 기초에 달려 있는데, 이것이 지금 우리가 다루려고 하는 주제이다.

제국의 경제학

세계 경제의 경제력에 대한 논의는 몇 가지 핵심적인 주제를 중심으로 이루어진다. 이러한 주제들 중 한 가지는 경합을 벌이고 있는 국가들의 다국적 기업들의 역할과 그 작용에 대한 것이다. 다국적 기업들은 국제적인 경제력이 행사되는 핵심적인 단위이다. 따라서 다양한 국가들의 힘을 분석하려면 각 국가들이 관계 맺고 있는 가장 큰 규모의 다국적 기업들의 비중을 비교하는 것이 유용하다.

다양한 나라들이 관계 맺는 다국적 기업들의 수와 퍼센트로 측정된

"일반적 권력" 구성은 다시 이 기업들이 집중되어 있는 특정한 하위 부문을 살펴보면서 다듬을 필요가 있다. 우리의 가정은 다양한 나라들의 다국적 기업들은 권력을 다양한 부문들에 집중시킨다는 것이다. 즉 권력이라는 것은 모든 부문에서 동질적이지 않다. 권력은 주요한 경쟁 권력 블록들 속에 점점 더 분산되어 있다. 전문화에 따른 분산 정도는 제국적 권력 간의 경합하는 보조적 관계를 반영하지만, 다른 한편으로 하나의 권력 중심 — 미국 — 이 다른 권력 블록들보다 더 많은 부문에 대해 더 큰 지배를 행사한다는 심화된 가정도 가능하다.

5백 개의 가장 큰 다국적 기업들을 선정할 때 우리는 『파이낸셜 타임즈』Financial Times에 발표된 2004년 3월의 기준과 계산에 근거하였다(「세계 500대 기업에 대한 특별보고서」"Global 500 : Special Report", 2004년 5월 27일). 이 회사들의 순위는 시중 자본 총액, 즉 발행된 주식의 수로 주가를 증가시키게 되어 있는 각 회사의 주식 시장 가치를 근거로 매겨진 것이다. 정부나 한 일가에서 큰 지분을 가지고 있는 기업들은 제외했다.

지배적인 경제력 : 5백대 다국적 기업 — 미국의 수십억 달러 클럽

미국은 현재까지 상위 5백 개의 다국적 기업의 수와 비중의 관점에서 지배 권력이다. 5백 개 다국적 기업 중 227개(45%)가 미국에 본부를 두고 있고, 서유럽이 141개(28%), 아시아가 92개(18%)로 그 뒤를 따르고 있다. 이 세 지역 권력 블록들은 전 세계에 있는 최대 규모의 다국적 기업 중 91%를 통제하고 있다. "세계화"는 자본을 이동시키고, 무역과 신용, 금융과 오락 부문을 통제하면서 이러한 권력 블록들에 근거지를 두고 있는 다국적 기업들의 권력을 이끌어 내주는 것으로 이해될 수 있다. 대기업의 4분의 3(73%) 정도가 유럽-미국의 권력 범위에 위치해 있다. 최근 몇 십 년간 아시아의 다국적 기업들이 점점 더 많이 출현하여 잠재적인 도전 세력이 되긴 했지만, 향후 얼마간은 미국-유럽 경제 축이 우세할 것이다. 최근 들어 중국과 인도가 급격한 호황을 맞고 일본이 뒤늦게 경기회복에 접어든 것은 내생적 자본주의가 성장하고, 유럽-미국의 다국적 기업들이 "신흥 시장들"을 확대하고, 정복해 나가는 과정을 보여준다. 남미와 중동, 아프리카는 상위 5백 개의 다국적 기업 중 겨우 11개만을 보유하고 있다. 남미에서는 브라질과 멕시코만이 세계적 수준의 다국적 기업을 보유하고 있고, 아프리카에는 한곳도 없으며, 중동의 6개 기업 중 4개가 사우디아라비아의 통제하에 있다. 약탈 자본주의로 이행하면서 경제가 파국적으로 붕괴해 버린 러시아는 겨우 7개의 다국적 기업을 보유하고 있다. 경제적으로 힘 있는 다국적 기업들의 수가 가장 적은 대륙 및 국가들은 어김없이 한때 유럽-미국 다국적 기업 및 그 제국적 국가들의 지배를 받았던 곳들이다. 자원 약탈이 지속되고, 소득이 "5백 대 기업" 중에 있는 은행들로 흘러들어가며, 총체적으로 축적이 이루어지지 못한 주요 원인은 미국-유럽의 다국적 기업을 위해 일하는 종속적 지배자의 통치하에서 내생적 자본을 축적하지 못했기 때문이다. 그나마 존재하는 러시아와 남미의 거대 다국적 기업들은 대체로 유럽-미국 다국적 기업들의 존재에 제약을 가할 능력이 있었던 이전 국가 통제 정권의 공적 자금과 투자로 개발되었다가 사유화된 국영기업들이다.

상위 다국적 기업들을 좀더 면밀히 살펴보면 권력이 미국에 더욱 집중되어 있음을 확인할 수 있다. 상위 10개 다국적 기업들 중에서 80%가 미국 기업이고 20%가 유럽 기업이다. 상위 20%의[1] 다국적 기업들 중에서 75%가 미국 기업이고 20%가 유럽 기업이며 5%가 일본 기업이다. 상위 50개 다국적 기업들 중에서 60%가 미국 기업이고 32%가 유럽기업이며 6%가 일본 기업이고 5%가 그 외 다른 나라에 속해 있다. 최대 규모의 다국적 기업들 속에 미국의 권력이 가장 많이 집중되어 있고, 경쟁은 경제력의 서열 구조에서 더 낮은 층위로 가면서 더 심해진다.

미국은 제조업(제너럴 일렉트릭), 석유와 가스(엑손-모빌), 소프트웨어와 컴퓨터서비스(마이크로소프트), 제약(화이자), 금융(시티콥), 소매업(월마트), 보험(아메리칸 인터내셔널 그룹), 정보기술 하드웨어(인텔) 부문에서 최대 규모의 다국적 기업들을 보유하고 있다. 이 거대 공룡 기업들의 총 자본금은 1조9천7백9십억 달러이다. 미제국의 "쇠퇴"에 대해 글을 쓰는 사람들은 미국의 최고 8대 기업들의 연합된 힘을 무시한 것이 분명하다. "세계화"라고 하는 것은 실제로는 미제국, 또는 최소한 유럽-미국 제국의 극단적인 집중과 확장을 말하며, 이것은 아시아 다국적 자본들의 점진적인 등장으로 보완되고 있다.

러시아의 다국적 기업들은 거의 자연 자원에만 관련된 것으로 특별한 사례이다. 이 기업들은 국내 경제에서 광범위하게 통합된 거대 국영 기업들의 약탈과 절도의 결과로 형성된 것이다. 오늘날 러시아의 다국적 기업들은 대체로 유럽-미국의 다국적 기업들을 위해 "봉사하고" 이들의 요구를 충족시키느라 자국과는 제대로 융화하지 못하고 있으며, 영국, 이스라엘 등 다른 나라로 추방된 과도 독재자들에 의해 운영되어 왔다.

캐나다의 거대 다국적 기업들은 주로 금융, 천연자원, 정보기술 부문에서 활동하고 있다. 이 기업들은 부분적으로 미국의 다국적 기업들과

---

1. [옮긴이] 원문에는 20%로 되어 있지만, 문맥상 상위 20개인 것으로 추정됨.

연계되어 있고 미국의 지시를 따를 때를 제외하고는 직접적으로 자국과 관계를 맺지 않고 있다.

하지만 상위 1백 개 기업들을 벗어나면 미국 다국적 기업들의 지배력은 좁혀져 왔고 유럽-아시아 다국적 기업들이 거세게 도전해 왔다. 최근에는 유럽과 아시아의 다국적 기업들이 제국 체계의 중요한 작동 단위가 되어 전통적인 지역 경계를 넘어 미국 국내 경제에 선택적으로 진입하고 있다.

지배의 집중과 공유

특수한 경제 부문들을 살펴보면 미국, 유럽, 아시아의 다국적 기업들이 제국을 구성하는 데 있어서 서로 경쟁하고 보완해 준다는 점이 분명해진다. 몇 개 핵심적인 경제 부문에 있는 상위 10대 기업들을 검토해 보면, 우리는 미국에 본사를 둔 다국적 기업들에 의한 독점과 경쟁, 위치 조정 등을 확인할 수 있다.

소매업

소매업 부문에 있어서 미국의 다국적 기업들은 상위 10위 안에 드는 지배 집단 — 규모가 가장 큰 [다국적] 기업의 80% — 이다. 미국 경제가 소비자 지출과 투기적 거품, 높은 수준의 부채에 많이 의존하고 있다는 사실을 놓고 보면 이것은 그리 놀라운 일이 아니다. 소매업 부문의 미국의 모든 다국적 기업들은 처음에는 국내 시장 지배를 시작으로 저임금, 무노조 노동력에 대한 착취를 발판 삼아 자본을 축적하여 해외 시장에 진출하여 이러한 관행을 되풀이한다. 반면 최근까지 유럽과 아시아 소매업은 가족이 소유한 중소 규모 회사들이 운영했다.

정보통신기술

미국은 정보통신기술에 있어서 상위 10대 기업 중 80%를 지배하고 있으며, 그 뒤를 유럽이 따르고 있는데, 이것은 부분적으로 군비 지출과 Y2K 사기극("세계 종말의 시나리오" 때문에 수백억 달러가 신흥 정보통신기술 산업에 쏟아져 들어갔다) 그리고 1990년대의 정보통신 투기 거품으로 인한 결과다.

대중매체와 연예산업

미국의 다국적 기업들은 세계적 대중매체와 연예 부문도 장악하고 있다. 상위 다국적 기업들의 80%가량이(14개 중 11개) 미국 자본의 통제를 받는다. 20세기 초반의 대중매체 해체와 라디오, 텔레비전, 영화의 독점으로 미국의 공룡 기업들은 "거대 복합 기업화" 되어 지역의 신문과 음악 회사, 문화·연예 회사들을 사들이거나 파산시켰다. 그 후 세계적으로 똑같은 일들이 반복되었다. 집중된 미국 언론 및 연예 복합기업들은 호의적인 정부 개입과 "탈규제", 판촉을 통해 성장할 수 있었다. 언론 및 연예 부문이 미제국의 정복, 전쟁, 점령, 침투에 대해 비공식 부문에서 때로는 명백하게 때로는 은밀하게 선동 부대의 역할을 수행했기 때문이다.

군산복합체

미국에 본사를 둔 다국적 기업들은 전쟁과 관련된, 제국 건설 군사

사업에 있어서 단연 선두주자이다. 상위 5백대 기업에 속해 있는 11개의 상위 거대 군산 기업들 중에서 9개가 미국 기업이고 2개가 유럽 기업이다. 65년이 넘는 세월 동안 군사주의는 미국의 산업 확장에 불을 지폈고, 1930년대의 대공황에서 미국을 건져 올려 극적인 산업 확장기(2차 세계대전)와 "자본주의 황금기"(1948~73년)를 몰고 왔지만, 국가가 공급하는 수조 달러를 빨아 들여 낭비했고 그 결과 산업 활동의 비군사 부문에 있어서 미국의 지위를 약화시켰다.

소프트웨어와 컴퓨터서비스

소프트웨어와 컴퓨터 서비스 부문 상위 10대 기업 중 6개 기업을 차지하고 있는 미국은 이 부문 역시 지배하고 있다. 하지만 각각 상위 2개 기업을 보유하고 있는 일본과 유럽이 미국의 주도권에 도전하고 있다. [미국의] 독점에 대한 도전은 유럽에서 시작되었는데, 정보통신 산업의 거품이 사그라지고 연구 개발 분야에 대한 정부의 재정 지원이 늘어나면서 합병과 매각, "불공정한 경쟁 관행들"뿐만 아니라 제국 간 경쟁이 치열해지는 결과가 발생했다.

금융

미국의 재정 및 금융자본은 세계 경제에서 주도권을 가질 만큼 성장했다. 미국의 다국적 은행들은 세계 상위 10개 은행 중에서 60%를 차지하고, 30%의 유럽, 10%의 일본이 그 뒤를 따르고 있다. 미국 금융업은 남미, 아시아, 아프리카의 부채 지분을 가지고 성장했는데, 신자유주의 사유화 정책들과 금융 시장 탈규제 등을 통해 이 부채 지분을 보통주로 전환시킨 것이다. 미국이 보유한 채권은 특히 남미 출신의 부패한 통치자, 국제 범죄자, 세금을 회피하고 있는 사업가들의 수천억 달러의 불법 자금 이전을 촉진함으로써 과잉이득을 보게 되었다. 거대한 미국의 해외 은행들은 신자유주의와 금융의 탈규제, 계급 기반 긴축 프로그램, 해외 부채 수금을 촉진하는 국제금융기관들을 통해 제국적 국가인 미국의 정책 틀을 형성하는 데 주요한 역할을 하고 있다. 유럽의 거대한 금융기업들 또한 규모는 더 작지만 똑같은 방향으로 미국의 정책들에 영향을 미치고 있다. 하지만 유럽의 다국적 은행들은 종종 "파리 클럽"에서 그리고 공통된 정책들을 통해 부채 수금이라는 동일한 목표를 추구하면서 미국의 은행들과 공동 행동을 하고 있다.

유럽의 도전 : 원거리 통신, 석유와 가스, 보험, 제약 및 제조업

상위 10개 다국적 기업 중 40%를 보유하고 있는 유럽은 원거리 통신 부문의 선두 주자다. 각각 30%를 차지하는 미국과 아시아가 그 뒤를 따르는 가운데 경제력과 세계시장 지분의 서열 구조는 이렇게 구성되어 있다. 보험에서도 비슷한 형태가 나타나는데, 유럽이 최대 규모 다국적 기업의 50%를 차지하고 40%의 미국과 10%의 일본이 그 뒤를 따르고 있다. 가스와 석유 부문에서 미국과 유럽은 각각 상위 10개 기업 중 4개씩을 보유하고 있고 러시아와 브라질이 각 1개씩의 기업을 보유하면서 그 뒤를 따르고 있다. 제약 부문에서도 비슷한 형태가 나타나는데 미국과 유럽이 상위 10개의 다국적 기업들을 지배하고 있다. 전자 및 전기 장비 부문에서는 전체적으로 아시아가, 그중에서도 일본 기업이 강세를 보이고 있는데, 상위 10개 기업 중 70%를 차지하고 있으며, 유럽은 20%, 미국은 그 비중이 겨우 10%밖에 되지 않는다.

제국주의 간의 경쟁은 금속, 운송 수단, 화학 물질, 임업 및 전자 제품 등 중공업 및 경공업 모든 분야에서 분명하게 나타난다. 규모가 가장 큰 경공업 기업들 중에서 미국은 44%, 유럽은 48%, 일본은 8%를 차지한다. 중공업 부문에서는 100대 대기업 중 32%는 미국, 30%는 유럽, 22%는 일본이 차지하고 있으며 7%는 다른 아시아 기업들이고 나머지는 5개 대륙에 고루 퍼져 있다. 급속하게 성장하고 있는 개인 생활용품과 화장품 부문에서도 회사 자본금 비중은 비슷하게 나타나는데, 미국과 유럽이 각각 33%를 차지하고 11%의 일본이 그 뒤를 따르고 있다.

제국적 중심들 간의 관계

미국을 "유일한the 세계 권력"으로 간주하는 것은 잘못이다. 왜냐하면 미국에게는 핵심 에너지와 생산 부문에서 미국과 호의적으로 경쟁하고 있거나 혹은 미국을 능가하는 막강한 경쟁자들이 있기 때문이다. 미국은 눈에 아주 잘 띄는 대중매체와 소매점 부문을 장악하고 있고, 정보통신 산업과 금융 부문에서 강세를 나타내고 있지만 제조업과 원거리 통신, 전자 제품, 보험에서는 상대적으로 약하다. 제약 부문과 석유 및 가스 부문에서는 아직 "경쟁력이 있"다. 미국의 힘은 손에 잡히는 생활상품들의 생산이 아니라 서비스업을 기반으로 하고 있다. 군산복합 다국적 기업들에 대한 엄청난 보조금이 없었다면 미국은 제조업에서 훨씬 더 두각을 나타내지 못했을 것이다. 더욱이 미국에 근거지를 두고 있는 제조업 경제는 해외, 특히 중국에 있는 미국의 다국적 자본들이 확장하면서 심각하게 위축되었다. 다국적 기업들은 제국 건설과 관련된 해외 경제활동들을 벌이면서 미국에 본부를 유지하고 있다. 그리하여 국가와 정부의 지시, 정책, 인사에 대한 막강한 통제력을 유지하고 있다. 월포위츠-펄Wolfowitz-Perle 독트린에서 주장하는 것처럼 유럽이 "지역" 권력으로 국한될 수 있다는 생각은 견고한 제조업과 금융 및 원거리 통신 부문의 기반을 가지고 미국에 대한 전 지구적 제국 경쟁자로서 자리매김하고 있는 유럽의 압도적인 현실을 전혀 반영하지 못한 것이다. 더욱이 가장 최근의 자료는 미국이 점점 지배력을 상실하고 있음을 암시하고 있다. 2004년의 자료는 미국의 다국적 기업 30개가 상위 5백 개 기업에서 탈락되었고 겨우 16개 기업만 새로 진입하여 결국 [상위 5백 개 기업 중 미국 기업의 비중이] 5% 감소했음을 보여주었다. 유럽은 거의 차이가 없었지만, 일본과 나머지 아시아 국가들의 경우 2003년과 2004년 사이에 14개 기업이 순수하게 증가했는데, 이는 거의 20%의 증가율에 가깝다.

두 가지 중요한 단서가 필요하기는 하다. 첫째, 유럽과 아시아에 비해 미국에 본사를 둔 다국적 기업들의 수가 줄어든 것은 유럽의 다국적 기업들이 여러 나라에 분산되어 있다는 점과, 이 다국적 기업들이 공통적으로 유럽에 묶여 있기는 하지만 단일한 조직처럼 일사분란하게 움직이지는 않는다는 사실로 상쇄된다. 이것은 아시아의 경우도 마찬가지다. 둘째, 미국은 자신의 다국적 기업들이 쇠퇴하고 심한 경쟁에 시달리는 경우에도 많은 비용을 들여 군대와 비밀경찰을 운영함으로써 경제적 이익을 얻을 수 있다.

무역 정책과 이라크 전쟁에 대한 유럽과 미국 정치인들 간의 경쟁 및 불일치는 장기간의 협력 관계로 인해 부수적으로 발생하는 것이다. 더욱이 새로운 중동 정책과 전 지구적 전쟁을 강요하는 펜타곤의 시온주의 논객들을 중심으로 정치적 갈등이 부분적으로 반복된다.

이데올로기적으로 촉발된 이런 갈등에도 불구하고 유럽과 미국의 자본은 점점 더 상호 연계되었다. 유럽과 미국의 경제는 전체 상업 판매에 있어서 2조5천억 달러를 발생시키고 1천2백만 명의 노동자를 고용하고 있다(『파이낸셜 타임즈』, 2004년 6월 9일). 2003년에 미국의 다국적 기업들은 유럽에 8백7십억 달러를 투자했는데, 이는 2002년보다 31% 증가한 것이다. 그리고 같은 해 유럽의 다국적 기업들은 미국에 3백7십억 달러를 투자했는데, 이는 전년보다 42% 증가한 것이다. 이 양대 제국주의 중심지들 간에 벌어지는 높은 수준의 무역 및 투자는 갈등과 적대관계가 공동의 경제적 이익보다 훨씬 덜 중요하다는 것을 보여주는 것이다. 하지만 이런 구조적 친밀함에도 불구하고 일방주의적이고 이스라엘 우선주의를 표방하는 집단이 이들 관계에 심각한 긴장을 야기하고 있고 또 앞으로도 꾸준히 야기할 것이다.

이스라엘과 팔레스타인간의 갈등과 이라크 전쟁, 새로운 가능성을 가진 중동 갈등(이란, 시리아, 이라크 북부의 쿠르드 지역)에 대한 펜타곤의 계획은 분명 양대 제국 중심지들 간에 새로운 긴장을 야기할 것이다. 유럽의 제국은 주로 "무역 - 투자 - 시장" 외교 전략을 가지고 고도로 군사적이며 제국적인 미국에 맞서고 있다. 유럽은 다자적이며 조언가적이고 연대-분담적인 형식의 제국주의를 주장하는 반면, 워싱턴은 일방적 행동과 규칙의 독점, 제국적 약탈을 추구한다. 유럽인들은 중동에서 아랍 및 이스라엘의 엘리트들과 동반자 관계를 형성하게 되기를 바라지만, 시온주의자들의 영향을 받은 워싱턴은 유럽과 아랍의 지배자들이 순종적으로 복종할 때를 제외하고는 이들을 배제한 채 이스라엘과 강한 관계를 맺는 것에 더 높은 가치를 둔다. 이런 상황에서 우리는 제국의 다국적 기업들과 제국의 정권 간에 구조적 연계가 깊어지고, 시장 지분을 둘러싼 경쟁이 지속되며, 워싱턴의 시온주의 극단론자들과 텔아비브에 있는 그들의 스승들이 도발한 정치적 갈등이 발생할 것이라 예상할 수 있다.

결론

워싱턴에서 채택된 제국적 정책들은 미국 경제 안에 자리하고 있는 거대 다국적 기업들의 권력과 중심성에 대한 직접적인 대응이다. 자유무역협정, IMF 및 세계은행 정책들, 사유화, 관세장벽 철폐, 그리고 130개가 넘는 나라에 180개 이상의 군사기지를 건설하는 것 등은 모두 미국 경제, 좀더 특수하게는 전 세계에서 활동하고 있는 미국의 거대 다국적 기업들의 구조적 요청에 대한 대응이다. 제국주의는 정책이나 음모 또는 어떤 단일한 행정체계의 산물이 아니라 정치적 결정자들과 경제적 근거를 가진 구조적 실재다. 하지만 이러한 구조의 경제적 요청에 근거한 정책들은 워싱턴의 의사결정자들에 의해 공식화되고 국가 기구를 통해 이행된다.

미제국의 경제적 이익을 뒷받침해 주는 대부분의 핵심 정책들은 폭넓은 대중적 논의 속에서 만들어진 것이 아니다. 제국의 이익도 그런 식으로 정해진 것이 아니다. 대체로 선거를 통하지 않고 선출된 소수의 관료 집단이 "닫힌 문 뒤에서" 결정을 내리고 제국의 정책들을 계획하면, 〈미국 대외 관계 센터〉US Centre for Foreign Relations(대서양 연안의 "자유주의적" 3자 협력주의자들의 선택), 〈헤리티지 재단〉Heritage Foundation(아버지 부시가 좋아하는), 〈새로운 미국의 세기를 위한 프로젝트〉Project for the New American Century, PNAC(딕 체니의 부인이 운영하는 곳으로, 신보수적 신제국주의 신세대들이 이용하는 여러 포럼 중의 하나이다)처럼 워싱턴에 근거지를 두고 있는 일군의 정책 포럼에서 짜준 "조언"이 힘을 실어준다. 그리고 나면 대중들은 "자유와 민주주의, 그리고 자유로운 기업의 힘"(조지 부시의 2002년 『국가 안보 보고서』 National Security Report에서 인용)의 진전처럼 다양한 형태로 제국주의적 기획을 표현하는(이라크 전쟁의 예처럼) "자유", "민주주의" 등등의 의례적 수사들을 싫증날 때까지 접하게 된다.

이런 "닫힌 문[폐쇄적 결정]"이 반드시 전략적 이익에 대한 구조적 결정을 필요로 하는 것은 아니지만 양립할 수 있다. 따라서 "음모"가 구조적 결정들보다 더 중요하다는 주장은 잘못된 것이며 거짓된 차이에 근거한 것이다. 구조적 결정자와 "음모적" 결정자는 양립할 수는 있지만 다른 수위에서 작동한다. 다국적 기업처럼 구조적인 경제적 요인들은 미국 정책의 전반적인 틀을 짜고, 정책결정자들은 이러한 기업들의 이익을 증진시키기 위해 정책을 정교하게 만든다. 이러한 과정은 대중들이 볼 수 없는 곳에서 일어나고, 따라서 "음모"로 인식될 수 있지만 다국적 거대기업 최고경영자들의 왕성한 참여를 동반하기도 한다. 더욱이 특정 정책결정자들이 특정 지역의 특정 기업에서 어느 정도의 독립성을 얻어내서 심지어는 그 기업을 희생해서라도 고유의 이데올로기적 의제를 추구하는 순간들이 있다. 이런 예외적인 환경의 가장 두드러진 예는 조지 부시 대통령 재임기간 동안 중동과의 관계에 있어서 미국 정부 기구들이 보인 행동이다. 이스라엘과 긴밀한 동맹 관계에 있고 이스라엘에 대한 강한 충성심을 가진 미국의 영향력 있는 시온주의 집단은 이스라엘의 생존을 보장하기 위해 미국 군사력을 일방적으로 사용하는 것을 전제로 중동에서 영구 정책 전략을 공식화했다.

시온주의 정책입안자들은 몇몇 산유국들을 목표물로 삼았다. 이들 산유국들은 미국의 다국적 기업에 어마어마한 이윤을 가져다주었고, 미국 경상수지 적자를 메우기 위해 미국 재무부의 중기 증권을 구입해 주었으며, 미국의 금융기관들과 중요한 연계를 맺고 있기 때문이다. 더욱이 이런 시온주의 입안자들은 전 세계에서 미국의 정치 및 외교적 고립을 더욱 악화시켰고, 유가의 급속한 변동성과 막대한 예산 적자를 유발했다. 이론적으로나 실제로나 이런 시온주의자들은 미국의 다국적 기업에 반대하지도 않고, 미국이 제국적 권력을 강제로 건설하는 데 반대하지도 않고 있다. 하지만 이들은 미제국의 권력을 이스라엘의 이익에 속박함으로써 미국의 일부 다국적 기업들의 구조적 요청을 효과적으로 짓밟았다.

이라크 전쟁에 착수할 때 이것은 분명한 사실이었다. 이라크 경제를 붕괴시키기 위해 하부구조가 파괴되고 약탈되었다. 이라크의 국가적 통합을 붕괴시키기 위해 종교 및 인종 집단들이 정치화되고 양극화되었다. 그 결과 중동의 이스라엘 권력이 강화되었고 미국은 새로운 목표물을 향해 움직이게 되었다. 미국은 시리아를 배척했고, 이란은 공격 대상이 되었으며, 사우디아라비아는 이스라엘의 이익에 유리한 맹렬한 이데올로기 비평의 중심이 되었다. 의도하지는 않았지만 그 결과 미제국은 길어지고 패색마저 짙은 식민지 전쟁의 늪에 빠지게 되었고, 관련된 예산과 무역 적자는 기하급수적으로 늘어났으며, 중동 전역이 불안정해지고 이슬람교도들을 향한 친이스라엘적 적개심은 수천만 명의 사람들을 일깨우고 변형시켜 미국의 경제적, 군사적 주둔에 반대하는 적군으로 만들었다. 미국이 제국을 방어 혹은 확장할 수 있는 능력에 도달했고 이를 넘어섰다는 주장이 전략적으로 제기되기도 했다(Isenberg, 1999). [하지만] 징병은 미국을 양극화시키고 제국의 정치에 대한 지원을 약화시킬 것이다. [또한] 객관적으로 평가했을 때 중동에 미국-이스라엘 연합 권력 블록을 만들어서 강화된 이스라엘의 권력과 미제국 건설을 융합하려는 시온주의자들의 시도는 극적인 실패였다. 사실 이들의 시도는 제국의 권력을 침식했다.

이것은 어떻게 정책입안자들이 대중의 등 뒤에서 뿐만 아니라 다국적 기업들의 등 뒤에서, 그리고 제국의 구조적 요청에 반하여 행동해 왔던가에 대한 분명한 예이다. 제국의 구조적 요청과 기업의 전 지구적 이익을 효과적으로 실현하는 것에는 항상 직접적인 관련만 있는 것은 아니라는 것이 분명하다. 우리가 오늘날 미국의 중동 정책 사례에서 보고 있는 것처럼 정책입안자들이 이데올로기적 요소들 때문에 다른 것들에 충성하느라 다국적 기업들의 이익을 우선시하지 않을 수도 있다. 분명 멀지 않은 미래 어떤 날에 이르러 시온주의 정책들이 미제국의 정책입안 과정에서 "반발"을 선동할 수도 있다. 이미 미국은 친시온주의자와 반시온주의자로, 이스라엘 우선주의자와 제국 건설자로 양분되어 있다. 중동에 대한 이스라엘의 야망 때문에 미국의 거대한 다국적 기업들의 더 큰 이익이 위험에 처하게 될 정도로 중요한 정치적 붕괴가 있을지도 모른다. 미국에 있는 이스라엘의 권력 블록이 모든 자원을 동원하여 의회와 정치정당, 그리고 대통령이 다국적 기업의 이익에 반하는 이스라엘의 야망을 지원하도록 압력을 행사하고, 다국적 기업의 대변인들도 똑같이 제국주의 간 경쟁과 과잉 확장된 군대, 그리고 적대적인 중동의 투자 환경 같은 "더 큰 상황"에 집중하라고 요청한다면 말이다.

궁극적으로는 세계 경제에 미국의 다국적 기업들이 대규모로 포진해 있는 것을 발판으로 삼고 있는 막강한 경제의 구조적 요청들이, 대중 매체와 금융처럼 중요한 경제 부문에 자리하고 있는 유태인 자본이라는 정치적으로 막강한 분파에 대적할 수 있을지의 여부가 관건이다. 결국에는 제국 건설이라는 구조적 요청이 이스라엘 우선주의자들의 편협한 이익을 넘어설 것이지만, 이 문제가 풀리기 전에 심각한 국내외의 위기가 있을 수도 있다.

결론적으로 말해서 미국 다국적 기업의 경제적 강점과 상대적 약점을 풀어 놓고 보면 제국의 정치학을 부분적으로 이해하는 데 도움이 된다. 하지만 제국의 정책들이 정교하게 만들어지고 추진되는 정치적, 제도적 영역을 분석하는 것 또한 필요하다. 제국적 국가는 다국적 자본을 대표할 때에도, 자기만의 방식으로 그렇게 하며, 제국적 국가가 추구하는 정책들은 때때로 제국의 또 다른 이익을 위해 어떤 한 이익을 희생시키기도 하는 것이다.

3장
제국적 국가

하트와 네그리의 『제국』과 같은 학문적 작업들 때문에 영속하게 된, 우리 시대의 가장 폭넓고 음흉한 신화 중의 하나는 우리가 국민국가가 약해진 세상에 살고 있다는 생각이다. 이것은 새빨간 거짓말이다. 전 세계 모든 지역에서 국가 — 제국적이든 자본주의적이든 아니면 신식민적이든 — 는 강화되어 왔고 그 활동은 확장되었으며 경제 및 시민사회에 대한 국가의 개입은 언제 어디서든 이루어지게 되었다. 제국주의 국민국가들 속에 있는 국가 — 우리는 이것을 "제국적 국가"라고 부른다 — 는 권력을 국가 안으로 집중시키고, 다양한 제도적, 경제적, 정치적 환경 속에 이 권력을 해외에 투사하며, 막대한 영향력 및 지배 영역을 구축하는 데 특히 의욕적이다. 미국이라는 제국적 국가가 이 길에 가장 앞장 서 있고 독일과 프랑스가 이끄는 유럽연합이 그 뒤를 잇고 있으며 일본이 그 다음에 위치해 있다. 제국적 국가의 권력은 IMF, 세계은행, 아시아은행, 미주간개발은행Inter American Development Bank, WTO 같은 국제금융기관들로 확장된다. 제국적 국가는 가장 많은 자금을 대고, 국제금융기관의 수장들을 지명하며, 각 나라의 다국적 기업에 호의적인 정책들을 책임 있게 수행하도록 이 수장들을 좌지우지한다. 국민국가가 없는 세계를 주장하는 사람들, 즉 "세계화주의자"globalist들은 국제금융기관들이 국민국가보다 더 상위에 있거나 새로운 통치 형태가 아니라 제국적 국가에서 그 권력을 이끌어 낸 기관들임을 이해하지 못하고 있다.

이 장에서는 세계화주의자들의 실체 없는 주장들을 비판적으로 논하고, 제국주의가 **살아있는** 전 지구적 제국이라는 현대 세계에서 국가가 갖는 중요성을 입증할 것이다. 이러한 관점을 가진 저명한 이론가에는 『르몽드 디플로마띠끄』의 이냐시오 라모네Ignacio Ramonet과 베르나르 카센Bernard Cassen 그리고 프랑스의 비정부기구(이하 NGO)인 아탁ATTAC 1에 있는 이들의 동지들이 포함된다. 그리고 나서 이 장에서 새로운 세계 질서 속에 국가주의의 성장에 대한 간단한 설명을 하고자 한다.

국민국가가 없는 상상의 세계

우리가 "세계화 이론가" 또는 "세계화주의자"라고 부르는, 국민국가가 사라진 세계에 대한 이론을 펼치는 사람들은 아주 미심쩍은 가정들에 근거하고 있다. 세계화주의자들이 제기하는 주장들에는 다양한 변형

---

1. 라모네와 카센에 대한 인용은 브라질 포르토 알레그레에서 있었던 2002년 세계사회포럼의 연설에 근거한 것이다. 아탁(〈금융거래과세시민연합〉, Association pour le Taxe Tobin pour l'Aide aux Citoyens, ATTAC)은 신자유주의 세계화에 반대하는 비정부 사회운동 단체로, 베르나르 카센이 설립한 것이다. 그 기원에 대해서는 Cassen(2003)을 보라. 세계화 이론에 대한 좀더 풍부한 비판에 대해서는 Petras and Veltmeyer(2001)와 Petras(2000)를 보라.

과 뉘앙스가 있는데, 어떤 사람들은 국민국가가 이미 시대에 뒤떨어진 것이라고 주장하고, 어떤 사람들은 국민국가가 쇠락하고 있다고 주장하며, 또 다른 사람들은 국민국가가 현실을 더 이상 드러내지 못하고 있다고 한다. 이런 차이들 때문에 논쟁이 일어나기도 하지만, 더 중요한 것은 이들 간의 공통점이다. 이제 이 미심쩍고 잘못된 가정들에 대해서 논의해 보도록 하겠다.

가정 1

세계화주의자들은 다국적 기업들이 특정한 국민국가에 위치해 있지 않은 전 지구적 기업이라고 가정한다. 이 다국적 기업들은 국가의 통제가 없는 새로운 세계 경제를 구성하게 되는데, 즉 새로운 세계 지배 계급 — 일부 사회학자들은(예를 들면, Sklair, 1997) 이것을 "국제적 자본가계급"이라고 부른다 — 의 제도적 표현이 되는 것이다.

이러한 가정은 거대 자본가 기업들이 "초국가적이며", 수많은 나라에서 활동하고 있다는 사실에 근거한 것이다. 즉, 이들 기업들은 이동성이 높고 세금을 회피할 힘을 갖고 있으며, 많은 국가 단위 사법권에 대해서는 국가의 규제적 통제를 피할 수 있다는 것을 말한다.

이러한 가정에는 몇 가지 개념적이며 경험적인 문제들이 있다. 첫째, 다국적 기업들이 많은 나라에서 활동하고 있지만 대부분의 전략적 결정과 총괄감독자 및 이윤이 집중되어 있는 본사는 주로 미국, 유럽연합, 일본에 위치하고 있다(2장 그리고 Doremus, Kelly, Pauly and Reich[1999]를 보라). 둘째, 이동성은 제국 중심지의 본사에 있는 총괄감독자들의 전략적 결정에 따른 것이며, 이러한 결정은 제국적 국가와 국제금융기관에 있는 그 대표들이 만들어 낸 정치 및 경제적 조건에 좌우된다. 즉, 다국적 기업들의 자본 이동성은 국가간 관계의 구조에 부수적인 것이다. 셋째, 세금과 규제의 회피는 제국적 국가들과 그 다국적 은행들이 추구하는 의도적인 정책이 있어야만 가능하다(US Senate 1999, 2001). 신식민지 국가에서 제국적 국가로 불법적인 자금들을 이전시키지 못하도록 하는 법을 집행하지 않으면 부의 집중에 기여하게 되고 제국주의 국가의 해외 거래를 강화하게 된다. 다국적 기업들이 국가 규제를 우습게 여기는 것은 좀더 넓은 틀에 있는 제국적, 신식민적 국가 권력 관계의 일부이다.

가정 2

세계화주의자들은 또한 새로운 "세계 정부", 즉 국제금융기관들과 WTO, 다국적 기업의 최고경영자들로 구성된 "전 지구적 거버넌스"라는 제도적 장치가 낡은 국민국가의 정부를 대체하게 되었다고 가정한다. 여기에는 일말의 진실이 담겨 있기는 하지만 이 가정에 근거해서 전개된 주장들은 아주 피상적이거나 전 지구적 권력 구조를 제대로 이해하지 못하고 있는 경우가 많다. 국제금융기관들이 많은 거대한 지리적 장소들에서 중요한 경제 및 사회 부문에 영향을 미치는 여러 가지 중요한 결정들을 하는 것은 사실이지만, 이러한 결정 및 결정자들은 이들에 영향을 미치는 제국적 국가와 다국적 기업에 긴밀하게 연결되어 있다. 국제금융기관의 고위 관료들은 자신의 국내/제국적 정부가 지명한 사람들이고, 융자 조건과 요구사항들을 지시하는 모든 핵심적인 정책 지침들은 제국적 국가의 재경부 장관들이 정한 것들이다. 국제금융기관들을 운영하는 자금의 거의 대부분은 제국적 국가에서 대주는 것이고, 국제금융기관 집행위원회의 대표성은 제국적 국가가 제공하는 자금의 비율에 따라 정해진다. IMF과 세계은행의 수장들은 전자의 이유로는 유럽인이어야 하고, 후자의 이유에서는 미국인이어야 한다.[2]

국제금융기관의 권력에 대한 세계화주의자들의 관점은 제국적 국가라는 그 원천보다는 이미 도출된 힘에 대한 논의에 근거하고 있다. 이 점에서 전 지구적 혹은 국제적 권력은 제국적 국가에서 도출된 것이지 초국가적 단위에서 나온 것이 아니다. 반대 주장을 펴는 사람들은 국제금융기관의 자율성을 과대평가하고 이들이 제국적 국가에 종속되어 있다는 점을 과소평가한다.[3] 국제금융기관의 진정한 중요성은 이것들이 어떻게 제국적 국가의 권력을 확대, 확장시키고 심화시키는가, 그리고 이 기관들이 어떻게 적대적인 제국적 국가들 간의 경쟁의 장이 되는가이다. 국제금융기관들은 낡은 국가를 대체하는 것이 아니라, 전 지구적 자본의 국제적 게임의 지도자로서 국가의 전략적 역할을 강화해 왔다.

가정 3

세계화 이론의 공통된 주장은 정보 혁명이 일어나 국가간 경계를 없애고 새로운 전 지구적 경제를 만들어 냈다는 것이다(이에 대해서는 Castells 2000을 보라). 세계화주의자들은 새로운 기술 혁명이 생산력 발전에 새로운 추진력을 제공했고, 이 새로운 활력은 자본주의를 하나의

---

2. 최근의 IMF 총리 선출 과정에서 미국은 미국인을 강제하려고 했으나 결국 유럽인들이 이겼다. 이에 미국은 임명자를 교체하라고 강요하기도 했다.
3. 아래에서 거론하겠지만, 이것은 국가(정부)와 다국적 기업 간의 상대적 힘에 대한 학술적 논쟁과 관련되어 있다.(Wolfe, 2002)

체제로 변형시켰다고 주장한다. 하지만 정보기술이 자본주의의 본질을 혁명적으로 바꾸고 새로운 전 지구적 경제를 창출하여 국민국가와 국가 경제가 무의미해졌다는 주장은 너무나도 터무니없다.

무엇보다 지난 50년간 미국의 생산성 성장을 비교해 보면 이러한 세계화주의자들의 주장과 부합하지 않는다. 자본주의의 전 지구적 호황기였던 1953년부터 1973년까지 기간은 소위 "정보 혁명"이 일어나기 전으로, 생산성이 연평균 2.6%씩 증가했다. 체제 전반에 걸친 위기가 닥쳐오고 컴퓨터 — 이러한 위기에 대한 해법을 모색하면서 채택된 여러 수단 중 하나 — 가 도입되었지만, 생산성 향상은 꾸준히 지체되었고, 1972년에서 1995년 사이 연평균 성장률은 위기 전 성장률의 절반에도 미치지 못했다(Wolf 1999 : 10). 1995년에서 1999년 사이 소위 부흥기에조차 생산성은 2.2%의 증가율을 보였는데, 이것은 컴퓨터가 도입되기 전보다 낮은 수준이다. 전 세계에서 컴퓨터와 로봇을 가장 광범위하게 사용하는 일본의 경우 십년간(1990년대) 침체와 위기를 겪었는데, 이를 포함한 20년간은 소위 "제 3차 기술혁명" 시기였다.

2000년 정보 부문은 깊은 위기에 빠져들었다. 수만 명의 노동자들이 해고되고 수백 개의 기업들이 도산하였으며 컴퓨터 관련 주가가 80%씩 떨어졌다. 소위 "정보 경제"를 규정해 왔던 투기적 거품이 터진 것이다. 게다가 세계화주의자들이 주장하는 미국 생산성 향상의 주요한 원인은 컴퓨터 제조업에 국한되거나 절대적인 착취율 증가 — 연노동시간의 증가 (유럽 노동자들보다 120에서 360시간 더 많은) — 에서 기인한 것이었다. 여러 연구에 따르면 직장에서의 컴퓨터 사용은 의견 교환을 위해서보다는 개인적 용도인 경우가 더 많았다. 컴퓨터 사용시간의 60%가 일과 관련 없는 활동에 사용되는 것으로 추정된다. 컴퓨터 제조업자들은 미국 경제에서 겨우 1.2%를 차지하고 주식시장에서는 5%에 미치지 못했다(Wolf 1999). 게다가 미국 인구조사는 높은 생산성 수치에 대한 또 다른 설명을 해주고 있다. 즉 1990년대 미국 시장에는 거의가 불법 이민자인, 공식 계산에는 포함되지 않은 5백만 명의 노동자들이 넘쳐났다. 생산성이라는 것은 노동자당 산출로 측정되는 것이기 때문에 계산에 포함되지 않은 이 5백만 명의 노동자들이 생산성 수치를 높여 놓은 것이다. 만일 이 5백만 명의 노동자들이 계산에 포함되면 생산성 수치는 2% 아래로 내려갈 것이다.

정보 경제 및 그 주식 가치가 하락하면서 정보 혁명은 사람들이 주장하는 것처럼 주요한 제국적 국가들의 경제를 규정하는 변형적 힘이 아니라는 점이 분명해졌다. 더구나 그것은 새로운 세계 질서의 기초라고 볼 수도 없다. 대부분의 사람들이 컴퓨터를 가지고 있고 인터넷 검색을 하며, 일부 회사들이 컴퓨터로 재고품 관리 등의 일을 더 잘 한다고 해서 권력이 국민국가를 넘어 이동해 버렸다고 볼 수는 없는 것이다. 세계 주식시장의 투자자들이 이익 없이 손해만 보고 있는 거짓된 첨단기술 회사에서 자금을 빼 버렸다는 것만 봐도 정보 혁명에 대한 공개된 주장들은 공허하다는 것을 알 수 있다.

가정 4

앞의 가정과 연결해서 세계화주의자들은 우리가 제조업, 광공업, 농업 및 사회 서비스 부문으로 구성된 "구경제"를 대체하는 "신경제"New Economy 속에 살고 있다고 주장한다. 수많은 세계화주의자들은 시장이 좀더 효율적이고 진정한 민주주의를 창조하여, 평범한 사람들은 그 속에서 자신의 미래를 선택할 수 있고, 새로운 기술로 창출된 효율성은 높은 생산성을 보장한다고 주장한다. 하지만 2000년 말과 2001년의 침체기는 분명 이 주장을 반박하고 있다. 위기를 향한 근본적인 경향이 그런 것처럼 소위 "정상적인" 호황-불황 경기순환이 꾸준히 작동하고 있다. 위기 경향은 한번 일어나면 신경제의 많은 투자들이 가지고 있는 고도로 투기적인 속성으로 인해 더 강화된다. 신경제는 고수익에 대한 터무니없는 주장으로 추동된, 휘발성이 강한 투기적 경제의 모든 특징을 보여준다. 이윤, 심지어는 수익조차 없는 상태에서 새로운 경제라고 선전되는 것의 대부분은 거대한 금융 사기이며 여기서는 초기 투자자들의 고수익이 뒤늦게 뛰어든 투자자들의 재정 파탄으로 이어졌다는 점이 드러났다.

신경제가 약속한 새로운 효율성도 자본주의 경기순환의 논리를 거부할 수 없다. "적기 생산"은 수요가 안정적으로 꾸준히 증가하는 것을 전제로 하는 것이지만, 2001년의 침체기와 연관되어 수요가 급격하게 감소하자 생산자와 판매자들에게는 재고가 쌓이게 되었고, 결국 낡은 경제의 특징인 해고, 현금 흐름의 문제, 부채의 증가 그리고 파산으로 이어졌다.

소위 "신경제"는 분명 위기를 향해 치닫는 자본주의의 성향을 넘어서지 못한다. 사실 새로운 경제는 더 취약하고 의지할 자원이 더 적은데, 왜냐하면 대부분의 현금 흐름이 지속적인 고수익에 대한 투기적 기대에 좌우되기 때문이다. 웹사이트상의 상업 광고 수입이 급격하게 떨어지고 컴퓨터 시장이 포화되면서 하드웨어와 소프트웨어 생산자들에게는 구조적 위기가 발생했고, 이는 산업 내 거대한 혼란으로 이어졌다. 대부분 주식의 터무니없는 가격이 추락했고 그 결과 주요한 인터넷 회사들은 새로운 경제의 본질을 규정하기는커녕 살아남기 위해 고전을 면치 못하고 있다.

가정 5

하트와 네그리(2000) 같은 세계화 이론가들은 제국주의 국가에 반대하여 제국적 체계에 대해 논하고 있는데, 이것은 마치 제국주의 국가 없이도 제국적 체계가 존재할 수 있다는 식이다. 시장을 지배하고 있는 막강한 다국적 기업들 앞에서는 모든 국가들이 자신들 고유의 중요성을 상실해 버리기 때문에 이 체계에는 중심이 없다. 이러한 접근 방식은 국가가 소유하고 운영하는 은행과 산업들의 제도적 힘과 계급을 인식하지 못하고 있다. 더욱 문제가 되는 것은 이러한 체제 이론가들은 제국적 국가와 다국적 기업들 그리고 국제금융기관들 안에 있는 그 하수인들 간의 연계와 법적 규약, 작동 방식, 그 구조를 제대로 연결 짓지 못하고 있다는 점이다. 그 영향력의 범위가 엄청난 권력은 이윤과 이자, 지대, 저작권 사용료를 제국주의 국가에 집중시킨다. 체계는 제국적 국가와 그 다국적 기업들의 결합된 힘에서 도출된 것일 뿐 아니라 그 힘으로 유지된다. 제국적 체계를 묘사하기 위해 소유의 성격과 국가 권력의 특수성을 무시하게 되면 기본적인 모순과 갈등, 국가간에 나타나는 제국적 적대관계, 정치적 수준에서 그 작동을 결정하는 국가 권력을 획득하기 위한 대중 투쟁 등을 보지 못하게 된다. 국가 없는 제국이라는 환상에는 국민국가 없는 세계 개념과 똑같은 문제가 있다. 이것은 국가에 대한 자본의 자율성을 과장하고 시장(또는 네그리의 표현대로 하자면 "집산적인 자본가")이 제국주의 체계를 지배한다고 주장하는 자유시장 선동가들의 잘못된 가정을 되뇌는 것과 똑같다.

가정 6

세계화주의자들은 권력의 구성을 정의하는 데 있어서 너무나도 추상적인 수준에 머물러 있기 때문에 체제와 국가, 그리고 계급 구성에 있어서 가장 중요한 변형들을 애매하게 흐리고 그럴듯한 말로 둘러댄다. 그 결과 그들은 사회-경제적 변화에 대해 매우 설득력이 떨어지는 개념을 제시한다. 이러한 잘못된 개념 중 가장 터무니없는 예는 임마누엘 월러스틴(1976)의 세계체제론과 "핵심"(중심부), "반주변" 그리고 "주변부"라는 그 범주들에서 찾을 수 있다. 세계 경제와 권력에 대한 이렇게 단순하고 추상적인 계층화는 계급관계의 동학(전 세계적 생산수단의 소유)을 늘어난 세계시장 지분을 얻기 위한 경쟁이라는 훨씬 역동성이 떨어지는 분석에 종속시켜 버린다. 세계체제이론의 추상적 범주들은 각 국민국가 안에서의 계급관계 및 계급 이해 안에도 근본적인 차이들이 있다는 점을 흐린다. 그러나 이것은 자원이 할당되는 방식과 수입이 배분되는 방식, 생산수단에 대한 소유 관계, 생활수준, 그리고 이와 연관된 정치적 동학을 결정하는 [중요한] 차이들이다. 더 중요하게는, 세계체제이론가와 세계화주의자들은 생산관계보다 오히려 시장관계에 초점을 맞춤으로써 전 지구적 경제가 어떻게 구조화되고 재구성되는지를 결정하는 데 있어서 국가의 핵심적인 역할을 과소평가하고 오해하게 된다. 어느 모로 보나 세계 경제는 그 제도적 성질과 함께 정치적 통제를 넘어서는 힘에 의해 결정된다. 실제로 세계 경제는 체제를 위해 일종의 "제국적 두뇌 연합"을 구성하고 있는 독단적인 신세계 질서 수호자들이 고안한 전략들을 기반으로 국제주의적인 자본가계급의 행위자들이 취한 행동들의 결과이다(Salbuchi 2000). 다시 말해서 문제는 구조적인 것이 아니라 정치적인 것이다.

국가의 중심성

오늘날 세계에서 제국적 형태의 국민국가와 신식민 형태의 국민국가는 모두 그 활동을 늘리고 확대해 왔다. 국가는 시대에 뒤떨어진 기구가 아니라 세계 경제의 핵심적인 요소가 된 것이다. 국민국가 체계 안에는 분열과 "해체", 심지어는 붕괴의 조짐이 약간 나타나는데, 홉스봄 Hobsbawm(1987)이 이러한 현상을 두고 세계 경제를 지배하는 거대 기업의 권력을 통해 국가 권력이 약해져 간다고 추정하였고, 이로 인해 지금까지도 다국적 기업과 정부의 상대적 권력에 대한 미완의 논쟁이 이어지고 있다(Wolf 2002). 예를 들어 동유럽에서는 국민국가의 수가 십년 전에 10개였는데 지금은 28개로 늘어났다. 그리고 서유럽에서는 유럽연합을 원래 구성하고 있던 다양한 국민국가들 또한 집적 및 정치적 동맹 과정에 착수해서, 이 동맹 내에서는 개별 국민국가의 힘이 어느 정도 약해졌다. 하지만 이러한 "해체"의 예에서 문제는 경제적 권력 대 정치적 권력의 대결이 아니라 다국적 기업의 상대적 권력 대 국민국가의 상대적 권력 간의 대결이다. 홉스봄이 21세기에 직면하게 될 것으로 규정한 "커다란 문제" 즉 "국가가 존재하는 세계와 국가가 없는 세계 간의 상호관계"(1999) 또한 중요한 문제가 아니다.

세계화주의자들이 전개한 주장에 반해서 오늘날 우리가 직면하고 있는 가장 큰 문제, 좌파가 아니라 우파들에게 제기된 이 문제는 **다국적 기업이 국내와 전 세계에서 활동하는 것을 도와주는 국가 권력을 어떻게 강화할 것인가**이다. 더욱이 국가의 활동은 그것이 제국적이든 신식민지적이든, 근대적이든 포스트모던적이든 국가의 사회구조에 대한 관계 — 국가 권력 행사 이면에 있는 사회적 힘 — 를 통해 그 틀이 형성된다. 세계 전역에서 — 각각의 세계, 모든 세계에서 — 그 어떤 경우에도 국가는 경제적으로 지배적인 자본가계급에 직접적으로 포획되지는 않았지만, 전 지구적 자본, 다국적 기업 등의 이익에 더 잘 봉사하기 위해 재구조화되어 왔다. 따라서 홉스봄의 작은 혹은 약한 국가의 세계에서 지구는 제국주의적인 "중심"(강한 국가)과 식민화된 "주변"(약한 국가)으로 양분된다. 그리고 남반구의 국가는 국경과 관세에 개방적이고, 해외 투자자들에 대한 관세와 세금에 관대하다. 또한 IMF의 사유화 정책과 국가 경제 부문의 해체에는 순종하며, 국제 은행과 기관에 쌓여 있는 부채를 정확한 기일에 지불하고 노동자들의 월급을 낮추는 데는 가차 없다(Vasapollo 2003). 결국 신식민 국가는 그것이 외형적으로 민주적이든 권위적이든 가능한 모든 수단을 동원하여 국내를 안정화시켜 해외 투자자들을 안심시키고 다국적 기업들의 운영에 이익을 제공한다. 유럽연합 같은 다국적 정치 기관들이 탄생하게 되면 같은 목적 — 즉 자본 축적의 과정을 후원하고 진전시키는 국가의 전략적 기능을 충족시키는 것 — 을 달성하는 데 도움이 된다. 『파이낸셜 타임즈』에 따르면 유럽연합의 회의는 갈수록 형식적인 면에서나 내용적인 면에서나 기업 최고경영자들 간의 회의를 닮아가고 있는데, 즉 유럽연합의 이익에 부응하는 유럽 다국적 기업들의 이익을 어떻게 진전시킬까에 초점을 맞추고 있다는 것이다.

제국적 국가의 위기관리

　제국적 국가의 중심성은 제국적 권력을 지탱하고 있는 기초적 영역의 정치, 문화, 경제적 활동들 속에 증명되어 왔다. 근래 들어 세계의 다양한 지역에서 몇몇 중요한 금융 및 경제위기가 발생했다. 각 사례에서 제국적 국가들, 그중에서도 특히 미국은 자본을 긴급하게 구제하고, 투자 가치 하락에서 자본가들을 보호하고 이들에게 변상을 해 주며, 전 지구적 금융 거래와 국가간 흐름의 취약한 구조가 붕괴되는 것을 막기 위해 개입했다. 예를 들어 1994년 12월 멕시코의 금융 체계가 붕괴될 위기에 놓였을 때 클린턴 대통령은 주식시장에서 국채 거래를 지배하고 있던 미국 투자자들을 긴급 구제하고 페소화를 안정시키기 위해 4백억 달러를 보내는 식으로 개입했다. 1997년 중반 아시아의 경제위기 상황에서도 그런 예가 또 한 번 나타나는데, 당시 아시아 경제위기는 1998년 러시아로 마치 바이러스처럼("아시아 독감") 확산되었고 브라질이 그 뒤를 이었다. 아시아 경제위기 상황 동안 미국과 유럽연합 정부는 IMF-세계은행이 경제 개방을 조건으로 수십억 달러의 구제금융 패키지를 시행하는 것을 승인했다. 이 경제 개방은 이제까지 보호되던 국내 시장과 기간산업들을 해외에 넘겨주는 것으로, 특히 한국을 상대로 벌어졌다. 사실 태국의 수상뿐만 아니라 일부 분석가들(예를 들어 1998년 Patel)은 이 위기의 이면에는 막대한 규모의 투기적 자본이 미치는 예기치 못한 영향이 아니라, 전 지구적 경쟁이라는 사악한 동기(와 미국이 주도한 전략)가 있다고 심각하게 제기했다. 1999년 브라질 위기와 2001년 아르헨티나 위기에서 워싱턴은 국제금융기관들과 당시 정부들에게 압력을 가해서 해외 투자자들과 금융기관들을 보호하도록 했는데, 이것들 대부분은 예전에 사유화되어 미국이나 유럽연합의 소유 하에 있던 것들이다. 미국 안에서는 중요한 국제 투자은행이 파산할 것이라는 위기감 때문에 FRB가 개입하게 되었는데, 이 FRB는 다시 민간은행에 압력을 가해 추가적인 4백억 달러의 긴급 구제를 시행하도록 했다. 간단히 말해서 제국적 국가는 점점 더 빈번하게 막대한 자금을 가지고 위기관리에서 지배적인 역할을 수행했다. 주요 투자자들이 파산하지 않도록 구제하고, 지불 능력이 없는 다국적 기업들을 도와주며, 통화 및 체제 전반의 붕괴를 막아주는 것이다. 다국적 기업과 소위 "전 지구적 경제"는 그 어느 때보다 이익을 보장하고(지방 기업들의 매점 등) 위기를 관리하려는 제국적 기업들의 지속적이며 대규모적인 개입에 의존하고 있다.

제국주의 간 경쟁

적대적인 제국적 권력과 다국적 기업 간의 경쟁에서는 적대적인 제국적 국가가 앞장을 선다(더 자세한 분석은 8장을 보라). 예를 들어 미국이라는 제국적 국가는 미국산 쇠고기와 라틴아메리카산인 미국의 수출용 바나나에 대해서 유럽이 시장을 개방하도록 하는 싸움을 이끌고 있고, 일본과 유럽연합의 국가 관리들은 수출 할당량을 늘리는 문제와 미국 시장에 대한 접근 제약의 여러 조건들을 두고 미국 관료들과 협상을 하고 있다. 이러한 상황에서 무역과 시장은 주로 국가간 협약으로 규정된다. 따라서 세계화는 다국적 기업들의 성장과 활동의 결과물이 아니라 국가간 협약의 인위적인 책략이다. 자본주의 사업체들 간의 경쟁은 국가가 지시하고 직접 그 모양을 결정하지 않는 경우에는, [적어도] 국가가 중재하거나 영향을 미친다. 여기서 국가는 상황을 통제하면서 다국적 기업들의 지도자 기능을 수행한다. 시장은 국가를 넘어서지 못하고 그 안에서 작동한다.

시장의 정복

    국가는 해외 시장을 정복하고 지역 시장을 보호하는 데 있어서 심대하고 침투적인 역할을 수행한다. 첫째로 국가는 수출 부문에 직간접적인 보조금을 제공한다. 예를 들어 2000년 미국은 수출 판매 부문에 150억 달러 이상의 재정을 공급해 주었다. 최근 들어 미국은 수출 보조금 부문에서 일본, 프랑스, 독일, 네덜란드, 캐나다, 한국의 뒤를 이어 7위를 차지하고 있다(『파이낸셜 타임즈』, 2001년 3월 6일, 4면). 미국의 농업 수출품들은 조세감면의 형태로 보조금이 지원되는 물과 전력, 수출지원금을 제공받는다. 둘째, 제국적 국가는 융자를 받는 제3세계 국가들에게 국제금융기관들을 통해 압력을 행사하여 무역 장벽을 낮추거나 제거하도록 하고, 융자 이행 조건을 통해 기업을 사유화하고 탈국유화하도록 한다. 이렇게 되면 미국, 유럽 및 일본의 다국적 기업들이 시장에 침투하고 지역 사업체를 사들이는 것이 가능해진다. 대부분의 수출은 국가의 대행 기구를 통해 재정을 공급받는다. 소위 "세계화"라는 것은 국가 개입이 없다면 존재하지 못할 것이다. 혹은 제국주의 국가가 정치적 위협과 경제적 압력을 행사하지 않고 지방의 종속국들을 모으지 않으며 [이들에게] 원조와 군사력을 제공하는 식으로 개입하지 않으면 시장 개방을 유지하지 못할 것이다. 제국주의는 원조와 지역 발전에서부터 전쟁과 군사적 억압에 이르기까지 다양한 형태를 취하지만(10장과 11장을 보라), 경제력을 투사하든 정치 혹은 군사력을 투사하든 간에 이 모든 다양한 형태들의 근원적인 목적은 반드시 같을 수밖에 없다. 제국주의의 목적은 "신흥 시장들"을 정복해서 세계를 지배하고, 경합하는 경제들 속에 침투하며 자국 시장을 방어하는 것이다.

미국, 유럽, 그리고 일본은 전략적 중요성을 가진 광범위한 상품 영역에서 정교한 무역 장벽들을 한 묶음씩 가지고 있다. 수입 자동차의 할당량은 제한되고, 설탕, 섬유, 철강 등등 또한 마찬가지이다. 미국과 유럽연합은 반덤핑 규제를 교묘하게 조작해서 경쟁력이 없는 산업들을 좀 더 효율적인 생산자로부터 보호하고 있다(『파이낸셜 타임즈』, 2001년 3월 6일, 8면). 다수의 비전통적 제약과 비공식적 협약들 때문에 해외 수입품들이 미국 시장에 접근하는 데에는 한계가 있으며, 국가간 협상 체계를 통해 미국 시장에 대한 접근이 규제된다. 그리고 미국은 자신의 이해관계가 들어맞을 때는 WTO 규정들을 사용해서 협상에서 강경한 태도로 나가고, 이해관계가 위태롭다 싶을 때는 이러한 규정들을 왜곡하거나 무시해 버린다. 많은 경우 미국은 까르도소 치하의 브라질처럼 신식민지 체제를 다룰 때는 상호호혜주의를 거부하고 정보 산업의 자유화를 요구(그리고 확보)한다. 반면 브라질 철강 수출품들은 반덤핑이라는 거짓된 구실로 제한한다. 미국 시장에 깊게 의존하고 있는 나라인 멕시코와 캐나다와의 관계는(미국 시장은 두 나라 수출품의 80%까지 소비한다) 미국이 주도하는 그런 권력 게임으로 점철되어 있다.

무역협정

무역을 자유화하고 새로운 투자 규제를 설정하는 모든 중요한 경제적 협정들은 국가가 협상하고, 국가가 시행하며, 국가의 조절에 종속되어 있다. 전 지구적 무역 네트워크를 위한 틀과 규약들을 만들었던 GATT, WTO, 로메 협정 등은 국가가 공식화한 것들이다. 게다가 NAFTA, LAFTA 등처럼 쌍무적이거나 지역적인 다자간 무역 협약들은 제국적 국가의 주도로 다국적 기업을 위해 새로운 시장을 개방하도록 한다. 제국적 국가는 다국적 기업들과 협력하여 활동한다. 시장의 확장은 다국적 기업들이 시대에 뒤떨어진 국가를 뛰어넘는 것과 아무런 상관이 없다. 반대로 자본이 새로운 시장을 향해가는 대부분의 움직임은 [무역]장벽을 쓰러뜨리고, 때로는 민족주의적 정권을 불안정하게 만드는 국가의 개입에 좌우된다.

투자협정

쌍무적이거나 다자적인 새로운 투자 협정들은 다국적 기업들의 동의와 활동적 참여 속에 국가적 수준에서 공식화된다. 이유는 분명하다. 다국적 기업들은 국가 참여를 통해 그들의 자본이 징발되거나 차별적인 세금의 압력을 받거나 이윤을 송금하는 것에 제약받지 않도록 보장받고 싶어 하기 때문이다. 투자 보증을 직접 시행하는 국가는 기업 투자 확장에 있어서 핵심적인 요소이다. 많은 경우 제국적 국가는 국제금융기관에 있는 자신들의 대표성과 권력을 이용하여 안정화 혹은 개발 원조의 조건으로 새로운 투자 규약을 강제한다.

보호, 보조금, 그리고 재판

유럽, 미국, 일본 같은 제국적 국가들은 규칙적으로 그리고 체계적으로 수입품을 규제한다. 지역 생산자 및 자국 산업을 보호하기 위해 다양한 장벽들을 마련하고 자유무역의 규칙들(자유화 등)을 경쟁자들에게 강요하는 한편 자국에서는 보호주의를 추구한다. 미국과 유럽의 국가들은 낮은 전기 요금 및 물 사용 요금으로 농업에 많은 보조금을 지급한다. 신기술에 대한 연구 및 개발은 국가가 막대한 자금을 대고 있고, 나중에는 다국적 기업들로 이전된다. 세계시장에 있는 다국적 기업들이 확장하기 전과 확장하는 동안, 그리고 확장한 후 각 단계에서 국가가 깊이 연루된다. 제국적 국가들은 자신들의 국가적 사업이 경쟁력이 낮은 부문에서 이 사업들을 좀더 효율성이 높은 생산자들로부터 보호할 구실을 만들어 낸다. 일본에서는 쌀의 최종 가격이 소비자들에게 10배나 더 비싸지만 [보조금을 통해] 쌀 생산자들을 보호하고 있다. 미국은 연구, 값싼 물값, 그리고 미국의 곡물 수출품 구입에 관련된 융자의 형태로 캘리포니아의 기업형 농업 수출업자들에게 막대한 보조금을 제공하고 있다. 유럽연합은 첨단 산업, 농업 등을 편성하는 데 보조금을 제공하고 있다.

국가관리주의 혹은 신국가관리주의는 전 지구적 경제가 확장하는 주된 동력이다. 보수적인 이론가들이 만들어 낸 자유무역이라는 수사를 세계화주의 좌파들이 소비하고 되뇌었다. 좌파들은 국가의 역할이 쇠락하고 있다고 말해 왔지만, 우파들은 다국적 기업들의 이익을 증진하기 위해 국가의 역할을 활성화시키는 데 혈안이 되어 있었다. 좌파들은 시장의 세계화에 대해 말하고 있지만, 제국적 국가에 뿌리를 두고 있는 다국적 기업들은 이용 가능한 신흥 시장들을 분할하여 지배와 통제의 영역을 넓히고 있으며, 산업 자본주의 시대였던 19세기 때처럼 잠재적 해외 시장을 향해 닫혀 있는 문을 폭력적으로 부수고 있다. 다시 말해서 제국적 국가는 단순히 경제적 기구가 아니다. 다국적 기업들의 해외 팽창은 제국적 국가의 군사 및 정치적 역할에 강하게 의존하고 있다.

제국적 국가의 정치력과 군사력의 확장

다국적 기업들의 해외 확장은 남아프리카, 남아메리카, 아시아에 있는 대리군과 NATO를 통해 유럽-미국 제국주의가 군사적, 정치적으로 확장하며 가능해졌다. 러시아와 구소련에 속했던 다른 나라들, 그리고 동유럽에서는 제국적 국가들이 많은 전략 산업들과 에너지 자원 등의 경영권을 취득하기 위한 기초 작업을 해주면서 종속정권들을 후원해 왔다. 제국적 국가인 미국이 소련을 이기게 되자 유럽식 복지국가와 미국에서 복지국가로 간주되던 것을 해체하려는 추동력이 강해졌다. 유럽과 미국이 걸프만과 발칸 반도에서 전쟁을 일으키면서 제국적 국가들의 지배력은 더욱 공고해졌고, 이들과 체제가 다른 국가들에 대한 영향력이 확장되었다. 구 공산주의 정권들이 불안해지고, 남아프리카, 남아메리카 등지의 민족주의 정권에 대한 파괴적인 전쟁이 감행되면서 이들 지역들은 신자유주의적 정책 압력에 시달리게 되었다. 국가의 군사 장치들과 직접적으로 연관된 제국의 군사적 팽창 때문에 다국적 기업의 해외 팽창이 발생하고 더욱 촉진되었다. "세계화"는 제국적 국가가 쥐고 있는 한 자루 총에서 자라난 것이다.

해외 자본을 보호하기 위해 미국과 유럽연합은 1999년 4월 23~24일에 있었던 NATO 회의에서 새로운 원칙("대서양 동맹에 대한 전략 개념"Strategic Concept of the Atlantic Alliance)을 만들었는데, 이것은 중대한 경제적 이익(그들의 다국적 기업들)을 위협하는 유럽 안팎의 모든 국가에 대해 공격전을 펼치는 것을 합법화한 것이다. NATO는 동유럽의 새로운 종속국들과 발트해 연안국 및 구소련 국가(그루지야, 카자흐스탄 등) 중에 있는 새로운 평화 연합들을 포괄할 수 있게 확대되었다. 다시 말해서 제국적 국가의 군사 동맹들은 전보다 더 많은 국가들을 포괄하고 더 많은 무장 상태의 기구들과 관계를 맺게 되었는데, 이 모든 것은 다국적 기업들이 이들 국가들로 안전하게 움직일 수 있는 경로를 보장해 주고 여기서 발생한 이윤이 미국과 서유럽에 있는 그들의 본사로 쉽게 흘러갈 수 있게 하기 위한 것이었다.

국가와 대중매체

대중매체가 그 어느 때보다 더 많은 국경을, 더 빨리 그리고 더 자주 넘고 있기는 하지만 그 소유권과 통제력은 미국과 유럽 다국적 기업들의 수중에 고도로 집중되어 있다. 광고는 점점 똑같아지고 [광고의] 원천과 착상은 워싱턴, 베를린, 런던 등에 있는 정책입안자들을 통해 긴밀하게 조정된다. 전 지구적 흐름, 제국적 통제, 이것이 오늘날 대중매체의 본질이다. 다국적 대중매체 기업들은 자신들이 이윤을 챙기는 동안 제국적 국가와 그곳의 관료들이 정치적 방침을 정하고 논의의 한계를 정하기를 기대하고 있다.

여기서 우리는 제국적 국가가 자본의 해외 확장 때문에 압도되는 것이 아니라 세계 정치경제의 핵심적인 구성 성분으로 성장했다는 결론을 내릴 수 있다. 세계화 이론가들은 다국적 기업들의 특권과 권력을 방어하는 최전선에 서 있는 제국적 국가의 역할을 본질적 적대자라는 식으로 신비화한다.

일부 세계화주의 저자들은 제국적 국가의 중요성을 인정하기도 하지만, 이들은 주로 재식민화된 국가들이 국가 경제를 규제하고 결정하는 능력을 침해하는 지구적 기업의 무게에 여전히 짓눌려 사멸되고 있다고 주장할 것이다.

투쟁지역으로서의 재식민화된 국가

제3세계 국가에 대한 모든 논의의 출발점은 역사적일 수밖에 없다. 대부분의 제3세계 국가들은 1945년과 1975년 사이에 IMF과 세계은행의 처방을 거스르는 사회-경제 정책들을 발전시켰다. 기본적인 이유는 구소련과 별 관련은 없다. 주된 이유는 사회적 계급들, 제3세계 국가 정책을 지시하는 정치적 동맹 및 이데올로기들, 대중운동으로부터의 압력이었다. 이 30년이라는 기간 동안 제국적 국가들, 그중에서도 특히 미국은 제3세계의 경제를 자유화하고 공적 사업들을 사유화하도록 하는 등 압력을 행사했다. 대부분의 제3세계 국가들은 이러한 제국의 압력(지금은 "세계화"라고 불리는)에 저항했다.

이러한 시나리오를 바꾸는 두 가지 기본적인 변화가 일어났다. 첫 번째는 미국이 이끄는 제국적 권력이 남아프리카와 라틴아메리카, 아시아에 있는 고용된 종속적 군사-정치력을 이용하여, 경제를 파괴하고 자유주의 프로그램을 거부하는 민족주의적, 사회주의적 정권들을 쓰러뜨리는 식으로 군사적 공격을 감행한 것이다. 두 번째 변화는 스클레어Sklair (1997)를 비롯한 여러 사람들이 "다국적 자본가계급"이라고 표현한 제3

세계 내부의 구성과 통제력 속에 발생했다. 이들은 해외 은행계좌와 투자를 통해 주로 수출 시장에 관련을 맺고 있는, 국제적 금융 순환에 연결된 자본가들뿐만 아니라 고위 정치 공무원들을 포함한다. 제국적 권력의 신자유주의 프로그램의 신봉자인 이 계급은 제3세계 도처에서 경제적으로 지배적인 통치 계급이 되었고, 제국의 군주들과 계급 동맹의 이익에 특권을 보장해주는 정책들을 앞장서서 이행했다. 다국적 자본가계급과 제국적 권력 간의 역동적인 상호작용은 세계화라고 잘못 묘사되고 있다. 실제로는 제3세계의 재식민화가 벌어지고 있다.

　세계화 이론가들은 제3세계 국가를 힘없고, 국가의 속성들을 결여하고 있으며 세계화의 힘에 저항할 수 없다고 묘사한다. 이 논리에는 여러 가지 문제들이 있다(Weiss 1998을 보라). 첫째, 이 이론은 모든 제3세계 국가들을 똑같은 이름으로 묶어버리기 때문에 탈식민국가의 다양한 형태를 구별하지 못한다. 둘째, 이 이론은 제3세계 국가들이 자신의 경제를 "세계화", "자유화", "사유화"하는 정책들을 도입하고 이행하는 활동적 행위자였던 사실을 설명하지 못한다. 셋째, 세계화 이론가들은 제국적 권력들의 신자유주의적 의제와 관련된 제3세계의 정책상의 변형들을 설명할 수 없다. 넷째, 그들은 새롭게 구성된 자본가계급의 중요성을 간과하고 있다. 이들의 구성원과 정치적 대표들은 아주 많은 사례에서 신자유주의적 의제를 증진시키는 국가 도구를 사용하여 국가 권력을 획득했다. 다섯째, 세계화주의자들은 일반적으로 경제와 사회에 대한 국가 개입의 폭과 깊이를 과소평가하여 이것을 사회복지가 없는 약한 국가와 동일시한다. 사실 신식민국가는 인민주의적 국가나 복지국가만큼 활동적이고 규제적이며 개입적이다. 하지만 개입의 형태가 다른데, 신식민국가들의 개입은 전 지구적 자본과 이들의 지역 대표들의 이익 쪽으로 종종 치우쳐 있다.

재식민화된 국가는 전 지구적 자본의 신세를 지고 국제적 자본가계급— 그리고 이 계급의 국가들— 의 이익을 위해 봉사하지만, 자신의 임무를 충족시킬 수 있게 해 주는, 경제적 부문과 비경제적 부문 양측에서의 실질적 자원과 권력을 요청한다(그리고 행사한다). 사실 강한(즉, 재식민화된) 국가가 없으면 제국주의는 위험에 처했을 것이다. 이 맥락에서 "강함"은 기초적 구조 "개혁"을 수행하고 이것 — 세계화, 신자유주의, 자본주의 발전 같은 새로운 세계 질서에 저항하는 대중운동에 직면한 "정치적 질서" — 을 유지하는 데 필요한 정치적 조건들을 보장하는 국가 행위자 및 제도의 능력으로 정의되고 측정된다. 식민화된 국가는 외적으로 약하고, 세계화의 힘을 견딜 수 없을 것 같고 기업 자본의 의제와 정책에 강제로 대응하고 있는 것처럼 보일 수도 있지만, 종종 이러한 의제를 국가적 정책으로 바꾸는 역량에서는 "강하다." 재식민화된 제3세계 국가들은 제국적 국가 및 그 다국적 기업 친구들의 정책들과 맞닿아있기 때문에 전 지구적 자본주의에 직면하여 텅 비고 권력을 상실한 약한 최소국가라는 개념은 분석적 가치가 거의 없다.

신자유주의적 대항-혁명을 진전시키는 데 있어서 재식민화된 국가의 중심성은 아래 개괄된 몇 가지 관련 정책 분야에서 분명하게 나타난다.

사유화

국제금융기관들의 조언을 받는 재식민화된 국가는 수익성이 있는 전략적 공공사업들을 사유화함으로써 자유주의 의제를 이행한다. 사유화는 정치적 동맹 형성, 노조에 대한 탄압 그리고/혹은 호전적인 노동자

해고, 기업 부채의 사회화, 판매 조직에 있어 해외 투자 은행의 조언 확보, 선호하는 구매자들이 구매 이익을 확실히 얻을 수 있도록 개입하기, 공적 사업이 고정된 요금으로 운용되는 경우 가격 통제 없애기 등을 포함해서 집중적인 국가 개입을 요구한다.

구조조정 강요

구조조정 프로그램은 단순한 경제적 조정보다 훨씬 더 많은 것을 의미하는데, 이 맥락에서 "구조적"이라는 표현은 계급 권력과 부, 통제를 일컫는 것이다(Veltmeyer, Petras and Vieux 1997). 이 연관 관계에서 재식민화된 국가의 역할이 중요하다. 왜냐하면 구조조정 프로그램은 생산수단 소유 관계의 변화(공공 부문에서 민간으로, 국가에서 민간으로), 퇴행적인 세금의 부과(진보적인 소득세를 부가세로 전환하고 부자와 해외 자본에 대한 세금을 감면), 소득과 재산의 재집중(퇴행적인 임금 정책들, 최소임금 동결, 소작농을 희생시켜 기업형 농업을 증진시키는 등), 사회적 프로그램들의 축소(보건, 교육, 사회복지비용 축소), 수출업자에 대한 보조금 증가 등과 관련을 맺고 있기 때문이다. 구조조정 프로그램은 대다수 지역 생산자들과 노동자, 소작농에게는 불리하게 짜여진 지배 통치 계급(다국적 자본주의)의 전략이다. 구조조정 프로그램을 이행하기 위해서는 대다수의 저항을 견딜 수 있는 충분한 "정치적 의지"를 가지고 기꺼이 "완강하게 버틸" 수 있는 강한 국가 — (가능하다면 집행 법령을 통하거나, 필요하다면 다른 수단들을 동원하여, 평판이 나쁜 정책들을 이행하기 위해 대중 주권 개념도 거부하고, 독립적 단위로서 자신의 역사적 역할도 기꺼이 팽개칠 수 있는 이데올로기적으로 확고한 국가) —

가 필요하다.

신자유주의적 체제에 대해 말하고 글을 쓰는 것은 이러한 정책들을 강제하고 이행하는 힘 있는 국가에 대해 말하거나 글을 쓰는 것과 다르지 않다.

노동유연성

이것은 고용주와 재식민화된 국가의 손에 권력이 집중되는 것을 완곡하게 표현한 것이다. 소위 새로운 "노동 및 연금 개혁"은 불확실한 계약으로 노동자를 고용하고 퇴직금을 전혀 혹은 거의 주지 않고 이들을 해고할 수 있는 고용주의 권력을 증가시키는 정책이다. 이것은 노동을 자본에 완전히 종속시키는 것을 의미한다. 노동자들은 노동시간이나 노동일, 안전 조건이나 의료 조건들에 대해 어떤 목소리도 내지 못하도록 배제된다. 고용은 휴가, 연금 등이 없이 단기 계약으로 이루어지기 때문에 노동자들은 직업 안정성을 가질 수가 없다. 연기금이 사유화되면서 수십억 달러의 돈이 민간 투자기구들의 수중에 들어가게 되었는데, 이 민간 투자기구들이 막대한 관리비를 받고 투기와 협잡을 위한 기금에 대한 접근권을 허용한 결과 소수만이 부유해지고 수백만 명의 퇴직 소득이 위기에 처하게 되었다. 퇴행적인 노동 형태와 연금 입법을 이행하기 위해서는 시민사회의 대중 영역에 강제로 개입하여 강한 노조의 저항을 억압하고 억누를 수 있는 강력한 국가가 필요하다. 이를 이행하는 데는 자본가계급 내에서의 지원을 규합하고 국제금융기관들의 지원을 보장받을 필요가 있는데, 이것은 이미 확보된 것이다. 국가가 약하면 민중 계급들의 압력을 제대로 억누르지 못하고 양보하게 될 것이다.

강한 국가는 저항을 무시하고 퇴행적인 노동과 연금 입법을 이행할 수 있다.

재식민화된 국가가 추구하는 가장 중요한 정책들을 검토해 보면 국가 개입의 폭과 깊이가 그 어느 때보다 강하다는 점이 분명해진다. 주요한 차이는 국가 행동주의state activism와 개입의 사회경제적 방향에 있다. 즉, 자유주의적인 신국가주의는 부유한 민간에, 특히 해외 자본에 부와 재산을 이전하기 위한 개입과 관련된 것이다. 재식민화된 국가는 경제를 탈규제해 온 것이 아니라 수입 정책, 연금, 노동관계, 수출입 정책, 자본의 흐름 등을 지배하는 새로운 규칙을 만든 것이다. 해외 자본에 호의적인 새로운 규칙들은 노동-자본 대중주의적-민족주의자들labour-capital populist-nationalists이 새로운 자유주의적 지배계급의 대표자들로 교체된 새로운 규제 체제를 요구한다.

이전의 규제 체제와 사회경제를 해체하고, 자유주의적인 신경제 및 사회를 만드는 데 있어서 재식민화된 국가는 설사 제국적 국가(들)의 지배하에 작동한다 하더라도, 없어서는 안 될 행동주의적이며 개입주의적인 역할을 수행한다.

국가는 왜 중심적 역할을 수행하는가

제 3세계의 제국적 권력들은 그것이 제국적이든 재식민화된 것이든 좌파라고 자처하는 세계화 이론가들보다 국가의 중심성에 대해서 훨씬 더 현실적이고 실용적으로 이해하고 있다. 지배계급의 선전가들은 세계화에 대한 수사를 되풀이하지만, 현실에서는 국가 권력을 강화하고 확장한다. 자신의 이해를 유지하고 확장시키기 위해서는 국가 권력의 강화와 확장이 필수적이기 때문이다. 현대 사회에서 국가가 지속적으로 필수적인 역할을 하는 데는 몇 가지 이유가 있다.

시장의 투기성

　오늘날의 세계 경제는 금융 부문과 투기 활동의 영향을 강하게 받고 있는데, 이 투기 활동은 대단히 변동성이 강하고 특정 지역에서 주기적인 금융위기가 확산되는 것을 막기 위해 꾸준히 국가 개입을 요구한다. 제국적인 국가들 안에 있는 주식시장의 투기꾼들은 중앙은행이 정해 놓은 이자율에 대단히 의존적이다. 금융 및 은행 체계를 무너뜨리는 것은 일본, 한국, 러시아의 사례에서처럼 불량 대출을 개혁하(고 예치자들에게 납세자들의 돈을 지불하)는 국가 개입에 좌우된다. 일본처럼 침체된 경제는 성장을 자극하는 국가 개입에 의존한다. [관련된] 예들의 수는 더 많지만, 중요한 것은 투기자본의 움직임이 증대되었고 그러면서 시장의 무정부성을 안정화시키는 노력에 있어서 국가의 역할이 증대되었다는 것이다. 이 과정에서 국가는 이용 가능한 모든 자원들을 동원하여 모든 수단을 활용하는데, 주되게는 저소득 납세자들에게 더 부담을 지우는 형식을 띠게 된다.

금융의 탈규제

　미국의 저축 및 대출 위기 사례에서 그랬던 것처럼, 금융 거래에 대한 국가의 통제를 낮추자 위기에 처한 금융 체제 및 사업들을 긴급 구제하는 국가의 역할이 증대되었다. 자본에 대한 통제가 없어지고 자유로운 태환이 가능해지자 공황 시기에 통화에 대한 투기가 발생하고 자본의 막대한 유출이 가능해진 것이다. 국가는 통화를 지원하거나 통화가 변동하도록 내버려 두고/두거나 이자율을 상승시켜 대출을 엄하게 단속하는 등의 방식으로 개입했다. 위기의 빈도 및 강도가 증가하면서 국가의 역할이 경찰관에서 금융 재해를 진화하는 소방수로 바뀌게 된 것이다.

제국간 경쟁

제국적 국가들은 각각 자신의 다국적 기업들을 보호하면서 시장 지분을 위한 투쟁에 점점 더 많이 참여하고 있다. 그리고 재식민화된 국가들은 자본주의적 기업들과 다국적 기업들 간에 공동으로 투기적 사업을 진행하도록 조장하는 데 적극적이다. 제국적 국가들은 자신의 라이벌들을 희생시켜 자신들의 다국적 기업들을 강화하기 위해, 수입품 할당량을 놓고 협상을 벌이고, 경쟁자들을 WTO에 제소하며, 불매를 조직하는 등의 활동을 했다. 제국적 국가인 미국은 자국의 가축 수출업자들을 위해 유럽연합에 맞서 싸우면서 불매 조치와 보복 수단들을 동원하겠다고 위협하였고, 설탕을 생산하는 열대 국가에서 농산물을 수입하는 것을 제한했다. 간단히 말해서 국가에 기반을 두고 있는 다국적 기업들 간의 경쟁이 국가들 간의 갈등이 되어버렸는데, 이러한 국가들 간의 갈등 속에서 국가는 최종적인 중재자의 역할을 하게 된다. 시장의 위축과 침체라는 상황 속에서 우리는 국가의 개입과 보호가 더 적어지는 것이 아니라 많아질 것이라고 예상할 수 있다.

변형의 폭과 깊이

어떠한 단일한 다국적 기업이나 집합체도 자본이 한 묶음으로 해외 시장으로 흘러갈 수 있게 허용해 주는 경제 및 사회구조를 만들어 내는 힘을 가지고 있지 못하다. 자본의 흐름을 가능케 해주는 제도적 틀과 체제적 틀을 창조해 내고 해외 확장을 유도하는 게임의 법칙들을 정한 것은 국가이다. 하지만 이러한 "금융 구조"의 유약성을 고려했을 때 국가는 지속적으로 개입하여 자본을 긴급 구제하고 재식민화된 체제를 떠받쳐 주면서 자신의 동맹 및 신식민 총독들이 본분을 다할 수 있도록 만들어 주어야만 한다.

국제금융기관에 대한 후원

국제금융기관들은 제국적 국가들의 지침과 계획, 우선권에 직접적으로 의존하고 있기 때문에, 국제금융기관들이 꾸준히 새로운 식민지에 개입하기 위해서는 제국적 국가의 지지가 필수적이다. 국제금융기관의 자금은 제국적 국가들에게서 나오는 것이기 때문에, 제국적 국가들이 없으면 국제금융기관들은 거시경제적 정책 처방들을 실행할 권위나 수단을 가지지 못하게 된다. 국제금융기관들은 제국적 국가와 식민화된 국가들 간의 연결고리 역할을 하며, 그들의 권력은 제국의 중심부에서 나온다. 이러한 이유들 때문에 국가는 지속적으로 세계 정치경제에서 필수적인 존재인 것이다. 현재와 관련된 중대한 문제인 국가는 과거부터 이어진 잔여 권력이 아니라 현재적 형태를 지닌 제국주의의 구조적 특성이다.

결론

세계화 패러다임 안에서 만들어진 이론들은 현대 세계의 정치경제 속에서 국가가 지속적으로 행하고 있는 중심적인 역할을 설명하지 못한다. 사실 우리가 제국적 국가의 활동들과 다국적 기업들의 확장을 위해 시장을 개방하는 데 있어서 제국적 국가가 수행하는 역할의 다양성을 이해하지 못하면 제국적 체제라는 개념은 무의미하다.

세계 경제 속에서 오늘날의 권력 구성은 국가가 없는 혹은 전 지구적 기업들에 기반한 것이 아니라 제국적 국가들과 긴밀하게 작동하고 있는 다국적 기업들에 근거한 것이다. 가장 큰 다국적 기업들의 [대다수가] 미국(48%), 유럽(35%), 아니면 일본(11%) 기업인 상황에서 "세계화"에 대해 이야기하는 것은 어리석은 일이다. 세계은행과 IMF 같은 국제 금융기관들은 새로운 전 지구적 단일 국가를 만들고 있는 것이 아니라 자신들의 권력과 기금을 제국적 국가들로부터 끌어내고 있다. 세계화가 아니라 제국주의가 국가간 갈등과 기업 간 경쟁을 이해하는 핵심 개념이다. 제국적 국가들과 다국적 기업들은 대립물이 아니며 신국가관리주의와 신자유주의 간에는 공동 작업이 이루어지고 있다. 오늘날의 세계에서 정책입안자들은 신자유주의적인 자유시장 이데올로기와는 다르게 제국적 국가와 재식민화된 국가 모두에서 유인책과 보조금, 관세를 통해 승자와 패자를 가리고 있으며, 이것은 특정 거대 자본가 집단들이 확장하고 중소규모 기업이나 체제와 긴밀한 연계가 없는 대기업들이 몰락하는 결과로 이어지게 된다.

부르주아 경제학자들 간의 논쟁은 다국적 기업들에 대한 대규모, 장기 개입 및 구제금융이 도덕적 해이인가의 여부, 국가가 손실을 보조금으로 메울 것이라는 점을 기업 감독들이 알고 있는 것이 무모한 투기적 행동을 고무할 것인가의 여부에 대한 것이다. "신경제" 경제학자들은 위기에 직면해서 국가가 금융 수단들을 가지고 파산을 면하게 하는 것을 지켜보고는 자신들의 자유시장 이데올로기를 제쳐 두었다. 반면에 근본적인 신자유주의자들은, 수익은 투자 위험을 근거로 만들어지는 것이기 때문에 국가가 위험을 절감시키면 그것은 시장의 효율적인 자원 할당 능력을 저해하고 파괴적인 투기를 조장하는 것이라고 주장하고 있다.

세계화 이론의 기본적인 문제는 국가에 기반을 둔 기업들의 해외 확장에는 초점을 맞추고 있지만 이러한 기업들의 본사에 대해서는 설명하지 않고 있다는 데 있다. 다국적 기업들은 전 지구적으로 거래하지만 기술 및 투자에 대한 전략적 결정은 자국의 본사를 통해 통제된다. 이후 이어지는 장들에서는 이러한 사실에서 나온 역학을 분석할 것이다.

4장

제국의 전리품
— 라틴아메리카에서의 미국

현대 세계 그 어느 곳도 라틴아메리카만큼 제국적 국가들과 제 3세계 체제 간의 경제적 관계가 일방적으로 제국적 국가들에게만 유리하고 제 3세계 체제에는 손해가 되는 곳은 없었다. 이러한 제국적 국가와 종속국 간의 관계를 논하기 위해서는 먼저 지배와 통제의 정도, 계급 협력의 세부적인 내용 및 최근 몇 십 년간 다양한 형태로 이루어진 제국 건설의 특징을 나타내주는 연대기를 만들어 볼 필요가 있다.

제국주의에 대해 "5백년 역사를 가진 착취와 지배"라고 표현하는 것은 **일반적으로는 사실**이지만 **특정적으로는 잘못된 것**이다. 유럽과 미국의 제국 건설자들이 거의 지난 5백년 동안 라틴아메리카의 많은 나라들을 수탈한 것은 사실이지만, 라틴아메리카의 대중운동과 민족주의 및 사회주의 체제들이 제국적 국가들과의 관계를 다양한 국면들에서 의미 있게 변형시켜온 것 또한 사실이다. 제국주의는 계급 및 국가 관계에 근거하고 있는데, 이것은 본질적으로 갈등과 적대, 정복, 혁명, 반혁명, 그리고 변형으로 이어지는 과정을 의미한다. 이 지역의 역사는 이러한 "발전들"로 가득 찬 역사다.

1930년대에서 1960년대 사이에 있었던 민족적-대중주의national-populist 1 정권들은 라틴아메리카를 원료 중심 수출 경제에서 상대적으로 다양화된 자국 시장 지향적 도시 산업 경제로 부분적으로 변형시키는 데 성공했다. 이러한 대중주의적이고 민족주의적인 발전의 특징은 중간계급과 노동계급의 구성 요소들이 점진적으로 정치 및 경제 과정에 편입해 들어간 것이었다. 또한 좀더 급진적인 변화와 혁명에 대한 압박이 증가하자 이를 누그러뜨리기 위한 [임시적인] 방편으로 무토지 소작농을 비롯하여 무토지에 가깝거나 무산 계급화된 소작농들에게 "발전"과 토지개혁의 수혜를 베풀었다. 하지만 1970년대 중반에 유럽(Davis 1984; Crouch and Pizzorno 1978)과 라틴아메리카에 있던 자본가계급은 라틴아메리카에서 미제국주의의 대리자들이 직접 이끌지는 않지만 이들이 [간접적으로] 원조하고 선동했던 반혁명에 착수했다.

라틴아메리카의 초국적 자본가들(국제적 금융, 무역 및 마케팅 네트워크에 연결된)과 군대가 연합한 이 반혁명은 개혁적 변화와 발전을

---

1. [옮긴이] 1930년대의 대공황 이후 라틴 아메리카에서는 수많은 개혁주의적인 정치운동이 일어났는데 이것을 민족적 대중주의 운동(National Populist Movements)이라고 한다. 페루, 베네수엘라, 볼리비아 등이 대표적인 사례이다. 이들은 라틴아메리카 고유의 독특한 '민족적' 방식, 즉 사회주의적이지도, 자본주의적이지도 않은 방식으로 경제 발전과 사회 정의 문제를 해결하려 하였고 이를 위해 미국과 유럽의 산업중심지에 대한 지역경제의 전통적 종속을 단절시키고, 지역의 반(半)중세적인 구조를 해체하여 국가의 지원을 받는 발전을 이루기 위해 인적, 물적 자원을 해방시키고자 하였다. 이런 목표가 설정된 것은 이들 국가들이 처한 문제가 계급 착취의 문제가 아니라 반민족세력(지역의 과점과 이를 통한 수혜를 받는 제국적 해외 이익 집단들)에 의한 민족세력(중산층, 노동자, 소작농)의 착취의 문제에서 비롯되었다고 보았기 때문이다. 따라서 이들은 결국 폭넓은 다계급적 운동을 조직하여 지역의 과점에 대항할 수 있는 권력을 형성함으로써 민족경제와 함께 제국주의적 권력으로부터 정치적 독립을 성취하고자 하였다.

저지하고 전복하기 위해 고안된 것이었다. 이러한 목적에서 칠레와 아르헨티나에서는 군부에 의해 신자유주의적 자본주의 발전의 "신경제모델"이 도입되었다. 1980년대에는 지역 전반에 걸친 부채 위기라는 완전히 새로운 환경 속에서 제국주의 국가들의 경제적 대리자들을 통해 이러한 초기의 "신자유주의 실험들"이 재생산되어 라틴아메리카 전역의 종속정권들에게 강요되었다. 이것은 라틴아메리카의 국민 경제를 자본의 명령과 제국의 요구에 종속시키고 새로운 "투자" 물결을 촉진시키기 위한 정책 개혁을 유발하는 흐름과 함께 이루어진 것이었다(자세한 내용은 Veltmeyer and Petras 1997과 2000를 참조하라).

경제의 전략적이고 및 역동적 부문들에 대한 통제권을 쥐고서 종속국의 정치 계급을 강력하게 장악한 "제국"은 1990년대에 라틴아메리카에서 최대 규모의 경제를 저해하고 불구화할 수 있는 자원 약탈을 촉진하는 탈국유화 및 재식민화를 향해 순조롭게 나아갔다. 이러한 과정은 일부 국가에서는 심각한 경제 및 정치적 위기의 조건들을 양산했고, 반체제적인 사회운동의 형태로 새로운 힘을 가진 저항을 촉발시켰다. 1990년대 말까지 이러한 재식민화과정은 — 몇 차례 이어진 신자유주의 정책 개혁들을 통해 촉진되고 전통 우익 지도자 및 라틴아메리카의 변절한 좌파와 인민주의자들 중에서 징발한 새로운 종속 지도자들을 근간으로 삼은 — 순조롭게 진행되었다.

라틴아메리카라는 "주변부"에서 제국적 국가와 종속국가 간의 관계

우리는 제국적 국가와 종속국가 간의 관계를 간편하게 네 시기로 구분지어볼 수 있다. 1930년대에서 70년대까지의 상대적으로 제한된 제국적 지배는 자유주의적인 농업 및 광업 부문의 부역자 계급을 대체했다기보다는 이들이 퇴색함eclipse과 동시에 국민국가 및 민간의 산업적 기업들, 해외 무역과 외환 관리exchange control 체제, 그리고 국립 은행들이 등장과 확장을 배경으로 한다. 1970년대(정확히 말하면 1965년부터 1982년까지)는 국유화와 규제, 국가 보호(수입 대체 산업화뿐만 아니라)라는 "구경제 모델"의 비호 아래 진행된 자유주의적 개혁과 국가 발전의 시기에서 신자유주의적 자본주의 발전과 라틴아메리카의 "전 지구적 경제"와 "신세계 경제 질서"(즉, 유럽-미국 제국)로의 통합 시기로 이행해간 것이 특징이었다. 1983년에서 1999년으로 이어지는 시기에는 공기업들이 대거 사유화되고, 은행, 산업, 원거리 통신, 전략적 에너지 서비스 등이 탈국유화되었다. 오늘날에는 전략적인 경제 정복이 제국 건설자인 미국에게 라틴아메리카에 대한 공식 통치권을 부여해 주는 새로운 정치적-법적 체제 ― ALCA 위원회 ― 로 변형되어 가고 있다.

제국 건설 : 제 1국면

민족적 대중주의에서 신자유주의로의 이행은 폭력적 갈등과 군사적 쿠데타, 대량 학살, 강압적인 추방, 제국적 국가 및 정치적 공범자 계급에 충성을 맹세하는 국가 수단(군대 및 경찰)의 수립을 통해 완성되었다. 제국 건설자들과 이들에 종속된 지배자들은 군사정부든 민간정부든 간에 미국과 유럽의 "침략자" 및 다국적 기업들의 어마어마한 침략 앞에 [자신의] 지역을 바로 개방했다.

경제적인 측면에서의 제국 건설은 대중들의 반대 운동을 억압하고 불화를 조장하며 파편화시키는 데 직접적으로 개입했던 군사적인 제국 건설자들을 통해 가능하게 되었다. 브라질(1964), 볼리비아(1971), 칠레(1973), 아르헨티나(1976)에서의 군사 쿠데타와 우루과이(1972), 페루(1993)의 시민군 쿠데타는 정치구조와 국제금융기관들 간의 국제협약 수립에 기여하였고, 이러한 국제협약은 해당지역의 민족적 (그리고 민족주의적) 부르주아들이 수행하는 국가적 산업화 프로젝트를 중단 및 전복시키고 라틴아메리카의 문호를 활짝 개방하여 결과적으로 미국과 유럽의 이해관계에 정복되는 결과를 낳았다. 이러한 과정은 1970년대에 미국이 훈련시키고 지원한 "무장군"의 비호 아래 칠레, 아르헨티나, 볼리비아, 우루과이 등의 남부 삼각지역 Southern Cone에서 시작되었고, 이를 통해 신자유주의적 정책들이 최초로 순환되는 과정이 촉발되었다.

제국적 기획은 1980년대에 "민주적 쇄신" — 법의 지배로 돌아가고 "민간 영역"(국내외 자본주의 기업들)을 경제적 발전 기획에 다시 포함시키는 것 — 과정 속에 나타나게 된, 헌법의 인정을 받은 민간 정부의 비호 아래 신자유주의적 정책들이 2차로 순환되면서 더욱 진일보하게 되었다.

1980년대에는 대중운동의 압력으로 인해 미국은 군사정권에서 선거를 통해 엘리트가 지배하게 되는 권위주의적 정치 지배 형태로 "협상된 이행"을 할 수 있도록 중개하였는데, 이 엘리트적 권위주의 정치지배는 경제적 제국의 확장을 심화시키는 데 필요한 제도적 구조와 "신자유주의" 정책을 보장해 주었다. 이후 십년 동안 경제적 제국 — 유럽(주로 스페인권)과 미국 모두 — 은 해외직접투자(이하 FDI)형태로 자본이 대량 유입되면서 극적인 팽창을 경험하게 되었고, 이 과정에서 무역 장벽이 무너지고, 미국, 유럽연합, 아시아의 상품이 라틴아메리카 시장에 넘쳐나게 되면서 수백만 명의 소농들과 지역 생산자, 제조업자, 소매업자들을 몰아내게 되었다. 사빠띠스따군이 봉기한 1994년 1월 1일은 NAFTA가 발효되는 날이었다는 것은 상징적인 가치뿐만 아니라 합당한 이유에 근거한 것이었다. 마르꼬스 부사령관이 이 당시에 발표한 것처럼 이 협정은 치아파스 주 및 이 지역의 경제 전체의 죽음을 알리는 "조종"弔鐘이었던 것이다.

1989년에는 이 지역에 남아 있던 군사정권(칠레)이 십년 동안 이어진 "재민주화" 혹은 "민주적 쇄신"을 마치고 최후를 맞이했다. 새로이 "민주화된" 종속정권은 수천 개의 공공 기업들을 사유화하고 매각하면서 경제를 약탈했고, 다른 한편으로 다국적 기업들은 지역 은행, 제조업, 토지 및 부동산들을 사들였다. 브라질에서 이루어진 한 연구에 따르면 외국계 은행들은 1989년에 은행 지분의 9.6%를 소유하고 있었지만, 2000년경에는 33%를 통제하게 되었다. 2001년에는 해외 금융자본이 브라질에서 가장 규모가 큰 20개 은행 중에서 12개를 장악했다. 멕시코에서는 이러한 과정이 훨씬 더 진전되었는데, 이 나라의 모든 은행들이 해외 은행들이 통제하는 다양한 컨소시엄의 먹잇감으로 전락한 것이다. 전국적으로 은행 총 자산의 50% 이상이 사유화되고 탈국유화되었다.

해외 자본이 성장하게 된 것은 새로운 기업이 만들어졌기 때문이 아니라 거의 전적으로 국가 단위의 공공은행과 민간은행들을 인수한 결과이다. 14개 라틴아메리카 국가들에 있는 은행들을 대표하는 19개 경제단체의 212명의 관리직들에 대한 연구를 진행한 결과 55%가 해외 은행의 대표자들임이 드러났다. 오늘날 라틴아메리카에 있는 금융 네트워크의 지도자 대다수는 북미나 유럽의 은행가들이다. 이러한 금융 네트워크는 다시 직간접적으로 산업과 상업, 부동산 자산을 장악하고 있다. 이들이 국제금융기관들과 공조하여 외부의 재정을 끌어들이는 조건을 만들고 있다는 점 또한 똑같이 중요한 사실이다. 라틴아메리카에서 미국의 이해를 대변하는 논객들은 거의 시카고, 하버드, 스탠포드처럼 엘리트 학문을 하는 (선동) 대학에서 교육을 받은 이들이다. 제국이 장악하고 있는 국제금융기관들을 통해 제국의 요구에 대해 소통하고 이것에 종속되도록 국가적 차원의 공포와 억압을 조장하면서 이들은 제국 중심적으로 기획된 신자유주의 모델을 강요했다. 국제금융기관들은 구조조정 정책들을 통해 이러한 "모델"을 강요하고, 미국의 다국적 은행들과 연결되어 있는 지역 금융 엘리트에게 이익이 되는 "개혁들"을 지원했다.

제국의 전리품들: 상어 사육

제국을 위해 기획된 신자유주의 모델은 약탈할 만한 자원을 가진 모든 라틴아메리카 국가에 대한 장기적이고 대규모적인 체계적 약탈로 이어졌다. 이윤 및 이자 지불을 위한 송금액에 대해 라틴아메리카 카리브해 경제위원회(이하 ECLAC, 혹은 CEPAL)가 제시한 자료를 바탕으로 계산을 해 보면(표 4.1), 라틴아메리카에서 1990년대에 미국 자본의 수익이 매년 평균적으로 6백억 달러에 이른다. 십년간 5,850억 달러가 이자 지불 및 수익금의 형태로 제국의 중심지로, 거의 대부분 미국에 있는 본사로 송금되었다.

라틴아메리카에서 이루어진 투자 및 대출에 대한 [미국] 자본의 수익이 이만큼이나 된다는 것은 이 지역의 "성장이 부진"하고 라틴아메리카가 1990년대 내내 세계은행, IMF을 비롯한 많은 분석가들이 제시한 경

	1980	1985	1990	1993	1994	1995	1996	1997	1998	1999	2000	2001
수출 소득	109	116	165	183	221	271	300	333	333	347	413	392
이윤 송금액	32	47	43	45	48	54	60	66	72	71	82	78

표 4.1 라틴아메리카의 수출 소득과 이윤 및 이자 지불을 위한 송금액, 1980~2001 (단위 : 10억 미국 달러)
(출처 : ECLAC 2002a, 2002b)

제회복 및 경제 성장 기대에 부응하지 못한 것을 충분히 설명해줄 것이다. 하지만 표 4.1의 자료들은 이 슬프고도 야비한 이야기 중 일부만을 보여주는 것이다. 유엔무역개발회의(이하 UNCTAD)도, ECLAC가 수집한 표 4.1의 자료도 특허권 사용료 지불, 운송, 보험 및 다른 서비스 요금에서 발생한 상당한 수입을 포함하지 않고 있다. 또한 이들은 라틴아메리카의 엘리트들이 미국과 유럽 은행을 통해 해외 계좌로 불법 이전한 수십억 달러의 돈을 포함하지 않고 있다. 세계투자보고서 World Invest Report (UNCTAD 2002)에 따르면 1986년부터 1990년 사이 — "발전 없는 십년"decade lost to development의 핵심인 시기로, 이 시기에 라틴아메리카에서는 해외 부채에 대한 이자 지불의 형태로 막대한 자본이 빠져나갔다 — 개도국이 다국적 기업에 지불한 특허권 지불액은 한 해에 22%씩 증가하여 총 730억 달러에 이르렀다. 라틴아메리카의 경우 특허권 사용료 및 관련된 지불에 대한 자료는 입수하기 어렵지만, 표 4.1은 1990년대에 관한 이용 가능한 정보를 요약해서 보여주고 있다.

삭스 페르난데스Saxe-Fernandez(2002)는 금융자산의 "합법적" 이전만 가지고도 2000년 라틴아메리카에 대한 총 약탈은 7백억 달러보다는 천억 달러에 가깝다고 추정하고 있다. 이 액수에 지난 십년을 곱하면 라틴

---

2. [옮긴이] Official Development Assistance. 공적개발원조. 이하 ODA로 표기하였다.
3. 세계은행, *Global Development Finance*, Statistical Appendix, 표 20, 2002.
4. 세계은행, 2000, 2001.

	1985-1990	1991-1992	1993	1994	1995	1996	1997	1998	1999	2000	2001	2002
자본 유입												
	105.1	123.7	125.6	66.7	98.8	103.7	109.2	96.5	96.5	83.1	49.6	
ODA²	37.5	10.0	5.4	5.6	5.7	5.5	-8.6	10.9	1.6	11.1	20.2	12.6
민간 흐름												
	-	95.1	118.3	120.0	61.0	93.3	112.3	98.3	94.9	85.4	62.9	37.0
FDI	42.5	29.4	17.2	28.7	31.9	43.8	66.1	73.4	87.8	75.8	69.3	42.0
포트폴리오³	-	44.7	74.4	63.1	4.8	12.2	13.3	-2.1	-3.6	-0.4	2.3	1.0
융자	63.8	21.0	26.5	28.2	24.3	37.9	32.9	27.0	10.7	10.0	-8.7	-6.0
자본 수익												
		142.0	74.1	73.2	78.5	79.2	82.9	99.4	107.8	90.9	100.0	96.8
자산 이익												
	62.0	34.7	36.6	40.9	42.8	48.2	51.2	52.2	53.4	54.7	52.5	
이자 지불⁴												
	211.2	76.0	38.0	35.0	36.0	35.0	33.0	46.3	53.6	35.3	43.1	41.9
특허권 사용료 지불⁵												
	5.4	2.2	1.4	1.6	1.6	1.4	1.7	1.9	2.0	2.2	2.2	2.4
순 자원이전 (자산에 대해)												
	-150.4	30.7	31.5	10.1	19.4	22.7	32.3	27.2	-3.1	-0.2	-4.6	-38.8
축적된 자본 주식												
부채	420.0	480.2	520.6	564.4	619.3	641.4	666.6	747.6	763.7	740.5	727.8	725.1
FDI	-	-	167.8	186.2	225.8	320.6	375.4	396.8	190.6	207.1	216.4	269.9

표 4.2 순자본 유출 및 유입, 라틴아메리카, 1980~2002 (단위 : 10억 미국 달러)
(출처 : ECLAC 1998; UNCTAD 1998: pp. 256, 267~68, 362; 2002; US Dept. of Commerce 1994; World Bank 1997.
1999~2001년의 FDI 주식자본에 대해서는 미국에 대한 통계만 포함(US Census Bureau 2002))

아메리카는 1조 달러가 넘는 돈을 제국에 순수하게 기부했다고 추정할 수 있다. 표 4.2는 라틴아메리카에서 유럽-미국 제국의 주요중심지로 흘러간 "자원 이전"resource transfer과 관련된 작동 기제 및 자본 흐름 일부를 단편적으로 보여준다. 1990년대 중 다섯 해에는 유출이 유입을 넘어섰다.

이 자료들이 보여주는 것은 제국 중심부로의 자본 유출이 — 공식적인 전문용어로는 "국제적 자원 이전" — 어마어마하게 일어나서 거대하게 축적되어 있던 자본과 잠재적인 자본을 유출한다는 점을 보여주고 있다. 1970년대 말에는 개도국을 대상으로 이루어지던 국제 상업은행 융자와

---

5. 1995년 자료는 세계은행, *World Development Indicators*, 2002.

FDI를 받는 주된 수혜 대상이 라틴아메리카였다. 동아시아에서 새롭게 산업화에 접어든 나라들은 대체로 자신의 개발에 필요한 비용을 [스스로] 대고 있었다. 하지만 대부분이 군사정권인 라틴아메리카의 정부들은 적절한 조절 정책들이 있음에도 불구하고 FDI를 유치하고, 해외 종속국들을 낚는 데 혈안이 된 은행들이 제공하는 아주 낮은 이자율로 많은 돈을 빌리기를 원했다. 그 결과 이 국가들은 막대한 부채를 떠안게 되었고, 미국 FRB가 이자율을 전례가 없던 수준으로 올리자 위기에 봉착하게 되었다. 1970년대 후반에 다국적 기업들이 자신의 축적된 투자와 새로운 투자에 대해서 받은 수입은 신규 유출을 넘어서서 상당한 이익을 남기게 되었는데, 이 액수가 1977년부터 1979년까지 3백억 달러(1,880억 달러의 축적된 주식에 대해)였다. 기업의 직접 투자에 대한 알려진 수입은 미국 상무부 Department of Commerce의 계산에 따르면 평균 12%의 수익률을 나타내지만, ECLAC(1998)가 계산한 바로는 최저 22~23% 수준이었다.

1980년대로 접어들던 3년이라는 시간 만에 미국의 다국적 기업들은 라틴아메리카에서 활동한 데 대한 수익으로 150억 달러 이상을 벌어들였다. 투자 자본에 대한 이 정도의 수익은 1980년대 상업은행이 벌어들인 수익과 비교해 보면 빈약해 보인다(어떤 상업은행은 1985년에서 1989년까지 2,112억 달러를, 1980년대의 십년 동안은 3천억 달러를 벌었다). 하지만 라틴아메리카의 정부들이 줄줄이 자본시장을 자유화하고 남아있던 장벽을 제거하라는 압력을 받았기 때문에, 1990년대에 새로운 FDI가 한 번 더 증가하도록 자극하기에는 충분했다. 이와 관련된 통계자료들은 숨은 사실을 드러내 줌과 동시에 경악스럽다(표 4.1을 보라).

10년의 과정을 거치면서 다국적 기업들은 라틴아메리카로 크게 방향을 틀어 새로운 투자의 수준을 1990년 87억 달러에서 1998년 610억 달러로 증가시켰는데, 이것은 FDI 유입량이 7배 늘어난 것으로 증가율에 있어서는 다른 곳보다 두 배 높은 것이다(전 세계적인 평균은 223%였다). 중국과 동양의 다른 곳에서 자본 및 상품 시장이 막대한 규모로 빠르게 증가하고 있고, 다른 곳(특히 유럽과 미국)에서는 광적인 합병 및 인수가 진행되고 있지만, 라틴아메리카는 직접 투자 자본에 있어서 가장 높은 증가율을 경험했다. 하지만 이러한 자본의 양— 10년간 약 4천억 달러(그리고 2000년에서 2002년까지는 추가로 1천6백억 달러) — 은 생산적 투자보다는 사유화된 기업들의 합병과 인수에 관련된 것이었다.[6] 그런데도 다국적 기업들과 국제금융기관들은 이 직접투자에서 수익으로 3,860억 달러를, 특허권 사용료로는 추가로 180억 달러를 뽑아냈다.

1990년대에 라틴아메리카에서 흡수된 금융 자원들은 지난 십년간 이 지역의 경제가 둔하게 성장— 매년 3% 이하였고 2001년에는 0.3%, 2002년에는 -0.9%였다(일인당 기준으로 했을 때 십년간 사실상 제로성장이었다)(World Bank 2003 : 표 8) — 할 수밖에 없었던 이유를 설명해 주고도 남는다. ECLAC(2002)는 이러한 상황을 되돌아보며 또 다른 "발전 없는 십년"이 시작되었음을 지적했다. 다양한 제국의 중심지로 잉여를 이동시키는 좀더 분명하지 않은 기제들까지 고려하면 이 지역의 부에 대한 약탈은 정말 어마어마한 양에 이를 것이다. 마르꼬스 부사령관(1994)의

---

6. 전 지구적인 수준에서 남북 간의 FDI 유입은 2000년 총 국제 자원 흐름의 60%를 차지했다(이것은 1980년에는 6%였고, 1990년에는 25%였던 것과 크게 비교된다). (UNCTAD 2002 : 24). UNCTAD의 추정에 따르면 1987년에서 2000년까지 4조3천억 달러의 FDI가 인수합병에 사용되었다. 즉, 생산적인 기능에 할당된 자본의 많은 부분 (어떤 해석에 따르면 이것은 세계시장에서 유통되는 총자본의 5% 라고도 한다)은 사실상 신기술에 대한 투자보다는 기존의 회사를 합병하는 데 사용되는, "비생산적인" 것이다. 이런 패턴은 라틴아메리카에 들어맞는데, 라틴아메리카에서는 이런 비생산적인 방식에 사용되는 자본이 총 FDI의 70%에 이르는 것으로 추정된다.

시적 표현을 빌면 그 이빨로 "남동 멕시코의 목덜미를 깊이 파고들어 막대한 양의 피"["석유, 전기에너지, 가축, 돈, 커피, 바나나, 꿀, 옥수수"의 형식을 띤 공물—저재를 "수많은 핏줄" — 석유와 가스 수송관, 전기선, 열차 수송선, 은행 계좌, 트럭과 소형 운반차, 비밀 운송로, 협곡과 숲속 오솔길 —을 통해 빨아내는 "야수"의 "피 묻은 턱"이 이 지역 경제에서 자원을 뽑아내 막대한 출혈이 발생한 것이다. 표 4.1에 나타나 있는 자원 이전과 자본 흐름과 관련된 금융 기제가 잉여가치 혹은 부불 노동을 뽑아내고 이전시키는 — 정확히 말해서 "착취"의 — 주요한 수단이다. 하지만 마르꼬스가 제기했던 것처럼 제국주의 체제는 피지배 경제의 자원을 약탈할 수 있는 수많은 다양한 기제들과 행위자에 의존할 수 있고, 그 중 일부는 자기의 몸을 잘 감추거나 변장을 한다.

이렇게 주로 숨어서 잉여를 이전시키는 기제("순 국제 자원 유출")는 두 가지 범주로 나타날 수 있다. (1) 국제 무역 구조로, 신자유주의자들은 (이 엔진의 운전수인 자본주의적 기업과 함께) 이것을 "경제성장의 엔진"이라고 생각한다. (2) 자본-노동관계의 구조와 이 구조 속에 있는 노동의 조직이다.

무역과 관련해서 제국 건설 과정은 이 지역의 생산 시설들을 체계적으로 인수하고, 지역 시장에 침투하며, 지역 간 및 지역 내 무역을 지배하기 위해 압력을 행사하는 속에서 명백하게 나타난다. 지역 간 및 지역 내 무역은 라틴아메리카의 경제를 개방하고 미국이 생산한 상품 및 서비스에 대한 접근을 자유화하는 한편으로 라틴아메리카의 경쟁자들이 미국 시장에 접근하는 것을 제한하고 통제하도록 계획된 정책을 통해 지배할 수 있게 되었다.7 스페인에 본부를 두고 있는 BBVA 은행Bilbao Vizcaya Argentaria Bankus에 따르면 라틴아메리카에 있는 상위 150개 기업들 중에서 3분의 1이상(56개)이 오늘날 해외 소유 기업이고 절반은 국내 민간 소유이며, 13% 정도(19개)가 국영 기업이다.8 하지만 75개의 국내 민간 소유 기업들은 이 기업 집단의 총 판매 중에서는 30%를 총 수출 중에서는 22%만을 차지할 뿐이다. 반면 해외 소유 기업들은 이 집단의 수출액 중 63%를 차지한다. 또 다른 연구에 따르면 미국과 유럽의 다국적 기업들은 아르헨티나 국내 시장의 상당한 부분을 통제하고 있는 반면, 남아있는 국내 공기업들은 주로 외자를 통해 돈을 벌어들인다. 브라질에서도 이 형태는 거의 똑같다(Petras and Veltmeyer, 2003b)

미국과 유럽의 다국적 기업들은 지역 간 및 지역 내 무역을 지배할 뿐만 아니라 국내 시장까지 지배해서 이 과정에서 대개 지역 생산자들을 몰아낸다. 라틴아메리카에서 전형적으로 벌어지는 제국적인 수법은 국내 시장을 장악하기 위해 자본을 수출하고 공공 소유의 기업에서 원재료를 수입해 오는 것이다. 2002년 다국적 기업들은 760억 달러의 직접 투자에 대한 이익으로 220억 달러를 자국으로 가져갔다. 수익률이 거의 35%에 이른 것이다.9 1990년대에 대한 일부 자료는 표 4.2에 제시

---

7. ECLAC(1998)에 따르면 1990년대에는 총 FDI의 50%(브라질과 아르헨티나에서는 더 많은 양이)가 ECLAC가 "생산적인 전환" 과정이라고 평가하는 것들을 촉진해 주는 신기술에 대한 생산적인 투자가 아닌 기존의 사유화된 기업의 자산을 구입하는 데 사용되었다.
8. Gabetta, Calcagno and Calcagno(2002)가 분석하여 제시한 수치에 근거했을 때, 아르헨티나 FDI의 42%가 유럽에서 온 것이다(25%는 스페인에서 온 것이다). 미국 자본과 마찬가지로 이런 자본의 대부분은 생산적인 투자보다는 사유화된 기업을 사들이는 데 사용되었다.
9. 브라질의 금융 상담회사인 ABM 컨설팅에 따르면 브라질 금융회사들의 경우 시티뱅크, 뱅크 보스턴을 비롯한 브라질의 상위 10대 은행들은 2001년 브라질에서 자신들의 자산을 기준으로 22%의 수익률을 올렸다. 이것은 전 세계적으로 12%의 수익률을 올린 것과 비교된다. 이 때문에 브라질에 상당한 자산을 보유하고 있는 진보적인 국제 금융가인 조지 소로스가 "[브라질처럼] 그것을 필요로 하고 그것을 갖출 자격이 있는 나라에 적절한 자본 흐름을 제공하지 않고 있기 때문에 시스템이 붕괴했다"고 선언한 것이다.

되어 있다. 1980년대 순 자원 유출의 대부분은 외채에 대한 이자 지불의 형태였다. 하지만 1990년대에는 FDI나 자기 자본 조달equity financing(주로 기존의 혹은 사유화된 기업의 자산을 구입하는 데 사용된)이 자본의 주요한 원천으로 부채를 대신하게 되면서[10] IMF의 표현대로 하면 저발달된 나라LDC로 "민간 부문의 외부 금융 흐름이 흘러가는 뼈대"를 이루게 되었다(IMF 2002 : 2).

공공 혹은 국영 기업들의 매상은 2,450억 달러에 달했고, 이중 35%는 수출이었지만, 제국을 건설하는 미국의 전략적인 목적은 이 부문에서 자산 및 기업에 대한 통제력을 장악하는 것이다. 1980년대에 이러한 과정은 주로 멕시코에서 진행되었는데, 1982년부터 1993년까지 멕시코는 1,152개에 달하는 모든 국영 기업을 "민간 부문"에 양도했다. 이 과정에서 정부는 315억 달러를 순수익으로 얻게 되었는데, 이 중 가장 압권인 사건은 1992년과 1993년에 이 나라의 18개 국영 은행을 판매한 것으로 가장 큰 은행들이 속속 유럽-미국의 초국적 자본가계급의 수중(즉, 은행)에 떨어지게 되었다. 바나멕스Banamex는 시티뱅크의 소유가 되었고, 방꼬메르Bancomer는 BBVA의 소유가 되었다. 멕시코 은행Banco de Mexico과 재무부Secretaria de Hacienda의 최근 보고서를 보면 이러한 국영 기업들을 판매해서 얻게 되는 수익에 대한 기대가 사유화 의제의 주요한 목적이 아니었다는 것이 분명하다(『라호르나다』La Jornada, 2003년 7

---

[10]. 채권 금융의 형태로 기능하기도 하는 ODA의 경우 이 지역 내에서의 전반적인 유동량이 "민간 국제 자원 흐름"에 꾸준히 못 미치고 있다. 민간상업은행이 물러나고 FDI가 침체된 상황에서 2002년 세계은행 같은 주요한 다자간 대부자들이 개도국에 융자금을 늘려주었는데도 말이다. 하지만 어떤 형태의 "국제적 자원의 유입"이 다른 형태의 "유출"을 보장해 주는 수단으로 기능하는 일도 있었다. 2002년 상반기에 세계은행에서 지원된 4억1천8백만 달러의 상대적으로 크지 않은 순유입을 세계은행에 대한 순 부채 상환액인 2억6천억 달러와 비교해 보면 이것은 분명하게 드러난다(IMF 2002a: 6).

월 25일). 모든 경제 부문을 이렇게 사유화함으로써 얻게 된 총 수익은 겨우 315억 달러였는데, 이것은 1995년 금융위기의 결과 은행을 구제금융해 주는 과정에서 정부가 떠맡은 부채(894억 달러)의 28.8%밖에 안 되기 때문이다.

1990년대에 사유화 의제는 자유시장 자본주의의 "신경제 모델"이 요구하는 광범위한 2차 개혁의 일환으로 폭넓게 이행되었다(Bulmer-Thomas 1996; Veltmeyer, Petras and Vieux 2000). 칠레에서의 사유화 정책은 1970년대에 아우구스토 피노체트Augusto Pinochet가 제창하고 1980년대 후반과 1990년대 초반에 까를로스 살리나스 데 고르따리Carlos Salinas de Gortari가 눈부시게 진척시켰지만, 1990년대 까를로스 메넴Carlos Menem 정권 하에서 그 전형적인 형태를 갖추게 되었다. 세계은행은 아르헨티나의 경험을 라틴아메리카 지역이 따라야 할 뿐만 아니라 전 세계 다른 나라들의 "모델"이 되어야 한다고 보았고, 따라서 페르난도 헨리케 까르도소 치하의 브라질도 똑같이 그 모델을 따랐다(Petras and Veltmeyer 2003b). 1983년에 아르헨티나와 브라질, 멕시코가 모든 제3세계 부채 중 50%를 차지했던 것처럼 그 이후 십년 동안 이들은 세계에서 가장 중요한 사유화의 한 부분을 대표했다.

사유화 의제의 전략적 초점은 몇 년간 변화했다. 오늘날 이 지역의 제국 건설자들에게 전략적 초점은 칠레 구리 회사뿐만 아니라 멕시코, 베네수엘라, 브라질, 에콰도르, 콜롬비아, 볼리비아에 있는 국영 석유 및 가스 회사에 있었다(『라호르나다』, 2003년 6월 15일). 삭스 페르난데스와 누녜스(2001)가 수행한 한 연구 작업은 이런 관점에서 세계은행의 음모를 자세하게 분석하고 있다. 이들은 세계은행이 멕시코의 국영 석유 회사인 페멕스Pemex를 사실상 사유화하고, 멕시코의 탈국유화된 자연 및 생산자원들을 대거 징발할 수 있도록 촉진하며, 미제국에 충분한 잉여가치 및 자본을 이전시켜 멕시코의 경제를 심각하게 침해하고 미국 경제에 상당한 기여를 할 수 있도록 한 체계적인 노력을 자세하게 묘사하고 있다. 악마의 세부사항들이 드러나 있다고 말할 수 있을 것이다. 삭스 페르난데스와 누녜스가 수행한 이 연구 작업은 분명 세부사항들을 모두 드러내 놓고 있다. 이들은 1983년과 1997년 사이에 멕시코가 IMF와 세계은행의 조건 하에 신자유주의 모델을 지향하는 전환을 하면서 4,570억 달러의 경제적 잉여가 다양한 수단을 통해 멕시코에서 빨려나가 미국과 유럽의 제국의 중심지들로 흘러들어갔다고 계산하고 있다. 멕시코와 관련된 이러한 계산에는 두 가지 형태의 잉여 이전이 포함된다. 첫째는 부채 서비스이고 둘째는 사용료 지불과 무역 관계에서의 불평등한 거래, 독점 거래권, 토지사용권, 특허에 대한 지불이다.

또 다른 수준에서 미국과 멕시코 — 이 문제와 관련해서는 일반적으로 라틴아메리카 및 다른 개도국들 — 간의 무역체계는 경제적 이익을 분배하는 데 있어서 엄청나게 왜곡된 구조에 근거해 있다. 하지만 세계 무역 수준에서 미국 경제는 생각만큼 강력하지 않다. 예를 들어, 2차 세계대전 직후에 미국은 세계의 생산 및 금융 자원 중에서 가장 큰 몫을 차지했고 (일부 추정에서는 50%까지) 상품 및 서비스의 국제적 산업 생산과 무역에서 가장 유리한 위치를 점하여 전 세계 유전의 59%, 총 에너지 생산의 46%, 총 자동차 생산의 80% 이상 그리고 세계 통화용 금 및 통화보유액의 50%를 차지했다(Maizels 1970).

하지만 표 4.3의 일부에서 나타나는 것처럼 지난 몇 년간 미국은 세계 무역에서 시장 지분이 꾸준히 감소했다. 이 명백한 추세는 부분적으로 미국의 다국적 기업들의 계열사들이 차지하는 무역 지분이 증가했음을 반

	1990	1991	1992	1993	1994	1995	1996	1997	1998	1999	2000	2001	2002	2003
세계	-101	-66	-85	-116	-151	-160	-170	-181	-230	-329	-436	-412	-469	-354
멕시코	-1.9	2.2	5.4	1.7	1.4	-15.8	-17.5	-14.6	-15.9	-22.8	-24.6	-30.0	-37.1	-27.7
다른 라틴아메리카 국가	-9.7	-2.6	1.7	2.4	3.3	7.5	3.1	9.3	13.1	-3.3	-14.1	-9.2	-18.0	-17.7
유럽연합	6.3	17.0	9.0	-1.0	-8.1	-8.2	-15.2	-16.8	-27.4	-43.4	-55.0	-61.3	-82.0	-59.9

표 4.3 미국 무역 수지, 1990~2003 (단위 : 10억 미국 달러)
(출처 : US Census Bureau, "US Trade Balance," http://www.census.gov.foregn-trade/balance.)

영하는 것인데, 이들의 생산물 및 판매는 미국 무역 회계에 포함되지 않기 때문이다. UNCTAD(2002)에 따르면 이 계열사들은 지금까지 오늘날 세계 무역의 13% 이상을 차지하고 있다. 상품과 서비스 교역에서 추가적인 50%는 기업 내부 이전의 형태를 띠고 있는데, 다시 말해서 이것들은 시장에 전혀 들어오지 않는다는 것이다. 어떤 경우든지 간에 확실하게 말할 수 있는 것은 미국의 국내 무역 회계는 1960년대 후반 이후로 꾸준히 적자 상태에 있었다는 것이다. 당시 — 정확히 말해 1971년 — 미국 행정부는 일련의 전략적 수단들을 시행하기 시작했는데, 이것은 미국 달러화를 위해 브레튼우즈의 고정환율체제를 일방적으로 중단한 것으로 시작되었다. 고정환율체제의 중단은 주요 경쟁자들과의 관계에서 세계시장 내 미 달러화의 입지를 개선하기 위한 것이었다(Aglietta 1982).

하지만 세계적 자본주의의 위기에 대한 미국 행정부의 전략적 대응에 대한 아글리에타의 연구가 보여주는 것처럼 이러한 대응은 미국의 무역 회계상 전례 없이 큰 적자가 지속되는 장기적인 추세를 막지 못했다. 미국은 꾸준히 상당한 무역 적자 상태에 있는데, 이 적자는 1991년에 633억 달러에서 성장해서(1990년에 1,010억 달러) 2002년 4,683억 달러, 2003년에는 3,541억 달러에 이르렀다. 미국은 전 세계 모든 지역, 심지어는 라틴아메리카와의 경제활동에서도 꾸준한 무역 적자를 보이고 있다. 1990년대 대부분의 시간동안 라틴아메리카는 미국 정부가 무역 회계상의 적자를 줄이는 것을 도와주었다(표 4.3). 하지만 1999년 현재(멕시코는 1995년) 이것은 더 이상 사실이 아니게 되었고, 미국은 증가하는 무역 적자를 메우기 위해 금융자본에 더욱더 의존해야 했다. 미국의 무역 수지에서 나타나는 이러한 상황은 표 4.4의 2002년의 통계자료에 나타나 있다.

일반적으로 미국은 지배적인 세계통화로서의 미 달러화의 권력이 보장해 주는 높은 비율의 안정적인 이익을 좇는 금융 및 투자 자본을 전 세계에서 끌어들여서 이 적자를 부양하고 있다. 하지만 미국 경제가 위기로 치닫는 이러한 경향을 극복하고, 무역 회계 상의 막대한 적자에 대해 돈을 댈 수 있는 것은 일정정도 수출품을 팔 수 있는 새로운 시장을 확보하고, 기존의 시장을 유지하는 능력으로 인한 것이다. 이런 이유로 미국 행정부가 ALCA를 만들려고 꾸준히 노력하고 있는 것이다. 미국의 입장에서는 라틴아메리카가 이미 지난 수년 동안 특히 1990년대에 막대한 기여를 했지만 침체를 겪고 있는 미국 경제에 더 큰 기여를 해야 하는 것은 당연한 일이다. 하지만 이 "필요한" 기여의 정확한 본질과 총 규모를 정확하게 계산하는 것은 그렇게 쉽지 않다. 그렇게 하기 위해서는 미국과 라틴아메리카 사이의 무역 구조 속에 짜여져 있는 생산 자원 흐름의 다양한 기제를 더 깊이 들여다 봐야 하기 때문이다. 또한 이런 점에서 멕시코만큼 중요한 나라가 없는데, 멕시코는 라틴아메리카 지역에서 미국의 중요한 무역 파트너로, 미국은 멕시코의 수출품을 80%까지 흡수하고 있다.

UNCTAD(2002와 2003)와 ECLAC(2000b)가 수행한 최근 연구들은 이러한 구조의 숨은 요소들 중 한 가지를 폭로하고 있다. 그것은 체제의

	수출	수입	무역 수지
라틴아메리카	-56.9	142.3	199.1
APEC	-316.8	448.9	765.7
OECD	-88	156.2	245.1
총계	-482.9	681.9	1,164.7

표 4.4 2002년 미국의 지역별 수출, 수입 및 무역 수지 (단위 : 10억 미국 달러)
(출처 : US Census Bureau, "US Trade Balance", http://www.census.gov.foregn-trade/balance)

중심부에 있는 경제와 주변부에 있는 경제 사이의 악화된 무역조건이다. 이러한 관점에서 UNCTAD(2002 : 42)는 라틴아메리카(다른 지역의 개도국들과 함께)는 1980년대 초반 이래로 수출된 상품들의 생산 속에 구체화된 노동력의 시장 가치가 최소한 10% 하락했다고 추정하고 있다. 이것은 1998년에는 13% 하락했고 1999년에는 다시 14% 하락했다.[11] "수출품 가격에 대한 하락 압력"을 통해 발생한 이 감소의 폭은 엄청난 것이다. 결국 이것은 FDI 같은 다른 수단들이 빨아들인 경제적 총 잉여가치를 충분히 능가하고도 남게 될 것이다. 그리고 이것은 절대로 자원 약탈의 끝이 아니다. 라틴아메리카의 수출품들을 막기 위해 세워진 일련의 무역장벽들과, 라틴아메리카의 자본 및 상품 시장을 미국에게 자유화한 결과[12] — UNCTAD는 이것을 "자유화과정에 있어서의 균형 결핍"(저개발국들은 자유화하면서 OECD 국가들은 보호하고 보조금을 지급하는)[13]이

---

11. 미국의 수출 가격을 기준으로 했을 때 첨단 기술 수출 지역에서조차 개도국의 수출품은 "1998년 이후 선진국들 사이에서 거래되는 동일한 제품들의 …… 수출품들보다 변동성이 더 높고 …… 급격한 가격 하락을 겪게" 되었다(UNCTAD 2002 : 117). 개도국의 교역조건과 관련된 참고자료는 pp. 197~99에 나와 있다.
12. 세계투자보고서(World Investment Report[UNCTAD 2002])에 따르면 1991년에서 2001년까지 대부분의 개도국들은 자신들의 무역체제와 금융시장을 자유화했고, "FDI를 더욱 더 확대하는 입장으로 수렴되었다. 기록된 306가지의 규제적 변화 중에서 75가지를 뺀 전부가 FDI에 좀더 호의적인 것이었다."
13. UNCTAD(2002 : 7)는 산업국의 노동 집약적 활동에 대한 보호가 사라지게 되면 저개발국의 수출액이 최소한 7천억 달러 증가하게 될 것이라고 추정했다. 이와 관련해서

라고 부른다— "생산적 자원"(잠재적 자본)의 유출이 발생하게 되었는데, 이것은 라틴아메리카의 "자본 도피"capital flight(미국에서 예치되거나 시장화된 투자 자본) 총 가치에 맞먹고, 수년간 지불된 외부 부채 지불액의 총 가치를 넘어서지는 않아도 거의 비슷한 액수이다.14 그리고 이러한 지불은 이 지역에서 발생한 생산적 자원을 몰수하는 데 있어서 중요한 요소였고 지금도 여전히 그렇다. 브라질의 무토지 농업 노동자 운동(이하 MST)의 지도자인 주앙 페드로 스테딜레Joao Pedro Stedile(2003)는, 1991년 신자유주의로 방향을 전환할 때까지 브라질 정부는 부채 지불에서 4천8백억 달러까지 지불했지만 이러한 지불 과정을 거치며 축적된 빚은 60억 달러에서 2천5백억 달러로 경악할 만큼 놀랍게 증가해 버렸

IMF의 총재인 호르스트 쾰러(Horst Kohler)조차도 빈곤을 퇴치하는 노력을 하는 데 있어서 "부유한 국가들의 신뢰가능성을 시험해 보는 진정한 방법은" 저개발국들이 상대적 우위를 점하고 있는 부문에서 무역을 왜곡시키는 보조금들을 단계적으로 없애고 자신들의 시장을 기꺼이 개방하느냐의 여부에 있다고 말했다(Kohler 2002). 이런 구조와 불평등하게 적용된 무역 규정을 고치고, "근본적인 개혁 프로그램"을 기반으로 "공정하고 [자유로운] 시장지향적인 무역시스템"을 만들기 위해 최근들어 2002년 도하와 2003년 칸쿤에서 21개 선도적인 개도국들이 모여 노력했지만 미국과 유럽연합의 집단적인 저항이라는 암초에 부딪혀 좌초하고 말았다. 칸쿤 협상에서 OECD 국가들과 개도국들의 이견이 좁혀지지 않은 것은 30여년 전 유엔 내부에서 있었던 "새로운 국제적 경제 질서"라는 일반화된 요청이 비슷하게 실패했던 것과 유사하다. 이런 협상에서 제국적 권력은 자신들 고유의 근본적인 경제적 이해관계를 제외하면 그 어떤 것도 기꺼이 협상하려고 한다.

14. 기존의 국제 무역 구조가 개도국에게 심각하게 불리하도록 편향되어 있기도 하지만 개도국들은 이런 구조를 개혁하는 데 비용을 지불하라는 기대를 받고 있다. 명백하게 선진국들에게 유리한 무역 관련 지적재산권 협정(이하 TRIPS) 같은 개혁에 대해서 말이다. 이와 관련해서 UNCTAD(2002 : 59)은 이 TRIPS를 이해하거나 보장하는 데 있어서 개도국들이 치르게 된 "상당한 비용"을 확인했다. UNCTAD는 TRIPS 이행비용이 평균 1억 5천만 달러가 될 것으로 예측하고 있는데, 이것은 일부 국가들의 1년 개발예산에 맞먹는 액수다. 이런 국가들은 상당한 양의 관련된 행정 비용과 이행 비용을 감당해야 하지만 결과적으로 이를 통해 보호받는 특허나 지적 재산권 사용료는 모두 한 방향으로만 흘러간다.

다고 추정하고 있다. 이러한 "개혁들"은 세계화 및 자산 몰수의 과정을 촉진하기만 한 것이 아니라 제국의 중심지로 상당한 양의 생산 및 금융 자원들을 이전시키는 수단의 역할을 해 왔다.

자원 이전의 본질이 위장되어 있고 정확히 측정하기 어려운 점이 있기는 하지만, 이전된 잉여가치의 양은 눈에 잘 보이는 금융자원의 유출을 넘어서는 듯하다. 분명한 것은 라틴아메리카는 특히 미국과의 무역 구조를 통해 직접 생산자 및 노동자들로부터 뽑아낸 엄청난 양의 잉여가치를 상실하게 될 뿐만 아니라 미국 경제에 상당한 기여를 하고 있다는 점이다. 사실 라틴아메리카와의 무역은 미제국주의의 경제를 떠받치고 있는 기둥들 중 하나다.

미국-라틴아메리카 간의 무역은 다양한 계급의 생산자 및 노동자들이 미국 경제에 큰 기여를 하고 있음을 나타내 주고 있다. 노동은 생산과정에서 주요한 요소이며, 부가가치의 주요한 원천이자 "총 요소 생산성" total factor productivity에 핵심적인 기여를 한다는 것은 잘 알려진 사실이다. [하지만] 노동의 조직 및 수출이 어떻게 한 나라의 자원을 약탈하고 이것을 제국의 중심으로 이전시키는 또 다른 수단으로 사용될 수 있는가(그리고 어떻게 실제로 사용되고 있는가)는 그렇게 잘 알려져 있지 않다. 델가도 와이즈Delgado Wise(2004 : 7)가 초국적인(멕시코-미국) 노동력 이동에 관해 수행한 최근의 연구는 의미심장하다. 그는 멕시코 노동력이 국제수지에 있어서 미국 경제에 직간접적으로 기여한 것 — 그리고 이에 상응하는 멕시코 경제의 손실 — 은 한해에 대략 290억 달러인 것으로 추정하고 있다. 이러한 "기여"에는 천연자원(석유) 및 자산(다국적 기업들이 최저 가격으로 사유화된 공공 회사의 자산을 획득했을 때)의 막대한 수출은 포함되어 있지 않다.[15] 여기서는 다양한 방식으로 미국 경제에 들어온 잠재적인 자본의 엄청난 출혈을 계산해 넣은 것이다. 이런 유출의 방식에는 다음과 같은 것들이 포함된다. (1) 멕시코 제조업 수출품의 다량(70%)을 차지하고 있는 마낄라도라Maquilladores 16의 노동급여. 이는 고용된 노동력의 가치보다 훨씬 낮은 수준으로, 막대한 잉여이윤을 발생시켜 이윤의 형태로 자국에 송환하며, 투자된 자본에 대해 35%의 수익률을 보장해준다.17 (2) 공식 서류를 갖춘 노동자와 갖추지 않은 노동자들 모두의 통제된 혹은 "불법적인" 계절 이민의 형태로 농업 및 농장 노동력을 직접 수출하는 것인데, 이것은 미국 농업 노동력의 80%까지 차지하고 있으며, 이 부문에서 고용된 임금노동자들의 임금에 분명 부정적인 영향을 미치고 있다. (3) 교육받은 고급의 멕시코 노동력이 미국으로 직접 이민을 가는 것인데, 이것은 멕시코 총 이민자의 40%를 차지하는 것으로 추정되며, 미국의 입장에서는 이러한 노동력을 재생산하는 비용을 부담할 필요가 없다는 이점이 있다.18 노동이 부가된 가치가 이

---

15. 이것은 멕시코 노동자들을 주로 이용하는 부문에서 고용된 노동자들의 임금을 억제하는 효과를 통해 자본 형성에 간접적으로 기여한다는 점을 고려하지도 않았다. 지난 30년간 노동에 대한 자본의 주요한 공격수단 중 하나는 국내 수입 중에서 노동의 몫에 대한 시비를 걸어 이를 줄임으로써 자본으로 이용 가능한 수입을 늘리는 것이었다. 이 공격수단과 관련된 첫 번째 전투는 생산성 소득에서 노동의 참여를 보장해 주었던 사회적 계약을 깬 것이었다(Davis 1984 and Crouch and Pizzorno 1978을 보라). 이후 몇 년 동안 자본은 국가 수입에서 자본의 몫을 늘리고 노동의 몫을 줄일 수 있는 다양한 방법을 찾아냈다. 이런 방법에는 실업을 이용해 낮은 임금 유지하기, 값싼 노동형태 수입하기, 값싼 노동이 풍부하게 제공되는 부문에서 국제적으로 생산을 재할당하기 등이 있다.
16. [옮긴이] 값싼 노동력을 이용, 조립·수출하는 멕시코의 외국계 공장
17. 이런 점에서 델가도 와이즈(Delgado Wise, 2004)는 멕시코가 실제로 수출하는 것은 노동력이라고 지적하고 있다. 이것만 아니었다면 멕시코 사람들은 자신들의 나라를 떠날 필요가 없었을 것이다. 이런 노동과정의 수익성은 미국에 본사를 두고 있는 다국적 기업들이 마낄라도라 부문에서 발생되는 총 수익의 3분의 1을 차지한다는 사실에 반영된다.
18. 델가도 와이즈는 멕시코 이민자에 대한 전형적인 인식과는 대조적으로, 임시 혹은 "순

렇게 이전되는 규모에 대한 연구는 전혀 없지만, 미국의 이익과 멕시코의 손해가 상당하다는 것은 자명하다. 델가도 와이즈(2004 : 7)는 2002년 멕시코 노동력이 미국의 무역수지에 기여한 것은 280억 달러를 넘는다고 추정하고 있다.19 멕시코 이민자들의 송금액은 대략 98억 달러이지만— 이 나라에서 세 번째로 큰 외환수입이다(석유 및 제조업 수출로 발생한 수입 다음이지만, 관광과 미국 농업 수출품보다는 앞서 있고, FDI 양과 거의 맞먹는다) — 이러한 송금액은 멕시코 출신의 이민자들이 수행한 경제활동에서 발생한 것으로, 이들은 미국 안에서 활동하면서 멕시코 경제보다는 미국 경제에 실질적으로 더 많은 기여를 하고 있다.20 무역처럼(천연 자원 및 상품의 수출) 이민(노동력의 수출)은 멕시코 입장에서는 상당한 순손실이며, 미국 경제에는 같은 양만큼 상당한 순이익이자 경기 부양력이다.21

환형" 멕시코 이민자 핵심 집단의 40.7%가 중고등교육을 마쳤고, 멕시코에서 태어난 미국 거주자들의 경우에는 중고등교육을 마친 사람들이 55%에 이른다고 지적하고 있다(이것은 평균 인구 중 중고등교육을 받은 사람들의 비중이 51.8%인 것과 비교된다). 더욱이 25만 명 이상의 멕시코 거주자들은 대학 학위를 가지고 있고, 그 중 일부는 대학원 학위를 가지고 있다(2004:10).

19. 델가도 와이즈(2004 : 2, 9)는 멕시코 노동이 미국 경제에 기여한 측면을 밝히기 위해서 8백 5십만 명의 멕시코인들이 미국에 거주하면서 일을 하고 있는데, 이중 3분의 1을 조금 넘는 사람들이 "기록되지 않은"(즉, "불법적인") 상태에 있다고 계산하고 있다. 또한 "떠돌이"(sojourners, 임시 이민자들)가 매년 80만에서 1백만 건의 "체류"를 차지하고(Tuiran 2000) 매년 약 37만 명의 멕시코인들이 미국에 "정착"(영구적인 거주지를 확정)하는데, 이는 총 2천2백9십만 명에 이른다(이중 8백5십만 명은 멕시코 태생의 이민자들이고 — 미국에 거주하는 해외에서 태어난 이민자 중 27% — 나머지 14.4%는 부모가 멕시코 출신인 미국인들이다).

20. 국가 재정의 관점에서 국제 이민자들은 일반적으로 이들이 소득과 공공서비스에서 받는 것보다 더 많은 것을 유입국 경제에 기여한다. 이민자들은 자원 이전을 통해 미국이 사용할 수 있는 사회적 자본을 형성하는 데 기여한다. 전미이민포럼(National Migration Forum)(Delgado Wise 2004 : 14)의 자료에 따르면 미국의 이민 인구는 1997년 자신들의 소득의 형태로 받는 것보다 8천억 달러 더 많은 기여를 했다. 이런 등등의 방식으로 이민자들은 유입국 경제를 활성화하는 데 주요한 힘이 된다.

잉여 이전의 명백한 기제와 감추어진 기제를 모두 합산할 수 있다면, 멕시코 "경제"(직간접적으로 참여하고 있는 8천만 명의 노동력)가 미국에 기여하는 바와, 이에 상응하여 멕시코에서 빠져나간 자본의 양은 경악스럽고도 남는 양일 것이다. 이 지역의 다른 나라들, 특히 브라질 같은 곳에서 유사한 형태의 자본 유출이 일어났음을 감안하면, 라틴아메리카는 미제국의 주요한 경제적 기둥이라고 이해할 수 있을 것이다. 또한 이것은 미국이 앞으로 상당 기간 — 과거에도 주기적으로 그랬던 것처럼 — 정치 혹은 군사적인 수단들로 이 지역에 있는 많은 종속국들이 굴종 상태에 놓여 있도록 억압할 것이라는 점을 설명해 주는 것이다.

각 단계별 제국 건설

이상의 내용을 요약하면 제국 건설의 네 단계를 다음과 같이 나눠볼 수 있다.

1. 이데올로기적-군사적-정치적 개입 : 국제관계에 대한 "현실주의적" 접근법의 한도 내에서 "신경제 모델"을 강요하고, 불가피한 "장애물들" — 대중 저항, 이행의 지연 및 중단, 무능한 지도자 등 — 을 넘어서다.

2. 제국 정책들의 이행 — 사유화, 탈규제, 자유화 및 탈중심화 : "신세계 질서" 속에 점점 더 통합해 들어가며, 국가적 수준에서는 몰수 및 탈국유화 과정, 국제금융기관 및 다국적 기업들과 연결된 지역 엘리트

---

21. 델가도 와이즈(2004 : 14)는 미국으로 이주해서 정착한 멕시코 노동자들은 마낄라도라를 통해 간접적으로 수입된 노동과는 다르게 임금의 상당한 부분을 그곳에서 소비했는데, 이것은 소득의 잠재적인 승수효과가 미국 경제로 이전된다는 것을 의미한다고 지적한다. 이러한 효과는 송금액이 멕시코에서의 외환수입과 국제수지에 미치는 영향보다 10배 이상 더 크다.

들에 대한 지배과정으로 이어진다.

3. 부채 지불, 융자, 주식 매점을 통해 국내적 수준의 사유화에서 해외 통제로 전환하고, 이것은 판매와 금융에서 거대한 시장 지분을 넘겨주는 것으로 이어진다.

4. 제국의 직접적인 정치-군사적 장악력이 1~3국면에서 있었던 약탈 때문에 발생한 대중 저항을 억압하고, 수익성이 높은 공공 에너지, 천연자원, 전기 및 발전 산업을 포함하는 사유화를 확장 및 심화하려고 하는 강한 움직임이 일어난다. 4단계는 ALCA를 강제하기 위한 준비 작업으로 제국 건설의 마지막 단계인 라틴아메리카의 재식민화다.

제국적 통치의 기술

제국 건설 — 제국주의의 동학 — 에 있어서의 핵심은 제국적 국가와 민간 부문에 있어서의 그 "준-민간/공공" 보조기구들의 역할이다. 라틴아메리카에서 다국적 기업과 금융의 확장은 [자본]축적과 이윤율 하락의 경향을 막는 데 있어서 핵심적이다. 하지만 다른 한편으로 이러한 과정들이 전개되고 있는 지리적·경제적 입지와, 경제위기를 해결하기 위한 시도 혹은 속도 조절, 그리고 경제적 모순이 해결되는 데 필요한 사회적 관계 및 정치적 구조와 관련된 기본적인 문제를 푸는 데 있어서 제국적 국가의 역할을 인식하는 것이 중요하다. 자본가는 과잉 생산이 일어나면 해외시장 정복에 착수할 수 있다. 하지만 군사적 개입과 쿠데타를 거치고 제국 중심적 경제학 이론가들을 의사결정자의 위치에 서게 함으로써 지역 정권에 [무역장벽을 낮추라는 압력을 가하지 않으면 이들의 "시장"은 개방되지 않을 것이다. 제국적 국가에 연결된 국제금융기관들의 권력 또한 시장 개방의 기본적인 요소다. 국제금융기관들을 통해 종속국 내에서의 노동 입법이 "개혁"되지 않고 대중적으로 조직된 저항이 종속국의 군대와 경찰을 통해 진압되지 않으면 핵심적인 경제부문(및 이들의 선두에 있는 다국적 기업들)의 이윤율 저하 경향은 뒤집히지 않을 것이다.

완전고용과 노동권이 보장되는 민주적이고 참여적인 사회 안에서는 35%의 수익률이 보장되지 않는다. 과도한 수익률을 달성하고 공적 자원을 약탈하며, 시장이 포화되게 하고, 빈곤이 만연한 가운데 부채를 신속하고 완전히 지불하려면 종속국 지배자들에 의한 유혈 진압이 필요하다. 그리고 이것은 "시장의 힘"만으로는 불가능한 일이다.

다국적 기업들을 위해 전략적인 개방을 하기 위해서는 분명 제국적 국가의 거대하고도 체계적인 개입이 필요하다. 경제적 제국 건설은 종속정권 건설(자유주의자 및 제국주의자들은 "국가건설"이라고 부르는)과 긴밀하게 연결되어 있다. 제국적 국가는 라틴아메리카 안에서 제국 중심적 발전의 초기적 기초를 만들었을 뿐만 아니라 선출직 국회의원들을 통제, 훈육, 징발, 매수, 흡수, 위협하여 지역 협력자의 역할을 하도록 만드는 데 깊이 개입하고 있다.

제국은 국제금융기관들을 통해 통치하는데, 이 국제금융기관들은 융자 및 이에 딸린 이행조건, 위협 등을 통해 경제적 훈육을 시행한다. 이들의 목적은 채무증서를 가지고 사유화를 강화하고 "개방시장" 정책에 순응하도록 만드는 것이다.

개방시장의 통치는 라틴아메리카에는 적용되지만 미국과 유럽연합에는 적용되지 않는다. 미국과 유럽연합에서는 선택적인 보호주의가 횡

행하고 있다. 제국적 국가들은 120개가 넘는 군사기지를 세계 곳곳에 만들어 놓았는데, 여기에는 라틴아메리카 전역에 있는 20개 이상의 기지와 작전지역이 포함된다. 제국적 국가들은 이런 과정을 통해 관료들을 모집하여 이데올로기적으로 제국에 동의하도록 훈련시키고, 반제국적 성향을 가진 적대자들과 맞서게 하며, 정권이 위태로워지면 개입하도록 한다. 가장 중요한 것은 제국적 국가가 정치 엘리트들에게 영향을 미치려고 개입하면서 후보자와 정당에 자금을 대고, 상승세를 타고 있는 정치적 인사들을 매수, 흡수, 위협 혹은 유혹하고 있다는 것이다. 제국적 성향의 정책결정자들은 다국적 기업들과의 연계를 강화하고 대중적 선거구민들과는 점점 거리를 만들어간다. 후자의 활동은 미국 국무부가 "책임있는 좌파" 혹은 "민주적 좌파"라고 부르는 반대파 인사들을 장기적으로 양산하는 것과 관련되는데, 이들은 대중투쟁에 반대하는 선거구민들을 지원하고 다국적 기업에 우호적인 이권과 타협하며 대중동원보다는 개인을 선호하는 등의 "우익적 신호들"을 제공한다. 제국은 부자들, 특히 해외의 부자들에게 대규모의 많은 이권을 제공해주는 무자비한 긴축 통치를 이행하기 위해 권위주의적인 환경을 조성하는 성격의 통치를 선호한다.

종속정권을 건설하기 위한 제국적 국가의 전략이 성공한 가장 최근의 사례는 브라질과 에콰도르에서 발견할 수 있다. 두 사례 모두에서 루이스 이냐시오(룰라) 다 실바와 루씨오 구띠에레스Lucio Gutierrez라는 정치지도자들은 급진적 대중운동의 지원을 받았지만, 이후 그들은 자신의 정당기구 지도자들이 우익적으로 전환하는 데 발맞춘 이데올로기적 설득을 통해 제국중신적인 정책들로 "전환" 혹은 전향하게 되었다.

제국적 국가는 미국에 근거지를 두고 있는 민간 및 공공의 문화적 기구들과의 공식, 비공식적인 연계를 통해 언론 "스타"와 뜨고 있는 지식인, 학생, 언론인들을 매수하여 제국 중심적인 문화적 실천 및 기구들을 고안, 촉진하고, 이를 통해 활동가들을 훈련시키며 대중들의 의견에 영향을 미친다. 미국의 국제개발처(이하 USAID) 수장은 최근 미국이 자금을 지원하는 NGO들이 자신들의 "비정부적" 외양을 포기하고 공공연하게 "미국정부의 군대"임을 선언해야 한다고 주장했다(『파이낸셜 타임즈』, 2003년 6월 13일). 인정하든 안하든 간에 문화적 오락에 이데올로기적 세뇌를 더하고, 국제 뉴스에 제국적 선동을 덧씌우며, 장학금과 재단보조금에 제국 중심적 사고와 행동을 결합시킨 "미국정부의 군대"는 많이 있다. 제국적 국가는 이러한 "공공과 민간"의 문화적 세계를 창조하고 방어하면서 라틴아메리카에서 경제적 제국을 건설하고자 했다. 요약하면 워싱턴은 미국의 세금을 가지고 미국의 경제 제국을 확장하는 데 돈을 대고 있으며, 공화국[미국]의 자원을 낭비하고 있다. 정치-군사적인 제국 건설과 통치성이 경제적 제국 건설과 직접적인 연계를 갖는 것은 라틴아메리카에서 가장 분명히 드러나고 있다. 그리고 이 과정은 제국적 식민 통치를 향해 진군하고 있다.

제국의 새로운 방향들/지침들

새 천년을 맞아 제국 건설에는 새롭고도 좀더 공격적인 방향이 추가되었다. 제국적 국가가 추진하고 군사 논객들이 지휘하고 있는 일련의 제국주의 전쟁과 정복이 바로 그것이다. 2001년 이후로 미국은 전 세계에서 두 번의 정복 전쟁과 셀 수 없는 암살 및 개입에 간여해 왔는데, 이를 위해 은밀한 "특수부대 작전"을 동원하고, 아시아, 아프리카, 라틴아메리카 및 발칸 지역의 종속국 통치자들을 회유하고 흡수해 왔다. 제국 건설자들은 동유럽과 발틱해 지역의 종속국들에 대한 통제력을 강화하고 스페인과 이탈리아의 극우정권들과 연계를 다지기 위해 움직여 왔다. 유럽연합의 초반 저항은 압력을 받다가 결국 그 회원국들이 미국의 종속적인 연합이 되어 아프가니스탄에 있는 미국 괴뢰정권을 보호하고 이라크에 있는 미국 식민 정권에 원조를 제공하며 이란에 대한 미국의 위협과 요구를 함께 거들고 미국이 자금줄을 대고 있는 쿠바 대리인들을 후원함으로써 쿠바에 대한 공격에 가담하게 되었다.

미국의 제국 건설자들은 ACLA를 통해 라틴아메리카의 식민화과정을 가속화시켰다. 미국이 식민화과정을 압박하고 있는 데는 몇 가지 이유가 있다.

• 라틴아메리카의 종속국과 협력자들은 계속 그 자리에 있지만, 그들의 권력은 너무 미약하다.
• 라틴아메리카 전역에서 대중적인 저항이 고조되고 있다.
• 제국의 중상주의적, 자유-보호주의적인 모델이 라틴아메리카의 수출 엘리트 집단 내에서 반대 여론을 조장하고 있다.
• 미국은 남아있는 주요 공기업 부문을 사유화시켜 1990년대에 이미 그랬던 것처럼 유럽, 특히 스페인 때문에 손실을 보지 않고 모든 경영권을 독점하고자 한다.
• 군사적인 종속국들은 여전히 그 자리에 있지만 모든 곳에 혹은 같은 정도로 있는 것이 아니며, 특히 베네수엘라, 브라질, 에콰도르, 볼리비아에는 없다.

• 미국은 아시아에서 군사-정치적 정복을 이룬 힘을 이용해서 라틴아메리카 정치 엘리트들을 압박하고 협박해서 회유할 수 있다.

• 두 정권 - 브라질의 룰라 정권과 에콰도르의 구띠에레스 정권 — 이 급격하게 ALCA 지역으로 전환해 들어오고, 이들의 행동이 대중적인 반대에 취약하다는 점 때문에 제국 건설자들은 급히 움직이게 되었다.

미국의 제국 건설자들은 권력의 적나라한 모습과 제국 중심적인 요구사항들을 가지고 식민지 지배를 향해 움직여 왔다. 이 과정에서 이들은 자신의 종속정권에 대한 양보를 허락하지 않았고, 따라서 손쉽게 어울릴 수 있는 기반을 약하게 만들었다. 멕시코가 가장 분명한 사례다. 미국은 4백만 명의 멕시코 이민노동자들의 지위를 합법화하고, 수송, 섬유 및 수많은 다른 상품들에 대한 무역 협정에 대해 호혜적으로 준수할 것을 요구하는 비테 폭스Vicente Fox 대통령의 요구를 거부해 왔다. 그 대신 워싱턴은 멕시코에서 수익성이 가장 높고 외자를 많이 벌어들이는 공공 석유산업(페멕스)의 완전한 사유화를 요구하고 있다.

라틴아메리카에서 미국의 제국 건설이 오늘날 거치고 있는 과정에 대한 역사적 선례는 중상주의 체제의 유럽 식민 제국들이다. 몇 가지 공통점에는 다음과 같은 것들이 있다.

• 정치적 권위(ALCA)를 통한 명백한 제국적 통제력을 가지고 라틴아메리카 내에서의 경제적 지위를 미국이 특권적으로 독점하기 위한 경제적 규제와 법적 골격을 마련한다.

• 제국적 군사 통수권 구조와 군사기지 및 현장 작전에 직접 개입함으로써 대중들의 반란을 억누른다.

• 라틴아메리카 부역 체제의 완전한 자유화와, 경쟁력 있는 라틴아메리카 생산자들이 미국 시장에서 성공적으로 경쟁하지 못하도록 막는 선택적인 보호 수단들을 포함한 비상호적인 무역을 시행한다.
• 유럽, 일본 및 다른 경제적 권력들이 라틴아메리카 시장에서 경쟁하지 못하도록 효과적으로 배제한다.

신중상주의적 제국 체제는 경제적 전선에서는 ALCA를 통해, 군사적 전선에서는 플랜 콜롬비아Plan Colombia 22 와 안데스 이니셔티브the Andean Initiative 그리고 군사 "원조"를 위한 대륙 공조를 통해 분명하게 이행되고 있다.

제국 건설과 재식민화 및 병합은 세 개의 정치적 기둥에 의존하고 있다. 첫째는 브라질의 룰라, 에콰도르의 구띠에레스, 아르헨티나의 네스토르 끼르츠네르Nestor Kirchner 같은 "대중적인" 지도자들을 흡수하는 것이다. 둘째는 종속국의 부패(페루의 알레한드로 똘레도Alejandro Toledo, 볼리비아의 곤살로 산체스 데 로사다Gonzalo Sanchez de Lozada, 콜롬비아의 알바로 우리베Alvaro Uribe)에 직면하여 ALCA의 군사적 합의를 강화하

---

22. [옮긴이] 안데스 산맥에 위치해 있는 국가들(콜롬비아, 페루 등)과 미국의 주도로 이뤄지고 있는 '마약재배 근절 정책'. 콜롬비아는 이 정책을 실시하기 위해 모두 75억 달러의 비용을 투입하고 있으며 이 가운데 13억여 달러는 미국이 지원하고 있다. 플랜 콜롬비아의 원래 목표는 전체 국토의 약 40%를 통제하고 있는 좌익 게릴라 그룹인 '콜롬비아 무장혁명군'(이하 FARC-EP)을 소탕하는 것이다. 게릴라 소탕과 동시에 코카재배지를 전멸시킨다는 일석이조의 효과를 노리겠다는 것이 미국과 콜롬비아 정부의 구상이지만 콜롬비아 정부를 원조하는 미국의 외교 정책이 콜롬비아의 내전을 악화시킨다는 비난도 거세다. 지난 35년 동안의 내전을 끝내기 위한 평화협상도 물거품이 될 위기에 처해 있다. 좌파 게릴라들은 게릴라 전멸이 목표인 플랜 콜롬비아가 계속되는 한 정부가 주도하는 평화협상 테이블에 나서지 않을 것이라고 공언하고 있다. (「'재앙' 뿌리는 플랜 콜롬비아」, 『한겨레 21』, 2001년 7월 25일)

는 것이다. 셋째는 베네수엘라와 쿠바 정권을 고립 혹은/그리고 전복하고 라틴아메리카에서 성장하고 있는 대중적인 반대세력을 무력화시키는 것이다. ALCA는 미제국 건설자들에게 ALCA 위원회 같은 제도에 대한 통제력을 제공해 줄 것이다. ALCA 위원회는 교육, 보건, 연금을 포함한 공공-민간 관계 및 서비스와 무역, 투자 등 모든 방면에 대한 정책을 만들게 된다. 라틴아메리카 정권에 부채를 갚을 수 있는 돈을 새롭게 빌려주는 방식으로 자유화가 촉진되었던 것처럼 오늘날의 신자유주의 체제는 ALCA를 통해 재식민화를 촉진한다. 미국의 식민 통치하에서 라틴아메리카의 행정 구조는 축소되고 재구조화되어 ALCA 위원회를 통해 표현된 미국의 식민 정책들을 이행하게 될 것이다. 라틴아메리카의 입법, 행정, 사법권은 축소되어 ALCA, 즉 미국의 명령을 따르는 정책수단과 속도, 적용을 놓고 논쟁을 벌이게 될 것이다. 이전의 식민체제에서처럼 수직적인 권위주의 구조가 선거 제도 위에 군림하게 될 것이다.

라틴아메리카에서 미국의 군사력이 증대되고 그대로 투영되면서 제국 건설자들은 더욱 공격적으로 행동할 수 있는 용기를 얻게 되었다. 베네수엘라에서 미국 정보부는 군사 및 민간 쿠데타와 사업주들의 공장폐쇄를 조직했다. 콜롬비아에서는 미군의 개입으로 인해 대학살이 심화되고 수백만 농민들이 땅을 빼앗기게 되면서 반란 대중들이 생존 물자와 식품의 지원을 받을 수가 없게 되었다. 워싱턴은 쿠바("반체제 집단"dissidents이라고 부르는)에 적대적인 반혁명 요원 중핵들을 공공연하게 조직하여 선동 및 신병모집에 관여해 온 한편, 임박한 군사적 목표물이 될 만한 혁명적인 정권의 목록을 명시적으로 나열하고 있다. 라틴아메리카 전역에 있는 미군기지는 종속정권이 다수 대중들에 의해 전복될 수 있는 곳에 개입할 목적으로 건설되었다.

제국 건설자들의 **정치적 정복**도 똑같이 중요하다. 브라질에서는 룰라정권이 제국적 국가의 위성국으로 전환되어, ALCA와 재식민화를 촉진하는 데 있어서 핵심적인 역할을 하고 있는 농업 수출 및 금융 엘리트들을 무차별적으로 포용하고 있다. 에콰도르에서는 구띠에레스와 그의 파트너인 〈파차쿠틱Pachakutik 당〉이 재빨리 국영 석유 및 전기회사를 사유화하고, 달러화 및 미군기지, 플랜 콜롬비아, ALCA 등을 포용하였으며, 파업을 분쇄하고 석유 정제소를 군사화했다.

라틴아메리카 식민화라는 "새로운 전망"은 9/11사건과 소위 미국의 "테러리즘과의 전쟁"이전부터 존재했다. 9/11 이후의 새로운 군사주의는 식민화과정을 가속화시켰고 군사화와 직접 개입의 추동력을 더욱 강하게 만들었다. 9/11 이후 가장 눈에 띄는 변화는 어떤 조언도 완전히 배제하고 종속정권에 대해서는 어떠한 양보도 하지 않으면서 훨씬 일방적인 관계를 만들어 가고 있다는 점이다.

5장

공화국 미국과 제국의 영향력

"제국주의"라는 개념은 최근 들어 부활하기 전까지 학술 및 정치 담론에서 사라졌었다. 하지만 괴상한 지식 공룡을 제외하고는 많은 저술가, 언론인, 학자들이 세계 권력을 분석하면서 제국주의라는 개념을 다시 도입하고 있다. 그람시의 "헤게모니" 개념을 차용한 형태의 분석은 일반적으로 오늘날의 제국 건설 역학관계를 설명하는 데 있어서, 특히 군사력과 무력 통치 계획을 새롭게 강조하는 미제국과의 관계에 있어서는 적절하지 않은 것으로 드러났다. "신제국주의"는 2차 세계대전 이후에 있었던 경제적 제국의 음모를 지칭하는 것이다.

약 50년 전 ECLAC는 세계 경제를 "중심부"와 "주변부"라는 관점으로 설명했다. 그리고 20년 후 세계체제 이론가 임마누엘 월러스틴은 국제관계구조에 대한 학술 담론에 "준주변부"라는 약간 독특한 개념을 덧붙였다. 하지만 이제 현대 세계에 대한 비판적인 저술을 하는 많은 사람들은 역사적, 계급적 혹은 국가적 특수성을 결여한 이런 용어들이 의미 없고 따라서 유용하지 않다는 이유로 이것들을 폐기했다. 게다가 우리가 다른 맥락에서 주장했던 것처럼(Petras and Veltmeyer 2001), 오늘날 세계에서 벌어지고 있는 일들을 묘사하는 수단으로 "세계화" 개념을 사용하는 최근의, 현재까지는 상당히 확산되어 있는 지적 경향은 이보다 훨씬 유용하지 못하다.

그리 오래되지 않은 과거에는 하트와 네그리(2000)가 "제국주의가 끝난" "제국"에 대한 글을 쓸 수 있었다. 하지만 오늘날 제국주의라는 개념은, 특히 미국에 의한 국가 권력의 공격적이고 일방적인 전달이라는 관점에서 지성의 지도와 정치적 의제 위로 다시 복귀하게 되었다. 오늘날 우리가 국제 권력 관계의 본질과 폭증하는 갈등 및 정복과 저항의 패턴이라는 현실을 놓고 직면하고 있는 모든 중요한 문제들은 제국주의의 본질과 역학관계를 중심으로 포진해 있다. 특히 가장 막강하고 공격적인 제국 권력, 미합중국과 관련해서 보면 더욱 그렇다.

하지만 미제국주의의 유령이 고개를 들고 자신의 존재를 우리 가슴과 세계 정치 속에 각인시키는 순간 오늘날의 환경 속에서 이것의 지속 가능성과 관련된 심각한 문제에 직면하게 된다. 최신의 형태로 몸을 드러내고 있는 미제국주의가 정말로 그렇게 "새로운" 것인가에 대한 의문이 제기된다는 것이다. 오늘날의 환경 속에서 미제국의 논객과 옹호자들은 "신제국주의"의 필요성에 대해 장황하게 글을 쓰고 말을 한다. 이 제국주의는 "조직된 …… 억압적인 힘"(Cooper 2000b : 13)에 기대거나 "이전 시대의 좀더 거친 수단들 ― 무력, 선제공격, 사기, 필요한할 수도 있는 모든 것들 ― 로 돌아가기"를 망설이지 않는다(Cooper 2000b : 7).

이 질문을 가장 간단한 형식으로 바꿔보면 미제국이 상승세를 타고 있는가 하락세를 타고 있는가이다. 하지만 이것이 "중심적인 문제"로 보일 수는 있지만, 밝혀져야만 하는 좀더 근원적인 문제들을 사실상 감추고 있다. 즉, 좀더 근원적인 문제라고 하는 것은 국내 정치와 제국으로 향하는 경제 간의 관계, 제국에 저항하고 반대하는 힘들의 역학구조, 외적 팽창을 부양하고 국내 부패를 처리하는 제국적 국가의 정치적 능력과 관련된 질문들을 말한다. 일부 학자들처럼 제국은 이미 "지나치게 많은 범위를 포괄해 버렸"기 때문에 소멸하고 있다거나, "과잉 확장"되어 있다고 주장하는 것(Kennedy, Hobsbawm, Wallerstein)은 제국을 방어하기 위해 자국 경제에서 끌어온 자원을 재할당하는 제국 지배계급의 능력과, 제국 건설 계획을 둘러싸고 있는 국가 및 민간 기구들(언론 등)의 효능, 그리고 가장 중요하게는 제국을 위해 봉사하는 종속국들을 모아내는 국가 관리들의 능력을 간과한 것이다.

발칸 반도와 아프가니스탄, 이라크에 대한 무력 정복을 포함해서 꾸준히 지속되고 있는 제국적 확장의 동학은 미국 시민 다수의 적극적인 후원과 승인을 통해 벌어지고 있는 일이다. 그런데 이 다수의 미국 시민들이 정부 프로그램에서 사회 및 경제적 삭감이 가장 심하게 일어나고 근래 역사에서 가장 공격적인 조세 입법이 시행되면서 고통 받고 있다는 것은 아이러니라 할 수 있다. 시애틀, 워싱턴, 칸쿤 등 여러 도시들에서 세계화와 이라크 전쟁에 반대해 벌어진 대중 시위 속에서 제국에 대한 도전과 이를 약화시키는 힘을 찾았던 인상적인 해설자들의 입장은 틀린 것이 분명하다.

전쟁이 시작되자 대중시위는 끝나버렸고, 요즘은 지속적으로 이어지고 있는 식민지 유혈 점령에 반대하거나 점증하는 반식민지 저항을 지원해 주는 대중운동이 없다. 이만큼 심각한 사실은 제국적 권력을 비판하는 사람들이 제국적 교의의 세계적인 본질을 설명하지 못하고 있다는 점이다. 이 제국적 교의는 조지 부시가 2002년 국가 안보 정책에서 분명하게 발표한 것처럼 "전 세계 어디에서든 예측 가능한 미래를 위해" 제국 전쟁을 치르는 교의를 말하는 것이다. 활동가적 비판가들은 가장 가시적이고 분명한 대상— 이라크의 경우, 석유— 에 집착한 나머지 라틴아메리카, 아프리카, 아시아(콜롬비아, 지부티Djibouti, 필리핀 등)의 다양한 지역에서 지속적으로 제국주의적인 군사 개입이 일어나고 있다는 점을 간과하고 있다. 제국 건설 사업에 있어서 석유는 중요한 문제다. 하지만 다양한 형태(특히 경제 및 군사적)의 국가 권력과 종속국, 경쟁국, 독립국들에 대한 지배 또한 중요하다.

미제국 건설자들이 전 세계적으로 전개하고 있는 정치 및 군사적 공격을 완전하게 이해하기 위해서는 제국의 범위와 정도에 초점을 맞추어야 한다. 미제국이 쇠락하고 있는지 아니면 팽창하고 있는지를 평가하기 위해서 우리는 먼저 국내 경제(우리가 "공화국"이라고 칭하는)와 국제 경제(우리가 "제국"이라 칭하는)를 구분해야만 한다.

미제국의 경제 구조

대부분의 경제 분석가들은 다국적 기업이 세계 경제의 추동력이며, 투자, 금융거래 및 세계 무역의 국제적인 흐름에 핵심적인 기구라고 주장한다. UNCTAD(2004)에 따르면 다국적 기업들은 그 수가 6만5천여 개에 이르며, 86만 개의 계열사가 있는 것으로 추정된다. 이와 똑같이 중요한 사실은 국가의 주요한 경제적 대리자인 다국적 기업이 집합적으로 세계 경제에서 중요한 기능을 행사하지 않으면 그 어떤 국가도 세계 지배에 대한 열망을 품을 수 없다는 점이다. 미국의 제국적 패권의 현재와 미래에 대해 진지하게 논의하기 위해서는 서로 경합하는 다국적 기업들, 특히 이중 상위 5백 개 기업들 — UNCTAD가 말하는 "수십억 달러 클럽"multi-billion dollar club — 사이에서 미국의 권력 분산이 어떻게 이루어지고 있는가에 대한 분석이 이루어져야 한다.[1]

미국에 본사를 두고 있는 다국적 기업들은 세계 상위 5백 개 기업 목록을 지배하다시피하고 있다(2장의 논의를 보라). 반복해서 말하면 거대 다국적 기업들 중 거의 절반을 미국이 소유, 운영하고 있으며, 그 다음 순위를 차지하는 지역적 경쟁자인 유럽은 이들이 차지하는 몫의 절반 정도만을 차지하고 있다. 일본 소유의 다국적 기업들은 전체에서 겨우 9%만을 차지하고 있고, 나머지 아시아 국가들(한국, 홍콩, 인도, 대만, 싱가포르 등)은 최대 규모의 기업 및 은행 5백 개 중에 4%이하를 차지하고 있다. 상위 50개 다국적 기업을 살펴보면 미국의 경제 권력 집중 현상은 더욱 분명하게 드러나는데, 상위 50개 기업 중 60% 이상이 이국 소유다. 상위 20개 다국적 기업을 살펴보면 이는 더욱 극명해져서 70% 이상을 미국이 소유하고 있다. 상위 10개 다국적 기업 중에서는 미국이 80%를 장악하고 있다.

많은 분석가들은 — 상당히 제국주의적이고 피상적인 관점으로 미국의

---

1. 다국적 기업과 국민국가의 경제적 권력을 비교하는 것도 가능하다. UNCTAD(2003)은 GNP가 가장 높은 나라들과 최대 다국적 기업의 연간 총 판매량, 정확히 말해서 다국적 기업의 경제활동 과정에 부가된 가치를 비교하고 있다. 이 논쟁적인 측정에 의하면 전 세계 상위 1백 개의 "경제[단위]"의 절반이 다국적 기업인데, 이는 세계화의 영향으로 국민국가가 "약화"되었다는 가정에 문제를 제기하는 것이다. 즉, 경제적, 정치적 권력 관계의 국제화와 세계화, 국민국가에서 국제적 조직들의 복합체로 넘어간다고 간주하는 사회의 생산자원의 (권위적인) 할당을 통한 의사결정 같은 가정에 반대되는 수치라는 것이다. 이와 관련해서는 여러 가지가 있지만 그 중에서도 Weiss(1998)을 보라.

다국적 기업들의 주식시장 가치 하락을 미국의 전 세계적 지위의 일반적인 하락의 지표로 인용하고 있는 — 유럽, 일본 및 다른 나라들의 다국적 기업 주식 가치 또한 똑같거나 더 많이 하락했음을 인식하지는 못하고 있다. 이들의 분석은 또한 세계 자본이 금융화되고 있고, 이 자본이 미국에 의해 지배되고 있음을 고려하지 못하고 있다. 최근 몇 년 동안 발생한 다국적 기업들의 광적인 "합병과 인수"는[2] 미국에 근거지를 두고 있는 금융 자본의 지배 그리고 이것이 기업 자본의 "세계화한" 형태와 맺고 있는 복합적인 관계라는 측면에서 설명될 수 있다.

우리는 미제국의 경제적 권력을 지속적으로 유지시켜주는 몇 가지 다른 수단들에 대해 검토해 볼 수 있다. 순 자본화를 비교해 보면 ("상위 5백 개" 중에서) 미국의 다국적 기업들의 가치는 다른 지역 출신의 다국적 기업 가치를 모두 합한 것보다 많다는 점을 발견할 수 있다. 미국의 다국적 기업들에 대한 평가액은 51억4천1백만 달러에서 74억4천5백만 달러에 이른다. 따라서 미국의 다국적 기업은 가장 근사한 경쟁자인 유럽의 시장가치보다 두 배 이상이 많은 시장가치를 가지고 있다.

세계 경제에 있어서 주도적인 8개의 경제 부문들, 즉 금융업, 제약업, 전자통신[원거리 통신]업, 정보기술 하드웨어, 석유와 가스, 소프트웨어와 컴퓨터 서비스업, 보험업, 소매업을 검토해보면, 미국의 세계 경제

---

2. 세계적인 수준에서 2001년 FDI 활동은 그 이전 해에 비해 상당히 떨어졌다(유입은 51%, 유출은 55%). 저개발 국가에서는 FDI의 활동이 2천3백8십억 달러에서 2천5십억 달러로 내려갔다. UNCTAD(2002)에 따르면 이것은 두 가지 주요한 요인에 의한 것이었다. (1) 미친 듯한 속도로 이루어지던 인수 합병 활동이 줄어들어 1987년에서 2001년까지 총 4조6천억 달러에 이르렀고 (2) 거래된 기업 주식의 가치가 급격하게 감소한 것이다. 뉴욕 주식 거래소에 상장된 주식의 가치가 2001년에 3분의 1 하락했다. 이 두 가지 요소 외에 특히 라틴아메리카에서의 사유화 의제 둔화가 추가될 수 있을 것이다. 라틴아메리카에서는 대부분의 선도적인 공기업들이 이미 판매되었기 때문이다.

적 "헤게모니"가 강화되고 증대되고 있다는 주장이 훨씬 강하게 뒷받침된다. 미국의 다국적 기업들은 이 부문 중 5개에서 상위 순위 다수를 점하고 있고, 석유와 가스에서는 절반에 이르며, 보험에서만 열세에 있다. 소위 "구경제"라는 것을 검토해 보아도 형태는 거의 똑같이 나타난다. 광산, 석유, 자동차, 화학, 소비재를 포함하는 구경제에서 미국이 소유하고 있는 다국적 기업들은 상위 1백 개 중 45개를 차지한다. 제조업과 관련된 상위 45개 다국적 기업 중에서 미국은 21개를 차지하며, 유럽은 17개, 일본은 5개, 나머지 나라들이 2개를 차지하고 있다. 미국은 34개 산업군 중 23개에서 최고 순위의 기업들을 보유하고 있다. 미국의 다국적 기업들은 선도적인 제조업과 광산업 회사 중 거의 59%에 이르는 회사들을 장악하고 있는데, 이것은 유럽과 일본 다국적 회사들을 합한 것과 거의 똑같은 수준이다. 미국은 주로 전자 부문에서 약세를 보이고 있는데, 상위 23개 기업 중에서 단 두 개의 기업만을 보유하고 있다.

다국적 기업들이 경제적 제국 건설에 추진력 — "경제적 제국주의"의 주요 행위자 — 이 된다는 점에 있어서 미국이 분명하게도 여전히 지배적이며, 일본과 유럽에 비해 "약화되고" 있거나 "감소 중"이라는 징후는 거의 또는 전혀 없다.[3] 과잉 확장된 제국 혹은 쇠락하고 있는 경제라는 이론은 사실 명백한 근거를 갖추지 못한 것이다. 최근 몇 년간 투기적 거품이 영향을 미친 곳은 정보기술IT 부문뿐이었지만, 이것은 미국의 경쟁자

---

3. UNCTAD(2002)에 따르면 미국의 다국적 기업들은 시가총액과 상반되는 해외 자산으로 등급을 매겼을 때 상위 1백개 기업 중 22%만을 차지할 정도로 지배력이 떨어진다. 또한 UNCTAD의 "초국가화"(trans-nationalization)지표로 측정했을 때 미국에 본사를 두고 있는 다국적 기업들은 모두 스위스 기업 몇 개와 캐나다 기업 하나보다 등급이 낮을 정도로 훨씬 지배력이 더 떨어지는 것으로 나타난다.

들에게도 역시 마찬가지로 나타난 현상이었다. 게다가 정보기술이 쇠퇴하는 동안 "구경제" 부문들은 부활하거나 확장되었다. 또한 정보기술 부문 안에서도 자본의 집중과 중앙집권화가 나타났는데, 많은 다른 기업들이 몰락하는 동안 마이크로소프트, IBM 및 일부 다른 미국 거대기업들이 순위권으로 진출한 것이다.

사기와 부정행위가 미국의 다국적 기업들에 대한 투자자들의 확신에 좋지 않은 영향을 미치기도 했지만, 이 또한 유럽과 미국의 경우도 마찬가지였다. 그 결과 경합을 벌이고 있는 세 곳의 제국 중심지(미국, 유럽연합, 일본)에서 모든 다국적 기업들의 시장 평가액이 전반적으로 하락하게 된 것이다. 연도별로 총액을 비교해 보면 주식 평가액이 전 세계적으로 감소한 것을 분명하게 드러난다. 2002년 순 가치는 162조5천억 달러였지만, 2003년에는 125조8천억 달러였다. 22.6%가 감소한 것이다. 하지만 이러한 감소의 거의 절반은 정보기술 하드웨어 부문에서 발생한 것이다.

미국이라는 경제적 제국이 지배적으로 점점 상승세를 타면서 그 깊이와 폭에 있어서 유럽과 일본 경쟁자들을 거의 모든 사례에서 두 배쯤 앞서고 있다는 것은 논박할 수 없는 사실이다. "제국의 쇠락"이론을 주장하는 사람들은 미제국의 경제 구조적 요소들을 제대로 파악하지 못했거나 아니면 역사적 비교를 근거로 장기적인 예상에 기대어 미래 언젠가 미제국이 다른 모든 제국들처럼 몰락할 것이라는 결론을 내리고 있는 것이다(Hobsbawm 1987). 불가피한 몰락에 대한 장기 역사적 예견은 착취와 파국적인 전쟁으로 신음하는 수십억의 사람들과, 군사적 침략 및 자연 자원 탈취로 위협받고 있는 국가의 지도자들 모두에게 위안이 된다는 점에서 일말의 미덕을 갖추었다고 볼 수 있다. 하지만 이것은 오늘날 경제 권력의 구조와 역학 구조를 진단하거나 그 반대편에 정렬되어 있는 힘들을 파악하는 것과는 무관하다. [제국이] 몰락한다는 주장은 추상적인 이론화에 근거한 것으로, 나쁘게 보면 희망사항이고 좋게 봐도 국내 경제를 가지고 제국을 불합리하게 추정하는 것이라고 생각할 수밖에 없다.

미제국을 위협하고 있는 "모순들"은 "민중들"이 제국의 정책결정자들을 몰락시키거나 이들을 강제해서 제국주의 정책들을 재고하게 만드는 에너지를 공급한다고 추정하고 있는 "과잉 확장된 제국"에서 유래한 단순한 경제적 위축이 아니라는 점을 강조할 필요가 있겠다. 미제국은 주요한 정치 정당들과 정부의 모든 부처의 지원을 받아 건설된 것으로, 특히 인도차이나에서 패배[4]한 이후 제국 전쟁, 식민지 정복, 기업 확장 등을 통해 상승세를 그려 왔다. [일반적인] 제국의 패배와 쇠락의 기회들은 정치, 사회, 군사적 투쟁의 직접적인 결과로, 이 대부분의 투쟁들은 라틴아메리카와 아시아에서 일어났고, 유럽과 북미에서는 이보다는 적게 일어났다.

군사주의와 경제적 제국

전 지구적 경제 제국으로서의 미국이 미국의 군사력과 오래되고도 중요한 관계를 맺어 왔다는 것에는 의심의 여지가 없다. 이 둘은 같은 기획 속에 있는 두 요소다. 미국은 전 세계 120개국에 군사기지를 두고 있으며, 이것은 군사적 제국의 핵심을 이룬다. 전쟁, 용병, 계약 전투요원,

---

4. [옮긴이] 베트남 전쟁 패배를 말함.

특수부대를 통한 대리전, 장기간에 걸쳐 일어나는 은밀한 정보작전을 수반하는 미국의 군사주의는 세계 많은 지역에 미 경제 제국을 확장시키기 좋은 조건을 창출해 냈다. 미국에 근거지를 두고 시행되는 직접 투자에 제약을 가하고 미국 은행에 진 빚을 갚기를 거부하며, 미국의 해외 보유 재산을 국유화하거나 민족주의 운동을 지원하는 [국가]체제는 굴종의 위협을 받거나, 전복 혹은 침략당했고, 미제국 건설에 우호적인 종속 정권을 강제당하는 결과로 이어졌다. 경제적 확장과 군사적 행동에는 정확히 정해진 순서가 있는 것이 아니다. 단지 드넓은 네트워크가 연결되어 있을 뿐이다. 어떤 경우에는 경제적 이익 때문에 군사기지 건설이나 중앙정보국(이하 CIA)의 개입이 이루어졌다(1973년 칠레에서처럼). 또 어떤 경우에는 전쟁을 포함한 군사적 행동을 사용해서 해당 국가가 경제적 제국 건설 프로젝트에 굴종하도록 강제했다(2003년 이라크).

제국적 군비 지출과 교전이 경제적 제국 건설과 완벽한 균형관계를 이루는 것도 아니다. 때때로 군사적인 교전은 다국적 기업 확장이 이루어진 후 뒤늦게 일어나기도 한다. 1950년대 중반과 60년대 초반 사이, 그리고 이후 인도차이나 전쟁 말미와 80년대 초반 사이에 비슷한 일이 있었다. 어떤 때는 반대의 일이 일어나기도 하는데, 군사적인 문제가 정치 및 경제적 의제를 지배하는 것이다. 이런 예에는 한국전쟁(1950~1953년), 인도차이나("베트남") 전쟁(1964~1975년), 레이건 시대(1981~1989년)가 있으며 오늘날의 이라크도 여기에 포함된다고 볼 수도 있다. 제국 건설은 경제적 요소와 군사적 요소가 완벽하게 균형을 이루며 직선적으로 이루어지는 것이 아니다. 둘 중 어느 한 가지를 단속적으로, 과도하게 강조한다고 해서 이것이 제국의 멸망으로 이어지는 것도 아니다. 지난 반세기 동안의 미제국에 대한 검토가 이를 증명한다.

"과잉 확장된" 제국이라는 개념은 제국 건설이 군사적 희생과 경제적 이익이 나란히 일어나는 이상화 또는 정형화된 형태를 따라간다는 사변적이면서도 몰역사적인 가정에 근거한 것이다. 이것이 틀린 이유는 몇 가지가 있다. 일단 제국의 이익 중 대부분은 국내외 기업 엘리트들에게 흘러 들어가는 반면, 손실은 전투 및 점령군의 인적 자원을 마련해 주는 미국의 납세자와 저소득 가정들이 감내한다. 게다가 어떤 시기에는 군사 및 경제적 불균형인 것처럼 보이는 것이 그 다음 시기에는 "균형 잡힌" 것으로 보일 수도 있다. 예를 들어 냉전 당시 미국의 군비 지출과 개입은 공산주의 체제의 몰락에 기여했는데, 이것은 서구 사회에서의 사회복지 프로그램 축소뿐만 아니라 구 공산주의 나라 안에서 광물자원을 무상으로 이용할 수 있는 등의 의외의 수확으로 이어졌다. "과도한" 군사주의와 군비 지출("신 제국주의")이 경제적 제국 건설에 해롭다고 주장하기 위해서는, 세계 경제에 대한 미국 기업들이 통제력이 감소해 왔음을 보여줄 필요가 있다. 즉, 전략적 자원에 대한 미국의 접근이 줄어들었고, 미국 시민들이 사회적 긴축과 역진세, 제국 건설 기획을 부양하기 위한 예산 할당으로 고통받고 싶어 하지 않는다는 것을 보여줘야 한다는 것이다. 하지만 현재까지 그런 일이 전개되고 있다는 증거는 전혀 없다.

미 군사 제국이 "과잉 확장" 되었다는 이론은 미제국 건설자들이 종속관계에 있는 동맹국들과 종속국들 안에서 제국을 위해 봉사하는 경찰 및 행정, 금융직 인원을 징발해 내는 능력을 간과하고 있는 것이다. 발칸 지역에는 미국이 지배하는 NATO 사령부하에서 봉사하는 4만 명 이상의 유럽군이 있다. 아프가니스탄에는 캐나다 및 유럽 군대, 유엔 행정 인력과 수많은 제 3세계 종속국들이 카르자이Karzai 5 괴뢰정권을 호위하기 위한 인력을 제공하고 있다. 이라크에서는 영국 같은 종속관계에 있는 동맹국들과 한국, 폴란드 및 다른 동유럽 종속국들 같은 예속국들이 군사 및 민간 보조인력들을 제공하여 미국이 식민통치를 시행할 수 있게 해 주고 있다. 워싱턴이 동유럽에 종속국을 만든 것은, 최소한 폴란드와 연대하던 1980년대로 거슬러 올라갈 수 있는데, 이를 통해 제국 건설에 있어서 강한 추동력이 되는 정치 및 외교적 지원과 용병을 공급해 주는 지원처가 마련되었다. 코소보, 마케도니아와 겨루기 위해 루마니아와 불가리아에는 현재 거대한 공군기지와 군사도열대[5]가 건설되고 있다.

미제국 건설자들은 중남아시아에서 러시아를 몰아내고 카자흐스탄과 우즈베키스탄, 그루지야, 아프가니스탄에 공군기지를 건설하였다. 발트해를 시작으로 중동, 중앙아시아, 남아시아 등지에서 종속정권을 확보한 것은 미 군사 제국의 빠른 성장을 보여줌과 동시에 미국의 다국적 기업들이 경제적 제국을 확장할 수 있는 새로운 기회를 더 많이 제공해 주게 되었다. 이러한 제국의 확장은 이것을 지원해 주고 강하게 만들어 주는 새로운 군사적 지원병을 공급해 주는, 제국의 지배를 받는 지역적인 동맹들이 형성되는 결과로 이어졌다. 우리는 미제국 건설을 "과잉 확장"의 과정으로 이해하기보다는 미국의 군사적 통제력을 강하게 만들어 주는 새로운 지원병의 **공급처를 확장시키는**widening the pool 과정으로 보아야 할 것이다. 열강 미국은 동유럽과 중남아시아에 있는 새로운 종속국들에게 군사 점령과 경찰 기능에 대한 하도급을 주는 것이 이익이 되기 때문에 유럽의 제국적 동맹 및 경쟁자들과 다자적으로 권력을 나누어 가질 필요가 없음을 깨닫게 되었다.

---

5 [옮긴이] Hamid Karzai. 아프가니스탄의 현 대통령으로 2004년부터 업무 수행.

미제국의 성장과 증가를 통해 유럽연합은 군사 및 민간 행정관들을 공급하고 관련된 재정을 대면서 그 정복의 전례를 따라 왔다. 미국의 이라크 침략 이전에 있었던 독일, 프랑스, 벨기에의 반대는 짧은 막간극으로 막을 내리고 그 뒤로는 이란, 북한, 쿠바에 대한 미국의 호전적이며 개입적인 요구와 공격에 대해 거의 전적으로 아첨에 가까운 행동들이 이어졌다. 신속한 군대 파병을 장려하는 미국의 지휘를 헌신적으로 뒤따르는가 하면, 미국의 이라크 점령을 지지하고(유엔안전보장이사회 결의안 1483호), 말 잘 듣는 유럽연합 외무부 장관 하비에르 솔라노Javier Solano의 말에서처럼 "우리는 미국과 경쟁하고 싶지 않다 — 이건 정말로 어이없는 소리다 — 우리는 오히려 [미국과] 문제를 공동으로 바라보고자 한다"고 폭넓게 인정해 버린 것이다. 유럽연합은 대체로 자신의 역할에 대해(럼스펠드와 월포위츠가 정해준 대로) 미국이 전 세계 지배를 추진하는 데 있어서 종속적인 동맹의 수준으로 인정하면서, 경제적 밥그릇 속에서 어느 정도의 위치를 확보하고 계약 및 사유화된 기업에 대해 적은 몫과 권한을 위임받을 수 있기를 희망할 뿐이다.

유럽의 독립성과 경쟁의 심화가 미국을 약화시킬 것이라고 주장하는 제국주의자들은 유럽위원회(이하 EC) 의장인 로마노 프로디Romano Prodi의 말에 귀를 기울여야 할 것이다. 그는 2003년 6월 워싱턴에서 있었던 언론 보도를 통해 "유럽과 미국이 함께하면 그 어떤 문제나 적도 우리를 가로막지 못할 것입니다. 우리가 함께 하지 않으면 그 어떤 문제도 위기가 될 수 있습니다."라고 말했다. 프로디와 솔라노는 유럽 안에서의 새로운 사고를 반영한다. 이 새로운 사고방식에 의하면 승리하는 제국주의와 협력하면서 적은 이익이라도 보장받는 것이 혼쭐나고 웃음거리가 되면서 새로운 식민지에서 배제된 채 추운 곳에 머물러 있는 것보다 더 낫다는 것이다. 미국의 우월함에 대해 도전하지 않고 점령 및 식민지 국가 건설의 초기 비용을 대는 것을 도와주겠다는 약속을 보장받는다면, 제국 건설자들은 이러한 새로운 사고를 환영하고 고무할 수밖에 없을 것이다.

세계적 군사주의가 미국의 경제적 제국 건설을 잠식하고 있다는 신호는 전혀 없으며, 여기에 오늘날 제국적 정복을 위해 미국이 전쟁을 벌이고 있는 상황을 고려해도 마찬가지다. 미국의 다국적 기업들을 지속적으로 금융, 제조업, 정보기술, 제약업, 석유와 가스 그리고 다른 전략 산업들을 지배하고 있다. 이라크 침략은 전 세계에서 두 번째로 큰 석유 및 가스 저장소에 대한 미국의 통제력을 강화해 주었다. 게다가 미국 "자국" 내에서 제국 건설에 대한 절박한 대중적 반란이나 거부도 없다. 식민지 정복이 한참 일어나는 가운데 미국 시민들의 4분의 3 — 이것은 세계에서 가장 높은 비율이다 — 은 "자신의 나라가 매우 자랑스럽다"고 말하고 있다. 10명 중 8명 이상이 이라크 침략을 지지했고, 부시 대통령의 전쟁 정당화 논리 — 대량살상무기WMD 파괴 — 가 순전한 거짓말이었음이 드러났을 때도 미군 점령을 꾸준히 지지하고 있다.

근래 들어 가장 공격적인 조세삭감, 사회적 지출의 대대적 개정과 엄청난 예산적자가 발생하고, 미 점령군이 이라크인들을 "자유롭게 만드는 것"과 아무런 관련이 없다는 것을 밝히는 증거들이 늘어나며, 심지어 젊은 미국인 장병 사상자 수가 정기적으로 늘어나고 있음에도 불구하고 미국 시민들은 대중적인 저항을 할 기미를 거의 혹은 전혀 보이지 않고 있다. 2003년 1월과 2월에 있었던 반전 운동은 이라크에 대한 군사 정복과 점령이 성공적으로 이루어지면서 거의 완전히 사라져 버렸다. 간단히 말해서 발칸 지역을 시작으로 중동을 지나 남부아시아로 펼쳐지는 군사적 행동은 미국의 다국적 기업들의 국제적인 경제적 지위에 악영향을 미치지 못했고, 제국 건설 기획 및 그 설계자들에 대한 국내의 정치적 지지도 낮추지 못했다.

공화국의 몰락

미제국이 지속적으로 성장하고 공고해지고 있기는 하지만 여기에는 또 다른 측면 — 이면이라고도 할 수 있는 — 이 있다. 제국이 번성하고 미군기지가 급격히 늘어나고 있지만, "공화국" — 미국 영토 경계 안에 있는 경제 — 은 쇠락하고 있고, 미국의 계급사회는 점점 양극화되어가고 있으며, 정치는 더욱 퇴행적이며 불화가 늘고 있다.

미국에는 두 가지 별개의, 하지만 상호 연관되어 있는 "경제" 및 국가 활동들이 있다. 한 가지는 다국적 기업의 세계와 전 지구적 군사 수단, 그리고 제국적 국가에 연결된 국제금융기관들을 모두 아우르는 제국의 활동이고, 다른 한 가지는 공화국의 활동으로, 이 공화국은 제국을 부양하는 데 필요한 군인과 행정관, 세금, 시장을 제공해주는 사회적 계급들과 국가 제도, 경제를 말한다. 제국의 성장은 다양한 방식으로 국내 경제를 눈에 띄게 빈곤하게 만드는 한편, 다국적 기업들의 해외 활동들을 지도하고, 여기서 이익을 챙기는 고위 경영자들(및 그 측근들)의 배를 불린다. 2002년 미제국 건설자들은 보건, 교육, 복지프로그램의 예산을 감축하던 과정에, 1천억 달러가 넘는 돈을 군비지출에 추가하여 이라크전과 아프가니스탄 전쟁에 돈을 댔다. 또한 2003년 9/11 기념식에서는 관리당국이 이라크 재건 노력에 860억 달러를 추가로 지원할 것을 요청했다(이라크의 "대량살상무기"의 소재에 대한 최종 보고서를 준비하기 위한 8억 달러짜리 종합 계획에 추가해서). 제국으로 인한 사회적 희생은 믿기 어려울 정도다. 〈정책연구소〉 Institute for Policy Studies 에 따르면 오늘날 의료보장을 전혀 받지 못하는 미국인들은 4천만 명이 넘고, 또 다른 5천만 명은 오직 부분적인, 명백히 부적절한 의료보장을 받고 있으며, 수백만 명의 사람들이 적절한 의료보장을 받기 위해 자신들의 순수입중 3분의 1을 지출해야 한다. 정부의 사회복지 체계를 보자면, 미국 시민들의 복지를 보장해 주고 보호하는 데 필요한 연금과 사회보장기금은, 현재의 손실을 메우고 예산적자가 통제할 수 없을 정도로 팽창하는 것을 막느라 고갈되어 버렸다. 동시에 엔론 같은 기업들의 음모 때문에 4백억 달러에 이르는 수많은 노동자들의 연금이 하룻밤 사이에 사실상 사라져 버렸다. 시민들의 기업 감시 기구인 〈코포커스〉 Corpfocus는 엔론이 유별난 사례가 아니며, 매년 수십억 달러는 아니라도 수백만 달러의 돈을 "사회"에서 갈취하는(개인적 축재를 위한 전유를 통해), 기업의 탐욕과 부정행위의 모든 체계를 가장 가시적으로 표현해준 하나의 사례일 뿐이라는 점을 보여 주었다.

  제국주의에 자금 조달을 한 결과 2003년에는 약 4천억 달러의 예산적자가 발생했는데, 이라크에 대한 군사적 점령을 통해 "자유" 군의 승리를 보장하기 위해서는 최소한 860억 달러의 추가적 비용이 필요하다는 국회를 대상으로 한 행정 당국의 호소를 감안하면 이 비용은 증가할 것이다. 국내 산업 생산은, 특히 자동차 부문에서 수익률이 급격하게 감소했다. 포드사는 수십억 달러의 손실을 감수했고 미국 대다수의 제조업자들은 라틴아메리카와 아시아의 지역 생산자들에게 하도급을 주거나 해외 투자를 했다. 그 결과 미국 다국적 기업들의 자회사들은 미국 시장을 대상으로 한 중국 수출품들 중에서 중요한 부분을 차지하게 되었지만, 미국의 대외 적자가 증가하게 되었는데, 이 적자는 5천억 달러를 넘어서게 되었다. 아시아와 라틴아메리카에 있는 신식민 경제와 반식민 경제에 고루 자리 잡고 있는 다국적 기업들이 벌어들인 막대한 이윤은 제국적 기구들을 강화한 반면, 자국 경제, 즉 정부의 예산 조달과 해외 거래를 약화시켰다.

하지만 "세계적 지배로 인한 참을 수 없는 희생"(금융가 펠릭스 로하틴Felix Rohatyn)은 사실 상당히 "참을 만한" 것이다. 적어도 쇠퇴 중이긴 하지만 여전히 광범위하게 분포해 있는 극히 부유한 미국의 중산계급에게는 그러하다. 대중적인 저항은 전혀 없다. 수입 분배상의 불평등이 증가하고, 삶의 질이 떨어지며, 사회적 서비스가 감소하거나 존재하지 않고, 노동일이 증가하며, 의료와 연기금에 대한 개인적 지출이 증가하고, 수백만 명의 미국 투자자와 연금 지출자들에게서 그들의 저축과 연기금을 도둑질해 가는 부패와 사기가 광범위한데도 말이다. 실업 또한 증가하고 있다. 더 이상 [구직 인구에] 애써 등록하지 않은 사람들까지 포함하면 실업률은 2003년에 10%를 초과했다. 물론 인구 집단과 사회 부문에 따라 — 예를 들어 흑인들이 높은 비중으로 밀집해 있는 주거지역이나 공동체의 경우 — 실업률은 더 높아질 수 있다. 일부 지역에서는 80%에 이르기도 한다. 그리고 이러한 현상에 대한 통계자료들은 불완전고용이라는 더 큰 문제를 포함하지 않고 있다. 40%에 이르는 노동력이, 열악한 노동 조건 속에, 표준적이지 않은 비정규인 고용 형태(파트타임, 임시직 등)로/거나, 빈곤선 수준의 임금을 받으며 일반적으로 "비천한 직업"shitty jobs이라고 표현하는 직군에서 일을 하고 있다. 미제국의 이러한 측면 — 제국의 국내 방어면 뒤에 있는, 미제국의 뒷면 — 에 대한 통계자료들을 모아보면 경제 침체와 심각한 고통이 들러붙어 있는 부패한 사회가 드러나게 될 것이다.

이러한 국내의 부패라는 맥락에서 제국 건설자들은 날조된 주장들을 근거로 세계를 정복하기 위해 엄청난 양의 돈을 지출하고 있다. 이들은 공격이 임박했다는 편집증적 관점으로 국민들을 겁주고 있으며, 끝없는 해외 전쟁과 세계 정복, 방어 능력이 없는 사람들에 대한 공포스런 학살을 지향하고 있다. 이들은 미국 시민들을 공포에 몰아넣고 미국의 테러를 정당화시키는 데 기여한 국내 탄저병 테러리스트들[6]을 후원 또는 보호하고 있다. 대체로 미국인들 다수는 그냥 "뒤로 물러나 앉아 구경"했거나, 승리감에 취해 광폭하게 날뛰는 군대와 자신을 동일시하며 자랑스러워하고 대리만족을 느꼈다. 미국의 주요 도시들이 파산하거나 무거운 부채에 시달리는 동안 연방정부는 십년간 거금 1천8백억 달러를 농업 수출 엘리트들에게 보조하고, 거대 다국적 기업들(예를 들어, 할리버튼 사Halliburton)이 제국 건설자들과의 긴밀한 연계 속에 수익성이 높은 수십억 달러짜리 계약을 체결하도록 도와주며, 아프가니스탄과 이라크, 콜롬비아에 있는 용병들을 보조해 주느라 엄청나게 많은 돈을 퍼붓고 있다. 국내 경기가 한참 침체된 와중에도 제국 건설자들은 기업 엘리트들에게 막대한 조세 감면을 해 주었다. 이들은 대부분 다국적 기업이나 해외 "작전"에 투자할 것이 거의 확실하다.

자국의 무역거래 상의 막대한 적자에 자금을 조달하기 위한 수단으로 해외 투자를 유인하기 위해, 제국적 국가는 미국의 다국적 은행들이

---

6. [옮긴이] 2001년 9월 18일부터 몇 주에 걸쳐 미국에서 발생한 탄저병 공격을 말한다. 탄저병 포자를 담은 편지가 몇몇 신문사와 두 명의 민주당 상원의원들에게 도착했는데, 이로 인해 5명이 죽고 17명이 감염되었다. 공식적으로 이 문제는 풀리지 않은 상태로 남아있다.(wikipedia 영문사이트, 2010년 3월 9일 검색)

부정한 자금 수백억 달러를 세탁하는 것을 허용해 주고 있다. 이것은 수백만 달러짜리 조세 회피자와 부패한 은행가, 그리고 라틴아메리카, 중국, 아프리카를 비롯한 여러 곳(예를 들면 미국 의회)의 엘리트 정치 관료들로부터 나온 돈이다. 제국을 지탱해 주는 자금들은 부분적으로는 미국 경제에 "투자하고 있는" 해외 교객들의 막대한 부패에 근거한 것인데, 이들은 이를 위해 자국을 약탈하거나 자국 경제를 제국의 약탈을 위해 개방해 버렸다. 그렇지만 달러가 약화되고 수익성 있는 기회들이 줄어들면서 쇠락하는 미국 경제는 더 이상 이제까지처럼 수준 높은 해외 투자를 유도하지 못하고 있다. 예를 들어 FDI 유입은 2000년 3천억 달러에서 (세계 총 FDI 유입액의 20%이상) 2002년에는 겨우 1,240억 달러로, 그리고 2003년에는 5백억 달러로 떨어졌다(UNCTAD 2002). 문제는 공화국이 무역 거래에서 발생하는 해외 적자에 대한 자금을 공급하기 위해서는 자본 유입이 매일 27억 달러 필요하다는 것으로, 무역거래 상의 해외 적자는 2002년에 역사적으로 높은 수준을 보여 3,540억 달러까지 증가했다(US Census Bureau 2003).

제국의 강화와 공화국의 약화로 인한 결과는 자국 내에서의 사회적 희생이 커지고 보호주의가 확장되었으며, 라틴아메리카와 다른 신식민지 지역에서 수익 및 이자 지급으로 인한 유출이 늘어나고, 도덕을 운운하는 십자군들이 늘었으며, 언론 매체의 공세가 더 강해지고, 관리들의 거짓말이 훨씬 더 노골적이 되었으며, 광신적 애국주의로 무장한 새로운 전쟁들이 벌어지고 있다는 것이다. 이러한 상황에서 미국 투자자 및 연금 납부자들의 수백만 달러를 기업이 갈취하여 개인적으로 CEO들의 배만 불리고 해외에 있는 다국적 기업들을 확장시키는 데 자금을 대며 많은 사람들의 빈곤의 구렁텅이에 몰아넣어 버렸다. 부패는 몇몇 괴상한 CEO들의 일탈 행위가 아니다. 이것은 해외와 자국 모두에서 벌어지고 있는 미제국 건설 과정의 구조적 특징이다.

제국 전쟁과 공화국

유럽 지도자들의 간헐적인 비난과 공화국 입법부 안에서의 사리에 맞지 않는 의견 불일치에도 불구하고 부시 정권은 전임자들이 마련해 놓은 정치 및 군사적 네트워크를 이용하여 제국 건설 기획을 광범위하게 확장시켜 놓았다. 클린턴 정부 하에서는 군사적 제국이 발트해에서 발칸 반도 너머까지 확장되었고, 여기에 이라크 점령이 부분적으로 포함되었다. 하지만 부시의 군사전문가들은 이라크와 코카서스 산맥 지역, 중앙아시아, 아프가니스탄, 동남아시아를 점령하고, 아시아 남부지역 전역과 북한까지 공격 및 정복할 수 있는 공군기지, 군사 보급 지역, 요새를 광범위하게 건설함으로써 미국의 군사적 제국을 확장시켜 왔다. 중동에서 부시는 미국 통제하에 있는 "자유무역지대" — 북미에서 사우디아라비아에 이르는(이스라엘 포함) — 를 선언했다.

울프Wolf(『파이낸셜 타임즈』, 2002년 2월 5일)가 지적한 것처럼, 이렇게 전략적으로 중요한 지역에서 부시 행정부가 최근에 벌이고 있는 모험들은 여러 형태의 제국 이면에 있는 두 가지 관심사와 연관되어 있다. 탐나는 자원들(이 경우는 석유)에 대한 장악과 "안보 진공 상태", 즉 제국에 대한 반대가 그것이다. 미 군사 제국이 이렇게 폭넓게, 이렇게 빨리, 그리고 이렇게 손쉽게 성장했던 적은 없었다. 이로 인해 "제국의 쇠락"을 논하는 말이나 글은 모두 일종의 "신앙 요법"으로 행하는 방종한 실천이나 게으른 수다가 되고 말았다.

쿠바에 대한 비이성적 외교 정책에서 그랬던 것처럼, 미국의 일부 경제 부문들은 확실히 제국적 전쟁과 정복에 대한 대중들의 지지를 보장해 주기 위해 기획된 제국의 감정적인 "반테러주의" 선동으로 인해 피해를 입었다. 악영향을 입은 부문들에는 민간 항공산업과 관광업, 그리고 이와 관련된 서비스 산업들이 포함된다. 하지만 거액의 정부 보조금과 무이자 대출이 일부 기업 부문들에게는 악영향에 대한 어느 정도의 완충장치 역할을 해 주었다.

우리 시대의 제국 건설은 체계적이고 정치적인 힘으로 추진되고 이데올로기적인 극단주의로 강화되고 있다. 군산복합체의 영향력만을 가지고 전쟁을 설명하려는 단순한 시도는 최근 몇 년간 상위 5백대 기업들 중에서 주요한 우주 및 방위 산업의 비중이 상대적으로 하락한 것에 대해 설명하지 못한다. 오늘날 제국의 정복은 세계를 지배하고 — 이것을 막으려고 유엔이 설립된 것이다 — 다국적 기업들을 위한 미래의 기획을 확장하기 위한 욕구에 근거한 것이다. 군사 제국은 부에 대한 앞으로의 접근을 보장하기 위해 기획된 것이지 정복 과정에서 그것을 만들어 내기 위한 것이 아니다. 전쟁과 군사적 위성들의 네트워크는 다국적 기업들에게 착취의 권리를 제공해 주는 경향이 있는 종속국 지배자들과 함께 독점 이익 창출을 촉진하기 위해 설립된 체제의 부속물이다.

어떤 미 해군 퇴역 대령은 제국 전쟁과 정복에 동반되는 체계적인 인권 유린을 언급하면서 "제국 건설은 다과회가 아니다"라고 말한 적이 있었다. 국제 전범 재판소에 대한 미국의 반대와, 50개국을 강제하여 미국 군사요원들에게 면책특권을 보장해주는 상호 조약에 서명하도록 한 미국의 사악한 강압만큼 미제국 건설 과정 속에 내재해 있는 고의적이고 계획된 폭력을 잘 드러내 주는 것은 없다. 하지만 국가 관료와 기업 엘리트들로 구성된 지배 권력 집단에 균열을 가져오는 것은 제국 전쟁의 비인간성도, 국제법에 대한 엄청난 위반도, 식민지 정복을 정당화하기 위한 의견의 위조도 아니다. 지배 집단 사이에 갈등을 불러 오는 것은 **제국적 국가에 자금을 지원할 수 있는 공화국의 능력을 침해하지 않은 상태에서** 제국을 건설하여 통치 및 규제 구조를 강화하는 최상의 방법을 놓고서 벌이는 지배적인 군사 제국 건설자들과 경제 제국 건설자들 간의 논쟁이다.

제국간 갈등

어떻게 하면 제국을 가장 잘 건설할 수 있는가를 놓고 엘리트들 간에 벌이는 투쟁은 몇 가지 수위에서 일어난다. 가장 최초의 그리고 가장 일반적인 문제는 군사전략가들과 기업의 제국 건설자들 간의 관계와 관련된 것이다. 그들은 제국에 대한 공통의 견해를 일정 정도 갖고 있다. 하지만 때때로 경제적 손익보다는 정복에 집중하는 군사 전략에 고심하는 군사전략가들의 활동의 "자율성"의 정도에 대해 반대하는 사람들이 있다. 성공적인 군사 정복은 민간 부문에서 경제적 제국 건설자들의 일부 관심을 넘어서고, 그것에 대립하는 전략적 세계 전략을 결정하는 군사전략가들의 독립성과 권력을 증대시켜 왔다.

두 번째 문제는 시오니즘과 연결된 핵심 제국 전략가들이 만들어 낸, 미제국 건설 정책에 있어서의 왜곡과 관련된 것이다. 폴 월포위츠[7]와 리

---

7. [옮긴이] 2001년~2005년 미국 국방부 부장관, 2005년~2007년 세계은행 총재.

차드 펄Richard Perle 8 같은 시온주의자들과 세계 정복 전략에 대한 다른 일군의 기획자들은 이스라엘의 국가 정책에 대해 지원하면서, 중동 전역에서 이스라엘의 아랍 적군들을 붕괴시키기 위한 미국 정책들을 지시하는 데 거의 광적으로 관심을 기울이고 있다. 미제국의 확장이라는 목표에는 "협상을 통한" 접근 — 그리고 평화 — 이 가능한데도 말이다. 비폭력적인 방법을 추구하는 자유로운 친미 정치운동과 인사들이 등장하고 있기는 하지만, 이란과 시리아에서 이것은 분명한 사실이다.

기존의 군사 및 정보 전략가들의 눈에는 해악이 될 뿐인 시온주의 제국 건설자들은, 편집증적으로 이스라엘의 관점을 정치학에 투영해 왔다. 이들은 전 세계가 적들로 가득 찼고 유럽인들 역시 신뢰할 수 없으며 제3세계에 있는 사람들도 모두 잠재적인 테러리스트라고 생각한다. 리차드 펄처럼 영향력 있는 시온주의자들은 악명 높은 이스라엘 군사정치인(모세 다얀Moshe Dayan)의 계율 "아랍인들은 무력에만 익숙하다"를 신봉하고 있다. 이스라엘-시온주의 "철학"이 중동에서 충분히 치명적인 한편, 워싱턴에 있는 그 지원자들은 세계적 규모로 그것을 이행하기 위한 능력과 세계적 권력을 갖추고 있다. 예방 전쟁, 식민화, 점령, 집단 처벌, 국제법을 무시한 일방적 무력 사용 같은 이스라엘의 전략은 미국의 군사전략가들이 채택한 것으로, 이들은 이스라엘과 오랜 세월 동안 연계를 가지면서 이스라엘에서의 관행들을 제국 건설 기획을 위한 교조적 지침으로 만들어 놓았다.

미국의 전략적 제국 건설 속에서 이러한 "시온주의적 편향"의 결과 제국 엘리트 내에서 여러 가지 갈등 지점들이 발생되었다. 예를 들어, 아

---

8. [옮긴이] 2003년 미국 국방부 국방정책위원장.

랍 석유 지배자들과 동맹 관계를 형성하여 자신의 영역을 확장하고자 하는 경제적 성향의 제국 건설자들과, 이스라엘의 적들을 궤멸시키는 전쟁을 정당화할 수 있는 "올바른" 정보를 제공하지 않는다는 이유로 시온주의자들을 주변화시키고 비난해 온 미국의 군사 및 정보 당국에 있는 전문적 엘리트들 사이에는 갈등 지점이 있다. 이런 사고로 인해 폴 월포위츠 국방부 부장관은 "이스라엘의 적들을 궤멸시키는" 시온주의자들의 정책과 양립할 수 있는, 평행적 정보 구조를 만들었다. 스스로를 "파벌"cabal이라고 부르는 이 사이비 정보 집단은 신뢰할 만한 정보를 수집하는 정보기구라기보다는 "보도"를 위조하고, 친이스라엘적 세계관에 근거해서 미리 정해 놓은 전쟁 정책들을 정당화시키는 선동 기구이다.

체제 내부의 갈등에 대한 세 번째 예는 도널드 럼스펠드 국방부 장관과 군사-정보전문가들 사이에 있는 갈등이다. 군사적 성향의 제국 건설 과정에 개입하고 있는 핵심인물인 럼스펠드는 월포위츠와 펄, 볼튼[9]을 비롯한 극단적 군사전략가들이 이끄는 자신의 개인 사조직과 자신의 손에 권력을 집중시키는 데 열을 올려 왔다. 럼스펠드는 군사력의 재조직과 무기 조달, 전쟁 전략 및 정보작전과 관련해서 펜타곤의 전문가들을 과잉 지배해 왔다. 그는 충성심이 강한 군사 관료들을 연배가 많고 군사적 경험이 풍부한 사람들보다 먼저 승진시켰고, 조금이나마 반대의사를 표현하는 사람들에게는 모욕을 주었다. 고위 군사 관료들에 대한 그의 전제 군주적 행동은 엘리트들의 논의를 억누르는 수단이다. 가장 충성스런 부하와 영향력 있는 자문들은 그의 극단적 군사 제국 건설 전략 — 은밀한 암살 계획을 테러 수단으로 일삼으며 전 세계적으로 전개되고 결

---

9. [옮긴이] 존 볼튼. 2001년 미국 국무부 군축담당 차관.

합되어 있는 연속적 전쟁들 ― 에 찬성하는 사람들이다.

분명 럼스펠드는 세계 군사 정복이라는 전략을 공식화하고 집행하는 데 있어서 핵심적인 인물이었다. 이 전략은 나치 독일의 전략에 필적하는 것은 아니지만 닮은 곳이 상당히 많은 제국적 전략이다. 럼스펠드가 권력을 제국적 엘리트들에게 집중시키고 전문가들에게 적개심을 보이고 있는 것은 퇴역한 피터 J. 스쿠메이커Peter Jan Schoomaker 장군을 [육군참모총장에] 지명한 것에서 극적으로 드러난다. 스쿠메이커 장군은 스페셜 포스 델타Special Forces Delta 10의 전 사령관으로, 이 책의 저자 중 한 사람(페트라스)에 따르면 포트 브래그Fort Bragg 11의 델타 본부에 있는 고참 군사 관리들은 스페셜 포스델타를 두고 "살인 훈련을 받는 정신병자들"의 집합소라고 설명한다. 델타의 장군이었던 사람이 선발된 이유는 분명하다. 그의 이데올로기와 행동상이 럼스펠드와 맞아떨어지기 때문이다.

럼스펠드와 군사-정보 권력자들 간에 최초로 발생한 중요한 갈등은 이라크 전쟁 발발 이후 이라크에 대량살상무기가 존재하지 않는 문제를 둘러싸고 벌어졌다. 대량살상무기는 부시 행정부가 전쟁을 정당화하기 위한 중요한 논리였기 때문에, 이 문제는 대중매체와 일부 의원들 사이에서 논쟁을 불러 일으켰다. 군사 및 정보기관에 있는 "전문가들"이 전쟁에 골몰하는 럼스펠드의 주장에 의문을 제기하는 진술을 하고 보고서를 유출하자 갈등이 표면화되었다. "전문가들"은 분명 럼스펠드와 월포위츠의 개인적 "정보" 집단이 전쟁 계획을 정당화하기 위해 정보를 조작한 책임이 있다는 것을 지적하고 싶어 했다. 간단히 말해서 관료 권력을 둘

---

10. [옮긴이] 미국의 특수부대.
11. [옮긴이] 미국 노스캐롤라이나 주에 있는 최대 규모의 특수부대.

러싼 엘리트 간, 그리고 엘리트 내부 투쟁의 강도가 고조되어, 친 제국 전문가들이 성공적인 제국주의 전쟁을 의문시하는 수준에 이르게 된 것이다. 그들의 목적은 개인적 권력에 집착한 나머지 제국 건설 기획을 위협에 빠뜨리고 있는 관료 사회의 폭군을 제거하는 것이었다. 하지만 군사전략가들은 의회와 언론매체의 도움을 통해 그 문제를 덮어버리고 전쟁에 대한 대중적 순응을 확보하는 데 성공하기까지 했다.

지배적인 제국 엘리트 내부에 있는 네 번째 갈등은 군사적 제국 건설자들과 경제적 제국 건설자들 간의 관계를 두고 벌어진 것이다. 경제적 제국 건설자들은 분명 군사적 행동을 목표 — 미국이라는 지배 제국이 주도권을 행사하는 것 — 에 이르는 수단으로 생각하고 있다. [하지만] 군사적 제국주의자들에게 세계 군사 정복은 이미 전략적 목표가 되어버렸고, 그들은 이 전략적 목표가 결국 경제적 제국 건설자들의 이익을 증진시킬 것이라고 생각하고 있다. 이로 인해 경제적 제국 건설자들 안에 있는 일부 비평가와 논객들은 무차별적인 군사 개입과 영구 전쟁 정책의 장단기적 경제 비용에 대한 군사전략가들의 지식을 의문시하게 되었다. 이것은 제국 자체에 대한 것은 아니지만 제국 건설의 수단을 놓고 벌어지는 중요한 논쟁이 될 수 있다. 제국 자체에 대해서는 양측 모두가 지지한다. 이 논쟁에 기름을 끼얹은 것은 군사전략가들을 괴롭히는 "경제적 편들기"를 둘러싼 논쟁이다. 군사전략가들이 다른 기업 엘리트들의 주장을 무시한 채, 전쟁 후 체결된 수익성 높은 계약들을 럼스펠드-체니-부시 도당과 연결된 다국적 기업 특권층들에게 넘겨주었기 때문이다.

하지만 자본주의적 제국 건설자들과 군사적 제국 건설자들 간의 이러한 갈등은 그들을 한데 묶어주고 있는 막강한 이해관계와 정책들에 대해서는 분명 부차적이다. 제국주의 전쟁 정책들에 대해 일부 자본가들이 간헐적으로 흘리듯이 우려를 표명하기는 하지만, 자본가계급, 특히 다국적 기업들은 부시 행정부의 제국 건설에서 막강한 후원자들이다.

영구적인 교전 상태와 같은 신나치적 교의에 대해서 개인 자본가들 사이에 약간의 염려가 있기는 하지만, 다국적 기업들이 부시 행정부를 지원하는 데는 최소한 8가지 이유가 있다. 경제지의 일부 편집진들과 개별 자본가들이 부시 행정부의 예산적자와 달러 약세, 해외 회계 적자 증가 등에 대해 비판해 오긴 했지만 대다수 자본가계급은 꾸준히 구체적인 이유로 부시의 제국 건설 정권에 든든한 지원을 하고 있다. 먼저 부시 정권은 산업에 대해 환경적 통제를 가하는 교토 의정서를 포함하여 모든 국제 조약을 거부했고, 그 결과 미국 기업의 생산비를 낮추었다. 둘째, 부시 행정부는 특히 대규모 농산업 수출 기업들에게 수십억 달러의 수출 보조금을 제공하여 이들의 시장 지분과 "경쟁력" 그리고 이윤을 늘려주고 있다. 셋째, 부시 행정부는 자국 시장에서 판매하는 수만 명의 경쟁력 없는 생산자들이 연관되어 있는 2백 개 이상의 생산 품목에 보호수단들을 제공하고 있으며, 이를 통해 좀더 효율성이 높은 경쟁자들이 진입하는 것을 제한하고 있다. 넷째, 부시 정권은 자국 내에서 활동하고 있는 자본가와 다국적 기업들의 CEO들의 편의를 봐주기 위해 자본가계급 전체를 대상으로 세금을 줄여 왔고, 그 결과 배당금 수익, 자본 수익, 월급을 증가시켰다. 다섯째, 부시 행정부는 대체로 대다수 다국적 기업과 은행에서 벌어지는 부패와 사기, 회계 범죄를 은폐하는 것에 대해 관용적이다(또는 여기에 참가해 왔다). 여섯째, 부시 정권은 느슨한 은행 규제에 지속적으로 관대했으며, 그 결과 미국의 다국적 기업들이 벌이는 수십억 달러의 돈세탁을 촉진시켰다. 일곱째, 부시 행정부는 최소임금을 증가시키는 데 반대해 왔고, 반노동자적 의제를 추구하여 규모에 관계

없이 노동 강도가 센 작업장과 서비스 부문의 노동 비용을 낮추었다.

이러한 그리고 이와 유사한 정책들은 부시 행정부와 자본가계급을 한 덩어리로 묶어주는 강한 구조적 연계에 경제적 기반을 제공해 주고 있다. 이것은 군사적 성향의 제국 건설자들과 공화국의 산업 계급 간에 존재하는 긴밀한 공조를 설명해 주기도 한다. "거래"는 자본가계급이 군사적 제국에 정치 및 재정적 지원을 해주는 대가로 국가가 국내 산업 엘리트들에게 경제적 보상을 해주는 식으로 진행된다.

유럽의 동맹국들이 미약하나마 비판을 함에도 불구하고 미국의 군사적 제국 건설자들이 세계 정복에 대한 요구를 지속할 수 있는 것은 자신들이 월스트리트와 "메인스트리트"(공화국 자국 시장을 위해 생산 활동을 하는 자본가들)의 든든한 후원을 받고 있음을 알고 있기 때문이다. 더욱이 미국의 다국적 기업과 은행이 유럽의 동반자들과 집단적 연계를 맺으며 해외 권력을 확보하고 있다 보니, 미국의 독주를 견제할 유럽의 의지가 약화된 한편 이탈리아와 스페인에서 우익 정권들의 힘이 강화되었다.

빵이 없는 서커스

제국 건설 과정에서 노동자, 피고용자, 소농, 공화국 내에서 활동하는 사업가들은 어떤 경제적 보상도 받지 못한다. [그럼에도 불구하고] 그들이 제국을 지지하는 것은 대중매체를 통한 국가 선동을 단순하게 수용했기 때문이다. 그들은 "세계에서 가장 힘센 나라"의 시민이 되었다는 상징적 만족감을 느끼면서 기존의 국가 권력에 대해 노예 근성과도 같은 태도를 취한다. 여기에 신뢰할 만한 좌익 정치정당이나 운동이 부재하면서 대중적 반대운동 형성이 부진하거나 아예 일어나지 않게 된다. 더욱 심각한 것은 좌파나 진보적 언론인과 지식인으로 통하는 사람들이 대체로 유고슬라비아, 아프가니스탄과 벌이는 미국의 전쟁에 지지를 보냈고, 정도는 덜했지만 이라크 전쟁에 대해서도 마찬가지였다는 점이다.

[쿠바에서] 미국 재정의 지원을 받는 선동가와 위험 인물들을 수감하는 것 때문에 [미국이] 쿠바를 공격하고, 쿠바의 테러리스트들을 처형할 때 미국의 대다수 좌파 지식인들이 부시 행정부에 가담했다는 점은 훨씬 더 시사해 주는 바가 많다. 미국에 있는 "진보적인" 운동과 언론인들은 거의 예외 없이 현재나 과거의 반식민지 저항 운동, 민족 해방 투쟁 혹은 혁명 정권에 연대를 표명해 본 적이 없었고, 베트남 민족 해방 전선이나 이라크 인들의 저항, 쿠바 혁명에 대해서 또한 마찬가지였다. 미국에 대한 저항의 대부분은 합법적(헌법을 인용)이거나 도덕주의적(보편적 도덕률을 인용)인 경향이 있고, 사회 변화를 위한 어떤 종류의 투쟁과도 떨어져 있으려 한다. 혁명적 실천과는 당연히 떨어져 있으려 하고 심지어는 개혁주의와도 함께하는 법이 없다.

국가, 대중매체, 기업계 모두가 힘을 합쳐 대중들이 영혼을 상실한 채 수동적으로 정치색이 없는 인격(운동선수와 남녀 유명 연예인들)을 창조해 내는 스포츠와 오락에 빠져들게 만든다. 이것은 "좋은 것"과 "사악한 것"으로 구성된 제국적 세계관을 강화하는데, 여기서 "좋은 놈들"은 결국 폭력과 파괴를 통해 "사악한 일"을 행하는 사람들을 물리친다. 무엇보다 놀라운 것은 아마도 이런 문제에 대해 발언 하거나 심지어 이런 일을 어떤 문제로 개념화하는 사회학자들이 거의 없다는 점이다. 이것이 바로 미국 "사회"와 "문화"의 근원적인 토대를 형성하고 있는데도 말이다.

제국이 성장해 감에 따라 집단적으로 관리되는 연금이 사라지고, 의료비와 약품 비용이 치솟아 오르며, 실업과 빈곤의 수준이 그 어떤 열악한 시대보다 더 많이 증가하고 있다. 2003년 7월의 경우 공식적인 실업률은 6.5%였지만 비공식적 실업률은 그 두 배에 달한다. 제국 건설 과정에서는 제국의 부스러기를 나누어 먹는 데 관심 있는 "노동 귀족"이 양산되지 않는다. 수천 명의 노조 간부들이 연봉, 연금, 각종 수당으로 수십만 달러를 벌어들이는 동안, 노동력의 겨우 9%를 구성하고 있는, 민간 부문에서 고생하며 경험을 쌓고 있는 노조 회원들이 하나둘 떨어져 나가고 도덕성마저 상실하게 된다는 것을 생각해 보라. 공화국 내에서의 사회적 불평등은 깊고도 넓어지고 있다. CEO와 노동자들의 소득 비율은 25년 전 80대 1이었다가 오늘날 450대 1까지 증가해 왔고, 지금도 꾸준히 증가하고 있다. 1990년에서 2000년까지 미국 상위 기업에서 일하는 임원 수당은 571% 증가했고, 좀더 최근의 발표 자료들은 이러한 추세가 지속되고 있음을 알려준다. 임금은 축소되었지만 ― 국내 소득에 있어서 노동력이 차지하는 비중은 같은 기간1990년에서 2000년 사이)에만 12%로 상당히 감소했다 ― 연봉, 스톡옵션을 비롯한 고위 CEO들의 수입은 빠르게 증가했고, 국내 소득에 있어서 "자본"(투자 가능한 돈)의 비중은 꾸준히 증가해 왔다.

정부가 국내 소득에 있어서 노동자와 가계의 비중을 줄이고 자본의 몫을 늘리기 위해 사용하고 있는 기제들 중의 하나는(노동자들은 임금을 쓰기만 하지만, 부자들은 자신들의 저축을 투자해서 "경제성장"을 촉진하는 경향이 더 강하다는 믿음에서) 역진세와 조세삭감이다. 〈조세정의를 위한 시민연합〉Citizens for Tax Justice에 따르면, 기업세는 2003년 국내총생산의 1.3%로 추락했다. 2002년에 시행된 조세삭감의 절반 이상은 가장 부유한 상위 1%에게 유리한 것이었으며, 레이건 정부 당시 시작된 추세를 이어가는 것이다.

회계장부의 이면에서 임금에 대한 압박이 증가하고, 사회적 서비스가 감소하고, 노동조건이 열악해지고, 일자리를 잃고도 새로운 일을 구하지 못할 가능성이 증가하고 있는 상황에 대해 노동자들은 일반적으로 순종적이다. 미국의 노동자들은 유럽 노동자들에 비해, 평균적으로 상당히 짧은 기간의 휴가를 보내고, 더 적은 보험 급여를 받는데다 그마저 줄고 있으며, 주당 더 긴 노동시간에 총 근무일도 더 길다. 그리고 지배적인 두 정치정당들[민주당과 공화당]이 모두 제국 건설자들의 통제를 받기 때문에 정치적 대표체도 갖지 못하고 있다. 결국 미국의 노동자들은 생활 및 노동조건에 대해 매일 공격을 받고, 이러한 조건을 협상할 능력 또한 침해당하면서 차가운 바닥에 내던져져 있다. 노동계급은 자본가들이 이들에 대해 수행해 온 오래된 전투에서 매번 패배해 온 것이다.

노동자들에게 1968년에서 1973년에 이르는 시기는 유럽과 미국 두 지역 모두에서 이러한 싸움의 정점이었다. 하지만 노동계급의 관점에서 뒤이은 30년 동안에는 조직력과 국내 소득에서의 비중, 삶의 질과 정치적 영향력 모든 것이 꾸준히 하락했다. 미국의 기업 자본은 아시아와 라틴아메리카에서 "신흥 시장"의 지분들 둘러싸고 상대적으로 성공적인 일련의 전 지구적 교전을 시작했고, 신세계 질서라는 제도 안에서 경제적 제국을 만들기 위한 계획을 시작했지만, 미국의 노동계급은 착취당하고 내버려지거나 발밑에서 짓뭉개졌다.

1980년대 이후처럼 자본가계급에게 행복해했던 시기는 없었다. [1980년대 이후의] 조건들은 1950년대와 70년대에 있었던 "자본주의 황금기" 동안보다도 훨씬 더 좋았다. 그리고 노동자계급에게 있어서 최소한

1930년대 이래로 이렇게 불행했던 시기는 없었다. 오늘날 미국의 평균 임금은 1973년의 임금률 수준이거나 그 밑이다. 〈경제 정책 연구소〉 Economic Policy Institute, EPI에 따르면 오늘날 미국 노동 인구의 4분의 1이 빈곤선 수준의 임금을 받고 있다. 관리직의 임금이 치솟고 부의 축적이 상승세를 타고 있는 상황에서, 미국 노동계급은 경제적 및 군사적 제국의 요구사항에 맞춰 미국의 경제를 조정하는 뼈아픈 상황을 감내해 온 것이다. 여러 가지 형태로 다양한 인종 부문에서 노동계급에게 불균등하게 떠맡겨져 있는 이러한 제국의 사회적 비용들은 절대적으로 경악할 수준이며, 특히 조지 부시 정권 하에서 최고조에 달해 있다.

놀라운 것은, 아니 최소한 그 누구도 설명하기 힘든 사실은, 노동계급의 손실은 객관적으로 규명되어 있고 체계적으로 정리되어 있지만, 상당한 비중으로 이라크 전쟁을 반대하는 것처럼 보였던 흑인들 사이에서 말고는, 제국 건설에 대한 이렇다 할 만한 저항이 발생하지 않았다는 것이다. 물론 많은 지역에서 40%에 이르는 흑인들은, 특히 젊은이들과 "생산 활동 연령대"productive age에 있는 경우에, 실업 상태이거나 사법기구의 통제를 받는다. 혹은 두 가지 다일 수도 있다. 부가 상층으로 이전하고 집중되는 반면, 복지국가 정책들이 사라지고, 유색인종 노동자들(그리고 최근에는 이민자들)에 대한 착취와 억압의 수준이 상승되는 것은 정권이 제국 건설 기획에 재정을 공급하는 데 보탬이 되게 하고자 하는 것이다. 이것은 충분히 분명한 사실이다. 이러한 과정의 사회 정치적 부작용 또한 이만큼이나 분명하게 나타나고 있다. 엄청난 규모의 기업 부패, 침체를 맞고 있는 투기 경제, 실업 수준의 증가 등은 제국의 정치학이 극적으로 우익화되는 상황을 낳았다.

기업 범죄의 증가와 광신적 애국주의, 사회적 다윈주의의 확장 또한 나타나고 있다. 사회적 다원주의는 생존과 이익을 위한 투쟁에서 이기적인 개인들이 서로를 적대시하며 싸우도록 만든다. 이러한 상황에서 교육을 잘 받지 못하고 실업 상태에 있는 소수자들 중 많은 수가 제국 군대에 들어가는 선택을 하게 되고, 많은 빈곤한 백인 노동자들은 이슬람교와 아랍인들, 그리고 중동의 다른 민족들에게 사회적으로 구조화된 적개심을 표출한다. 주요한 유대인 조직의 유복한 지도자들은 도살자 애리얼 샤론과 부시 정권 안에 있는 이데올로기적 동료들에게 무조건적인 지지를 보내고 있다. 그들이 새로운 제국주의 전쟁들을 계획하고 있기 때문이다. 아마도 다음 전쟁은 이란을 겨냥한 것이 될 것이다. 그러는 동안 "진보적 인사들"은 민주당을 제국적 정당에서 진정한 민주당으로 전환시키려는, 수년간 소용없었던 시도를 또다시 시작하고 있다.

    제국에 대한 의미 있는 도전은 미국에서는 일어나지 않고 있으며, 최소한 가까운 미래에도 그러할 것이다. 불만을 품은 자본가들(즉, 제국과 공화국 사이에 점점 벌어지고 있는 틈)도, 여러 부문에 있는 노동계급도 효과적인 반대운동을 조직할 사회적 기반을 만들 수 없다. 제국에 대한 주요한 위협은 밖에서, 즉 라틴아메리카와 중동 아시아에서 진행 중인 대중적인 계급투쟁에서 등장하게 된다.

6장
제국 건설과 제국적 통치의 역학관계

언젠가 먼 미래에는 "모든 제국이 망할 것이"라고 생각하면서 위안을 얻으려는 것은 나쁘게 보면 잘못된 의식을 낳을 수 있고, 좋게 봐도 무익한 일이다. 그 막연한 언젠가를 기다리는 동안 수백만 명의 목숨이 위협받고 있고, 국가의 주권이 위기에 처해 있으며, 대중투쟁이 벌어지고 있다. 분석의 중심에서 "최종적인 판단"을 하는 것은 스스로를 변화를 위해 움직이는 행동가들로부터 멀어지게 하고, 오늘날 제국의 진짜 권력과 그 논리 및 방향을 제대로 이해하지 못하고 거리를 두는 것과 같다. "제국 몰락"처럼 뻔한 문구는 우리가 제국주의의 추진력과 반대 진영의 상승세를 이해하는 데 도움이 되는 그 어떤 분석적인 틀도 제공해 주지 못한다. 추상적이면서 특수성이 결여된 역사적 분석과 제국 건설자들에 대한 피상적인 토론("그들의 결정은 천박하다"는 식의)은 그 자체로 천박하고 하찮다. 오늘날 미제국의 지배 권력과 전 세계적 지배를 하기 위한 추진력, 그리고 계급에 기반한 반제국주의 투쟁의 추진력에 대한 구체적 분석과 유리된 "역사에 대한 장기적 전망"은 제국의 편에 선 논객들의 스타일과 한 쌍을 이룬다. "미국의 세기", "팍스 아메리카나", "전 지구적 권력"을 비롯하여 여러 가지 무의미한 역사의 "장기 전망"을 논하는 제국의 권위적 전문가들은 헤아릴 수 없이 많다.

    오늘날 제국이 처한 모순된 상황을 이해하기 위해서 우리는 구체적 계급과 인종 집단, 계급 편성을 중심으로 한 정권의 특수한 본질, 그리고 제국의 종속국들과 제국에 대한 도전을 감행하는 대중운동의 조직력을 분석해야 한다. 제국은 결국 망한다는 하나마나한 소리에 추상적인 역사적 유추를 사용해 가며 점잔 빼며 말하는 것은 지적으로도 정치 실천적으로도 아무런 의미를 갖지 못한다.

미제국의 계급과 국가

    미국의 제국 건설과 쇠퇴는 계급과 국가 관계를 기반으로 한 것이다. 협력자 계급은 내부적 계급과 정치 구조, 종속적이지만 유익한 엘리트 관계로의 외부적 통합이라는 복잡한 과정을 통해 형성된다. 예를 들어, 초국적인 라틴아메리카 지배 계급들이 쥐고 있는 주도권과 지배력은 제국 중심적인 "신자유주의적 정책들"을 이행하는 제국적 종속국들을 구성하고 지원하는 데 핵심적이다. 제국적 국가는 한편으로는 수익성이 높은 공공 부문들을 사유화하고 해외 무역과 투자 장벽을 일방적으로 제거하도록 위협하고, 다른 한편으로는 개인적인 미끼를 던질 뿐 아니라 재정적, 정치적 지원을 함으로써 종속국을 형성하는 데 핵심적인 역할을 한다.

해외의 학술적 비평가들에게 "비이성적"으로 비춰지는 제국의 공격성은 실은 제국의 정책결정자들이 식민지 경제와 종속국의 순종, 그리고 금융 투기적 성격을 지닌 초국적 엘리트들의 열렬한 지원을 받으며 지배적 위치를 확보할 수 있게 해준 역사적 용이함을 근거로 계산된 고도로 이성적인 행위이다. 제국 중심적인 "모델들"을 강요하고, 고집이 센 혹은 민족주의적 성향의 라틴아메리카 정권들(칠레, 브라질, 파나마, 도미니카공화국 등)을 전복시키고/거나 침략하는 데 손쉽게 성공하자, 미국의 제국 건설자들은 좀더 폭력적으로 행동하게 되었다. 이들은 무력을 가장 합리적인 무기로 여기고 뻔뻔하게 무력을 행사했는데, 제국적 목표를 확실히 성취하는 데 있어서 무력이 효과적이었기 때문이다. 우리는 미국이 과테말라에 성공적으로 개입(1954년)함에 따라 1961년 쿠바에서도 똑같은 일을 반복하게 되었다는 점을 기억해야 한다. 쿠바 개입 전략은 실패로 끝났다. 이후에도 미국은 브라질(1964년)과 인도네시아(1965년)에서 군사 쿠데타를 성공적으로 조직했고, 1965년 도미니카공화국 침략에 고무되어 인도차이나 군사 개입을 더욱 심화 확장하게 되었다. 하지만 인도차이나에 대한 군사적 개입은 국내 정치적 기반이 심각하게 약화되고 미제국 정책결정자들이 역사적인, 하지만 일시적인 패배를 하게 되는 결과로 이어졌다.

카터 대통령 하에서 제국 건설 기획을 재건하는 작업은 동유럽과 구소련에 우호적인 영토에서 정치 및 이데올로기적 전쟁을 벌이는 한편, 근본주의 이슬람주의자들과 연계하여 중앙아시아(아프가니스탄)에 비밀 군사 대리인들을 다시 세우는 일을 중심으로 이루어졌다. 남아프리카(앙골라와 모잠비크)에서는 제국적 정책결정자들이 인종주의자들의 지원을 받는 종족주의 대리인들에게 자금을 지원해 주었다. 라틴아메리카(아르헨티나, 칠레, 볼리비아, 엘살바도르, 과테말라)에서 미국은 종속적 군사 정권을 통해 자신의 활동을 펼쳤고, 니카라과에서는 종속적 마약상들을 동원해 움직였다. 1970년대 후반 이후로 제국 건설자들은 미국의 제국적 군사 수단들을 재정비하고 파나마와 그레나다에 대한 군사 침략을 통해 해외 정복에 대한 국내의 정치적 지원을 지속적으로 재규합했다.

제국적 정복을 위한 이데올로기적 공식은 히틀러 치하 독일이 사용했던 것과 매우 유사하다. 반대파 지도자들은 악마로 그려지고, 종속정권에 대한 침략과 강압은 해방과 민주주의의 복원으로 묘사되며, 미국의 세력권 안에 편입되는 것은 "자유세계"의 일원이 되는 것으로 해석된다. 카터-레이건 군사 제국은 아버지 부시가 걸프전을 통해 미국 중심적인 "새로운 세계 질서"에 첫발을 디디기 위한 기초를 마련해 주었다. 하지만 이 계획만 해도 아직 미성숙 단계였고, 경쟁자 없이 통제력을 행사할 수 있는 "식민지 점령"은 일어나지 않았다.

클린턴 시대(1992년~2000년)에는 제국 건설 과정이 세계적인 규모로 엄청나게 확장했다. 발칸 지역에서 전쟁을 벌이고, 북부의 쿠르드족 종속정권과 남부의 "비행금지" 지역(국가와 경제를 궤멸시키기 위해 응징을 위한 포격과 경제 봉쇄를 함께 병행하면서)을 통해 이라크의 3분의 1을 점령하였고, 발틱해 지역 국가들에서부터 중앙유럽, 발칸 지역 그리고 남부 코카서스 지역에 이르는 광범위한 지역에서 새로운 종속국가들과 군사적 동맹을 맺고 군사기지를 건설하는 등의 일들이 벌어진 것이다. 공격적인 군사 정복과 식민화는 클린턴 정권 하에서는 인도주의적 제국주의라는 기치 하에 시작되었다. [그러다가] 부시, 럼스펠드, 월포위츠에 이르러서는 교조적인 급진화가 이루어졌다. "9/11"을 군사적 제국 건설의 출발점으로 보는 것은 심각하고도 엄청난 잘못이다. 클린턴이 제기한 인도주의적 제국주의는 단편적이었지만 똑같이 폭력적인 실천이었다. 물론 9/11 이후에는 세계적 전쟁이라는 좀더 분명한 교의를 가지고 제국 건설이 체계적이고 일방적으로 추진되기는 했지만 말이다.

제국주의 간 갈등과 국가 및 계급 갈등

제국적 권력은 계급과 국가 관계 속에 배태되어 있는 것이다. 자본의 이동과 제국적 권력 관계의 강요가 있기 전에 국가 및 계급투쟁이 일어나는데, 이 투쟁은 강도가 다양할 수 있지만, 제국적 점령과 지배가 일어나는 전 과정에서 반복해서 일어난다. 앞에서 지적했던 것처럼 라틴 아메리카에서 제국 중심적인 신자유주의 정권의 강요는 "위로부터"의 폭력적 계급투쟁을 통해 이루어진 것이다. 의기양양한 초국적 계급들이 제국 중심적인 모델에 적합한 사회적 관계(노동과 자본과의 관계, 공사 소유권 관계, 해외-국내 소유권 관계)를 "재구성"하기 위해 국가를 새롭게 편성했던 것이다. 신자유주의적 정권과 신중상주의적 제국은 계급투쟁의 산물이었다. 이것은 마치 제국 건설자들의 재식민화 기획과 맞서고 있는 적대적인 관계가 지속되고 있는 것이 계급투쟁의 산물인 것과 마찬가지다.

적대적 계급관계는 오늘날 제국 건설에 있어서 하나의 불변요소다. 하지만 오늘날 서로 적대시하고 있는 사회적 관계와 계급, 인종과 성의 힘들은 최근 얼마 전과 그 양상이 달라졌다. 20여 년간 지속된 신자유주의적 지배관계가 계급 구조를 변형시켜 놓았기 때문이다. 제국 건설자 및 지역의 종속국들과 적대적 관계에 있는 오늘날의 사회 계급들을 이해하기 위해서는 계급 구성상의 변화를 요약해 볼 필요가 있다. 새로운 계급의 힘은 새로운 전략, 전술, 지도성을 발달시켜 왔는데, 이는 제국의 지배를 전복하기 위한 노력에 핵심적이다.

계급 구조 및 사회적 관계의 변화

1970년대 신자유주의가 시작된 이후로 여러 가지 핵심적인 정치 및 사회경제적 변화들이 계급 구조 속에서도 나타났다. 값싼 해외 제조 수입품에 경제를 개방하면서 계급 구조에는 두 가지 중요한 영향이 미쳤다. 첫째, 산업 노동계급의 규모가 축소되고 자유무역지대와 마낄라도라/조립공장에 "포획된 노동력"이 생겨났으며, 숙련된 정신노동자들의 수가 줄고, 수는 적지만 착취도가 더 높은 탈집중화된 "계약 노동" 산업이 만들어졌다. 그 결과 고용 상태에 있는 안정된 산업노동력의 규모가 대부분의 라틴아메리카 국가들(볼리비아, 페루, 콜롬비아, 브라질, 아르헨티나 같은)에서 감소한 한편, 고용 상태에 있는 사람들의 경우도, 고용주가 언제든지 실업자 예비군으로 자신들을 대체해 버릴지도 모른다는 공포에 시달리게 되었다. 산업 부문에 있어서 조합 노동자들의 비중과 파업의 수, 노동자들의 투지가 감소하면서 노동계급 안에서 산업노동자들의 상대적 비중이 감소하게 되었다. 반면 실업자와 불완전 고용 상태에 있는 사람들이 엄청나게 늘어나 아르헨티나, 페루, 볼리비아, 콜롬비아, 브라질, 베네수엘라, 멕시코 같은 나라에서는 40%에서 80%에 달하게 되었다. 오래된 마낄라도라 산업 지역 — 멕시코 북부 국경 지역과 카리브해 지역 — 에서는 공장 폐쇄가 꾸준히 일어났다. 미국 자본가들이 노동시간이 더 길고, 안전, 보건, 환경 규제가 더 적으면서도 임금이 낮고 노동조건이 훨씬 열악한 중국 혹은 "시골 지역"(멕시코 남부)으로 공장을 이동시켰기 때문이다. 실업자들이 "임계점"까지 증가하자 생산 현장(공장) 밖에서, 거리에서 자본가계급을 공격하는 이러한 노동자들의 자율적인 운동들이 성장하게 되었다. 이들은 기계 및 원료(투입물)와 시장으로 운송되는 최종 생산품들(산출물)의 순환을 저지하고, 그럼으로써 이윤의 창출을 저지하고자 하였다.

보조금을 받는 저가의 식품, 특히 곡물을 수입하면서 "수출 성장 전략"을 채택한 결과 소작농들이 터전을 잃고 지역 시장에 판매하기 위해 생산하는 가족 단위 농민들이 파산하게 되었다.[12] 국가 농업 보조금의 90% 이상이 대규모 농업 수출업자들에게 흘러 들어가고, 소규모 생산자들에게는 국고 보조와 금융 지원이 이루어지지 않기 때문이다. 제국 중심적 농업 정책들은 무토지 농업 노동자들의 비중과 수를 꾸준히 늘려왔고, 농촌을 양극화시켰으며, 궤멸될 위기에 처한 소규모 가족 단위 농민들을 급진화시켰다. 종속국의 개입 정책은 식품 수입과 농업 수출 엘리트들에게만 유리한 것이기 때문이다. 토지가 점점 소수의 사람들에게 집중되고, 원주민들의 토지가 잠식당하며, 농경 투입물 비용은 증가하는데 식품 생산물에는 낮은 가격이 지불되자 토지와 시장, 이윤 소득을 모두 박탈당하게 된 소작농과 원주민 소작농 공동체들이 급진화되었다. 문맹률이 감소하고, 진보적 교회, 노동조합의 중핵들과 사회적 교류가 늘어나며, 최근 들어 투쟁의 경험을 쌓으면서 농촌은 반제국주의 운동의 중심으로 전환되었다.

---

12. [옮긴이] 과거 1960~1970년대 한국에서 노동자를 안정적으로 확보하기 위해 저곡가 정책을 펼친 결과 농민들의 삶이 유린된 것과 유사한 상황이라 할 수 있다.

오늘날 농촌 운동은 "근대화"에 저항하는 과거 회귀적인 "전통주의자들"이나 "저개발된 반란자들"로 구성되어 있는 것이 아니다. 하층 농민들 중에서 교육받은 자녀들이 농장 노동자campesino 운동을 이끌고 있는데, 이들은 은행 잔고와 시장 지분을 확보하고, 자본이 점유한 토지를 되찾으며, 보조금으로 싼 값을 유지하는 수입품에 대해 정부 차원의 보호를 받기 위해 활동하고 있다. 현대적인 생산수단과 시장 지분, 싼 대출과 "공정한 가격"을 요구하고 집단적으로 노동하고 투쟁하는 것이 바로 오늘날의 빈곤한 농민계급들의 특징이다. 이들은 제국 중심적 정책들(ALCA, 신자유주의)의 부정적인 영향에 대해 충분히 알고 있다. 브라질(MST), 볼리비아(꼬깔레로스cocaleros 13), 콜롬비아(소작농 및 농촌 게릴라운동), 에콰도르(원주민소작농 운동 부문), 그리고 정도는 덜하지만 파라과이, 페루, 멕시코에서, 소작농을 중심으로 한 운동은 가장 잘 조직되고 날카로운 반제국주의 저항운동들이었다.

제국과 소작농간의 갈등이 격화된 것은 잉여가치의 수탈과 착취가 더 심해졌기 때문이 아니라, 총체적인(토지, 주거, 가족 및 공동체 등과 같은) 장소 상실displacement, 생산수단의 폭력적 점유, "생계를 유지하는" 장소의 부정에 대해 위협을 느끼기 때문이다. [일반적으로] 농촌의 노동력은 고도로 층화되어 있고 많은 경우 인종적으로 다양한데, 이것은 사회정치적 분화로 이어진다. 하지만 이러한 "차이들"이 극복된 곳에서는 전투적으로 조직된 농촌계급들이 매우 성공적으로 제국의 확장에 도전해 왔다. 제국의 확장은 도시뿐만 아니라 농촌에서도 벌어지고 있다. 무토지 농업 노동자 운동은MST 거대한 토지를 소유하여 20년이 안 되는 기간 동안

---

13. [옮긴이] 페루와 볼리비아의 코카 재배 농민들을 가리킴.

35만 가구를 정착시켰고, 2003년 7월에는 12만 가구를 조직해서 미경작 토지에 자리 잡게 해주었다. 볼리비아에서는 4만 가구 이상이 코카재배 농민조합의 조직력과 투쟁 덕택에 안정된 가정들로 구성된 활기 있는 공동체 안에서 코카를 재배하며 생계를 유지하고 있다. 라틴아메리카의 콜롬비아 농촌 지역에서는 종속정권과 미 군사 제국 건설자들에 대한 중대한 군사적 저항이 있는데, 이곳에서는 콜롬비아 무장혁명군(이하 FARC-EP)과 민족해방군(이하 ELN)이라는 두 개의 주요한 게릴라 집단이 농촌지역의 40%를 장악하고 있다. ALCA에 반대하는 도시 시위를 조직하는 주요한 국내 조직들은 종종 농촌에 위치한 군사 조직들이다.

농촌에 근거지를 두고 있는 현대적인 농민 운동이 미제국에 저항하는 데 있어서 맡고 있는 가시적이며 지배적인 역할을 고려했을 때, 궁극적으로 제국이 종말하게 될 것이라고 했던 홉스봄, 월러스틴 등의 예언자들의 논의가 현실에서 전혀 확인되지 않고 있다는 점은 놀랍다. 이들 논객들은 특정한 무역 논쟁과 제국 건설의 양식상에서 나타나는 차이, 혹은 "모든 제국은 쇠락한다", 모든 "자본주의 체제는 결국 위기에 처하게 된다"는 일반적이고, 편향되었으며 감정적인 만족만 주는 개념에 근거한 주장을 펼치면서, "혼돈" 속에서 그들이 말하는 "체계적인 변화"를 야기하는 일을 시장의 마법에만 맡겨 놓고서는, 제국 내부적인 경쟁관계와 엘리트 내부(제국에 저항하는 자본가들) 갈등을 강조한다. 점유된 토지에서 벌어지는 소작농들의 회의에 한번 방문해 보면 이러한 제국 중심적 탁상공론을 펼치는 예언가들이 제국의 쇠망에 대한 자신들의 이론을 재고하는 데 충분한 자극이 될 것이다.

새로운 도시 프롤레타리아트 : 공공 부문 노동자들

2003년 6월에서 7월까지, 에콰도르, 볼리비아, 페루, 브라질, 아르헨티나, 콜롬비아에서는 공공 부문 노동자들 — 대부분은 공립학교 교사들 — 이 수십만 명이 참여한 가운데 끝없는 파업을 벌였다. 일부 사례에서는 공공 부문 임금 노동자들이 동맹파업을 선동하기도 했다. 도시에서 공공 부문 노동자들은 종속정권과 제국 중심적 정책에 반대하는 가장 규모가 크고 전투적인 투쟁의 선봉에 서 있었다. 제국의 확장이 공공 부문의 사유화를 전제로 하고 있고, 이것은 대량 해고와 연금, 사회적 서비스 및 일자리 보장의 약화로 이어진다는 점을 생각해 볼 때 이것은 필연적으로 발생할 수밖에 없는 일이다. 더 나아가 제국의 채권자들은 해외 채권자들에게 부채를 갚기 위한 예산 잉여분을 요구하고 있다. 이것은 모든 사회 서비스 부문과 공적 개발 지출에 있어서의 감축을 의미하는 것으로, 공공 부문 노동자들의 수가 더욱 심하게 줄어들고, 임금, 연금, 사회 서비스들이 삭감되며, 노동부하(예를 들어, 교사와 학생의 비율, 의사와 환자의 비율)가 훨씬 강화되는 결과로 이어지게 된다. 일자리가 보장되지 않고 계약노동자를 고용하는 것은 공공 부문 노동자들의 직업 안정성을 침해하고, 이들을 제조업 노동자들과 똑같은 "시장 불안정성"에 종속되도록 만든다. 간단히 말해서 공기업을 사유화하는 제국 건설 전략과 예산할당에 있어서 부채 지불을 우선적으로 고려하는 것, 그리고 생활수준과 작업 조건이 프롤레타리아트화되는 것은 공공 부문 노동자들을 거리로, 그리고 장기간의 전국적 파업으로 내모는 객관적인 요소들이다.

종속국 및 이들의 제국적 후견인들과 대결하고 있는 모든 국면에서 주요한 동맹 파트너는 공공 부문 노동자 특히 교사들과 소작농들이다. 지역과 주요 도시에서 벌어지는 노조의 가장 전투적인 행위는 공공 부문 노동자들이 이끄는 것으로 이들은 지방기관과 연방기관 건물을 점령하고, 도로를 봉쇄하며 공공 관리들을 몰아낸다. 공공 부문 노동자들은 임금 지불이 유예되고/거나 저평가된 통화로 임금을 받기 때문에 거의 극빈자 수준까지 전락하는 일이 종종 발생해 왔다. 브라질에서는 1998년부터 2003년까지 공공 부문 노동자들의 임금이 동결되어, 실질임금의 20%를 받지 못했다. 아르헨티나의 지방에서는 지자체 노동자들이 3개월에서 4개월까지 임금지불이 유예되다가 지역통화로 돈을 받았다.

반제국주의 정치의 새로운 지도자들에는 시골에서 토지를 갖고 있지 못한 농민과 소작농들의 운동, 도시의 실업자와 자영업자들(특히 아르헨티나, 베네수엘라, 볼리비아, 페루), 그리고 전 지역에 있는 공공 부문 노동자들, 그중에서도 특히 사유화의 표적이 된 석유 및 가스 산업 부문 노동자들 등이 있다. 이들의 구체적인 요구사항들은 종종 ALCA와 미군기지, 종속정권의 제국 중심적 정책들에 대한 거부와 연계된다.

제국 건설: 관찰자의 눈에 비친 전능함

워싱턴 엘리트들의 대중 발언이나 미국의 대중매체에서는 미제국의 성장이 피할 수 없고, 항상 성공적이며, 전적으로 정당하고 뒤집을 수 없는 과정이어서 적극적으로 찬성하거나 아니면 감내해야 하는 과정인 것처럼 부각된다. [반면에] 비판자들의 입장에서 보았을 때, "내적인 모순" 또는 제국의 "과잉 확장" 때문에 제국 건설자들은 자멸에 빠질 수밖에 없다.

제국이 전능하다는 생각은 제국에 대해 장기적인 관점을 취하고 있는 비관론자들과 찬양론자들 모두에게 스며들어 있다. "장기적인" 역사적 관점의 이론가들과 단기적인 변론자들 모두 오늘날 세력의 상호관계를 결정짓고 있으며 앞으로 미제국이 수년간 지속될지 아니면 십년 혹은 한 세기 지속하게 될지를 판가름하는 **구체적인 투쟁들**에 대해 깊이 이해하지는 못하고 있다.

제국 건설자들은 일련의 중대한 적대관계에서 몇 차례의 중요한 패배로 고통을 겪었다. 베네수엘라에서는 도시 빈민, 실업자, 자영업자 수십만 명이 수도 카라카스에 있는 판자촌 ranchos에서 나와, 미국이 조직한 군민軍民 쿠데타를 통해 강요된 페르난도 카르모나 독재정권을 전복하고 대중 투표를 통해 우고 차베스 Hugo Chavez를 대통령직에 복원시킬 수 있는 추동력을 제공했다. 1년 뒤 미국의 후원을 받는 경제, 언론, 노조 대리인들이 석유산업을 마비시켜서 정권을 전복하려는 시도를 했지만 패배했다. 충성파 군사 관료들과 노동계급, 도시 빈민 집단, "볼리비아 서클"에 조직된 많은 사람들과 구역단위 대중 조직들이 연합하여 맞섰기 때문이다.

콜롬비아에서는 미국이 종속적 성격의 우리베 정권이 주도한 준군사적인 국가 테러 작전을 통해 지배력을 행사하려 했지만, 콜롬비아 혁명군 ─ FACR와 ELN ─ 이 단호하게 저지했다. 미국이 자금을 대는 용병과 계약 노동자, 군사전략가 수천 명이 20억 달러가 넘는 예산과 최신의 군사기술, 전투용 헬리콥터를 가지고 대처했는데도 말이다.

볼리비아에서는 코카재배 농민운동이 코카 농민과 그들의 조직을 파괴하려는 미국 주도의 작전에 저항하는 데 성공했다. 미국에 종속된 곤잘로 산체스 데 로사다 대통령이 무력으로 억압하고 미국 대사관이 볼리비아 정치에 직접적으로 개입했지만, 코카재배 농민들은 꼬차밤바 Cochabamba, 라파스La Paz, 수크레Sucre, 오루꼬Oruco에 있는 광부, 도시 빈민, 공장 노동자, 자영업자들과 연대하여 신자유주의 정책들 — 물 사유화 같은 — 을 저지할 수 있는 막강한 연대체를 형성하여 전국적인 정치 운동을 일으켰다. 결국 이것은 오늘날 국회에서 주요한 야당이 되었으며, 볼리비아가 ALCA에 편입되는 것을 막을 수 있는 전국적 지도부를 가질 수 있게 해 주었다.

쿠바에서는 도시 및 농촌 대중운동이 미국의 정보기관들이 만들어낸 초기 단계의 선동 조직뿐만 아니라 미국의 자금 지원을 받는 테러리스트 네트워크를 해체하기 위한 혁명 정부의 성공적인 노력을 든든하게 지원해 주었다.

미제국 건설 과정에 대한 가장 성공적인 도전과 패배는 제3세계에서 자율적으로 조직된 계급의 힘들로 인한 것이었다. 전반적으로 제국 중심적인 경제 및 사회 전략들을 채택하고 라틴아메리카의 초국적 자본가 및 미국과 유럽연합의 다국적 기업들과 동맹 관계를 형성하고 있는 구 사민주의적, 중도좌파 및 대중추수적 선거 정권들은 제국 건설에 있어서 가장 영향력이 없는 반대자들이다. 브라질에 있는 룰라의 노동자당PT 정권이 가장 극명한 예다. 룰라 정권은 미국에 굴종적인 종속국으로 전락하여 제국 중심적인 "발전" 기획에 완전히 동조하고 있는 사람들을 핵심 경제 장관과 중앙은행장으로 지명했다. 룰라의 친정부 의제에는 공공 부문 노동자들의 연금을 줄이는 통화주의 경제 프로그램과 사회 서비스에 대한 엄청난 감축, 역진적인 조세 정책, 친고용주 "노동개혁" 같은 것들이 포함된다. 에콰도르의 구띠에레스와 페루의 똘레도 같은 유사 대중주의적 선거 정치인들 또한 비슷한 과정을 경험했다. 가장 눈부신 발전은 계급기반 대중운동들 — 특히 공공 부문 노동자들과 소작농 및 자영업자들 — 이 이러한 제국의 새로운 종속국들과 대면하여 공격적인 공격하기 위해 동원되는 속도다. 모든 예에서 "중도 좌파"에 투표했던 대중들은 제국주의와 협력하고 있는 이들의 사임을 요구하며 거리에서 투쟁하는 주요한 동력의 역할을 똑같이 해내고 있다.

라틴아메리카 전역에는 자본가계급이나 중소기업 혹은 농민들이 조직한 대중운동이 사실상 전무하다. 고작해야 소수가 가끔씩 부채 지불, 이자율, 보호주의 문제와 관련된 특정한 저항에 지지를 보내는 수준이다. 대중투쟁에서 부르주아지들이 배제되는 것은 이들이 신자유주의적 반노동 입법을 지지하고, 낮은 수준의 최소임금 정책을 고수하며, 사회적 안정을 위한 세금을 감축시키고, 폭넓게 벌어지는 조세 회피에 대해 정권이 묵인해 주며, 수입세와 수출허가 담당 공무원과 하급 세관원들과의 부패한 연계에 대해 눈감아주고 있기 때문이다.

제국의 종속정권으로 전락해 버린 "중도좌파" 정권과 긴밀한 연계를 가지고 있는 사회정치적 운동들은 이미 심각한 혼란에 빠져 버렸고, 어떤 경우에는 [지금도] 내부 논쟁과 토론이 진행 중이기도 하다. 브라질의 MST와 〈노동조합연맹〉CUT, 에콰도르의 〈원주민 민족 연합〉CONAIE, 아르헨티나의 실업자 운동과 우루과이의 노동조합들 모두 반식민주의적 계급투쟁과 선거로 선출된 제국의 새로운 "중도 좌파" 종속정권과의 협력 사이에서 선택해야 하는 문제에 직면해 있다.

제국의 확장에 맞서 싸워 왔던 국가 권력을 얻기 위한 정치지향적 계급기반 투쟁과는 다르게, 실체 없는 "반세계화" 운동과 세계사회포럼은 어떤 제국 건설 기획도 좌절시키지 못했고, 단 하나의 군사적 정복을 막는 데도 성공하지 못했다. 더욱이 "반세계화" 지도자들은 발칸, 아프가니스탄 혹은 이라크에서 벌어진 미국의 군사적 점령과 약탈에 대한 대중적 반제국주의 저항에 대중적인 지원을 창출해 내지도 못했다. 대중적인 "반세계화" 시위는 시공간적으로 제약된 단순한 의례적 행사이다. 이런 시위에는 제국의 확장, 전쟁 준비, 사유화, 구조조정 정책 및 기타 제국 중심적 수단에 대해 중요한 영향력을 행사할 수 있는 전략이나 전술이 결여되어 있다. 유럽에 있는 미제국의 경쟁자들(특히 프랑스, 독일, 이탈리아, 스페인)이 이들의 다국적 기업들의 경쟁력을 높이기 위해 연금을 줄이고 퇴직 연령을 낮추거나 사회적 [복지] 지출을 대폭 삭감할 때만 [유럽의] 노동자들은 시위를 한다. "의례적인" 파업 ― 제국의 확장에 자금을 조달할 목적으로 국내에 부담을 지우는 것을 늦출 수는 있지만 저지하지는 못하는 상징적인 저항들 ― 의 제약을 넘어서려는 노력이 노동자들의 운동 속에 나타났던 것은 오직 프랑스에서만 확인된다.

질서정연하고 시간적 한계를 정해 놓고 있는 대중적인 반전 시위는 국가 권력에 상징적으로 대항하기는 하지만 ― 이들은 반제국주의 연설을 듣기 위해 런던 시를 관통해서 하이드 파크로 행진한다 ― 심각한 정치적 전쟁과 관계를 맺거나 사회체제를 마비시킬 능력을 갖추지 못하고 있다. 조직된 정치 구조를 갖추지 않고, 그저 자신들이 원할 때 왔다가 가는 것이 "대중들"의 본질이다. 좌파 분파들은 급진 포럼에서 리플렛을 배포하거나 신문을 판매하는 활동에 매여 있는 한편, 자칭 아나키스트들(그리고 경찰 앞잡이들)은 자신들이 반자본주의자들이라는 점에 대해 스스로 확신을 갖기 위해 가게 창문 몇 개를 부순다.

반제국주의 운동의 힘은 콜롬비아의 정글과, 볼리비아 카라카스 도시 슬럼 지역의 사회조직들, 쿠바의 거리 시위와 브라질 대농원을 점거하고 있는 무토지 노동자들, 볼리비아의 코카 노동자들, 페루와 아르헨티나의 불완전underemployed 노동 및 실업 상태의 도시 빈민들 속에서, 간단히 말하면 제국 종속정권이 삶의 터전을 빼앗고 착취하며 빈곤하게 만든 조직된 계급들 속에서 확인된다.

제국의 미래?

미제국이 몰락하기 시작하는 때가 언제인가를 정확하게 가늠하는 것은 어려운 일이다. 이러한 몰락이 구조적인 것인가 아니면 우연적인 결합의 산물인가를 판가름하는 것은 훨씬 더 어려운 일이다. 할 수 있는 최고의 수준은 주요한 모순들의 윤곽을 그려보는 것이다. 주요한 모순들은 경제적인 것 못지않게 정치적이며 사회적인 성격을 가지고 있다. 오늘날 첫 번째 모순과 도전은 라틴아메리카의 조직된 도시 및 농촌 대중들과 미제국 건설자들, 이들의 종속 통치자들, 초국적 자본가들과 NGO/노조 같은 보조 단체들 사이에서 확인된다. 두 번째로 주요한 모순은 팽창하고 있는 제국과 쇠락하고 있는 공화국, 그리고 제국의 지배계급이 부와 세입, 인적 자원들을 제국 건설 과정에 갖다 바치는 능력 사이에 존재한다. 세 번째 모순은 정복 및 점령 국가들과, 이라크 및 아프가니스탄에서처럼 대중적인 반식민지 민족 저항운동들 사이에서 나타난다.

네 번째 모순은 군사적 제국은 점점 성장하고 있는데, 새로 식민화된 지역에서 미래의 석유 수입을 감안한다 하더라도 이익을 뽑아낼 수 없다는 상황으로 인해 발생한다. 미 점령군에 대한 이라크인들의 저항으로 인한 파급력은 제3세계의 투쟁들이 미제국을 약화시키는 데 중점을 두고 있다는 점을 가장 잘 보여주는 것이다. 매일 같이 미국의 식민지 점령군의 사상자가 발생하고 있다. 대중적인 지지를 받고 있는 이라크 게릴라들 때문에 나라 곳곳에서 [미군] 사망자와 부상자가 직접 발생하고 있는 것이다. 이러한 상황의 가장 직접적인 영향력은 미 점령군의 사기를 떨어뜨린다는 것이다. 미군이 급속하게 환상에서 깨어나 장기 점령에 대해 공개적으로 적대적인 감정을 표현하고 있는 것이 미제국에 있어서 가장 약한 고리 중의 하나다. 이것은 2차 세계대전과 한국전쟁, 인도차이나 전쟁의 여파와 비슷한 양상이다. 미제국의 군대에게 이러한 중요한 취약점이 있다는 것은 앞으로 식민지 정복을 유지하는 데 있어서 인도, 파키스탄, 터키, 동유럽 및 여타 종속정권에서 차출된 외인 부대를 대거 투입하지 않으면 군사전략가들은 심각한 문제에 직면하게 될 것임을 의미한다.

미국의 제국적 전쟁기계를 유지하고 있는 방대한 기술적 상부구조는 제국적 통치를 맡아서 강화하고 있는 지상군에 의지하고 있다. 하지만 문제는 미 지상군의 본질이 식민지에 대한 장기적인 치안유지와 양립할 수 없다는 데 있다. 첫째, 점령군의 대부분은 예비군과 국방군— 평생 군에 몸담고 있을 사람들이 아니라— 으로 구성되어 있는데, 이들은 입대해야만 얻을 수 있는 의료 서비스와 연금을 보장받고 민간인으로서 벌어들였던 보수를 보충할 목적으로 군에 입대했다. "군대 복무"에 대한 예비군들의 생각은 한 주에 하룻밤 정도 훈련을 받고 단기간 여름 훈련을 하다가, 국가 위기 시기에는 단기간에 왕성하게 의무를 다하는 정도에 머물러 있다. 이러한 생각은 장기적인 식민지 점령과는 거리가 먼 것이다. 이런 사람들은 직장과 가족, 학교, 공동체에서 오랫동안 떠나 있는 것을 내켜하지 않는다. 특히 이라크와 아프가니스탄의 강한 열기와 물

부족, 기본적인 생존시설만 갖춰져 있는 험난한 조건에서 폭넓게 퍼져 있는 대중들의 적개심과 잦은 공격을 참아내기란 쉬운 일이 아니다.

둘째, [종신으로] 병적에 올라 징병된 많은 사람들의 경우도 실업이나 저임금, 궁지에 몰린 직장에서 탈출하고 "장사를 배우고 나서" 민간의 삶으로 돌아가겠다는 희망으로 군에 입대했다. 험난한 지역에서 얼굴을 맞대고 펼치는 교전을 기대하며 자원한 사람은 거의 없다는 것이다.

셋째, "직업적인 군인들"은 식민지 경비 업무에 배정된 것에 대해 분개하고 있다. 특히 기초적인 하부구조를 재건하면서 더 높은 단계의 군사 명령을 수행하지 못하고 매일 같이 적대적인 환경에 대응해야 한다는 점에 대해서 이들의 불만이 높다.

넷째, 보고, 검토, 기자회견을 목적으로 점령국에 날아왔다가 호화로운 저녁 식사를 먹기 위해 카타르, 플로리다 혹은 워싱턴에 위치한 안전하고 모든 것이 구비되어 있는 본부로 날아가는 군 장성 및 대령들과 침낭형 텐트에 기거하고 비닐 포장된 보급식품을 먹으면서 샤워와 화장실용 물부족에 시달리고 이라크 점령민들의 거의 보편적인 적개심과 대면해야 하는 점령군들의 "복무" 사이에는 심대한 간극이 있다. 군장성과 대령급들은 풍족하고 호사스러우며 대중매체와 친밀하고 에어컨 시설을 구비한 쾌적한 생활을 한다.

다섯째, 점령군들은 그들의 복무기간과 관련하여 상부에서 행하고 있는 거짓말과 사기에 점점 더 분개하고 당혹스러워한다. 이상과 약속, 그리고 현실간의 차이는 점령군들 모두에게 충격을 던지고 있다. 첫째, 그들은 "해방군"으로 환영받을 것이라는 말을 듣고 왔다. 하지만 그 대신 그들은 전반적인 적개심과 직면하게 되었고, 압제자의 군대라는, 정확하다고 볼 수밖에 없는 대우를 받고 있다. 이들은 이라크를 재건하기 위해

"자유로운 이라크인들"과 함께 일을 할 것이라는 말을 듣고 왔다. 하지만 그 대신 이들은 장갑차 속에서 파손된 거리를 감시하고, 가택을 침입하며, 대규모 군사 소탕 작전을 벌이는 일을 하고 있다. 가장 중요한 것으로, 이들은 전쟁을 수행하고, 이 나라를 점령한 후 영웅대접을 받으며 귀환할 것이라는 말을 듣고 왔다. 하지만 그 대신 이들은 괴뢰정권을 유지하기 위해 수류탄과 총탄을 피해 다니며 수년을 보내야 할 것이라는 점을 깨닫고 있다.

첨단기술전쟁을 위해 훈련을 받았던 미국은 거리와 대학, 주변지역에서 시가전에 대응하고 있다. 시가전에서는 이라크인들이 지형을 알고 있고 지역민들의 지원을 받을 수 있기 때문에 우위에 있다. 도시에서의 저항 세력은 단순히 패배한 〈바트당〉 Baath Party 군대의 잔류자들일 뿐이라고 하는 럼스펠드의 선동은 과거 사담 후세인의 학대를 받았던 수백만 명의 이슬람교도들과 하급학교 어린이들의 적개심을 경험하고 있는 장병들에게는 거짓으로 들릴 수밖에 없다.

비전투 군사전략가들의 딜레마는, 이라크에 있는 16만 명 정도의 미군이 자기결정권을 요구하고 있는 2천4백만 명의 이라크인들을 통치하기에 부적합하다는 점이다. 왕성하게 활동하는 전투원 한 명당 최소 5명의 비전투 장병들이 필요한 미군의 상황을 고려했을 때, 또한 점령군의 열악한 조건으로 인해 "자원자" 모집이 줄어들고 있는 상황에서, 비전투 군사전략가들은 부대의 순찰반경을 줄이고, 종속국과 동맹국들로부터 "다면적인" 지원을 받는 것 말고는 방법이 없게 되었다. 비전투 군사전략가들에게 일반적인 모병의 방식으로 돌아가는 것은 차마 할 수 없는 일이기 때문이다. 예전에는 자신들 스스로가 징병기피자였던 부시 행정부 내의 군사전략가들은 제국을 위해 목숨을 바치라고 자신들의 아이들이나 증손자들을 징집할 마음이 전혀 없다. 중상계급의 이교도와 시온주의자들도 모두 자신의 아이들을 엘리트 대학이나 전문학교 혹은 잘나가는 은행이나 금융회사에서 끌어내 "국제적인 테러리즘"과 싸우도록 할 의사가 전혀 없다.

마지막으로, 식민지 정책을 담당하고 있는 민-군 통치자들은 점점 팽창하고 있는 이라크의 대중적인 반대와, 반란의 기운이 증대되고 있는 자신들의 지상군들뿐만 아니라, 군사 관료집단들로부터 완전히 격리된 상태에 있다. 럼스펠드-월포위츠 측 논객들은 군사 및 CIA 측 정보원을 불신하면서 무시해 왔고, 군사 정복을 정당화하기 위해 고도로 정치화된 자신들만의 "정보"를 강요하기 위해 "내부 동인"을 만들었다. 제국의 정복과 군사 지배에 대한 이들의 강박관념은 인종주의적인 반아랍 정서를 동력으로 삼아, 중동에 좀더 큰 미국-이스라엘 "공동 번영 구역"을 만들겠다는 생각으로 유지되고 있다. 제국의 군사 정보 수뇌기관에 조직적이고 이데올로기적인 분화가 생긴다면 시간이 지나면서 비전투 군사전략가들의 권력이 심각하게 침해될 수 있을 것이다.

공화국은 제국에 굴종하고 있기 때문에, 갈등과 반란의 주요 원인 중 일부는 군사 내부에서 일어날 수도 있을 것이며, 이것이 결국 국내 정치에 영향을 미칠 수도 있을 것으로 보인다. 식민지 통제를 추진하고 전쟁을 벌이면서 점령국 안에서는 반식민적 대중 저항이 강하게 확산되었고, 제국의 지상군에 매일 같이 사상자가 발생하고 있다. 저항운동과 사상자, 군대의 불만 때문에 최근의 제국주의 전쟁에 대한 민심이 동요하고 있다. 여기서 문제가 되는 것은 미군 사상자의 증가와 이라크의 경제 및 정치적 혼란, 엄청나게 상승하고 있는 점령 비용과 점령 관리에 있어서 나타나는 명백한 무능력에서 기인하는 미국에 대한 부정적인 이미지다. 심지어 알려진 제국주의 변호인들조차도 "준비"가 미흡했다거나 식민지 지배에 있어서 전략가들의 "능력"이 부족했다며 탄식하고 있다. 미국의 일방적인 군사적 행동은 단기간의 무제한적인 전쟁을 벌이려는 군사전략가들의 의도에는 도움이 되었지만, 점령 후 식민지 건설에 필요한 다면적인 재정 및 군사적 원조를 확보할 수 있는 기초를 침해한 것이다.

신나치적인 "세계 권력에의 의지"가 깃들어있는 비전투 군사전략가들의 매우 감정적이고 고조된 비난의 화살은 마뜩찮아 하는 종속국가들과, 이라크인들의 반대운동, 점령지에 주둔하고 있는 미군들의 점증하는 반란의 기미라는 현실에 봉착해 방향을 잃고 있다. 식민지를 확보하기 위해 일방적으로 막대한 무력을 행사하는 이라크에서의 전략을 자기 역할이라고 생각하는 논객과 정치인들은, 미국 정부와 시온주의자 이산민들이 지원하지 않았더라면 사론이 존재하지 못했을 것이라는 점을, 또한 [오늘날] 미국에는 마땅한 지원력도 돈 많은 후원자들도 없다는 점을 망각하고 있다.

일부 논평가들은 전략적이고 상업적인 분쟁에 초점을 맞춰서 제국주의자들 간의 경쟁관계가 유럽연합과 미국 간에 증가하고 있다고 주장한다. 이러한 분쟁에 있어서 중요한 것은 이러한 갈등이 얼마나 빨리 진정되고, 이것의 영향력이 얼마나 작은지, 또한 분쟁을 일으키는 요소들이 얼마나 빠르게 진정되어 함께 제국 건설을 추구하게 되는지를 파악하는 데 있다. 예를 들어, 일부 유럽 국가들이 미국-영국의 이라크 침략에 반대했지만, 뒤이어 유럽연합 내에서는 자신들만의 긴급 배치군을 마련한다는 협정이 체결되었다. 프랑스는 이라크 전쟁 직후에 아프리카의 세 나라에 낙하산병을 보냈다. 유럽이 미국에 순응하기로 결정한 것은 쿠바와의 관계를 줄여나가고 이라크를 고립시키기 위해 미국과 협동

작전을 펼치며, "대량살상무기" 확산에 반대하는 미국의 결의안을 승인해 주는 등의 결정사항에 잘 나타난다. 유럽과 미국간의 제국적 연계는 이들의 상충하는 이해관계보다 훨씬 더 강하다. 똑같이 중요한 점은 미국의 군사 및 경제적 제국의 힘과 공격적인 접근법은 프랑스와 독일의 자칭 비판자들을 충분히 협박하고도 남았다는 사실이다. 프랑스와 독일은 동유럽의 미국 위성국들과 발트해 지역 국가들, 발칸 지역 국가들에 둘러싸여 있기도 하다.

미국 공화국의 경제는 투기와 사기, 외상 거래와 부채, 값싼 이민 노동력, 막대한 직간접 국가 보조금, 해외 차관, 계속 증가하고 있는 막대한 양의 무역 적자와 예산 적자를 기반으로 유지되고 있다. 경제가 불경기 상태에서 심각한 침체기로 옮겨가게 되었을 때, 국가가 회복에 필요한 부담을 임금 및 연봉 노동자들과 소규모 자영업자들의 등에 떠넘기지 못하면, 그리고 국가가 자원과 인력을 제국 건설에서 공화국으로 재할당하라는 강요를 받게 되면, 제국은 약화될 것이다. 불행하게도 지난 사반세기의 기록은 미국 공화국이 전쟁 시기에 군비 지출에 대해 크게 저항하지 못하고 제국의 정복에 대해서만 소극적으로 반대했음을 보여준다.

[미국의] 노동조합은 정치적으로 무력하고 민주당과의 연계를 통해 제국과 결부되어 있다. 오늘날 혹은 가까운 미래에도 제국 건설자들에게 도전할 능력이 있는 국가적 규모의 정치 및 사회운동은 전무하다. 민간 부문 노동력의 90% 이상이 노조에 가입하지 않은 상황에서, 노동자들은 정치적 영향력을 거의 행사하지 않고 있으며, 군사적 지출이 아니라 사회적 부문에 좀더 많은 지출을 하도록 잠재적으로 예산을 재할당시킬 수 있는 사회 조직조차 갖추지 못하고 있다. 유럽 그리고 심지어 일

본에서도 미제국 건설자들의 큰 장점 중 한 가지는 노동자들을 착취하고(노동시간을 늘이고, 국가 단위의 보건, 연금 혹은 휴가 계획을 세우지 않음으로써), 쉽고 값싸게 해고하며, 회사를 이전시킬 수 있는 능력이다. 잠재적인 유럽 및 일본 경쟁자들에 대항해서 미제국 건설자들이 갖는 핵심적인 비교우위는 산업화된 지역에서 가장 낙후된 부문에 종사하는 노동계급에 대한 이들의 장악력에 있다.

미국에서의 고도로 착취적인 생산의 사회적 관계는 해외 확장에 필요한 잉여를 제공하고, 사회적 지위가 점점 낮아지고 있는 임금 및 연봉 노동계급이 공화국의 쇠락에 도전하지 못할 수 있는 가능성을 제약하고 있다.

제국이 몰락한다는 주장은 경제의 자동적인 붕괴, 내부의 반란 혹은 경제적 제국 건설자들과 군사적 제국 건설자들 간의 중대한 결별 같은 것들을 근거로 삼을 수 없다. 제국은 그런 일들이 없어도 패망할 수 있고 또는 전혀 패배하지 않을 수도 있다. 외부에서 패배해야 하지만, 내부의 불만 혹은 반대세력이 등장하여 피착취 계급과 빈민, 특히 흑인과 라틴 아메리카계 사람들을 조직할 것이다.

유럽과 아시아 그리고 다른 지역과 다르게 미제국이 갖는 특수성은 노동계급 혹은 좌익 반제국주의 운동의 전통이 없다는 점이다. 지난 몇 년간의 반대는 "전 지구적 자본"과 다국적 기업들의 정책 및 실천을 향한 것이었다. "반세계화" 활동가들 사이에서 일부 소수를 제외하고는 핵심적인 문제가 미국이라는 제국적 국가라는 점에 대한 자각이 없다. 최근 반전 운동이 고양된 상황에서도 이라크 전쟁의 제국적-식민적 본질에 대한 이해가 전혀 없었던 것이다. 전쟁이 시작되자 반전 운동이 사실상 자취를 감춘 것을 보면 이것은 분명해 보인다. 미국의 점령과 식민지 통치, 미군의 점령과 이라크 경제 파괴에 저항하는 이라크인들의 대학살이 벌어지는 동안 반식민 운동은 사실상 전혀 없었던 것이다. 베트남전 기간 동안에만 미국의 제국적 정책에 대한 지속적인 내부 반대가 있었는데, 이것은 인도차이나 저항운동이 오랜 시간 효과적으로 이어졌고, 미국이 패배했으며, 미군 사망자 및 부상자가 엄청나게 많았기 때문이다.

오늘날의 제국 건설자들은 과거의 패배를 통해 학습했기 때문에 대규모 공습을 감행하고, 우라늄이 장착된 탄약을 사용하거나 잉글랜드, 폴란드, 우크라이나 등 새로운 종속정권에서 차출된 용병들을 동원하는 데 주저함이 없다. 플랜 콜롬비아 작전을 수행하고 발칸 지역에서 강화조약을 맺는 과정에서 펜타곤은 이미 수천 명의 민간 용병들을 하도급 형식으로 고용한 경험이 있다. 따라서 "과잉 확장"의 문제는 회복불가능한 문제가 아니다. 특히 유럽연합이 하수인들이 위험에 처해 있거나 독립국 혹은 독립운동이 등장한 나라들을 침략하고 점령하기 위해 유사한 긴급 배치군 프로그램을 이행한 이후로 더욱 그렇게 되었다.

미제국 건설의 동학은 모순이 심화되고 틈새가 벌어지고 있는 상황에서도 여전히 맹위를 떨치고 있다. 이라크인들의 저항에 대해 대중들 사이에서 불편한 감정이 증가하고 있는 상황에서도 제국주의 국가는 국내 지배계급뿐만 아니라 파편화되고 극단적인 국수주의적 감정에 치우쳐 있으며, 사회적 신분이 점점 하락하고 있는 상당히 많은 사람들에게서도 충성심을 얻어내고 있다. 제국의 경제는 다국적 기업들을 통해 세계 투자와 무역 및 금융의 핵심적인 부문을 계속해서 지배할 것이다. 군사적인 제국 건설자들은 이전보다 더 많은 지역에 더 많은 군사기지를 건설해 왔고, 세계 어느 곳에서고 영구 전쟁과 군사 개입이라는 교의를 공개적으로 표방해 왔다. 이 과정에는 유럽과 일본의 묵인이 있었다.

미제국이 이미 "정점에 올랐"나? 아마도 그럴 것이다. 하지만 오늘날 제국의 계획은 앞으로 더 심화된 전쟁을 위한 것이다. 새로운 제국적, 식민적 네트워크가 강화되고 있다. 라틴아메리카에서 [브라질의] 룰라 다 실바 정권이 전향하고 미국-브라질-멕시코 동맹이 형성됨으로써 미국의 다국적 기업들을 위한 새롭고 더 큰 시장과 특권화된 기회가 보장되었다. 미국-이스라엘 동맹은 이 두 권력이 지배하는 중동 "자유무역지대"를 추진하고 있다.

미국의 제국적, 식민적 정복을 조장하는 자들은 경계를 정하지 않고, 내적 제약도 경험하지 않으며, 다른 열강 및 약소 권력들과 기꺼운 공조 관계를 형성하고 있다. 미국과 공조하고 있는 권력 집단의 대부분은 미국이 이라크 점령을 준비하는 과정에서 미국의 전략에 미약하게나마 반대했던 것에 대해 보상해 주려고 안달이 나 있다. 증거는 분명하다. 유럽연합은 쿠바, 이란, 북한을 공격할 때 전례를 찾을 수 없을 정도로 열심히, 위협을 가하면서까지 미국을 변호해줌으로써 워싱턴에서 점수를 얻었다. 미국이 이라크를 성공적으로 점령한 것을 근거로 유럽연합과 일본의 제국 건설자들은 미국의 전쟁 기계에 가담하여 정복의 전리품들을 나눠가지는 것이 더 낫다고 결정하게 된 것이다. 이들은 미래에 전리품을 나누는 데서 배제되는 것을 원치 않는다.

우리의 증거와 주장들이 타당하다면 제국의 경쟁자들과 내부의 반대, 경제적 모순들이 "제국의 몰락"에서 결정적인 역할을 하지 않으리라는 점은 분명해진다. 식민지 국가와 종속국가 안에서 벌어지는 대중적인 정치-사회적 투쟁은 제국의 지속가능성과 그 수명, 성패에 이의를 제기할 원동력이다. 이라크에서의 대중적인 저항은 석유 운반자들을 지연시키고 군대의 사기를 떨어뜨리며, 흉악무도한 점령군의 추악한 전체주의적 특징들을 밝혀내고 있다. 콜롬비아의 대규모 게릴라 군은 미국의 다국적 기업들이 확장되는 것을 저지하고 미국의 군사 전략을 위태롭게 한다. 끊임없이 지속되고 있는 팔레스타인의 저항은 대ㅅ이스라엘 연합체와 좀더 큰 자유무역지대를 만들려는 미국-이스라엘의 계획을 저지하고 있다. 베네수엘라에서 벌어진 대중적 도시 봉기는 미국의 후원을 받는 공장주들의 공장 폐쇄를 좌절시키고 베네수엘라에서 이라크에 이르는 석유를 독점하려는 미국의 노력을 저지하였다. 쿠바의 혁명 정권은 제3세계 수억 명의 가슴에 저항의 모델이자 희망으로 남아 있다.

이러한 투쟁들을 비롯한 여타의 투쟁들이 좀더 넓은 지역적 봉기와 급진적 투쟁을 촉발하여 미국의 사상자들과 희생을 증가시켜야만, 미국과 유럽에서 반대운동이 촉발되는 것이 가능하다. 경쟁관계에 있는 제국적 권력들은 [미제국의] 쇠락을 이용하여 자신의 제국적 이해관계를 보호하고, 약화되고 있는 제국과 자신들 분리시키려 할 수도 있다.

미국의 제국 건설은 단순히 "세계적 규모로 벌어진 미국의 축적"의 산물이 아니며, 군사적 제국 건설자들이 경제적 가능성의 경계를 "넘어서 영향력을 확대"한 것도 아니다. 제국을 건설하는 과정은 반세기가 넘는 시간 동안 성쇠를 거듭하며 진행되어 왔고, 최근 들어 중국과 소련 블록, 제3세계에 있는 민족주의 동맹들의 붕괴와 함께 가속화된 것뿐이다. 민주당과 공화당 모두, 클린턴과 부시 행정부 모두, 군사기지를 건설하고 식민지 정복에 착수하며, 종속정권을 강요할 수 있는 기회를 잡기 위해 열심히 노력해 왔다. 이들의 정당화 이데올로기가 다양하더라도 이들의 목표는 단일했던 것이다. 미국의 주요 당대 정당에 있는 정치인들은 공화국의 경제를 제국에 종속시켜 버렸다. 두 정당 모두 ALCA에 찬성한다. 한 정당이 이것을 촉진했다면 다른 한 정당이 이것을 이행했다는 차이만 있을 뿐이다. 미국의 정치 정당제도, 의회, 법정 제도, 대중 매체는 모두 제국적 제도 속에 완전히 뿌리를 두고 있다. 기독교 근본주의자들과 시온주의 논객들, 비전투 군사전략가들, 은행가, 다국적 기업의 최고경영자들은 모두 제국의 가치와 이해관계 때문에 미제국 건설을 지원하고 있다.

제국을 방어하는 대부분의 미국 시민들은 여기에 자금을 대는 데 참여할 수는 있지만, 그 전리품을 얻을 수는 없다. 그렇지만 이들은 그들 자신에게서 모든 것을 앗아가고 국가에 대한 비판자와 해외의 적들을 악으로만 규정하는 인종주의-민족주의적 이데올로기를 완전하게 체화해 버린 것처럼 보인다. 제3세계의 저항과 반란이 미국의 군사적 전복 의지를 꺾을 때만이 변화가 일어날 것이다

7장
반제국주의 정치(학)의 계급 역학

반제국주의 정치(학)를 이해하기 위해서는 다음과 같은 중요한 몇 가지 질문을 하는 것이 중요하다. 무엇이 반제국주의 운동anti-imperialist movement, AIM을 구성하고 있는가? 반지구화, 반"자유무역" 그리고 반전 운동들은 반제국주의적 내용을 갖고 있는가? 반제국주의 운동은 어떤 조건 하에서 그리고 어떤 지정학적 위치에서 출현하고 확대되는가? 반제국주의 운동의 계급적 기초는 무엇이며 어떤 계급들, 어떤 국가들, 어떤 체제들이 제국주의를 옹호하는가? 다양한 계급들은 반제국주의 투쟁 속에서 어떻게 활성화되는가? 심화된 경제위기와 새로운 조직 및 지도자들의 출현은 상황을 변화시키는가? 어떠한 조건 하에서 반제국주의 운동이 제국 내부에서 출현하는가? 반제국주의 운동의 잠재력과 한계는 무엇인가?

이러한 질문들에 대한 대답은 오늘날의 반제국주의 정치(학)에 관한 다음의 논의를 위한 틀을 제공한다.

반제국주의 운동

　제국주의에 대한 반대는 매우 다양한 형태를 취한다. 권력 체제로서의 제국주의에 전면적으로 반대하는 국제적으로 유력한 조직은 존재하지 않는다. 오히려 주도적인 것은 제국적 정책과 제도에 반대하는, 개별 사안을 중심으로 하는 운동들이다. 예컨대 라틴아메리카 전역에 걸쳐 중요한 시위, 운동 그리고 국민투표들이 미국이 주창한 ALCA에 반대해 왔다. 많은 반대자들에게 있어서 ALCA에 대한 저항은 자유무역이 일자리, 농업, 농민에게 미치는 파괴적인 영향에 기초한 것이다. 또 다른 이들은 ALCA를 라틴아메리카 및 세계의 나머지 부분의 경제와 정치를 정복하고 지배하기 위한 미국의 전 지구적 전략의 일부로 여긴다. ALCA 반대 운동은 미제국주의의 중요한 측면 — 경제적 관계들을 통제하는 법적·정치적 틀의 조절을 통해 해당 지역의 무역과 투자를 지배하려는 시도 — 과 대립한다.

　반지구화 운동과 이라크, 아프가니스탄 전쟁에 반대하는 캠페인은 반제국주의자들과 "제국 개혁가들" — 일반적으로 미국의 제국적 권력은 지지하지만 권력이 행사되는 특정한 방식이나 그것이 나타나는 특정한 위치에는 반대하는 그룹들 — 모두를 포함한다. 어떤 이들은 다국적 기업들의 행태에는 반대하면서도 그 기업들이 자리 잡고 있는 제국적 국가와 체제에는 반대하지 않는다. 이러한 운동들은 제국적 팽창의 중요한 징후에 반대하기 위해 민중의 힘을 동원하고, 미국과 일부 유럽 국가들의 진의眞意에 대한 민중의 의식을 고양하며, 저항을 체제로서의 제국주의로까지 확장시킬 수 있는 가능성을 개방하는 정도만큼 반제국주의적이다.

　그러나 이처럼 개별 사안을 중심으로 하는 정치적 운동들의 잠재력은 종종 현실화되지 않는다. 개별 사안을 둘러싼 투쟁은 제국주의에 대한 일반적 거부로부터 분리되어 있으며, 운동은 대개 제국적 권력의 승리 혹은 패배와 함께 끝나버린다. 제국주의적 전쟁에 대한 가장 거대하고도 장기적인 저항이었던 베트남전 반대 운동은 징병이 끝나고 베트남인들이 승리를 거두고 미국이 군대를 철수하자 쇠퇴했다. 이것은 (걸프전이 일어나기 전까지) 15년 동안 미국 지상군의 대규모 사용을 제한하고, (아프가니스탄, 니카라과, 앙골라, 모잠비크 등지에서) 용병의 고용을 늘리고, (1973년 칠레, 1973년 우루과이, 1976년 아르헨티나 등에서와 같이) 반제국주의적 정부를 전복하기 위해 정보기관과 특수부대에 더 많이 의존하고, (그레나다, 파나마 등과 같은) 작은 국가들을 침략하기 위한 소규모 무력사용을 증가시키는 결과를 낳았다. 게다가 개별 사안 중심의 반제국주의 운동은 쿠바, 베트남, 캄보디아, 라오스 등에 대한 경제 봉쇄를 막지 않았으며, 심지어 그것을 끝내기 위한 대중 행동을 조직하지도 않았다. 결국 많은 개별 사안 중심의 반제국주의자들은 친제국주의적인 미국 민주당의 자유주의적 분파와 프랑스 사회당, 이탈리아 공산당 등과 같은 유럽의 개혁주의적인 친-NATO 성향의 정당들에 가담하였다.

개별 사안 중심의 반제국주의 운동들의 역사적 기록은 매우 모호하다. 어떤 경우 그것들은 중기적인 지속 효과를 남기고, 또 어떤 경우에는 전통적인 정치로 해소되어 버리며, 어떤 경우 더 큰 사회운동들 속으로 흘러들어가기도 한다. 마지막 경우의 예로, 프랑스와 이탈리아에서의 반식민지 투쟁은 좀더 광범위한 반체제 운동 — 1968년의 파리, 혹은 1969년 이탈리아의 뜨거운 가을 — 으로 흘러들어갔다.

개별 사안 중심 반제국주의 운동들의 (진보 혹은 퇴보의) 역학을 확인하기 위해서는 정치(학), 즉 그것을 중심으로 이러한 운동들이 조직되는 이데올로기, 지도자, 강령을 살피는 것이 핵심적이다. 대부분의 단기적 효과들은 지도자들의 실용주의적인 최소공통분모lowest-denominator 정치 이데올로기의 결과인데, 이러한 이데올로기는 권력체제로서의 제국주의로부터 한 발 떨어져 오로지 가장 즉각적인 사안(제국적 정책)에만 초점을 맞추고, 정부 혹은 국가 권력에 대한 일체의 정치적 도전을 회피하며, 대중운동을 제국의 주류 정당들에 속해있는 기회주의적인 "반체제"dissident 정치인들— 이들은 대중적 항의를 선거에 이용하고자 한다— 에게 순응시키거나 예속시킨다.

반세계화 운동과 같은 개별 사안 중심의 반제국주의 운동은 권력을 요구하는 민중들의 대중투쟁과의 연결에 실패할 때, 분출하고 확장하고 나서는 일상적으로 되어버리고 쇠퇴하는 경로를 따르게 된다. 반세계화 운동의 경우, 이데올로그들ideologues의 잘못된 가정, 즉 다국적 기업들은 제국적 국가들과 분리된 자율적인 권력이라는 생각은 제국적 전쟁과 식민지 점령을 예측하는 데 실패하였다. 많은 반세계화 활동가들이 이라크 전쟁 반대 운동으로 방향을 틀면서 전쟁이라는 단일 사안에 대한 대중적 저항이 증가하게 되었고, 결국 미국이 이라크를 정복하고 점령한 후에는 이 운동이 와해되는 결과로 이어졌다. 미국의 식민통치에 반대하거나 이라크의 저항을 지지하는 어떤 대중적 운동도 출현하지 않았다.

특정한 제국주의 정책에 반대하는 개별 사안 중심의 대중운동이 반드시 발전적이고 급진적이며 중요한 반제국주의 운동으로 이어지는 것은 아니다. 그것들이 개별 사안을 넘어서 반제국주의를 체제변혁과 연결시킬 수 있는 강령과 리더십을 발전시키는 데로 나아가지 않는다면 말이다.

반제국주의 운동의 출현을 위한 조건

반제국주의 운동들은 어떠한 조건 하에서 나타나고 확대되는가? 거의 모든 중요하고 의미심장한 반제국주의 운동들은 라틴아메리카, 아시아 또는 아프리카에서 일어났다. 현 시기에 우리는 중대한 반제국주의 운동들이 출현한 몇 가지 맥락들을 확인할 수가 있다.

식민적 침략과 점령

이라크에서는 대중적 반제국주의 운동들이 식민적 군사지배에 맞서 재결집하여 저항했다. 식민정부는 경제를 약탈하고, 식민 지배자들을 임명하고, 사회적 기반을 파괴하고, 시민들을 학살하고, 용의자를 고문한다. 일상적인 수백만 명의 굴욕은 적개심, 거부, 저항을 불러일으킨다. 미국-유럽연합의 점령군과 카르자이 괴뢰 정부에 대한 무장저항이 벌어지고 있는 아프가니스탄에서도 사태는 마찬가지이다.

군사적 개입

미군은 콜롬비아 과두정치에 조언자, 무기 공급자, 재정적 후원자로서 오랫동안 관여해 왔고, 이것은 장기간의 걸친 대규모의 반제국주의 게릴라 활동 및 시민들의 반대를 불러일으켰다. 제국적 군사 개입의 가장 최근 국면(플랜 콜롬비아)은 콜롬비아를 양극화하고, 도시 노동자들을 빈곤하게 하며, 농민, 인권활동가, 기자, 노동조합원들에 대한 살인을 증가시켰다. 미국 하청 용병들이 전투에 직접 관여하고 코카 근절[정책]을 펼치는 등의 활동은 농촌 지역에서 반제국주의 정치가 성장하는 데 더욱 기여하였다.

사유화와 생활수준의 하락

　대부분의 사유화된 은행, 통신회사, 공기업(전력), 광물과 석유 기업들은 미국과 유럽의 다국적 기업들의 수중으로 들어갔다. 결과는 대량해고, 가격인상, 서비스 공급지역의 축소, 합법적·비합법적 방식을 통한 자원의 대량 해외유출이었다. 뇌물로 인해 매각이 시장가치 이하로 이루어졌기 때문에, 사유화 과정 자체가 투명하지 않았다. 이는 특정 외국기업, 국가 정책 그리고 그것들로 인한 부정적 결과들에 대한 대규모의 항의를 초래했다. 페루(국유 전기회사), 볼리비아(수도), 에콰도르(석유와 전기)를 비롯한 많은 나라들에서 대규모의 반사유화 저항이 발생하였다. 아르헨티나에서는 외국인 소유의 은행들이 예금자들의 예금을 해외로 이전시킨 일이 발생한 후인 2001년 12월 20일과 21일에 대규모의 대중봉기가 일어났다. 대부분의 반사유화 활동은 사유화를 후원하는 국제금융기관과 이들을 지원하는 미국과 유럽연합에 초점을 맞춰 왔다.

불공정한 무역과 투자

　미국과 유럽연합은 그들의 농업 생산물에 무려 500억 달러가 넘는 돈을 직접 지불의 형태로 보조하고, 또한 수십억 달러 이상을 국가 지원 관개시설, 수출 보조금, 기술적 지원, 전기 및 에너지 사용료 우대, 마케팅 촉진, 기반시설, 네트워크 및 "구속성 원조"tied aid 1의 형태로 보조한

---

1. [옮긴이] ODA를 제공하면서 물자, 자재 및 용역의 구매계약을 반드시 차관공여국가의 기업과 체결하도록 제한하는 것을 말한다. OECD 가이드라인 협약에서는 원조자금이

다. 게다가 미국과 유럽연합 모두 제3세계의 농업 및 공업 수출품에 대해 관세장벽, 할당제quota 그리고 그 밖의 비전통적인 무역장벽들을 시행한다. 이와는 반대로 미국과 유럽의 제국적 국가들은 제3세계에 관세와 보조금을 인하하거나 폐지하라고 요구한다. 그 결과 제3세계는 매년 무역 수입에서 약 2천억 달러 가량의 손해를 입는데, 이것은 제국주의적 체제들에서 넘어오는 모든 차관, 투자, 원조, 이전transfer의 두 배를 넘는다. 미국은 자신이 통제하게 될 ALCA 위원회 하에 법적, 정치적 틀을 확립하여 라틴아메리카와의 불공정한 무역 관계를 공고히하고 심화함으로써 라틴아메리카를 식민지적 상업지대로 바꾸려 하고 있다.

라틴아메리카 전역에 걸쳐, 수백만 명의 사람들이 ALCA 협정의 조인에 반대하여 저항해 왔다. 브라질의 비공식적 국민투표에서는 전체의 95%, 총 1천1백만 명에 달하는 투표자가 ALCA를 거부했다. ALCA의 진전을 위한 열쇠는 라틴아메리카의 예속적 정권들, 특히 볼리비아, 브라질, 칠레, 콜롬비아, 에콰도르, 멕시코, 페루의 정권들에서 발견할 수 있다.

워싱턴의 재식민지화 의제를 패퇴시키려면 협력하고 있는 예속적 정권들을 전복하거나 축출해야 한다. 미국의 의제에 반대하는 주요한 사회 세력은 제국적 국가의 수출 보조금 덕택에 낮은 가격으로 팔리고 있는 미국 농산물과 경쟁할 수 없는 토착 공동체, 소작인, 소규모 자영농들이다. 볼리비아의 농민들은 미국에 의해 두 가지 방향에서 속박, 착취당해 왔다. 한편으로 지역 시장을 포화상태로 만들어 버린, 미국의 보

자국의 수출 촉진 수단으로 사용되는 것을 방지하기 위한 원조자금의 투명성 제고를 목적으로 구속성 차관의 공여를 원칙적으로 금지하고 있다. 그러나 차관금액이 2백만 SDR 이하인 소규모 사업이나 양허성수준(C.L.)이 80% 이상인 사업에 대해서는 지원이 가능하며, 최빈개도국(LDC)에 대하여는 사전통보 후 지원이 가능하도록 되어 있다.

조를 받는 수입 농산물과의 경쟁에서 이길 수 없기 때문에, 그들은 대체 작물인 코카재배로 전환했다. 다른 한편 미국은 (마약 단속국이라는 형태로) 상당한 경제적, 정치적, 군사적 압력을 행사해 이 농민들이 코카인 무역의 원료가 되는 코카재배를 그만두고, 볼리비아에서 "대체 개발"(대체 작물?)이라 불리는 것으로 전환하도록 만들려고 하고 있다. 멕시코, 에콰도르 그리고 그 밖의 나라들에서 옥수수와 같은 기본 식품 작물의 생산자들이 지역 시장들에서조차도 뒤쳐졌으며, 그들의 경제는 전지구적 경쟁(많은 보조금을 받는 텍사스 산 잉여 옥수수의 수입 등)의 힘에 의해 파탄나 버렸다. 그러나 멕시코, 볼리비아, 콜롬비아 그리고 페루의 농민들과 독립 생산자들의 농촌 운동은 대체 작물을 생산할 권리를 옹호하고, ALCA를 자신들의 경제와 생계의 "조종"用鐘으로 올바르게 이해하여 반대한다. 브라질에서는 MST가 ALCA에 반대하는 주도적 세력이다.

ALCA가 실제적으로나 상징적으로나 라틴아메리카에 대한 미국의 제국적 정복과 식민화를 구현하고 있다는 점에서 ALCA 반대 운동은 반제국주의 투쟁의 핵심 요소를 표현한다고 할 수 있다.

자유무역에서 식민적인 중상주의적 제국주의로의 이행은 반제국주의 운동의 출현과 확장을 위한 조건을 고양시켰다. 이에 못지않게 중요한 것은, ALCA가 미국과 유럽연합의 지배에 대한 반대의 범위를 확장시켰다는 사실이다. 신자유주의의 첫 번째 국면에서 제국주의에 대한 반대는 사유화라는 특정한 정책에 기초하였고, 사유화의 영향을 받은 특정한 산업 부문(혹은 심지어 특정한 기업)에 초점을 맞추었다. 항의는 특정한 불만들, 실업, 임금삭감, 물가상승 등을 향했다. 이러한 특정한 투쟁들은 특히 석유산업의 사유화와 탈국유화에 반대하는 에콰도르 석유 노동자들과 멕시코의 에너지 및 발전 노동자들에 의해 지속되고 있다. 이러한 특정한 투쟁들은 ALCA와 미국의 제국적 정복에 대한 반대와 점점 더 명시적으로 연결된다.

역사적 관점에서의 반제국주의 운동

현재의 반제국주의 운동은 최초의 제3세계 정복으로까지 거슬러 올라가는 일련의 투쟁들 가운데 가장 최근의 것이다. 그럼에도 불구하고 반제국주의 운동의 목표, 사회적 계급들 그리고 강령들은 초기의 그것들과는 매우 다르다.

역사적 반제국주의 운동과 현재의 반제국주의 운동은 몇 가지 유형들과 하위 유형들로 구분해 볼 수 있다.

1. 전통적 반제국주의 운동

제국-식민적 정복에 맞선 가장 초기의 운동들은 자주 대량 학살, 몰살, 노예화, 강제 이주, 농노제에 저항했다. 운동의 지도자들 중 적어도 일부는 지역의 군주, 의회 혹은 공동체에 의해 위계적으로 통치되는 식민화 이전의 체제를 회복하는 것을 목표로 하였다. 반란, 패배, 식민지 민중들의 재노예화와 분산은 평행적인 두 가지 경제 — 지배적인 식민경제와 정복된 국가의 변방에서 살아가는 식민화에 반대하는 사람들의 생존 공동체 — 를 만들어 냈다.

2. 근대 반제국주의 운동

근대 반제국주의 운동은 공공연한 식민 지배로부터의 정치적 독립을 위해 투쟁했던 운동들(19세기와 20세기 초반의 라틴아메리카와 20세기 중반의 아시아/아프리카)과 20세기 중반에 민족이고 사회주의적인 혁명적 투쟁을 통해 정치적·경제적 독립을 쟁취하기 위해 싸웠던 운동들(중국, 쿠바, 베트남, 유고슬라비아 등)로 나누어질 수 있다. 이 반제국주의 혁명들은 차례로 민족주의-자본주의적 운동과 사회주의-인민주의적 운동 간의 새로운 대치의 기초를 놓았다. 근대 반제국주의 운동은 "혼종적" 경제와 정체政體, 혼합국가mixed state, 사적인 소유 형태와 집단적 소유 형태 그리고 대중적인 위계적 정체를 확립하는 데 성공했다. 이 혼종적 정체와 경제는 제국주의와의 새로운 대결을 위한 지형으로 기능했다. 대중적 사회-경제적 현실과 분리되고 제국적 영향력과 개입에 종속된 새로운 민족주의적·공산주의적 엘리트들은 수십 년에 걸쳐, 특히 20세기의 마지막 수십 년 동안 새로운 계급으로 진화하거나 제국적 종속정권에 의해 전복되거나 대체되었다. 아프리카와 아시아의 민족주의적 정권은 부족의 장군들, 식민적 가신들 그리고 반동적 성직자들 ─ 이들 모두 미국 그리고/혹은 유럽연합과 처음부터 연결되어 있었다 ─ 에 의해 전복되고 대체되었다. 구소련, 동유럽 그리고 남아시아에서 집산주의적collectivist 정권들이 친자본주의적/친제국주의적 정권으로 바뀐 것은 안팎 모두의 사회적 힘들에 기초한 것이었다. 동유럽의 경우, 민족주의적 정치인들, 지식인들 그리고 노동조합의 간부들에 대한 미국의 재정적, 이데올로기적 지원은 동유럽 국가들이 러시아의 위성국가에서 미국의 종속국가로 이행하는 과정을 촉진하였고 미제국을 발틱해 연안에서 발칸 지역으로 확장시켰다. 21세기에 미국은 아프가니스탄 전쟁과 이라크 전쟁을 통해 중동과 남아시아로 확장했다. 제국적 정복의 이데올로기는 전통적인 식민적 "인도주의적" 수사에서, 이라크에서는 "해방"이라는 수사로, 아프가니스탄에서는 근대적인 "반테러리즘"이라는 핑계로 변화하였다.

20세기가 끝나갈 무렵, 이들 반제국주의 운동의 세 가지 변형태가 출현하였다. (1) 소련의 지배에서 미제국으로 충성을 이동시키는 도구로서, 동유럽, 발칸 지역, 카프카스 지역의 친미적인 반체제인사들에 의해 표현된 **우익 반제국주의**, (2) 미국의 군사적 침략, 정치적 정복, 문화적 영향력, 경제적 약탈 그리고 인종적 적대에 대한 종교(이슬람교)적 반대에 기초하여 전통적인 성직자적 전망들을 "회복"하고 어떠한 경우에는 그것들을 근대 민족주의적 가치들과 결합하는 방향으로 나아가는 **성직자적 반제국주의**, 그리고 (3) 제국적 전쟁과 정복, 다국적 기업들, WTO 그리고 ALCA에 반대하고 제3세계에서의 해방투쟁들을 지원하는 **근대적 반제국주의**. 이 세 가지 반제국주의적 혹은 민족주의적 운동들 — 친미제국적 운동, 성직자적-민족주의적 운동 그리고 근대적 해방운동 — 간의 심원한 계급적·정치적 차이들은 중요한 이론적·실천적 결과들로 귀결된다. 유고슬라비아에 대한 미국의 전쟁은 보스니아와 코소보의 이슬람 테러리스트들과의 동맹에 기초하였으며, 아프가니스탄의 우파 성직자들과 이라크의 식민 정권은 제국주의가 세속적 정권에 반대하는 반동적 우파들과 결합하는 방식을 보여준다. 미국이 동유럽의 반체제 엘리트들을 지원하고 그들에게 영향력을 미쳐서 미국의 가신으로 만드는 과정은, 군사기지와 정치적 종속국가를 확보하기 위해 미국의 영향력에 반대하는 이데올로기와 그것의 주창자들을 제 편으로 흡수하는 제국의 능력을 증명한다. 이슬람교도, 세속적 지식인 그리고 인종적 극단주의자들의 선택적 이용과 폐기는 반제국주의 정권을 약화시키고 제국주의 반대자들을 분열시키기 위한 미제국 전략의 핵심적 부분이다. 이것은 제국주의의 성격, 그것이 취하는 다양한 형태 그리고 그것이 택하는 유연한 융통성 — 어떤 때에는 좌파에 맞서는 이슬람교도들을 지원하고, 또 다른 때에는 세속적 혹은 이슬람적 가신들의 편에서 이슬람 민족주의자들을 공격하기 — 에 대한 계급적 관점을 결여하고 있는 반제국주의 운동 내의 비평가들의 경우에 특히 유효하다. 반제국주의 운동의 최근 흐름은 세속적 세력과 성직자적 세력, 사회주의자들과 민족주의자들, 진보주의자들과 복고주의자들 모두를 포함하고 있다.

미국에서의 반제국주의

반제국주의 운동은 미국에서 가장 약했다. 1965년과 1972년 사이 미국이 인도차이나 반도를 침략했을 때의 파고를 제외한다면, 반제국주의적 대중운동은 거의 유지되지 못했다. 그럼에도 불구하고 미국의 특정한 제국적 침략들에 반대하는 미국 내 여론과 선거에서의 저항은 드물지 않았다. 우리는 제국적 정책의 양상들에 대한 미국에서의 대중적인 반대에서 몇몇 시기들을 확인할 수 있다.

1945~1947 : 미국에서의 대중적인 반대와 해외파병 반대시위 때문에 2차 세계대전 이후 제국 계획가들은 점령국가에서 미군의 주둔을 크게 감소시킬 수밖에 없었고 중국, 인도차이나 반도 그리고 유고슬라비

아에서의 사회주의 혁명에 대한 미국의 개입을 제한해야만 했다.

1951~1953 : 한국전쟁에 대한 미국에서의 대중적인 반대 때문에 전쟁에 찬성했던 민주당 대통령 후보가 패배하게 되었고, 아이젠하워는 워싱턴의 군사적 승리를 부정하는 휴전협상을 하라는 압박을 받았다.

1965~1972 : 미국에서의 대중적 반대(대규모 시위와 극심한 사회-정치적 대립)와 베트남 주둔 군부 내부의 광범위한 불만은 제국적 권력의 정치적·군사적 기초를 침식했으며, 미군의 패배에 기여했다.

그 이후에도 중앙아메리카에 대한 미국의 간섭, 남아프리카 정권의 아파르트헤이트apartheid에 대한 미국의 지원 그리고 이라크 침공에 대한 대중적 항의가 이어졌다. 이러한 항의들은 미국의 정책에 매우 제한된 영향을 미쳤다. 이에 못지않게 심각한 것은, 1973년에서 1983년 사이에 용병 그리고/혹은 군사 쿠데타의 도움을 받은 앙골라와 중앙·남아메리카에서의 미국의 개입이 소규모 활동가 그룹의 반응을 제외하고는 거의 아무런 대중적인 반응도 유발하지 않았다는 사실이다. 1999년 시애틀에서 5만 명이 참여했던 "반세계화" 시위는 2003년 1월과 2월에 잠시 반짝했던 반전 시위들을 제외하고는 거의 아무런 유효한 후속 운동을 수반하지 못한 일회적인 사건이었다.

미국에서의 드물지만 성공적인 반제국주의적 저항의 동원을 설명해 주는 것은 무엇인가? 한국과 베트남 모두에서 미군은 민족 해방 세력 때문에 패배했거나 혹은 승리할 수 없었고, 장기화된 전쟁기간(3년에서 7년) 동안 막대한 병력의 손실(수십만 명의 사상자들)을 입었다. 제국이 패배하고 사상자가 발생하면서 미국 내의 공동체, 이웃, 일터, 가족, 사회조직은 전쟁의 영향에서 벗어날 수 없게 되었다. 둘째, 초기의 전쟁은 징집군에 의해 수행되었는데, 이는 상류층과 중산층의 아들들을 전쟁 상황 속에 포함시켰거나 그러할 위험을 제공했고, 따라서 중요한 유권자 층에 영향을 미쳤다. 장기화된 전쟁에서 이미 막대한 사상자를 낸 군대에 징집될 위협은 많은 징집 대상 연령의 남성들과 그들의 부모들이 적극적으로 전쟁에 반대하도록 자극했다. 셋째, 장기화되고 많은 비용이 투입된 제국적 전쟁들은 경제를 자극하기는 했지만 미국의 세계시장 점유율 하락으로 귀결되었고, 세계의 다른 지역들에 개입하고 그곳을 통제하는 워싱턴의 능력을 제한하는 반면 미국의 제국적 경쟁자들을 강화시켰다. 지배계급과 정치계급의 분파들은 희망 없이 막다른 궁지에 몰린 전쟁을 수행하기보다 제국의 전략적 이해관계들을 앞세우기 시작했고, 이는 세계제국을 건설할 수 있는 가장 좋은 방안을 둘러싼 엘리트들 사이의 분열로 이어졌다.

지속적인 대중적 저항, 미군의 사상자, 징집의 공포 그리고 엘리트 내부의 분열은 조직된 대중운동들과 계속적인 반대를 초래했다. 그럼에도 불구하고 인도차이나 반도에 대한 미국의 침략에 반대하는 대중적 항의에서조차 대다수의 사람들은 미제국의 시스템 전체가 아니라 전쟁, 징병, 미군 사상자와 같은 그것의 특정한 측면만을 반대했을 뿐이다. 전쟁의 종식과 더불어, 운동의 성공은 상대적인 것이었다. 즉, 그것은 일시적인 군비 감축(1974~78)과 공공연한 개입에 지상군을 새로 대대적으로 투입하는 것에 대한 반대로 이어졌다. 그 이후 1970년대에서 1990년대까지 미국이 CIA 주도의 개입(칠레, 아르헨티나, 우루과이)으로 전환하고, 용병 군대를 사용하자(앙골라, 모잠비크, 중앙아메리카) 거의 아무런 저항도 일어나지 않았다. 또한 1980년대에 미군 측의 매우 적은 병력 손실만을 수반한, 그레나다와 파나마 같은 작은 나라들에 대한 미국의 침략에 맞선 어떠한 주목할 만한 반대도 일어나지 않았다.

그 후로 유고슬라비아, 아프가니스탄과 같은 지역들에 대한 미국의 침략과 점령 — 두 경우 모두 대체로는 이슬람 근본주의 군지도자와 테러리스트들의 지상군 지원을 동반한 공중전이었다 — 은 미국에서 상당한 공적인 지지를 이끌어 냈다. 이라크에 대한 미국의 침략과 정복은 이러한 분석을 확인시켜 준다. 성공적인 침략과 정복은 주로 대규모의 군사력과 폭력, 암암리에 이루어진 이라크군 지휘관들의 항복을 동반한 공중전으로 인한 것인데, 이는 미군의 사상자를 최소화하면서 신속하고도 성공적인 군사적 정복을 가져왔다. 그러나 점령과 그에 따른 식민지배는 이라크에서 대규모의 민중저항을 초래했고 도시 게릴라 전투를 지속시켰으며, 그 결과 처음 6개월간(2003년 5월~10월) 매주 수십 명의 미군 측 사상자(4천 명이 넘는 부상자와 150명 이상의 사망자)가 발생하였다. 이라크 게릴라의 저항과 민중적 반대가 거세지고 미군의 사상자가 늘어남에 따라, 미국의 여론은 제국적 전쟁에 대한 무조건적인 지지에서 점차 반대로 이동하였다. 의회 청문회에 대한 요구와 전쟁에 비판적인 선거 캠페인도 함께 일어났다. 거의 매일 (테러리스트들에 의한) 전쟁 사상자가 보고되고 다수의 미국인들이 부시 행정부가 처음부터 전쟁의 필요성에 관해 국민들에게 거짓말을 했다고 믿는 상황에서도 반대의 목소리는 들리지 않았지만(어떠한 대중적 시위도 없었다), 이 글을 쓰고 있는 시점(2005년 6월)에서 과반수의 미국인들(6월 29일 CNN이 보도한 여론조사에 따르면 58%)은 전쟁에 반대하였다.

그에 못지않게 중요한 점은, 미국의 이라크 침략이 다수의 임금·봉급 수령 계급의 사회·경제적 이익과 결부되어 있지 않은 최초의 제국주의 전쟁이라는 사실이다. 실업이 증가하고 건강 및 교육에서의 혜택의 감소가 점차 노동 대중의 생활수준을 침식해 가는 동안, 제국은 확장하고 석유회사와 여타 다른 회사들의 이윤은 두 자릿수로 급증한다. 제국주의적 침략 행위의 극단성과 생활수준에 대한 가혹한 공격에도 불구하고, 제국주의에 맞선 노동자·봉급 생활자 계급의 "운동"은 거의 일어나지 않았다. 공식적 혹은 반#공식적 반대집단들의 반대는 제국적 전쟁이라는 본질적인 사안이 아닌 "오도하는 선전"(국가의 거짓말들)을 겨냥한다. 진보적 반정부인사들은 전쟁을 초래한 특정한 정책들을 비판하지, 그러한 정책들을 낳은 권력 구조를 비판하지는 않는다. 즉 그들은 제국적 국가가 아닌 부시 정부를 비판한다. "연대"가 존재한다면 그것은 미국의 병사들을 향한 것이지("우리 아이들을 집으로 데려오라"), 점령군에 맞선 민중들의 반식민적 저항을 향한 것이 아니다.

역사적 기록은 미국에서 제국적 침략에 반대하는 상당한 세력을 움직이기 위해서는 대규모 경제위기, 많은 수의 사망자 혹은 소모전의 장기화와 같은 극단적인 조건이 필요하다는 것을 우리에게 말해준다. 반제국주의 운동의 동력학을 제국주의적 정복의 가장 거대한 충격을 겪었던 바로 그 지역들과 계급들에 위치시키기 위해서, 우리는 미국 외부의 다른 곳으로 눈을 돌려야 한다.

제국주의와 계급구조

계급에 기초한 새로운 반제국주의 운동은 제 3세계, 특히 라틴아메리카에서의 경제 침투 및 탈취에 의해 초래된 광대한 변화로부터 나타난다. 경제 정책들과 전략적인 금융, 상업, 광업 및 석유 분야의 성공적인 접수를 동반한 제국주의는 라틴아메리카의 모든 사회계급들에게 심대한 영향을 미쳤다. 게다가 자칭 "국제적인" 금융기구들(IMF, 세계은행, 미주개발은행)에 의해 강요된 경제 정책들은 계급구조를 변형시키는 수단으로 사용되었다. 또한 중요한 것은, "자유무역" 정책들의 선택적인 강제가 도시와 농촌의 계급들을 재구조화하는 데 있어서 핵심적인 요소였다는 사실이다. 제국주의적 계급들과 기구들에 의해 야기된 모든 변화들은 떠오르고 있는 반제국주의 운동의 성격 형성에 일조했다. 농촌에서 제국주의적 정책들과 계급은

- 정부가 보조하는 미국 농산 수출품의 대규모 유입을 허용하는 "자유시장" 정책을 통해 중소규모 농장들의 토대를 침식했다.
- (라틴아메리카와 미국 모두에서) 콩, 커피, 오렌지쥬스와 같은 수출상품의 생산을 전문으로 하는 농업수출회사에 대한 융자와 지원을 통해 소유를 집중시키고 자영농 및 무토지 농민들을 추방시켰다.
- 외국인 소유제한과 토지 공동소유권을 폐지하고, 공동체 내부의 계층화를 장려함으로써 농촌의 양극화를 심화시켰다.
- 공식적 신용을 부정하고 소규모 생산자들로 하여금 비공식적 대부시장에서 터무니없이 높은 이자율로 돈을 빌리도록 강제함으로써 지역 생산자들에게 돌아가는 보상을 줄이고 신용 비용을 증가시켰다.

이것의 최종적인 결과는 농촌의 무토지 생산자 수를 증가시키고, 가족 농민들을 파산시키고, 농민들로 하여금 도시 변두리로 이주하도록 강제하는 것이다. 제국에 의해 유발된 대중적 빈곤화, 토지 집중, 농민의 추방은 ALCA, 국제금융기관들 그리고 신자유주의에 맞선 투쟁의 선두

에 서 온 농촌의 사회운동을 발화시킨 핵심적 요소였다. 이에 못지않게 중요한 것은, 제국적 정책들이 기계화, 일자리 제거, 목초지의 탈취, 광물 매장 토지를 차지하기 위한 합법·비합법적인 강압적 메커니즘들을 통해 인디언과 흑인 농민 그리고 농장 노동자들을 고도로 집중시키는, 자신들에게 불리한 결과를 초래했다는 사실이다. 기반시설에 대한 국제금융기관의 자금지원은 농촌공동체들의 요구를 무시하면서 거의 배타적으로 거대 농산물 수출업자들만을 시장과 연결한다. 볼리비아, 페루 그리고 콜롬비아의 소규모 생산자들에게 가장 중요한 것은 아마도, 제국적으로 고안된 화학적 "근절" 프로그램들이 코카 생산에 대한 어떠한 활용 가능한 대체작물의 공급도 없이 수백만 가구의 생계를 파괴해버렸다는 사실일 것이다. 그 결과 자신들의 토지, 농장 그리고 공동체를 지키려는 농민들이 대중적 사회운동에 동원되었고, 반제국주의적 의식이 급격하게 성장하게 되었다.

도시에서는 제국에 의해 촉진된 기업의 사유화와 외국 채권을 변제하기 위한 예산 삭감이 피고용자들과 임금노동자들에게 심각한 타격을 입혔다. 수백만 명의 공공 부문 노동자, 특히 사회적 서비스와 공공행정 부문의 노동자들이 일자리와 일자리 안정성을 잃었고, 대부분이 2003년까지 40%에 달하는 소득 감소를 겪었다. 새로운 소유주들은 기업 경영을 통합정리하거나 새롭게 획득된 공적 자원을 약탈하고 산업노동자들을 해고했다. 낮은 소득, 직업의 불안정성 그리고 격하된 지위 때문에 공공 부문 노동자들의 "프롤레타리아트화"가 진행되었다. 제국에 의해 촉진된 "구조조정 프로그램"structural adjustment programs, SAPs과 그 너머에 있는 국제금융기관의 지식인 입안자들에 대해서까지 반대하는 공공 부문의 조직적 저항이 크게 늘어났다. 제국적 정책들과 기구들은 제국적 헤게모니를 위한 "정치적 안정성"의 두 기둥, 즉 농촌의 소규모 자영농과 중산층 공무원들의 토대를 침식했다. 도시 실업자들과 추방된 농촌 생산자들은 "비공식 부문"과 저임금 고착취의 '마낄라도라'(조립 공장)로 집중되었다. 볼리비아, 아르헨티나, 페루, 베네수엘라 그리고 여타 국가들의 지도자들과 활동가들은 바리오에 기반한 자영업 행상업자들이나 특정 시장에서처럼 실업자 운동으로 점점 더 많이 조직됨으로써 제국주의적 사유화 정책에 반대하는 전선의 선봉에 서왔다. 예컨대 그들은 볼리비아 꼬차밤바의 상수도 사유화, 페루 아레끼빠Arequipa의 전력 사유화, 그 외 한때 국가 소유였지만 최근 사유화되어 이제 외국 독점 세력들에 의해 운영되는 기업들이 부과하는 공공재 요금의 인상에 반대해 왔다. 대학과 초중고등학교의 교사와 학생들은 외국 채권자들에 빚을 갚기 위해 국제금융기관들이 강제한 예산삭감, 공립학교의 열악화 그리고 임금 삭감에 반대했다.

엄격한 통제 하에 있는 마낄라도라의 생산 노동자들 사이에서 때때로 항의들이 나타났지만, 전통적인 사적 부문의 산업 노동조합들은 제국주의적으로 소유된 기업들imperialist-owned firms에서의 노동조합 조직화를 지원하는 일에 있어서 관심 혹은 능력의 결여를 분명히 드러냈다. 사실 산업 노동자들과 그들의 노동조합은 반제국주의 운동에서 가장 활동적이지도 투쟁적이지도 않은 부문이다. 많은 노동자들이 실업노동자 대중과 직면하고는 실직을 두려워한다. 이에 못지않게 해로운 것은 대다수의 노동조합 간부들이 통제를 강화하였고, 국가 및 사용자와의 삼자 협약에 긴밀히 연결되었으며, 능동적인 반제국주의 연대는커녕 독립적 계급 행동마저 거부한다는 사실이다. ALCA, 신자유주의, 구조조정 프로그램들에 대한 형식적인 비난을 제외하고 나면, 산업 노동조합은 라틴아메리카의 반제국주의 투쟁의 새로운 물결에 있어서 부차적인 행위자였으며, 카톨릭 교회의 진보적인 부문보다도 참여도가 떨어졌다. 예외도 있긴 하지만 이런 예외는 브라질, 우루과이, 칠레, 아르헨티나의 연합들에서 소수를 점할 뿐이다.

제국주의는 자본가계급을 재구조화했다. 신용 거래의 높은 비용과 낮은 이용가능성이 현금 흐름을 차단하고, 값싼 수입품이 이윤을 침식하며, 다국적 기업들이 하청업자들로부터 이윤을 쥐어짜내자 수십만의 중소 제조업자들은 파산하거나 상업적 활동으로 옮겨갔다. 비슷한 일이 상업 부문에서도 일어났다. 외국인 소유의 대형 백화점과 슈퍼마켓들이 소매업과 요식업 부문에서 중소규모 사업체들의 시장 점유율을 급격하게 감소시켰다. 이것의 종국적인 결과는 외국계 거대 상점에 고용된 저임금, 노동조합 미가입 서비스 노동자들의 눈에 띄는 증가이다. 미국과 유럽 은행가들에 의한 대대적인 은행 인수는 은행 노동자들의 대량해고로 이어졌고, 투기자본의 증가와 수십억 달러의 탈세수입 및 부정소득의 합법적, 비합법적 흐름을 초래했다.

제국적 정책들은 부르주아들을 급진화시키는 것이 아니라 금융·상업 네트워크에 연결된 제국적 연합자들 — 유리한 사유화, 국가 계약, 독점적 시장통제를 돕는 매개자로 기능하는 일단의 지역적 자문가들, 홍보업자들, 법률·세금 조언자들 그리고 지역적인 정치 선동가들 — 을 만들어 냈다. 소수의 생산적 중소기업가들은 더 저렴한 신용거래, 보호, 정부 보조 그리고 낮은 공공재 이용료를 위해 활발히 활동했다. 그러나 이들의 반대는 국제금융기관들에 의해 조장된 반노동적, 반사회적 입법에 대한 지지 때문에 억제되고, 그 결과 그들은 새로운 반제국주의 운동에서 부차적인 역할을 담당한다.

제국주의는 또한 군사적 개입, 경제적 협박, 쿠데타, 부정선거 혹은 대중매체를 통한 선거조작을 통해 국가의 성격을 변화시켰다. 라틴아메리카의 국가, 즉 중앙은행, 군대, 경찰, 정보요원, 통치기구의 "상설 기관"의 고위관료들은, 몇몇 주목할 만한 예외를 제외하고는, 제국적 국가에 의해 훈련되고 사상을 주입받으며 네트워크를 이룬다. 국가는 앞선 시기의 인민주의적-민족주의적 정권들을 대체한 제국적 가신 정권을 지지한다. 제국주의는 가신 정권들의 정책상의 한계를 정해놓았는데, 그 한계에는 대외정책에서의 제국적 예속, 경제 정책에서의 자유시장과 구조조정 프로그램, 사회정책에서의 소득수준의 상위와 하위로의 재집중 그리고 국내 소비 및 투자의 재활성화에 우선하는 대외채무의 변제와 같은 것들이 포함된다.

제국을 중심으로 한 축적 체제는, 제국적 기업에 자원을 재할당하기 위한 대규모의 장기적 국가 개입, 외부로의 이윤 및 이자 지급의 자유로운 흐름을 촉진하기 위한 규칙들, 콜롬비아, 볼리비아, 과테말라, 페루, 그리고 브라질, 파라과이, 멕시코의 농촌에서처럼 반제국주의 운동의 지도자, 활동가 및 여타의 사람들을 탄압, 회유하거나 제거하기 위한 시민 사회에 대한 개입을 필요로 한다.

제국주의는 ALCA, 소위 "무역 및 투자에 관한 협정"을 통한 공공연한 정치적 통제를 향해 움직여 왔으며, 이는 가신 국가들을 새로운, 공식적인 제국 중심의 정치-경제 모델에 있어서의 노골적인 식민지로 전환시킬 것이다.

계급 조직(화)과 반제국주의적 정책들

표면적으로 볼 때 반제국주의 운동은 다양한 계급들, 정체성들 그리고 사회적 위계의 밑바닥에서 거의 꼭대기에까지 이르는 계층들을 포함하는 것처럼 보인다. 이러한 인상은 미국과 유럽의 반세계화 운동에서 활동하고 있는 이들의 시각을 반영한다. 이러한 이미지는 라틴아메리카의 실재와는 거리가 멀다. 가까운 과거에서와 마찬가지로 오늘날 대부분의 반제국주의 운동들은 도시의 임금노동자, 실업자 및 비정규직 노동자와 학생, 자영업자 그리고 특히 소작농, 인디언 자영농 및 무토지 농촌 노동자들로 구성된다. 미분화된 "다중"은 전혀 존재하지 않는다. 오히려 운동의 참가자들은, 작업장 혹은 지역사회에서 계급투쟁과 계급정치에 관여한 경력이 있는 지도자나 조직자가 포함된, 계급에 기초한 사회조직에 의해 조직되고/거나 소집된다.

운동들의 구성, 리더십 그리고 정치적 세력이 현시기의 특유한 성격을 띠게 된 한에서, 현재의 제국주의 운동은 과거의 반제국주의 운동과는 상당히 다르다. 우선, 헤게모니적 요소로서든 단순한 참가자로서든 어떠한 "진보적 부르주아지"도 존재하지 않는다. 대부분의 지역 부르주아들은 제국적 기업들과 하청계약을 맺거나, 주변적인 협력자가 되거나, 매수당하거나 혹은 낮아진 관세로 인해 불리한 영향을 받았을 때조차도 노동비용을 낮추는 퇴행적인 노동 입법으로부터 혜택을 받았다.

둘째, 많은 노동조합들이 다국적 기업과의 단체협약에 연루되고 국유화와 같은 이슈를 제기하기보다 협상을 선호함에 따라, 근대 반제국주의 운동의 대중적 기반은 산업 노동조합에서 농민과 농촌운동으로 이동해 갔다. 노동조합들과 대조적으로 소작농과 자영농들의 생계와 가정은 보조받는 식품 생산물들의 대규모 유입, 제국의 명령에 따른 코카 근절 프로그램 그리고 외국계 농산물 수출 기업들의 확장에 의해 직접적이고도 불리한 영향을 받았다.

셋째, 최근의 반제국주의 운동은 과거와 달리 소련, 중국과 같은 외부 국가들의 영향을 받지 않으며, 따라서 더욱 큰 전술적 유연성과 제국주의적 착취의 내적 계급 동역학에 대한 더욱 명확한 인식을 갖고 있다. 과거에 반제국주의적 의제는 외부 "동맹국들"의 우선순위에 의해 부분적으로 영향을 받았다. 오늘날 반제국주의적 우선순위는 내적으로 결정되며, 국제적 행동들은 개방적 협의에 기초한다. 마지막으로, 근대적 반제국주의 운동의 지도부는 대규모의 상징적 시위보다는 반제국주의와 연결된 직접행동과 지속적인 계급투쟁을 선호하는 경향이 있다. 전 지구적인 것이든, 지역적인 것이든, 일국적인 것이든 사회포럼들은 생각을 교환하는, 운동과 여타의 것들을 위한 만남의 장소이지만, 리더십이나 강령을 제공하지는 않으며, 민족국가들 내부에서 벌어지는 일상적 반제국주의 투쟁들을 위한 자원을 제공하지도 않는다.

몇몇 해결되지 않은 이론적 문제들

근대적 반제국주의 운동의 핵심은 중심적 모순을 국가들 사이가 아니라 계급들 사이에 위치시키는 그 이론적 분석에서 발견된다. 새로운 반제국주의 운동은 계급착취를 제국주의적 약탈과 연결시키는데, 이는 갈등을 사회주의 대 자본주의 혹은 제3세계 대 제1세계와 같은 블록들 간의 갈등으로 인식했던 과거와는 다른 것이다. 새로운 반제국주의 운동은 내부적 계급 차별과 불평등이 제국적 다국적 기업들과 국가들의 연합과 관련되어 있으며, 그것에 의해 강화된다는 것을 분명히 알고 있다. 민족국가, 특히 지배층, 정권, 금융적 위계로의 제국적 침투는 제국주의적 계급들과 지역적 협력자 계급들이 자본과 노동 사이의 대립의 최초 지점임을 의미한다. 다시 말해 제국주의는 단지 전국적인 경제적, 문화적, 정치적 구조들을 자신의 영향력 하에 두고 통제할 뿐만 아니라, 거시적이고 미시적인 정치·사회-경제적 층위에서 작동하기도 한다. 그 결과 반제국주의는 주요도시에서의 대규모 시위라는 형태를 띠는 전국적 수준과 지방 도시/농촌 촌락의 수준 모두에서 표현된다. 더욱이 다양한 반제국적 운동들이 자주 상호 연결되며, 지역적인 것에서 전국적인 것으로 상승하거나 전국적인 것에서 지역적인 것으로 하강한다.

예를 들어 볼리비아의 경우 차빠레Chapare 지역과 코차밤바에서 주요한 반제국주의 투쟁들은 매우 작은 도시/촌락의 층위에서 일어났다. 코차밤바의 경우, 그것은 외국계 기업에 의한 물 사유화를 둘러싼 것이었으며, 차파레에서는 코카 근절이라는 미국의 정책에 관한 것이었다. 이러한 지역적 투쟁들은 지역적 농업 및 제조업 고용과 공공 부문 자금 지원을 침식하는 신자유주의적 정책들의 부과에 맞선 더욱 큰 투쟁들과 연결되었으며, 이어서 ALCA, IMF 그리고 미제국주의에 반대하는 운동으로 나아갔다.

근대적 반제국주의 운동의 핵심은 거시-제국주의적 정책과 그것이 부문적, 지역적으로 미치는 계급적 영향 간의 직접적 연결인데, 이는 노동자와 농민들의 의식을 단순한 경제적 요구의 수준에서 전국적인 정치 투쟁의 수준으로 고양시키는 데 기여한다. 예컨대 미국과 유럽의 금융 기구들이 페루와 아르헨티나에 부과한 구조조정 정책들은 공공 부문 피고용자, 특히 교사와 의료노동자들의 대량해고와 임금삭감을 초래했다. 이것은 임금인상을 위한 대규모의 대중시위를 유발시켰으며, 구조조정 프로그램을 이행하는 정권, 그러한 정책들을 지시하는 IMF, 미제국의 정책입안자들 그리고 국가 잉여금^{state surpluses}을 통해 보장되는 이자 지급의 혜택을 누리는 은행가들에 대한 공격으로 이어졌다.

미제국주의에 맞선 가장 거대하고 광범위한 항의들은 미제국주의의 거시경제 정책들에 영향을 받은 광범위한 계급들, 그리고 구조조정 프로그램, "자유무역"주의 및 이러한 정책들을 부과하는 제국적 정책결정권자들에 의해 영향 받은 특정 계급들 및 공공 부문들과 관련되어 있다.

제국적 정책결정자들의 높은 가시성^{visibility}, 그들이 갖고 있는 제국적 국가와의 분명한 동질성 그리고 제국적 경제 정책들의 직접적이고 지속적인 부정적 충격은 피착취 계급의 대중들에게 매우 분명한 저항과 운동의 목표물을 제공한다. IMF가 지시한 구조조정 프로그램이 공적자금의 감소, 공공 고용의 저하, 바리오 지역 진료소의 폐지, 초만원의 교실, 교사들의 파업, 거리에서 구걸하는 아이들 등의 결과를 낳을 때, 대중 계급들이 자신들의 역경의 원천을 확인하는 데에는 커다란 노력이 필요치 않다. 반제국주의 운동은 더 이상 중간계급의 민족주의적 운동이 아니다. 반제국주의 운동은 계급에 기반하고 있는데, 그것은 제국주의가 매일의 노동과 가정의 생존에 깊이 박혀 있기 때문이다.

반제국주의적 운동과 정권들

아프가니스탄과 이라크에 대한 군사적 침략과 점령 이후 미국, 영국, 이스라엘의 승리주의적^{triumphalist} 수사에도 불구하고, 반제국주의 운동은 몇몇 전선들에서 기반을 획득해 가고 있다. 아프가니스탄에서 반식민 운동이 재결집하고 있으며 몇 차례의 공격, 특히 식민지 점령의 비군사 기관들에 대한 공격을 개시했다. 더욱 놀랍게도, 이라크의 저항운동은 영국과 미국 점령군에게 매일 사상자가 발생하는 피해를 입혀 왔다. 대규모의 시민 저항과 수백만 이라크인들의 일상적 적대감은 점령군 병사들의 사기를 떨어뜨렸으며, 미국 정부로 하여금 이라크인들에게 주권을 다시 돌려주는 형태의 전략적 후퇴를 결정하도록 강제했다. 워싱턴의 미국 시온주의자들의 지원 하에 중동 전쟁을 이란, 시리아, 레바논으로 확대하고 팔레스타인과의 전쟁을 다시 유발하려는 이스라엘의 노력은 중동 전역에서 반제국주의적 활동을 고양시키고 반제국주의적 의식을 신장시키고 있다. 그러나 미국의 제국적 팽창과 생활수준 하락에 대한 대중적 불만의 고양이 가장 강렬하게 마주치는 곳은 바로 라틴아메리카이다. 마이너스 성장(1999~2005)과 미국 · 유럽으로의 부의 대규모 이전 이후, 라틴아메리카는 제국의 악행의 가장 분명한 상징을 표현하고 가장 실질적인 사례를 제공한다.

반제국주의 운동들을 분석하기 위해서는 반제국주의적 사건들과 지금 일어나고 있는 조직된 투쟁들 및 운동들을 구별하는 것이 중요하다. 예컨대 2002년 7월 브라질에서 이루어진 반-ALCA 국민투표는 운동들, 진보적 교회 단체들 그리고 좌파정당들의 연합을 포함했다. 1천1백만 명의 사람들이 국민투표에서 투표권을 행사했고, 이 투표를 미국의 식민지적 요구에 대한 적극적인 반대를 부각시키는 중요한 사건으로 만들었다. 국민투표는 시의적절한 특정 순간에 사회 세력들이 합류하여 이루어진 것이었다. 이와 유사하지만 좀더 무정형적인 사건은 "세계사회 포럼"이었는데, 사람들은 이곳에서 만나 결의안을 승인하고는 해산하거나 일국적 사회 포럼을 조직하기 위해 돌아갔다. 이와는 반대로 볼리비아의 '꼬깔레로스' 조직들은 국가 농업 정책의 방향을 결정하고 행정부와 군부를 통제하는 데 깊이 관여하고 있는 미제국주의의 정책, 기구 그리고 기관들에 맞선 지속적인 투쟁을 벌이고 있다. 반제국주의를 논함에 있어서 중요한 것은, 큰 대중적 주목을 받았지만 제국적 지배를 변화시키는 데에는 별로 영향을 미치지 못한 국제적 사건들을 열거하는 것이 아니라 지속적인 운동들에 초점을 맞추는 것이다.

라틴아메리카의 반제국주의 운동들은 균일하게 발전하지 않았다. 우리는 세 가지 수준으로 나누어 살펴볼 수 있다. (1) 지속적인 대규모의 운동들, (2) 규모는 크지만 오래 지속되지 못하는 운동들, (3) 산발적이고 낮은 수준의 운동들. 우리는 또한 일관되게 반제국주의적인 운동들과, 반제국주의와 제국주의와의 협력이 결합된 운동들을 구별해 볼 수 있다.

지속적인, 대규모의 운동들

노벨상을 수상한 최초의 비-신자유주의 경제학자인 아마티아 센 Amartya Sen을 비롯한 몇몇 사람들은 ("민주 정체"라 불리는) 선거를 통한 정체(선거 정체 electoral regime)가 독재정보다 더욱 큰 평등, 발전, 정치적 안정을 가져온다고 주장해 왔다. 이러한 주장은 몇 가지 이유에서 잘못된 것이다. 선거가 존재함에도 불구하고, 선거 정체의 핵심적인 사회-경제적 결정들 중 다수는 선거를 통해 선출되지 않은 국내외 엘리트들에 의해 이루어지며, 그 결과 더욱 큰 불평등, 생활수준의 하락 그리고 부정적인 혹은 퇴행적인 성장이 이어졌다. 반제국주의 운동이 가장 강력한 네 나라들은 모두 선거 정체이며, 1980년대부터 제국 중심의 정책을 추구하고 있는 미국의 경제적 가신들이다.

가장 오래 지속되고 있는 선거 정체인 콜롬비아는 지난 반세기 동안 준계엄 상태에 있었으며, 라틴아메리카에서 가장 많은 미국의 군사 원조, 고문顧問 그리고 외국인 용병 부대를 지원받았다. 콜롬비아는 또한 라틴아메리카에서 가장 규모가 크고, 투쟁적이며, 지속적인 반제국주의 운동의 장소이기도 하다. 그것은 민중에 기초한 전국적 범위의 두 게릴라 군대와 중요한 사회운동들을 포함한다. 콜롬비아에서 게릴라는 반제국주의 운동의 가장 중요한 구성 요소이다. FARC-EP는 약 2만 명의 전투병과 도시 민병대, 의용군, 농촌 지원 부대 등 거의 만 명에 가까운 적극적인 지원자들을 갖고 있는데, 이들은 콜롬비아 전체의 절반에 해당하는 지역에 영향력을 행사하고 있다. ELN은 대략 4천5백 명의 전투병, 그리고 도시들과 특정 지방에서 약 5천 명 정도의 민간인 동조자들을 보유하고 있다. 정권의 군사적·준군사적 암살대들은 반제국주의 운동에 가담한 합법적인 시민들을 수년에 걸쳐 학살해 왔다. 2002년에서 2003년 8월 사이에 250명이 넘는 노동조합 지도자들이 암살당했는데, 이는 단연 세계에서 가장 높은 수치이다.

다른 곳에서의 반제국주의 운동들과는 대조적으로, 콜롬비아혁명군은 경제, 군사, 국가에 대한 제국주의적 통제를 종식시키기 위해 가신 정권을 전복하고 국가 권력을 장악하는 것을 목표로 했다. 그들은 ALCA에 대한 반대를 포함할 뿐만 아니라 천연자원 및 금융의 외국인 소유, 대외 채무 상환, 미국의 전략적 플랜 콜롬비아에 대한 반대로까지 확장되는 여러 부문에 걸친 포괄적인 강령을 갖고 있다.

만약 콜롬비아의 사회·경제적 조건들이 라틴아메리카의 나머지 국가들과 유사하다면, 콜롬비아에서는 혁명적 반제국주의 운동이 성장하고 다른 라틴아메리카 지역에서는 그렇지 못한 이유는 무엇인가? 우리는 가설적으로 몇 가지 요인들을 생각해 볼 수 있다. 매우 억압적인 콜롬비아의 정치체제는 정권과 그것의 준군사적 협력자들의 손에 5천 명이 살해당한 1980년대의 선거운동 애국연맹Patriotic Union의 경우에서 보는 바와 같이 제국주의에 대한 정치적 비판자들을 물리적으로 제거한다. [그 때문에] 지역의 지주 및 마약상과 연계된, 정부에 의한 중앙집권적 통제에 맞선 농촌 인민 무장저항의 오랜 전통이 존재한다. 마지막으로, 농민계급과 긴밀한 유대를 맺고 있는 마누엘 마룰란다Manuel Marulanda가 이끌고 농촌 출신이 전체 게릴라 전투원 중 65%를 차지하고 있는 농촌에 기반한 게릴라 운동과 그 지도부는 도시의 개혁주의자들과 선거정당들로부터 독립성을 유지하고 있다. 장기간에 걸친 미국의 역-반란counter-insurgency 세력의 존재와 그들에 의한 농민들의 대규모 추방, 가족농family farmer의 수익 작물 근절 그리고 콜롬비아의 군사적·준군사적 세력 및 주요 지주들과의 동맹은 농촌을 급진화시켰다. 40년이 넘는 기간에 걸친 군사전략과 개입에 있어서의 미국의 과잉 결정된 역할, 농촌 지도자들과 연결된 농촌 봉기의 역사적 전통 그리고 민주적 공간의 부재가 라틴아메리카에서 가장 강력한 반제국주의 운동을 키워낸 핵심적인 요소들이었다.

  두 번째로 중요한 대중적 반제국주의 운동은 볼리비아에서 발견된다. 앞서와 마찬가지로 미국의 장기적인 대규모의 군사·정치·재정적 개입, 군사정권과 쿠데타에 대한 미국의 지원, 작물 근절과 광산 폐쇄가 뿌리 깊고 광범위한 반제국주의 의식을 생산했다. 1952년 민족주의적 혁명 이후의 미국의 개입으로부터 1960·70·80년대 친미적 임시 군사정권에 대한 지원, 주석 광산들의 폐쇄 그리고 지난 20년간에 걸친 대규모적이고 폭력적인 코카 근절 캠페인에 이르기까지 미국의 정책과 볼리비아 정치에 대한 직접적인 개입은 ("자유무역"주의를 통해) 도시 광부들과 제조업 노동자들에게, 그리고 농민들에게 오랜 기간에 걸쳐 거대하고 부정적인 영향을 미쳐 왔다. 두 번째 요인은 반제국주의 혁명과 투쟁의 오랜 전통이다. 1952년 혁명과 노동자 민병대의 형성으로부터 1970~71년의 대중에 기반한 민중적 의회, 반복적인 총파업의 역사, 전투적인 농민 집단들에 의한 현재의 대규모 도로 봉쇄, 미국과 IMF의 정책에 반대하여 일어난 2003년 2월의 민중적 농촌-도시 봉기에 이르기까지, 볼리비아의 민중적 운동들은 지속적인 투쟁의 능력을 입증한다. 세 번째 요인은 코카재배 농민들의 대중에 기초한 정치적·사회적 지도력과 그들의 잘 조직된 민주적 사회운동과 연합들이다. 민중적 지도자 에보 모랄레스Evo Morales는 미국이 주도하는 코카 근절을 종식시키려는 지역적 요구들을 ALCA에 대한 반대로 연결시키는 전국적 반제국주의 운동을 건설하기 위해 농촌에 기반한 직접행동과 도시의 선거정치를 결합시켰다. 볼리비아에서 반제국주의 투쟁은 일상적 가족생계와 일자리 유지와의 연결에 토대를 둔 대중적 지지를 받고 있다.

아르헨티나, 브라질, 에콰도르에는 IMF과 제국 중심의 발전 정책들에 대한 의식적인 거부를 외채 상환, ALCA 그리고 제국적 권력이 표현된 여타의 일들에 항의하는 대중적 사건들과 결합시키는 대규모의 반제국주의 운동들이 존재한다. 그러나 이러한 운동들은 정치권력의 획득을 위한 기획과 연결되어 있지 않고 통일적인 정치적 지도력과 조직을 결여하고 있다. 그럼에도 불구하고 그러한 운동들은 현존하는 정권을 축출하고(아르헨티나와 에콰도르), ALCA에 대한 대중적 반대(1천1백만명이 참여한 2002년 브라질의 국민투표)를 표현할 수 있는 능력을 보여주었다. 라틴아메리카의 나머지 지역에는 ALCA, 제국중심의 신자유주의적 정책들, 플랜 콜롬비아 그리고 좀더 구체적으로는 전국적 대중 저항을 점화시켰던 페루 똘레도Toledo의 사유화 프로그램과 같은 친제국주의 정권의 정책 결정에 대한 반대가 널리 퍼져 있다.

반제국주의 운동 이외에도, 제국주의와 대립하거나 그것으로부터 부분적으로 독립적인 두 정부 — 쿠바와 베네수엘라 — 가 있다. 쿠바는 남아프리카에서 라틴아메리카 그리고 그 너머에까지 이르는 제국주의와의 싸움에서 최전선에 서 왔다. 칠레의 쌀바도르 아옌데Salvador Allende(1973), 브라질의 주앙 굴라르Joao Goulart(1964) 등과 같은 과거의 좌파적이고 민족주의적인 정권들과 달리 쿠바의 혁명적 정권은 자신을 전복하려는 미국의 노력들을 성공적으로 무력화시켜 왔다. 칠레의 사회주의자들, 아르헨티나의 페론주의자들, 브라질의 노동자당처럼 지난 시절에 좌파적이었거나 민족주의적이었던 정권들의 지도자들과는 달리 피델 카스트로는 친제국주의적 정책으로의 후퇴를 거부했다.

쿠바가 다른 좌파 정권들의 전복 혹은 부패에도 아랑곳하지 않고 반제국주의 국가로서 오랜 궤적을 그려온 것은 무엇 때문인가? 기본적으로 몇 가지 내적인 요인들과 외적인 요인들이 있다. 첫째, 쿠바 정권은 낡은 국가기구를 파괴하고 테러리스트들과 사보타지 활동가saboteur들을 제압할 수 있는 정교한 국토안보조직homeland security organization을 건설했던 혁명적 과정과 지도력의 산물이다. 둘째, 쿠바는 인민 대중과 긴밀히 결합되어 있고 혁명적 지도력에 종속되어 있으며 미국의 전면 침략으로부터 쿠바를 지켜낼 수 있는 대규모의 전문적이고 의욕이 넘치는 군사력을 보유하고 있다(펜타곤은 모의 "워게임"war game에서 쿠바를 지상군으로 침공할 경우 수만 명의 미군 사상자가 발생할 것이라고 추정했다). 셋째, 초기의 쿠바혁명 지도부는 새로운 세대의 혁명적 기간 요원들과 전문가들을 재생산하는 데 성공했으며, 이렇게 재생산된 새로운 세대가 권력의 통제권을 쥐고 혁명의 본래의 사회적 결실들을 지킨다. 넷째, 쿠바 노동자와 농민의 절대 다수는 라틴아메리카의 노동자, 농민들보다 한층 윤택한 삶을 영위하며, 미국으로 망명한 쿠바인은 누릴 수 없는 사회적 복지 혜택을 계속해서 누리고 있다. 다섯째, 쿠바의 지도부는 미국의 군사 공격과 경제 봉쇄에 저항하기 위해 구소련 및 중국과의 우호 무역, 군사·경제 협정들을 확고히 하는 데 성공했다. 그 후 쿠바 지도부는 소련 붕괴 이후의 시기에 성공적으로 경제를 재구조화하고 유럽, 아시아, 라틴아메리카와의 무역 및 경제 관계를 증진시켰다. 보다 최근에는 베네수엘라와 상호 호혜적인 연대를 발전시켜서 전략적 에너지 자원을 확보하였다. 마지막으로 미국의 끊임없는 적대와 군사적 위협 정책은 제국주의와 화해하려는 어떠한 집단도 쿠바 내에 발붙일 수 없게 만들었다. 다시 말해 쿠바에게 반제국주의는 이상일 뿐만 아니라 필수이기도 하다.

우고 차베스 대통령 하의 베네수엘라는 과거 라틴아메리카 민족주의자들의 것과 유사한, 좀더 모호한 그림을 보여준다. 차베스는 이라크 침략과 같은 제국주의 전쟁과 플랜 콜롬비아 같은 역반란 프로그램에 반대하고, 쿠바와의 연대와 우애적 관계를 증진하며, ALCA를 비판하는 등 독립적인 외교 정책을 추구한다. 그러나 국내 정책에 있어서는 공기업을 사유화하고, 미국의 다국적 기업들에게 석유 개발권을 제공하고, 외채를 상환하고, 매우 주류적인 통화 및 예산정책을 따르는 등 신자유주의적인 정책을 추진해 왔다. 베네수엘라의 모호한 혹은 모순적인 정책들을 이해하기 위한 열쇠는 차베스가 권력을 장악했던 과정, 그가 국가를 통치함에 있어서 구상하는 계급 연합과 프로그램, 국가의 정치·사회적 구조에 관한 그의 자유주의적 관점에서 발견된다. 차베스는 광범위한 사회·정치 세력들과의 동맹을 형성했는데, 그들 중 상당수는 후에 쿠데타를 지향하는 야당으로 전향한 신자유주의적이고 친제국주의적인 집단들과 인물들이었다. 쿠바와 달리 차베스는 자신의 정권을 지탱해 줄 결집된 대중적인 사회-정치적 운동을 조직하지 않았다. 쿠데타 시도 이후에 그를 권력에 복귀시킨 대규모 대중적 지지의 분출은 대부분 자연발생적이었다. 그의 임기가 시작된 지 3년이 지나서야 친차베스적 〈노동조합연맹〉이 조직되었고, "볼리바르 서클"Bolivarian Circle을 통한 지역사회 조직화가 시작되었다. 차베스는 여전히 "제도적인" 군사적 관료들과 그들의 개인적 충성에 의존하여 자신의 정권을 지키고 있다. 이러한 관료들 중 대부분은 미국이 조종한 두 차례에 걸친 쿠데타 시도에 대한 저항을 제외하고는 어떠한 사회적인 혁명적 경험도 갖고 있지 못하다. 차베스의 이데올로기는 계급 불평등 혹은 상위 계급의 재산과 부를 결코 문제 삼지 않았다. 그의 개혁은 이러한 사회 정의의 장애물들 주위에 세워졌다. 우파적인 정치적 경제, 충실성과 역량이 의심되는 공공 행정 그리고 국가 독립의 대외 정책이라는 이러한 복잡한 상황과 더불어, 차베스식 반제국주의의 한계는 명확해졌다. 그것은 경제적인 것이 아니라 정치적인 것이다. 즉, 그것은 전략적 경제 부문들에서 친제국주의적 부르주아들과 미국 다국적 기업들을 용인하면서도 급진화된 도시 빈민들을 동원하는데, 결과적으로 빈민들은 국내 경제의 소유 및 통제와의 관계에서 더욱 반제국주의적 성향을 띠게 된다.

반제국주의적 운동과 국가들은 지역적, 일국적, 국제적 투쟁들에서 활성화된 다수의 정치적으로 의식적인 지지자들을 만들어 냈다. 모든 성공적인 운동과 정부들은 대중투쟁에 오랫동안 관여해 온 강력한 지도자들을 길러냈다. 더욱 중요한 것은, 가장 거대하고 성공적인 운동들이 미국과의 직접적인 대립 속에서 성장했다는 점이다. 쿠바, 콜롬비아, 볼리비아 그리고 베네수엘라에서, 실패한 군사 개입 혹은 쿠데타는 대중적 지지자들을 급진화시켰다. 이에 못지않게 중요한 것은, 이러한 반제국주의 운동들은 근본적으로 계급운동이며 단순히 무정형적인 다중으로 구성된 것이 아니라는 점이다. 콜롬비아 게릴라들의 대중적 기반은 농민들이며, 도시의 반제국주의 운동은 임금노동자들에 기초한다. 쿠바의 임금노동자 및 농민 대중 그리고 베네수엘라의 도시 빈민은 근대 반제국주의 운동의 기초이다. 시장, 신용, 국가 정책에 대한 제국적 통제가 많은 부르주아들에게 파산에 이를 정도의 손해를 입힌 것은 사실이지만 어떠한 주목할 만한 부르주아 부문도 존재하지 않는다는 것은 놀라운 점이다. 콜롬비아, 브라질, 아르헨티나, 페루에서 핵심적인 집단은 제국이 지시한 예산삭감으로 인해 타격을 받은 공무원들이다. 베네수엘라, 파라과이, 멕시코의 경우 공공 부문 노동자들은 분열되었다. 정치적 비호 덕분에 직업을 유지하고 있는 상당수 공무원들은 자신들을 비호해주는 친제국주의적 정당과 결탁하였다.

반제국주의 운동들의 대중적 계급기반은 운동의 직접행동 전술에 영향을 미쳤으며, 그러한 전술의 사용으로 인해 강화되었다.

근대 반제국주의 운동들의 전술과 전략

근대 반제국주의 운동들의 성장과 전 세계로의 확장은 부분적으로 "직접행동" 정치의 성공으로 인한 것인데, 이는 과거에 좌파였던 제도정당들의 실패와 배신에 대한 대응이다. 반제국주의 운동의 직접행동 정치를 이해하기 위해서는 그것을 맥락 속에 위치시키는 것이 중요하다. [여기에는] 두 가지 요인이 두드러지는데, 한 가지는 경제적 측면과 군사적 측면 모두에서 미국과 유럽 제국주의의 공격성이 증대하는 것이고, 다른 한 가지는 전통적 사회민주주의 정당, 구공산당 그리고 노동조합들이 제국적 정복에 연루되어 있는 정권에 적극적으로 협력하는 것이다. 미제국주의의 경우, 선거 혹은 노동조합의 층위에 어떠한 의미 있는 대안도 존재하지 않는다는 사실이 투쟁을 거리로 내몰았다.

유사한 지점들과 활동가들의 합류가 존재함에도 불구하고, 미국과 유럽의 근대적 반제국주의 운동의 접근법은 라틴아메리카의 반제국주의 운동들과 상당히 다르다. 미국과 유럽에서 주요한 전술과 조직화의 초점은, 수많은 NGO, 노동조합 그리고 반제국주의 그룹들이 WTO 혹은 G8과 같은 제국적 권력들의 회합에 맞서 항의하기 위해 집결했던 시애틀, 제노바, 다보스, 바르셀로나와 같은 "빅 이벤트"big event이다. 이러한 사건들은 제국주의적 정책에 대한 민중적 반대의 범위와 깊이를 보여주고, "수동적 대중들"을 교육시키며, 제국적 지배자들, 특히 유럽의 지배자들로 하여금 세계 정복을 위한 미국의 계획을 지지하는 것에 더욱 신중해지도록 만든다. 이러한 시위들은 또한 반제국주의 운동들이 생각을 나누고, 앞으로의 활동들을 조정하며, 특히 라틴아메리카에서 억압에 맞선 연대의 네트워크를 창출할 수 있는 수단을 제공한다.

라틴아메리카에서 반제국주의 운동의 주요한 초점은 제국주의에 반대하는 일상적 투쟁들, 즉 되풀이되는 사유화, 무수한 구조조정 프로그램과 IMF의 내핍 프로그램 및 채무 상환 요구, 역반란에 대한 미군의 깊은 침투, 작물 근절 프로그램 그리고 지시된 쿠데타 등에 맞선 대중 동원에 맞춰져 있다. 이러한 대립들은 북반구 국가들에서 벌어지는 "빅 이벤트"보다 훨씬 덜 알려지고 있지만, 더 많은 노동자들과 농민들이 함께 하여 사유화를 저지하고 투쟁을 지속시키며 지역 주민들을 교육하는 구체적인 결과들을 낳아 왔다. 세계사회포럼 그리고 그것의 일국적, 지역적 파생물과 같은 커다란 사건들은 라틴아메리카에서도 일어난다. 그것들은 교육적 기능을 수행하기는 하지만, 제국적 정복에 직접적인 충격을 주기보다는 참가자들에게 상징적 영향을 미치거나 영감을 준다. 사실 시간이 흐르면서, 특히 핵심적 후원자 가운데 하나인 브라질 노동자당이 친제국주의적인 정당이 되어감에 따라 세계사회포럼은 제국주의의 비판자에서 훨씬 더 모호한 사업으로 변해갔다.

북반구의 "빅 이벤트" 전술과 라틴아메리카의 지속적인 대중투쟁 사이에는 더욱 심원한 차이들이 존재한다. 북반구의 운동들은 제국주의의 진보적 개혁가들, 반자본주의적 급진주의자들 그리고 쇼비니즘적·보호주의적 노동조합주의자들의 혼합물인데, 이는 진행 중인 활동과 대중시위들을 어렵게 만든다. 더욱이 "빅 이벤트"들은, 거리 여기저기에 바리케이드를 쌓고, 창문들을 몇 개 깨뜨리고, 쓰레기 수거함들을 불태우기는 했지만, 제국적 권력들의 정치 구조나 일상적 경제활동에 지속적인 영향을 미치지는 못했으며, 심지어는 그 사건들이 일어난 나라에서조차도 그러했다.

라틴아메리카에서 반제국주의 운동은 지속적인 대중적 도로 봉쇄, 공공건물의 점유, 사유화에 맞선 총파업 등을 통해 전국적 차원에서 운송과 경제활동을 마비시켰다. 이러한 행동들은 정부로 하여금 사유화 법령을 철회하고, 미국의 코카 근절 프로그램을 제한하며, 미군의 개입에 반대하고, 미국이 조직한 군사 쿠데타를 저지하도록 강제했다. 요컨대, 라틴아메리카 반제국주의 운동의 전술은 사회적이기보다는 한층 더 정치적이고, 개혁주의적이기보다는 반자본주의적이며, 상징적 시위보다는 권력에 초점을 맞춘다. 그리고 그것은 해외 유명 인사의 대중 강연보다는 정치 지도자들의 실천을 통해 지도한다.

콜롬비아 혁명군, 꼬깔레로스 및 베네수엘라 대중들의 반제국주의적 투쟁과 북반구 운동들 사이의 심원한 거리감은 후자에게는 풍부한 미디어 홍보와 연대가 주어지는 데 반해, 전자는 최소한의 관심과 연대만을 받고 있다는 사실에서 분명하게 드러난다. 2003년 1월에서 2월 사이에 60명의 볼리비아 출신 반제국주의 활동가들이 살해당했을 때 북반구의 NGO, 노동조합, 진보적 지식인들로부터 거의 아무런 항의도 없었지만, 제노바에서 한 이탈리아인 활동가가 살해당했을 때는 전 지구적인 항의와 국정조사에 대한 요구가 제기되었으며, 그는 북반구 운동의 준거점이 되었다. 요컨대, "국제주의적"이어야 한다는 주장에도 불구하고, 근대적 반제국주의 운동은 여전히 상호연대의 정도에 있어서 심원한 차이를 반영하고 있다.

북반구와 라틴아메리카 반제국주의 운동의 전술적 차이들은 대조적인 전략적 목표를 반영한다. 북반구의 운동 대다수(특히 NGO들)는 근본적으로 개혁주의적이다. 그들은 "투기자본", 전쟁 준비 혹은 다국적 기업들의 월권 행위를 공격하고, 토빈세 및 다국적 기업들의 활동을 제한하는 법령을 요구하며, 전쟁에 반대하는 유엔의 결의를 지지한다. 라틴아메리카의 반제국주의 운동들은 자본주의 체제를 변혁하고, 권력자를 교체하며, 제3세계 식민지 민중들과의 연대를 표현하기 위해 투쟁한다.

더욱 중요한 것은, 제국주의적 개입과 쿠바와의 연대와 관련하여 북반구와 라틴아메리카 지식인들 사이에 깊은 정치적 차이가 있다는 점이다. 미국과 유럽의 "진보적인" 지식인들 — 노암 촘스키, 수잔 손택, 임마누엘 월러스틴, 하워드 진 및 다른 이들, 심지어 도밍고 사르미엔또 Domingo Sarmiento조차도 — 은 쿠바가 반체제인사로 가장한 미국 정부의 요원을 체포한 것과 쿠바 선박을 납치하고 승객들의 목숨을 위협했던 테러리스트들에게 극형을 적용한 것을 비난했다.2 라틴아메리카의 대다수 반제국주의적 지식인과 운동들은 "반체제인사들"에 대한 미국의 재정적 지원과 통제를 인식하여 쿠바와의 연대를 선언했다.

북반구 지식인들과 NGO 반제국주의자들 사이에서 나타나는 불명확성과 비일관성은, 아마도 부분적으로는, 라틴아메리카의 반제국주의자들에게 "테러리스트", "권위주의자", "마약상" 등의 딱지를 붙이려는 강력한 미디어, 동료 그리고 정부의 압력으로 설명할 수 있을 것이다. 북반구의 진보적 지식인들은 자신들이 미리 상정한 저항 모델에 들어맞지 않는 라틴아메리카의 반제국주의자들을 비난함으로써 제국주의에 대한 비판을 약화시킨다. [미제국주의자들과 라틴아메리카의 반제국주의자들이] 도덕적으로 동일하다는 식의 이러한 입장은 이라크에 대한 미국의 식민전쟁에서 그 최저 지점에 도달했다. 미국의 전쟁에 대한 주요한 지식인 비판가들은 침략의 와중이나 사담 후세인 이후의 시기에 이라크인들의 반식민적 저항을 지지하지 않았다.

수많은 국제주의적이고 연대적인 수사에도 불구하고, 제국주의에 대한 북반구의 (특히 미국에서의) 반대는 모호한 기록을 갖고 있다. 많

---

2. 이러한 비난들과 그 뒤에 이어진 뜨거운 지적·정치적 논쟁에 관해서는 페트라스 (Petras, 2002)를 참조하라. 그 책은 다른 누구도 아닌, 40년 이상 미국 행정부를 위한 주요한 대외정책 포럼 역할을 수행해 온 미국대외관계협의회(US Council on Foreign Relations)의 죠안 란드리(Joanne Landry)가 준비한 비난 성명서에 이들 진보, 좌파 지식인들이 공개적으로 서명한 사건에 관해 알려준다.

은 분파들이 유고슬라비아와 아프가니스탄에 대한 미국의 침략을 지지했으며, 많은 사람들이 미국의 이라크 침략을 비판하면서도 이라크의 저항 역시 똑같이 비난했다. 대다수가 ALCA를 비판하지만, 또한 그것에 반대하는 주요한 라틴아메리카의 정권들, 즉 쿠바와 베네수엘라에 대해서도 비판한다.

라틴아메리카의 거의 모든 주요한 반제국주의 운동들, 지도자들, 선도적 지식인들은 쿠바혁명을 지지하며, 제국에 의해 조직된 쿠데타, ALCA 및 여타의 제국적 정복 행위들에 반대하는 대부분의 대중시위에서 자신들의 연대를 공개적으로 표현한다.

쿠바에 대한 상반된 태도 뒤에는 더욱 심원한 전략적 차이가 존재한다. 미국의 운동과 지식인들 대부분은 여전히 시민사회의 친제국적 기구들— 민주당의 "좌파", 〈미국 노동 총연맹 산업별 회의〉AFL-CIO, 친제국적·친쿠데타적 노동조합 연합— 에 묶여 있으며, 라틴아메리카의 성공적인 사회혁명을 지지하는 것으로부터 늘 물러서곤 했다. 공통적 전망의 부재는 미국과 라틴아메리카 반제국주의 운동들 간의 일체의 전략적 연합의 한계를 설명해 준다.

반제국주의 운동에 대한 성찰

미국의 반제국주의 운동 지지자들 중 대부분은 중산층 전문직, 학생 혹은 NGO 회원들이다. 라틴아메리카의 반제국주의 운동 지지자들 가운데 대다수는 노동자, 도시 빈민, 농민, 공공 부문 피고용자, 농촌 출신의 중산층 이하 학생들이다. 미국의 운동들은 환경 운동, 보호주의적인 노동조합 그리고 평화 운동 및 진보적 시민운동과 강하게 연결되어 있다. 미국에서 제국주의가 부정적으로 여겨지는 이유는 그것이 환경과 시민의 자유, 실업, 타국에 대한 비도덕적 개입 및 기만에 미치는 영향과 그것으로 인한 미국 민주주의의 후퇴 등이다. 라틴아메리카에서 반제국주의 운동은 [제국주의가] 생활수준, 일자리, 농업생산에 미치는 직접적으로 부정적인 영향과 경제 정책에 대한 통제에 기초한다.

제국주의와 억압적 국가 그리고 준군사조직들 간의 연계는 라틴아메리카에서 벌어지고 있는 대립의 핵심적 지점이다. 그것의 결과는 미국과 유럽의 반제국주의 운동에서 발견되는 "영역 구분"을 가로지르는 한층 더 깊고 포괄적인 반제국주의적 의식이다. 중요한 것은 유럽, 미국, 라틴아메리카의 계급관계와 계급구조에 있어서의 상이한 위치가 상이한 수준의 반제국주의적 의식이 출현하는 데 직접적으로 영향을 미친다는 사실이다. 제국주의 정치의 불균등한 영향— 그것이 라틴아메리카인들의 삶에 미친 직접적인 영향과 미국 및 유럽에 미친 간접적인 영향—은 전투적 행동, 전망 및 지속가능성의 불균등한 발전을 가져왔다. 제3세계의 종교적·비종교적 반제국주의 운동은 미국의 지배에 대한 반대에서는 수렴하지만, 전략적 목표에 있어서는 분기한다. 이것은 특히 중동에서 그렇다.

미국과 유럽에서의 부침浮沈, 중동과 라틴아메리카에서의 억압에도 불구하고, 세계적인 규모의 반제국주의 운동의 출현은 미국과 유럽 제국주의의 취약성을 증명한다. NATO의 식민적 점령군으로의 변형과 제국적 군사력의 급격한 증강은, 식민 지배를 강요하는 추진력의 일부일 뿐만 아니라 새로운 반제국주의적 저항에 대한 주된 대응이다.

라틴아메리카에서, 새로운 반제국주의 운동의 계급 구성, 현저한 민중적 성격 그리고 공공연한 식민지배에 맞선 저항과의 연결은 이러한 투쟁들이 부르주아 민족주의자들의 변절에 의해 쉽게 배반당하지는 않으리라는 것을 보증한다. 다시 말해, 관련된 계급 세력들은 반제국주의 투쟁을 포기했을 때 가장 손해를 입기 쉬운 세력들이다. 운동이 수반하는 고유한 계급적 이익들이 지속적인 투쟁을 위한 기초를 제공한다. 제국주의의 취약성은 다음과 같은 일련의 전술적 패배들에서 분명하게 나타난다. 2002년 4월에 있었던 베네수엘라 쿠데타의 역전, 아프가니스탄에서 반식민적 저항 세력의 재집결, 이라크에서의 반식민적 게릴라 저항, FARC-EP, ELN, 혹은 시민들의 운동을 물리치기 위한 플랜 콜롬비아의 실패, ALCA에 대한 점증하는 대륙적 저항 등이 그것이다. 제국적 지배는 계급관계에 기초한다. 제3세계에서 저항이 성장하고 미국과 유럽의 인명피해 및 경제적 비용이 증가함에 따라, 이것은 미국과 유럽의 제국적 권력들 내부 그리고 그 사이에서 정치적·사회적 갈등을 야기할 것이며, 머지않은 미래에 제국적 권력에 대한 통일된 도전으로 이어질 수도 있을 것이다.

8장
제국주의 간 경쟁의 동학

2차 세계대전의 여파 속에서 유럽은 이데올로기적으로 분열되고 경제적으로 황폐화되었다. 미국은 세계 산업생산의 50% 가까이 그리고 전 지구적 자본 준비금의 80% 가량을 차지하고 있는 경제적 초강대국이었다(Maizel 1970). 미국은 또한 1944년 브레튼우즈에서 확립된 세계 자본주의 체제를 지배하는 헤게모니적 국가이기도 했다. 동서 간의 이데올로기적 대립의 출현, 그리고 그 산업적 역량과 사회주의적 체제가 "자유의 대의명분"(자본주의적 민주주의)에 대한 주요한 전략적 위협을 이루고 있었던 소련과의 "냉전"이라는 맥락 속에서 미국은 전 세계적인 자본주의적 발전 전략에 착수했다. 미국의 전략은 무엇보다도 서유럽과 일본 그리고 이데올로기적 이유들로(사회주의적 대안의 침입을 막기 위해) 대만, 한국 및 "제3세계"의 경제적 후진국들 — 특히 유럽 식민주의의 속박으로부터 해방된 지 얼마 안 되서 공산주의의 유혹의 먹잇감이 된 국가들 — 에서 진행된 경제회복, 재건, 발전 프로그램에 입각해 있었다.

	1951	1960	1970	1980	1993	2000	2003
미국	20.0	18.0	15.0	12.0	12.3	12.3	9.7
독일	4.5	9.9	12.0	10.5	10.1	8.7	6.9
일본	1.8	3.6	6.8	7.0	9.6	7.5	6.6
아시아 (일본 제외)	9.0	7.0	5.0	6.5	-	19.9	20.6
라틴아메리카	8.0	6.0	4.7	4.4	-	5.6	5.0

표 8.1 세계 수출 무역 점유율 : 수출 가치로 본 세계무역 점유율, 1951~2003 (단위 : %).
(출처 : IMF 자료(1981, 2004, 2005)를 이용하여 작성됨.)

1961년경 북아메리카, 서유럽, 일본의 자본주의적 민주주의는 역사가들이 "자본주의의 황금기"로 명명해 온 시기로 진입했고, 그러한 과정을 촉진하기 위해 OECD를 설립하였다. 이러한 발전에서 나타난 몇 가지 아이러니 가운데 하나는 미국과 연합국들의 적이었던 독일과 일본이 그러한 발전을 이끌었으며, 이제는 그들이 세계무역에서 미국의 경제적 권력에 대한 주요한 도전자이자 무시 못 할 경쟁자라는 사실이다. 1960년경 독일과 일본은 세계무역의 6.3%만을 점하고 있었다. 그러나 유례없는 성장과 수출 확장의 십년이 지난 1970년경 그들의 세계무역 점유율은 18.8%까지 증가했다(표 8.1). 같은 기간 동안 미국의 세계무역 점유율은 20%에서 15%로 하락했는데, 이는 급격히 증가한 국가 무역수지 적자가 반영된 결과였다. 1971년에 이 적자는 미국 정부로 하여금 점점 늘어나는 무역불균형을 역전시키고, 부진한 생산성 증가, 이윤율 저하, 경제침체 등의 연관된 흐름들을 상쇄하기 위한 다양한 노력들을 기울이도록 만들 정도에 이르렀다.

1960년대 후반과 1970년대 초반 세계 자본주의 체제 전반에 걸친 위기에는 다양한 차원들이 있었다. 대부분의 설명에 따르면, 그것은 과잉생산의 위기(시장이 흡수하지 못할 정도로 많은 상품을 생산하는 것, 즉 구매력의 부족)였다. 전후 전 지구적 자본주의 발전의 동학을 광범위하게 연구해 온 경제사학자인 로버트 브레너(Robert Brenner 1998)에 따르면 가장 결정적인 요인은 여전히 제국주의 간 경쟁 및 세계시장 경쟁이다. 이 경쟁, 특히 미국, 독일, 일본 사이의 경쟁은 가격에 대한, 따라서 이윤에 대한 하방 압력을 만들어 냈고, 사적 이윤을 목적으로 하는 체제 전체를 위기로 몰아넣었다.

브레너가 설명하고 있듯이, 1960년대부터 오늘날까지의 시기는 제국주의 간 경쟁의 동학이라는 관점에서, 그리고 경제적 우위와 정치적 지배(제국주의)의 추구라는 관점에서 가장 잘 이해될 수 있다. 1970년대에 경쟁했던 주요한 경제적 열강들은 미국, 일본, 독일이었는데 이들은 각각 북아메리카, 아시아, 서유럽에서 경제발전의 성장 거점을 구성하였다. 1965년경 이 국가들 사이의 경제적 경쟁은 필사적인 경쟁 과정을 가동시켰으며, 이는 세계시장을 제조업 생산물로 포화시키고 체제 전체를 탈안정화시킬 위협을 창출하는 것으로 이어졌다. 1970년대 초반, 부분적으로는 이러한 제국주의 간 경쟁에 의해 유발된 과잉생산의 위기는 25년간 지속되었던 급격한 경제성장과 자본주의적 발전을 종식시키고 그와 동일한 기간의 침체를 야기하면서 체제 전체를 나락으로 떨어뜨렸다. 표 8.2는 장기간의 호황(1950~73)에서 위기의 시작(1968~73)을 거쳐 기나긴 불황(1974~93)에 이르는 이러한 과정에 대한 대략적인 개관을 제공한다.

수출 시장을 두고 벌어진 미국, 일본, 독일 사이의 경제적 경쟁이 유발한 과잉 생산/과소 소비의 문제는 체제의 붕괴를 방지하고 전 지구적 위기로부터 벗어나는 길을 보여줄 전략적 대응 방안에 대한 광범위한 연구로 이어졌다. 한 가지 대응은 미국 대외 관계 협의회CFR, 그리고 체

	생산량(GDP)		노동생산성	
	1950-1973	1973-1993	1950-1973	1973-1993
미국	4.2	2.6	2.7	1.1
독일	4.5	2.2	4.6	2.2
일본	9.1	4.1	5.6	3.1
G-7	4.5	2.2	3.6	1.3

표 8.2 장기간의 호황과 불황, 1950~1993 (연평균 성장률, 단위 : %)
(출처 : 다양한 자료들을 이용하여 브레너[1998 : 5]가 작성.)

이스 맨해튼 은행의 회장 데이비드 록펠러David Rockefeller와 지미 카터 대통령의 국가 안보 고문 즈비그뉴 브레진스키Zbigniew Brzezinski가 설립한 그 파생적 정책포럼인 삼자위원회Trilateral Commission와 관련된 것이었다. 제국주의 간 경쟁과 체제 경쟁에 대한 삼자주의적trilateralist 해법은 "국제적 자유주의" — 전체로서의 체제를 보존하려는 공유된 이해관계에 기초한, 세계 경제에 대한 집단적 관리 — 라 명명할 수 있을 만한 것이었다.

[하지만] 그것은 지난 일이고, 이제는 상황이 달라졌다. 1970년대와 1980년대에 세계무역의 구조는 새로운 국제적 노동 분업으로 재편되었고, 이는 전 지구적 경제에 새로운 성장거점을 창출하였다. 새로운 성장거점이란, 하나(브라질)를 제외하고는 모두 동아시아에 속해 있는 신흥산업국가들(홍콩, 싱가폴, 대만, 한국)과 일본의 모범을 좇아(일본의 경제적 진보에 자극을 받아) 가파른, 수출 지향적 성장의 "기러기 떼 모양"flying geese pattern을 형성한 2세대 신흥 산업국가들(태국, 말레이시아, 인도네시아, 베트남)을 말하는 것이다. 1970년대에 이 여덟 개의 아시아 "고속 성장 국가" 그룹은 세계무역의 6%를 점유했다. 1990년대 중반 미국의 점유율이 20%에서 15%로 떨어지는 동안 그들의 세계무역 점유율은 두 배가 되었다. 같은 기간 라틴아메리카의 점유율은 4.7%에서 5.0%로 소폭 상승했다.

1990년대에 "아시아의 기적"은 주춤했고, 일본의 선도는 약해져서 십년간 실질적으로 아무런 성장도 이루지 못하는 지경에 이르게 되었다. 이러한 새로운 세계적 상황과 "신세계 질서"(신자유주의)라는 거시경제적 정책틀 속에서 사태는 근본적으로 달라졌다. 체제 전반에 걸친 경제적 성장과 생산성 증가는 여전히 1950년대와 1960년대에 미치지 못했지만, 미국의 경제는 서유럽이 그랬던 것처럼 예전의 역동성을 얼마간 회복했다. 라틴아메리카와 사하라 이남의 아프리카는 근본적인 정책 개혁 과정을 겪었고, "발전 없는 십년"(경제성장을 이루지 못함)을 경험했다. 그러나 세계 경제에 있어서 가장 중대한 변화는 — 사회주의 블록과 코민테른의 붕괴, 그리고 그것의 기저에 놓여 있던 구조의 전면적 변화(세계화)를 차치한다면 — 유럽연합의 확립과 새로운 경제적 권력의 중심(중국)의 등장이었다. 유럽연합과 중국은 세계에서 가장 큰 무역 블록과 신흥 시장을 장악하고 있으며, 전 지구적 생산의 3분의 1과 세계무역의 50%를 점유하고 있다. 유럽연합과 중국의 무역은 단 4년(1999년에서 2003년) 사이에 두 배가 되었고, 이제 중국은 유럽연합에의 수출에 있어서 미국에 이어 두 번째 자리를 차지하고 있으며 유럽에게는 세 번째로 큰 수출 시장이 되었다. 이러한 상황은 미국의 제국주의적 야망과 세계 지배를 위한 노력에 대한 심각한 도전이며, 특히 유럽과 중국이 전략적 이해와 상호 화합에 이르게 되는 경우에는 더욱 그러하다. 중국과 유럽은 곧 이러한 노선을 따라 높은 수준의 전략적 합의에 도달하게 될 것으로 보인다. 그러한 합의는 제국주의 간 경쟁의 새로운 국면, 미국 내의 새로운 형태의 초강대국 정치를 예고할 것이다.

통합된 유럽은 미국에 대한 도전과 미국의 세계 지배 계획에 대한 위협을 내부로부터 제기한다. 중국은 외부로부터의 도전을 나타낸다. 이

번 장에서는 통합된 유럽이 제기하는 도전의 동학을 탐구할 것이다. 그리고 다음 장에서는 미제국주의에 대한 중국의 도전의 동학과 최근 러시아가 이룬 발전(자본주의적 변형)의 중요성을 함께 다룰 것이다. 한 분석가(Mearsheimer 2002)에 따르면 중국은 미국에 가장 "위협적인 경쟁자"가 되고 있다. 그는 다음과 같이 주장한다. "중국의 부상은 21세기 초반 미국에게 가장 위험한 잠재적 위협이다." 그러나 적어도 한 명의 다른 분석가(Rogoff 2004)는 미국과 중국 모두 자신들의 등 뒤를 조심해야 한다고 주장한다. 유럽의 "조용한 도약"이라는 밀물 속에서 21세기를 지배하게 될 가능성이 높은 새로운 경제적 공룡 juggernaut이 만들어지고 있다는 것이다.

자본주의 간 경쟁의 동학

자본주의 세계의 유례없는 경제성장률과 내수시장 확대에 힘입어 1948년에서 1973년 사이의 국제무역은 1930년 대공황 이전 수준을 회복했다. 세계 자본주의 체제 안의 대부분의 경제들, 특히 1961년 OECD의 구성에 참여한 국가들의 경제는 체제의 주요한 작용 단위인 자본주의적 다국적 기업들의 전 지구적인 해외 활동을 통해 이러한 생산과 무역의 성장에 참여했다. 그러나 1970년대에 자본주의 체제는 생산성 성장과 일국적·전 지구적 생산량 성장의 둔화, 투하 자본에 대한 이윤 위기로 드러난 체제 전반의 생산 위기의 개시와 함께 와해되기 시작했다.

위기의 원인을 둘러싼 격렬한 논쟁이 있었고, 이는 다양한 사유와 이론들의 학파를 발생시켰다. 이론적으로 고찰하지 않는다 하더라도, 돌이켜보건대 위기에는 단 하나의 원인이 있었던 것이 아니라 다양한 요인들의 결합이 존재했다. 자본주의 체제에 고유한 평균이윤율의 저하 경향, 기술적 전환 또는 노동 통제 방식의 한계, 더 높은 임금과 노동조건의 개선을 요구하는 강력한 노동계급이 자본에 가한 압력, 제조업 상품 시장의 포화, 자본 내부 경쟁에 기인한 압력 등이 바로 그것이다.

체제 위기의 원인이 된 것으로 추정되는 이러한 각각의 요인들은 위기를 상쇄하기 위해 기획된 조치 혹은 정책들을 탄생시켰다. 자본가들은 국가 수입에 있어서 노동의 몫을 줄이고 생산적 투자에 이용 가능한 자금을 증가시키기 위해 노동에 대한 반격을 개시했다(Crouch and Pizzorno 1978). 다국적 기업들은 생산을 해외의 값싼 노동 자원에 가까운 곳으로 재배치하였다(Fröbel, Heinrichs and Kreye 1980). 일부 산업자본가들은 신기술과 새로운 노동 통제 방식으로 전환했다(Lipietz 1982 and 1987). 거대 상업은행과 투자은행들은 삼자위원회의 조언에 기초하여, 이윤을 창출할 수 있는 잉여자본의 배출구를 찾고 신용 확대(부채 금융)를 통해 과도한 산업생산을 위한 새로운 시장을 개척하며 그리하여 경제개발협력기구 내 생산자들에게 가해지는 과잉 생산 압력을 경감시키려는 목적으로 개발도상국, 특히 라틴아메리카로 사업을 확장하였다.

미국의 주요한 걱정거리는 산업생산에 대한 독일과 일본의 경쟁적 압력이었다. 패배한 적이었던 그들은 그 시점(1971년)에 세계시장을 둘러싼 전투에서 급속히 승리를 거두고 있었다. 2차 세계대전이 끝날 무렵 미국은 세계 산업생산과 무역의 50% 이상, 개발 금융 및 생산 투자의 80% 가량을 차지하는 헤게모니적 국가였다. 그러나 20년이 지난 후, 혹은 역사가들에 의해 소위 "자본주의의 황금기"라 칭해지는(프랑스에서

	1963	1964	1965	1966	1967	1968	1969	1970	1971	1972	1973
독일	0.6	0.4	0.3	-0.1	-0.3	-1.0	-0.5	-1.6	-3.3	-3.9	-6.3
일본	0.3	0.2	-0.5	-0.8	-0.3	-1.2	-1.6	-1.4	-3.3	-3.9	-1.3
독일/일본	0.9	0.6	0.2	-0.9	-0.6	-2.2	-2.1	-1.8	-4.1	-5.3	-2.9
세계	5.2	6.8	4.9	3.8	3.8	0.6	0.6	2.6	-2.3	-6.4	0.9

표 8.3 미국의 대(對) 독일, 일본 및 세계 무역수지, 1963~1973 (단위 : 10억 미국 달러)
(출처 : 다양한 자료들을 이용하여 브레너[1998 : 119]가 작성.)

는 "영광의 30년"이라는 이름을 부여받은) 급속한 자본주의적 발전 이후 미국은 국제 무역수지에서 상당한 적자를 기록하고 있었고 미국에 기반을 둔 다국적 기업들은 그들의 경쟁자들, 특히 독일과 일본에게 시장을 빼앗기고 있었다. 표 8.3은 이 과정에 대한 대략적인 개관을 제공한다.

독일과 일본에 대한 무역수지의 하락은 미국 무역수지의 붕괴를 결정하는 강력한 요인이었다. 1960년과 1964년 사이에 상품 수입은 27%, 수출은 29.7% 증가하였다. 그런데 1964년과 1971년 사이에는 수입이 144%, 수출이 66.5% 증가하였다(Brenner 1998 : 119). 무역수지는 이미 1966년에, 정점이었던 1964년에 비해 50% 감소하였다. 1968년에는 점점 심화되는 인플레이션의 영향을 받아 무역수지가 전후 최저 수준으로 하락했다. 1971년에 미국은 20세기 들어 처음으로 무역 적자를 기록했고, 이는 리처드 닉슨 행정부로 하여금 일방적으로 브레튼우즈 체제의 근간 중 하나인 금에 대한 달러의 고정 환율을 폐지하도록 만들었다.

미국의 상품 무역수지는 1971년에 27억 달러, 그 다음 해에는 70억 달러 적자를 기록했으며 1964년부터 8년간 137억 달러라는 엄청난 적자를 기록했다(표 8.4를 보라).[1] 당시의 이러한 무역 불균형은, 그 후 몇 년간 커다란 도약을 한 서비스 무역에서의 흑자와 해외 투자 수익에 의해

---

1. [옮긴이] 이 문장의 내용은 표 8.4와 조응하지 않는다. 문장에서 언급되고 있는 기간에 관한 표인 표 8.3과 조응하는 것도 아니다. 저자들의 실수가 아닌가 싶다.

% GDP (2001)	1995	1996	1997	1998	1999	2000	2001	2002	2003
세계	0.0	116	104	123	85	41	5	3	20	-23
유럽연합	1.4	143	171	176	152	107	57	107	180	194
미국	-4.3	-174	-189	-197	-249	-349	-458	-433	-484	-561
일본	1.7	134	83	102	123	123	116	72	97	96
중국	2.9	18	20	46	47	36	35	34	38	-
라틴아메리카	-0.1	2	4	-15	-36	-8	5	-1	25	27

표 8.4 세계 상품무역수지, 1995~2002 (단위 : 10억 미국 달러)
(출처 : 세계은행 2004: A15, p. 194.)

서도 상쇄될 수 없을 만큼 심각한 것이었다. 1971년에 금융 및 비즈니스 서비스의 흐름을 포함하는 경상수지는 14억 달러 적자로 돌아섰다. 표 8.4는 그 후 서비스 부문의 엄청난 성장과 이윤율의 회복에도 불구하고 이러한 과정이 꾸준히 진행되어 왔음을 보여준다.

해외 경쟁의 이러한 문제들에 대한 닉슨 행정부의 첫 번째 대응은 브레튼우즈 고정환율체제를 폐기하는 것이었는데, 이는 통화 재조정을 통해 미국 생산의 상대적 비용을 낮춰서 산업 제품의 수출을 촉진할 수 있기를 바라고 취해진 조치였다. 아글리에타^{Aglietta}(1982)가 자세히 밝혔듯이, 자국의 다국적 기업들을 뒷받침함에 있어서 미국의 택한 이러한 첫 번째 대응 이후에 십여 년간 유럽과 일본의 경쟁자들과의 경쟁을 상쇄시키기 위한 다양한 전략과 조치들이 뒤따랐다. 아글리에타의 설명에 따르면, 국가 통제 하에 있는 두 개의 거시경제적 변수인 환율과 이자율의 조작을 통한 이러한 다양한 이행 전략들은 위기를 향한 체제의 경향(생산성과 생산량의 느린 성장)을 저지하거나 역전시키는 데 거의 아무런 역할도 하지 못했고, 미국 무역수지 상의 점증하는 불균형에 반영

---

2. [옮긴이] 표의 제목에 따르면 2004년까지의 자료가 제시되어야 하는데, 실제 도표 상에는 2003년까지의 자료밖에 나와 있지 않다. 이 역시 저자들의 실수로 보인다.

	총 수출액 (2001) (단위 : 1조 미국 달러)	1981 ~ 1990	1991 ~ 2000	1997	1998	1999	2000	2001	2002	2003
세계	6.02	6.4	6.8	4.1	-2.5	3.6	12.1	-3.8	4.3	13.7
유럽연합	2.25	7.1	5.0	0.8	2.3	0.1	3.0	0.2	6.2	19.5
미국	0.73	6.2	7.2	11.4	-1.1	2.3	12.6	-6.5	-3.9	7.3
일본	0.38	8.1	5.0	2.4	-8.6	7.6	13.8	-16.1	1.7	7.1
신흥공업국	0.44	13.2	9.2	3.0	-9.2	4.0	19.0	-11.0	4.9	10.6
중국	0.27	11.8	17.1	20.9	0.5	6.1	27.9	6.8	20.4	-
러시아	0.10	1.0	9.5	-1.7	-15.9	1.0	39.5	-3.8	6.3	-
라틴아메리카	0.35	5.4	10.1	11.1	-1.2	5.7	19.6	-3.6	0.8	5.8

표 8.5 세계 총 상품 수출액(2001) 및 수출성장률(1981~2003) (매년 평균성장률, 단위 : %)
(출처 : 세계은행 2004 : A13, p. 192.)

되어 있는, 전 지구적 산업생산에서 미국의 점유율이 줄어드는 느리지만 지속적인 경향성을 변화시키지도 못했다. 표 8.5는 다른 무엇보다도, 미국의 1980년대 중반부터 1990년대 중반까지의 지속적인 경제회복과 1990년대의 전반적으로 높은 수출 성장률에도 불구하고, 유럽연합이 세계시장의 3분의 1 이상을 차지하면서 전 세계 수출 생산 경제에 있어서 여전히 지배적인 힘으로 남아있다는 사실을 보여준다. 미국 경제의 규모가 유럽연합 경제의 그것보다 큼에도 불구하고, 미국의 상품수출액은 전체 규모와 가치에서 겨우 유럽연합의 6분의 1 정도밖에 되지 않는다.[3]

유럽연합이 2002년에는 6.2%, 2003년에는 인상적인 19.5%의 수출 성장률을 기록한데 반해 같은 기간 미국은 각각 -3.9%와 7.3%의 성장률을 기록한 데서 나타나듯이, 이 수치들에 관해서는 장기간의 경향, 아니 단기 혹은 중기의 경향도 예측하기 어렵다. 그러나 2004년 1사분기 수치

---

[3] [옮긴이] 표 8.5에 따르면 2001년 기준 유럽연합의 총 수출액은 약 2조2천5백억 달러이고, 미국의 총수출액은 약 7천3백억 달러가량이므로, 이 6분의 1이 아닌 3분의 1이라고 해야 사실에 가까울 것이다.

— 미국은 4.7%, 유럽연합(유로화 권역)은 고작 1.3% — 는 다른 방향을 가리킨다.

경제생산성과 복지국가

미국 경제는 위기를 향한 경향을 피할 수 없었음에도 불구하고, 1980년대에 얼마간 재도약하여 1990년대에는 느리지만 지속적인 회복기로 힘겹게 나아갔다. 이러한 발전이 자본 축적 과정을 재활성화하기 위한 다양한 재구조화 전략들과 관련된 복합적인 요인들로부터 기인한다는 것에는 의심의 여지가 없다.

그러한 요인들 가운데 하나는 미국 내 노동과 자본의 관계의 재구조화였다. 이러한 재구조화로 인해 1974년부터 1984년까지 임금 가치에 있어서 적어도 10%의 감소가 발생하였고 그 이후로도 5%의 추가 감소가 있었으며, 국민소득이 부유한 기업들의 손아귀와 은행에 크게 집중되었다. 위기에 대한 또 다른 대응은 전 지구적인 산업의 재구조화였다. 이는 미국의 상품무역수지에 균형을 가져오는 데는 아무런 도움이 되지 않았으나, 미국의 많은 다국적 기업들의 수익성은 회복시켜 주었다.

주요 부문들에서 이루어진 산업생산의 기술적 전환은 무역 및 금융 세력들을 해방시킨 새로운 세계 경제질서에 의해 촉진된 경제적 제국주의의 결과와 유사한 효과를 가져왔다. 체제 전체는 둔화된 생산성 성장에 갇힌 채 여전히 위기에 처해 있었으나, 역동적인 성장의 거점들이 일정한 산업 부문과 국가들에서 출현하였다. 특히 동아시아 지역에서 그러했는데, 이 지역 국가들의 세계무역에 대한 기여도가 급격하게 증가하였다. 자유무역과 자본의 거침없는 전 지구적 운동에 방해가 되는 장벽들의 파괴를 통한 제국주의적 경제 권력의 기획과 마찬가지로, 산업 재배치, 세계 무역 확대, 자본 수출 또한 이익(새로운 시장, 흑자수익)을 만들어 내기 시작했다.

생산성 영역에서도 약간의 개선이 있었다. 그것이 자본과 국가가 실행했던 각종 재구조화 전략들을 정면으로 상대해야 했던 노동에 가해진 압력의 결과라기보다는 생산 변형(기술적 전환) 과정의 결과인 것 같기는 하지만 말이다. 미국과 유럽 간의 생산성 격차가 점점 더 벌어지는 것을 보여주는 지표들이 이에 대한 증거를 제공한다. 양자 간의 격차는 10%에서 15%까지, 그리고 일부 부문들에서는 30%에 이르기까지 벌어져있다. 이러한 부문들에서 채택하고 있는 기술들은 미국과 유럽 모두에서 사실상 동일하다. 그러므로 생산성 격차에 대한 설명은 다른 곳에서 찾아야 한다. 로마의 〈경제-사회 변화 연구센터〉Centro Studi Trasformazioni Economico-Sociali, CESTES가 수행하고 바사폴로Vasapollo(2003)가 논평한 연구에 따르면, 그것은 유럽과 미국의 자본주의 모델이라는 관점에서, 특히 두 지역의 노동자 복지와 노동조건의 상대적 차이의 관점에서 거의 완전하게 설명될 수 있다. 독일, 프랑스와 같은 유럽 국가의 많은 노동자들은 주당 35시간의 노동시간을 얻어냈고, 매년 4주에서 6주에 이르는 유급 휴가, 모성 및 부성 휴가, 고용 보험, 상당한 연금과 같은 온갖 종류의 혜택을 누리며 일반적으로 미국의 노동자들보다 훨씬 더 큰 생산성 향상의 몫을 차지하는 데 반해, 미국의 노동자들은 더 오래(매년 360시간 더 오래), 더 힘들게 노동한다.

미국과 유럽의 노동생산성 격차는 본질적으로 복지국가의 범위 안에 있다. 다시 말해 생산성 격차는 없다. 복지에 있어서 유럽은 항상 앞서 있었다. 유럽의 노동자들은 자신의 임금과 함께, 노동에 대한 보수의 30% 정도의 혜택(사회적 임금)을 추가로 받는다.

이러한 일은 2차 세계대전 이후 복지국가의 진화와 함께 이루어졌다. 게다가 미국과 영국은 복지국가를 해체하고 규제 완화와 사유화를 실행하는 데 있어서 유럽 대륙보다 훨씬 더 앞서 나갔다. 그러나 최근의 발전들은 제국주의 간 경제 경쟁의 결과로 유럽 노동자들의 상황이 곧 변화할 수도 있음을 시사한다. 이미 독일 자동차 산업(다임러-크라이슬러)의 노동자들은 자본과의 협상에서 주당 35시간의 노동시간을 미국 기준인 40시간(영국의 경우 37시간)으로 연장하고 삭감된 임금률을 요구하는 안을 받아들이도록 강요받았다(『이코노미스트』, 2004년 7월 31일, 51면). 이는 다임러-크라이슬러의 노동자들이 (공장을 해외로 옮겨 버리겠다는 위협 하에서) 자신들의 일자리를 유지하는 조건으로 받아들일 수밖에 없었던 이 안이 가까운 미래에 높은 파고로 밀어닥칠 것이라는 점을 암시한다. 게르하르트 슈뢰더 독일 총리는 전 지구적 경쟁의 맥락에서 조직된 노동 측의 "더 큰 유연성"의 이러저러한 징후들이 "상식의 승리"라고 선언한다. 뱅크 오브 아메리카Bank of America의 한 경제학자가 그것을 "순수한 자본주의"라고 부른 데 반해, 노동조합들은 당연히 그것을 "협박", "테러리즘" 혹은 "지배자들의 보복"으로 간주한다(『이코노미스트』, 2004년 7월 31일, 51면).

사유화 전선에서 유럽 대륙(특히 프랑스와 독일)은 미국과 영국을 따라가지 못하고 있고, 라틴아메리카와 동유럽(사회주의로부터 자본주의로의 이행 과정을 겪고 있는 국가들)에서 이루어진 최근의 발전에 비해서도 뒤쳐져 있다. 그러나 유럽의 경제적·정치적 통합 과정은 한층 더 강화된 사유화에 대한 압력을 낳고 있다. 이 압력이 공공 부문 노동자들(예컨대 프랑스의 전기 분야 노동자들)의 거센 저항에 부딪히고 있음에도 불구하고 말이다.

규제 완화와 관련해서는, 유럽 노동자들의 "표면상" 더 낮은 생산성이 유럽 노동시장의 상대적 경직성 탓으로 돌려지고 있다. 지구화와 신자유주의의 옹호자들은 유럽 노동자들의 우월한 힘과 조직·협상 역량을 반영하는 이 경직성이 자본으로 하여금 생산과정으로부터 철수하게 만들고, 유럽의 자본을 미국의 자본에 비해 경쟁에 있어서 명백히 불리한 지점에 위치시킨다고 주장한다. 이러한 주장에 대한 증거가 다소 혼잡스럽긴 하지만, 이 주장은 더 큰 경영의 자유와 노동자들의 유연성에 기초한 미국식 자본주의 ─ 슈뢰더의 말을 빌자면 "상식"의 승리 ─ 옹호자들의 식사에 밑반찬을 제공한다.

이러한 주장은 프랑스와 독일에서뿐만 아니라 유럽의 다른 곳에서도 이루어지고 있는 복지국가에 대한 공격의 한 요인이기도 하다. 유로존euro zone에 가입하지 않기로 한 스웨덴인들의 결정은 유럽의 기구들이 복지국가에 대한 압박을 더하고 미국에서 지배적인 형태로 유럽의 자본과 국가를 서서히 조정해 가는 틀을 제공하는 것에 대한 두려움과 상당 부분 관련되어 있다. 유럽연합 가입은 새로운 세계 질서의 요구들에 맞추라는 상당한 압력 ─ 경직성 문제와 주요 경제 부문들에서 자유롭게 기능하는 시장의 결여 문제를 해결하라는 압력 ─ 에 시달려온 복지국가에 대한 최종적인 공격이 개시되도록 할 것이다. 복지국가에 대한 이러한 공격은 현재, 전 지구적 경쟁의 [직접적인] 압력을 받고 있는 것은 아니지만, 전 지구적 경쟁을 핑계로 이루어지고 있다.

유럽연합의 정치 동학 : 복지국가에 대한 공격과 진보정치의 침식

유럽의 최근 역사를 살펴보면, 베를린 장벽의 붕괴와 소련의 해체 이후에 통합 과정 — 경제연합에서 정치 통합, 화폐 통합까지 — 이 얼마나 가속화되었는지에 충격을 받지 않을 수 없다. 40년 동안 유럽의 자본주의적 체제는 미국에 의해 승인되고 촉진된 공동 시장의 경계 내에서 기능하고 작동해 왔다. 계급투쟁, 강력한 노동자들의 운동 그리고 소련의 존재는 유럽의 자본주의로 하여금 사회 개혁 프로그램, 수입 분배, 국제관계를 수용하고 이에 적응하지 않을 수 없도록 강제했다. 발전된 복지국가 체제와 양극화된 세계에 의해 창조된 공간은 국제관계의 층위에서 "유럽"으로 하여금 동-서 간의 중재자이자 조정자로서, 자본주의의 좀더 인간적인 형태로서 그리고 지정학적 "평형요소"equilibrating factor로서 다소 진보적인 역할을 수행하도록 했다. 이러한 맥락에서 이전의 삼자주의를 옹호하는 티에리 드 몽브리알Tierry de Montbrial은 다음과 같이 말한다. "오늘날 …… 평형요소라는 개념은 의미를 상실했다 …… 그것은 NATO와 유럽연합이라는 두 블록의 성장에 의해 약화되었다"(2003).

미국-소련 간의 힘의 균형의 종식은 유럽에 큰 영향을 미쳤다. 한편으로 그것은 경제, 화폐, 정치 "통합"과 집중화의 과정을 가속화시켰고, 동시에 사회-경제 정책 및 외교 정책에 내한 미국의 강제로부터 더 큰 독립을 얻고자 하는 유럽의 노력을 불러 일으켰다. 다른 한편, 그것은 (경제적 경쟁의 한 요소로서) 복지국가에 대한 압박을 가중시켰을 뿐만 아니라, 사회 개혁과 국제 정치에 있어서 유럽이 진보적 세력이라는 관념이 환상임을 일깨우기도 한 것으로 보인다. 이러한 각성의 배후에, 전 지구적 경제와 전 지구적 제국주의 내부에서의 유럽이라는 극pole의 구축이 놓여 있으며, 이것이 지금 문제가 되고 있는 정치적 이슈이다. EC의 장인 로마노 프로디의 말에 따르면, 유럽이라는 관념은 "세계의 체스판 위에서 적절한 역할을 할 수 있는 위대한 힘"을 의미한다. "…… 유로존은 국제시장에서 현재와 미래의 가장 큰 경쟁자인 미국에 맞서기 위한 훌륭한 출발점이다."(1999)

그러나 유럽 안에는 유럽의 이런 역할에 필요한 복지국가 혹은 보다 인간적인 국가 수정자본주의를 위한 여지가 없다. 그럼에도 불구하고 유럽연합에 속해있는 여러 유럽 정부들에게는 전 지구적 정치 무대와 국제관계에서 전략적으로 행동하고, 유럽 단위의 기구들을 "유럽"의 단일한 경제적·정치적 이익을 증진시키기 위한 도구로 고안하여 사용하며, 제국주의적 체계에 대해 미국이 행사하는 헤게모니에 맞설 수 있는 일정한 여지가 존재한다. 비非-NATO 유럽군 구축에 관한 프랑스와 독일의 협의는 이러한 측면에서 조망될 수 있다. 조지 W. 부시가 선거 전에, 부정적 경제 효과가 예상되는 상황에서도 미군을 독일에서 철수하겠다고 공언한 것과 마찬가지로 말이다.

프로디는 미국이 지배하고 있는 NAFTA와 중국이 잠재적인 경제적 초강대국으로 부상하고 있는 아시아 지역에 맞서 경쟁할 수 있는, 값싼 노동력과 첨단 기술이 공존하는 유럽-지중해 지역을 구상한다(1999: 79). 유럽에 대한 이러한 생각의 배후에 놓여 있는 관심은 2차 세계대전 이후 유엔의 창립으로 이어졌던 그것과 동일하다. 지금과 마찬가지로 당시의 주된 관심은 전 지구적 경제 운영에 대한 일방적 접근을 예방하고, 예방할 수 없다면 세계 지배를 향한 임의의 국가가 충동을 일으키는 것을 억제할 수 있는 제도적 틀을 확립하는 것이었다.

미국이 세계 지배와 체계 전체에 대한 헤게모니를 공격적으로 추구하고 있는 현재의 맥락에서, 이러한 관심은 두 가지 층위에 반영된다. 첫 번째 층위는 세계 최대의 경제 연합과 무역 블록을 구축하기 위해 연합된 유럽의 제도적 구조를 확립하는 것이고 두 번째 층위는 브레튼우즈 체제를 폐기하기보다는 강화하고, 그 체제를 비롯하여 유엔의 안보 및 제도적 기구— 안전보장이사회 등— 전체를 포함하는 보다 광범위한 체계 속에서 유럽의 대표권과 영향력을 증대시키는 것이다(Young 2003).

복지국가에 대한 보수적인 "신자유주의적" 공격

진보적 유럽연합이라는 생각은 우파와 좌파 모두로부터 공격받아 왔다. 사회-경제적 전선에서, 유럽의 지배층이 이데올로기적 관점에 관계없이 모든 종류의 정부가 수행했던 복지국가의 잔재에 대한 공격을 개시했다는 것은 명백하다. "블레어 정치", "슈뢰더 정치" 같은 것은 없다. (유럽 헌법안의 제3조에서뿐만 아니라) 각각의 [상이해 보이는] 정치 형태 속에서도 문제가 되는 것은 동일하다. 경쟁과 성장의 문제를 어떻게 다룰 것인가, 그리고 미국과의 전 지구적 경쟁의 전망이 바로 그것이다.

일부 부문과 신흥 시장의 역동적인 성장의 증거에도 불구하고, 세계 경제 전반은 다방면에 걸친 대대적인 체계 재구조화와 신자유주의적 처닝의 과도한 적용에 대한 대응에 실패해 왔다. 체계 전반의 생산성 성장은 여전히 더디고 세계 생산 성장률은 아직도 침체되어 있다. 지난 십년간 세계은행과 IMF는 매년 경제가 회복될 것이라고 예상했다(표 8.6을 보라). [그러나] 그 십년간 모든 해는 지속적인 침체 경향과 계속되는 위기에 대한 냉정한 인식 속에 마감되었다. 1990년대 2.6%, 1998년 이후 2.3% 평균 성장률의 뒤를 이어, 최근에는 체계 전반의 성장률이 3%에 이를 것으로 예측하고 있다. 세계화와 신자유주의적 "구조" 개혁이 진행되었던 지난 20년간의 평균 성장률은 2.7%였다(1950년대와 1960년대의 5%, 체계 전체에 걸쳐 경제위기의 극심한 고통을 겪었던 1970년대의 3.5%와 비교해 보라).

이와 같이 신자유주의적 모델은 경제성장이라는 자신의 기본적인 약속마저도 지키지 못했다. 게다가 이것은 성장의 과실이 사회적으로 분배되는 방식에 대한 어떠한 고려도 없이 긍정적인 면만을 바라보고 있다. 신자유주의의 어두운 면에는 일국 및 세계 소득에서 노동이 차지하는 몫의 급격한 감소 ― 1960년대에는 40%에 가까웠으나 1990년대에는 20% 이하로 떨어졌다 ―, 소득 분배에 있어서 양극화와 사회적 불평등의 증대 그리고 가난의 심화와 확산이 존재한다.

유엔개발계획(이하 UNDP)에 따르면, 오늘날 고작 358명밖에 안 되는 사람들이 루이스(Lewis 2004)가 경제의 "저지대"the lowlands라 명명한, 소득 위계의 최하층에 있는 14억 명과 맞먹는 소득을 차지하고 있다(UNDP, 1996). 50억 명이 넘는 사람들이 1인당 GDP가 미국의 25% 이하(이중 대다수는 미국 GDP의 10%에도 못 미친다)인 국가에 살고 있으며, 상황은 20년에 걸친 신자유주의적 "개혁" 혹은 구조조정 이후 극적으로 악화되었다. 1970년에 가장 빈곤한 20%에 대한 가장 부유한 20%의 개인 및 가구의 소득 비율은 1 : 32였다. 1989년 경에 이 비율은 1 : 59로 두 배 가까이 증가하였고, 체계의 중심에서 신자유주의적 "개혁"과 경제회복이 이루어진 15년 후인 1987년에 가장 부유한 20%는 가장 가난한 20%보다 74배나 더 많은 소득을 획득했다. 세계에서 가장 부유한 1%는 하위 57%와 맞먹는 소득을 벌고 있으며, 세계에서 가장 부유한 세 명의 소득은 가장 저발전된 국가들의 국민총생산을 다 합친 것보다도 많다. 구조조정에 대한 주요한 책임을 맡고 있는 세계은행은, 이러한 전 지구적 분할이라는 조건 하에서 14억 명 이상의 사람들이 하루 1달러도 안 되는 소득으로, 다시 말해 극단적이고 비참한 가난의 조건 속에서 연명하도록 강제되고 있다고 추정한다. UNDP는 시장주도형 소득분배의 이러저러한 "사실들"을 "기괴한"이라는 항목으로 적절히 분류했다. 비록 그 명백한 원인을 지목하지는 못했지만 말이다.[4]

구조조정과 정책 개혁이 이루어진 20년 동안 앵글로-아메리카식 자본주의 체제는 사유화될 수 있는 모든 것을 사유화하고, 불안정해질 수 있는 모든 형태의 고용을 불안정하게 만들고, 노동자와 그 가족들을 채무, 실업, 저임금, 빈곤의 조건 속으로 밀어 넣음으로써 공적 영역의 활용 가능한 역량을 모조리 소진해 버렸다. 신자유주의가 하나의 모델로 기능할 수 없다는 것, 그리고 그것이 발전도 혹은 증진된 복지도 실현할 수 없다는 것은 이제 너무나도 분명해서 노동의 관점에서 보면, 유럽에

---

4. 1980년대와 1990년대 신자유주의적 구조조정 프로그램 및 "자유시장"의 작동과 명백히 직접적으로 관련되어 있는 이러한 점증하는 사회적 불평등은 정책 결정과 정치 집단에게 있어서 상당한 염려를 불러 일으켰다. 좌파의 염려는 과정의 엄청난 불공평함에 관한 것이었는데, 그들은 자본주의의 최악의 시나리오를 그것의 신자유주의적 형태 속에서 확인하였다. 우파의 걱정은 "과도한 불평등"이 정치적으로 불안정한 수준의 사회적 불만을 유발시켜서 결과적으로 "전 지구적 안정"(Kapstein 1995; Lewis 2004) 혹은 "통치가능성"(Annan 1998, World Bank 1994)에 대한 "위험"을 초래할 수도 있다는 것이었다. 세계은행과 IMF의 경우에는, 사회적 불평등의 증가가 각국 정부들을 위해 준비된 신자유주의적 처방에 대한 그들의 신념을 전혀 흔들지 못했다. 그보다는 오히려 올바른 정책에 관한 "워싱턴 콘센서스"에 대해 일정한 환멸을 불러일으키고 새로운 구조조정 프로그램의 고안을 요구하여 그 과정에 "인간의 얼굴"(Salop 1992)을 부여하는 등의 일이 일어났다. 세계은행의 경제학자들은 "경제성장"과 "사회적 분배" 혹은 "불평등" 간의 정책적 관계에 관한 오래된 학술적 논쟁을 다시 시작했다(Birdsall, Ross and Sabot 1999; Kandur and Lustig 1999). 이러한 논쟁에서 쟁점은 사회적 불평등의 증가가 성장의 전제조건인가, 아니면 아시아에서의 경험이 말해주는 바와 같이 장애물일 뿐인가 였다.

서 앵글로-아메리카식 자본주의로의 이행 — 유럽의 자본주의적 지배층이 제국주의 간 경쟁의 맥락에서 필요하다고 생각하는 이행 — 을 완결짓는 것은 실질적으로 불가능하게 되었다.

노동계급의 저항을 고려하면, 유럽의 자본주의적 지배층이 취할 수 있는 선택지는, 유럽 자본으로 하여금 미국 자본과의 경쟁에서 뒤처지게 만드는 복지체제의 잔존하는 흔적들 — 건강 및 사회보장체계, 공공 부문에 남아있는 조합들, 노동과정과 노동시장 내부에 존재하는 경직성("유연성의 결핍"), 그리고 무엇보다 수당이라는 형태의 사회적 임금과 1년에 4~6주에 이르는 휴가 등 — 에 맞서 계급투쟁을 강화하는 것이다.

마가렛 대처는 복지국가에 대한 신보수주의적 공격을 처음으로 시작했다. 이로부터 얼마 후 [유럽] 대륙에서는 프랑스의 경우 "우익"인 장 피에르 라파랭Jean-Pierre Raffarin, 독일의 경우 "좌익"인 게르하르트 슈뢰더가 복지국가의 잔재에 대한 공격을 개시했다. 이러한 공격의 배후에는 유럽의 자본주의 기업이 세계시장에서 경쟁자들에게, 특히 미국에게 기반을 빼앗기고 있는 것에 대한 근본적인 우려가 자리 잡고 있었다. 한편으로 유럽연합의 경제성장이 예상치에 미치지 못했고(표 8.6을 보라)[5], 다른 한편으로는 유럽연합의 생산성 증가와 수익성이 미국에 비해 상대적으로 뒤처지는 것으로 나타났다. 일부 분석가들은 제조업 분야에서 유럽연합의 자본과 노동이 미국의 자본 및 노동과 동등하거나 그보다 우월한 성장 수준을 보여주었다고 주장했지만, 신자유주의적 성향의

---

[5]. 2002년 IMPE(Indirizzi di massima per le politiche economiche)와 2002년~2006년 초안에는 다음과 같은 진술이 포함되어 있다. "유럽연합 경제는 불가피하게 그리고 점진적으로 하나로 통합되어서 2002년 중반에는 잠재적 성장치에 근접하거나 그보다 더 높은 성장률을 기록할 것이고, 2003년에는 더욱더 성장할 것이다"(Vasapollo 2003).

〈맥킨지 세계 연구소〉Mckinsey Global Institute, MGI는 시장환율적 접근과 대립적인 구매력 평가purchasing power parity, ppp를 이용하여 유럽연합의 산업이 미국에 뒤지고 있다는 것을 보여주었다. 사실, 루이스에 따르면 [이것은 지금도 여전히 그러하다. 각각의 핵심적인 산업 부문에서, 미국의 생산성과 생산성 성장은 유럽연합의 그것보다 최대 30%까지 더 높다(Lewis 2004 : 51).[6]

유럽연합과 미국 자본주의 기업들의 상대적 생산성(그러므로 수익성)[7]에 관한 이러한 논쟁의 영향을 받아 이 문제에 상당한 책임이 있다고 여겨지던 유럽연합의 복지체계와 마찬가지로, 유럽의 경쟁력은 면밀한 조사를 받게 되었다. 문제의 또 다른 부분은 "시장이 자연스럽게 작동하는 방식에 왜곡"(Lewis 2004 : 56)을 가하는 정부의 경제 개입 — 공공부문의 과도한 규모와 영향력 — 이라는 인식도 있었다. 이러한 우려들은 미국에 비해 유럽의 노동에게 10~15% 더 큰 비용을 부가하는 것으로 추정되는 복지체계와 사회적 임금에 대한 또 다른 공격으로 이어졌다.[8] 사

---

6. 루이스는 "생산성"을, 소비자에게 제공된 재화 및 서비스를 생산하는 데 사용된 노동시간과 자본의 양에 대한 그것들의 가치의 비율로 정의한다. 루이스가 보여주는 바와 같이, 노동생산성(노동에 대한 단위 투입량당 재화 및 서비스의 산출량)은 유럽연합이 더 높을지도 모르지만, 자본의 생산성은 서비스와 산업 모두에서 미국이 더 높다. 그러나 이러한 분석의 문제는 루이스가 국가와 노동비용(최저임금법, 사회적 수당 등으로 인해 유럽연합의 노동비용은 매우 높다)에 의한 시장 간섭에 있어서의 싱대직 차이들뿐만 아니라 (일반적으로 자본의 기능으로 여겨지는) 관리와 기술 또한 변수로 포함시킴으로써, 생산성 성장에 대한 자본과 노동의 기여를 섞어 버리거나 혼동한다는 데 있다.
7. 〈맥킨지 세계 연구소〉가 수행한 연구에 따르면(Lewis 2004: 85), 미국은 일본의 자동차, 공작기계, 소비자 전자 제품과 네덜란드의 소액 거래 은행을 제외한 거의 모든 산업 분야에서 가장 높은 생산성을 보여주고 있다.
8. 각국의 생산성과 부의 차이의 원천에 관한 십년간의 연구 결과를 출판한 〈맥킨지 세계 연구소〉는 신자유주의적 정책결정자들에게 복지국가를 공격하는 데 쓸 수 있는 상당한 양의 자료를 제공해주었다. "명예 소장"인 "빌" 루이스의 가장 최근의 작업에서, 〈맥킨지 세계 연구소〉는 브라질의 이냐시오 "룰라" 다 실바 정부 같은 "포퓰리즘적" 정부들

	GDP(2001)	1981-1990	1991-2000	1997	1998	1999	2000	2001	2002	2003
세계	33.9	3.0	2.6	3.4	2.1	2.9	3.9	1.2	1.7	2.3
유럽연합	9.8	2.4	2.0	2.5	2.8	2.7	3.6	1.5	1.0	1.5
미국	9.0	3.2	3.2	4.4	4.3	4.1	3.8	0.3	2.4	2.5
일본	5.7	4.1	1.4	1.8	-1.2	0.2	2.8	0.3	-0.3	0.6
신흥공업국	0.6	7.4	6.1	6.3	1.1	5.1	7.8	-1.4	2.8	3.3
중국	1.1	9.3	10.1	8.8	7.8	7.0	8.0	7.3	8.0	-
러시아	0.4	1.5	-4.0	0.9	-4.9	5.4	9.0	5.0	4.1	-
라틴아메리카	1.9	1.1	3.3	5.2	2.0	0.2	0.5	3.5	0.3	-0.9

표 8.6 세계의 실질 GDP 성장, 1981~2003 (1995년 가격과 환율 기준 GDP, 연평균성장률; 단위 : %)
(출처 : 세계은행 2004 : A8, p. 189.)

회보장과 의료체계의 사유화가 이러한 문제들을 해결하는 데 도움이 될 것이라는 주장이 제기되었다. 그것은 전 지구적 경쟁에서 도움이 될 공적·사적 자본의 거대한 풀pool을 "자유롭게 할" 것이고, 미국 달러화에 비해 유로화를 강화시킬 것이며, 갈릴레오 위성 시스템Galileo satellite system, "유럽군"European Army과 같은 전략적 프로젝트들을 위한 기금 마련에 도움이 될 것이라는 것이었다.

생산적 투자를 위한 재정 자원을 만들기 위해서는, 국가 소득에서 노동자와 가구가 차지하는 몫을 삭감하고, 이 소득을 자신의 저축으로 투자하는 경향이 강한 개인들의 집단에게 돌림으로써 공공 부문의 몸집을 줄이고 노동-자본 관계의 구조를 변화시키는 것이 필수적이다. 현재

이 시행하는 "가난의 정치"(politics of poverty)를 겨냥하는데, 룰라 정부는 루이스가 정부 세입 중 과도한 부분(11.3%)을 차지한다고 생각하는 액수를 사적 부문과 공공 부문의 피고용자들을 위한 복지 및 정부 운영 연금체계에 지출하고 있다(Lewis 2004 : 275). 루이스는 1913년 미국 정부가 복지와 연금에 지출한 GDP의 0.6%와 이것을 비교한다. 추측건대, 미국이 보여주는 낮은 수준의 사회적 지출(과 가난의 정치)이 미국으로 하여금, 비시장적 활동과 복지에 대한 지출이라는 진창에 빠진 브라질과 같은 국가들에게는 허락되지 않은 경제적·사회적 발전 프로그램에 투자할 충분한 자본을 축적할 수 있도록 해 주었을 것이다.

유럽의 노동은 여전히 국가소득 중 상당 부분 — 어떤 곳에서는 30%에서 40%에 이르기도 한다 — 을 차지하고 있는데, 신자유주의 이론가들에 따르면 이 부분은 생산적 투자에는 적합하지 않은 저축 풀을 제공한다. 생산적 투자 혹은 자본 형성의 상대적 비율이 결정적으로 중요하다. 그것은 유럽연합보다는 미국에서 더 높지만, 두 지역의 평균 비율은 동아시아, 특히 이 비율이 국민총생산의 44%라는 놀라운 수준에까지 다다른 중국의 투자율과 비교될 수 없다. 로렌스 서머스Lawrence Summers(2004)는 낮은 국가 저축률(과 생산적 투자율)을 오늘날 미국 경제의 근본적인 문제로 본다.

루이스(2004)에 따르면 저축률과 투자율에 있어서의 이러한 차이가, 1990년대 미국 경제의 상대적으로 우월한 성과와 중국 경제의 전례 없는 성장률 — 1990년대 동안 평균 10% — 을 설명해 준다(표 8.4). 이러한 성장의 엔진은 바로 엄청나게 저렴한 노동이라는 연료를 공급받은 세계무역이라고 알려져 있다. 그러나 이 값싼 노동은 국가소득이 더 높은 저축률과 투자율의 형태로 집중된 것의 반영이자 또 다른 측면이다. 중국의 경우, 엄청나게 저렴한 노동 비용은 또한 발전 기금과 신용 자원에 대한 강력한 정부 통제를 반영하는데, 그것은 정부로 하여금 40%가 넘는 국가 저축률과 이 저축의 생산적 투자를 자극할 수 있도록 하였다. 금융에 대한 정부의 이러한 통제는 의심의 여지없이 중국이 달성한 높은 경제성장률의 결정적 요인이다. 이처럼 미국 경제는 바로 노조에 의해 보호되고 정부에 의해 응석받이로 길러진 유럽 노동의 과도한 경직성으로 인해 유럽 경제를 능가하는 성과를 거두어 왔다. 이러한 조건 하에서, 유럽의 노동자들은 미국의 노동자들보다 더 짧은 시간을(1년에 360시간까지 적게) 노동하고, 소득분배를 돕기 위한 것으로 의도된 것이지만, 루이스(2004 :

56)에 따르면 "미국과 비교하여" 상당한 "경제적 불이익"을 제공하고 저숙련 노동자의 높은 실업률로 귀결되는 높은 최저임금과 같은 더 많은 수당을 받는다. 실제로 미국 경제의 겉보기에 우월한 성과를 거의 완벽하게 설명해 주는 것은 생산성이 아니라 1인당 노동에 있어서의 이러한 차이이다.9 그러므로 유럽 노동자들이 경험하는 더 나은 조건은 그것이 투자율에 미치는 악영향만큼 생산성에 좋은 영향을 미치지는 않는다. 이윤은 이 투자율에 의해 제약되고, 투자율은 국가 저축률에 의해 제약된다.

두 번째 클린턴 행정부의 재무 장관이었던 로렌스 서머스(2004 : 47)에 따르면, 국민총생산의 "놀라울 정도로 큰" 부분인 5%에 달하는 경상수지 적자에 반영되어 있는 미국 정부의 "지출 중독"(해외 차관)과 "저축 위기"가 오랫동안 미국 경제를 특징지어 왔던 "경제적 선순환"의 기반을 침식하고 있다. 이는 미국이라는 세계 경제의 엔진이 "연료가 바닥나기" 시작했다는 것과 그것이 잠재적으로는 미국의 손길이 닿는 세계 전체에 심각한 악영향을 끼칠 것이라는 사실을 의미한다. "국가적 저축 위기"는 또한 무역전쟁에 불을 붙여서, "미국 경제에 혜택"을 그토록 많이 가져다 주었던 "세계화" 정책의 폐지로 이어지게 될 수도 있다. 중국과 아시아에

---

9. 루이스와 그 밖의 사람들이 주장하는 바처럼 유럽이 미국에 뒤처지고 있는가 아닌가의 문제는 논쟁적인 이슈이다. 지식인들과 정치적 우파들이 매우 존중하는 『이코노미스트』나 『뉴 리퍼블릭』(New Republic)과 같은 저널의 기사들은 GDP와 노동시간에 관한 널리 공표된 OECD의 통계를 인용하여, 루이스와는 반대로 프랑스, 독일 그리고 몇몇 북유럽 국가들의 생산성이 미국의 생산성보다 ─ 5~10% 정도 ─ 더 높다는 결론을 내려 왔다. 그 기사들은 이로부터 한 국가의 생활수준을 측정하는 데 사용되는 기본적인 지표인 1인당 GDP에 있어서의 미국의 우월함은 미국인들이 1인당 더 많은 노동을 한다는 사실에 의해 설명될 수 있다는 결론을 도출한다. 이는 미국인들보다 더 많은 수의 유럽인들이 물질적 생활수준보다 여가시간을 더 선호하고 그것을 선택한다는 사실을 함의하거나, 혹은 ─ 실업률의 차이(유럽이 미국보다 두 배 가량 더 높다)에 반영되어 있듯이 ─ 유럽인들이 일자리를 찾기 어렵다는 사실을 함축한다.

비해 낮은 국가 저축 수준과 이에 따른 해외 차관 의존의 증대는 미국 경제 전체와 미국 국민들의 번영을 위기로 몰아넣고 있다. 서머스에 따르면, 미국 경제는 여전히 세계 경제의 가장 중요한 성장 "엔진"이지만, "세계 경제가 미국이라는 엔진 하나만으로 영원히 날 수는 없다"(2004 : 47). 이처럼 미국의 지배적 지위는 심각하게 도전받고 있으나, 미국이 자신의 전 지구적 지배를 유지하고자 한다면 미국은 위험을 무릅쓰고라도 이 도전을 무시할 것이다.

유럽연합 내부의 침체된 생산, 둔한 생산성 성장 그리고 유럽의 생산물을 소화할 수 없는 포화된 혹은 취약한 시장에도 불구하고, 유럽연합이 자신의 경제회복을 도모하기 위해 "미국의 회복"에 의존한다면 그것은—유럽의 관점에서 보았을 때—분명한 실수가 될 것이다. 사실, 마리오 디 글리오Mario Deaglio와 로버트 솔로우Robert Solow가 주장한 바와 같이(Baily 2001), 유럽은 미국의 경제회복 가능성에 의존할 수 없으며, 그것은 심지어 유럽의 회복을 저해할 수도 있다. 어떠한 경우에도 유럽과 미국의 경제회복은 모두 신흥 시장 및 다른 곳, 특히 중국의 발전에 의존하게 될 것이다. 미국과 유럽연합 모두 중국과의 빚을 청산해야 할 것이다.

유로화와 달러에 무슨 일이?

처음부터 미국 정부는, 세계 경제의 기본 거래 수단인 달러를 대체할 수도 있는 유로화의 출현에 반대했다. 미국의 정책결정자들은 유럽 단일시장이라는 생각을 받아들이고 환영까지 했지만, 유럽의 화폐통합은 언제나 두려워했다. 그것이 미국 달러를 약화시키고 전 지구적 경제의 준비통화reserve currency라는 달러의 역할을 축소시킬 것이기 때문이다.

1985년에서 1995년 사이 미국 정부는 세계시장의 경쟁자들과의 싸움에서 환율을 주된 무기로 사용하는 쪽으로 선회했다(Brenner 1998). 금에 대한 고정 교환 비율에서 미국 달러를 분리시킴으로써 브레튼우즈 세계 질서의 기둥 하나를 일방적으로 철거해 버렸던 1971년에도 미국은 그렇게 했었다. 그러나 아글리에타(1982)가 매우 상세히 분석한 바와 같이, 수출 증진을 위한 환율 조작과 주기적 "평가 절하"devaluation가 제국주의 간 무역 경쟁에서 큰 차이를 만들어 내지는 못한 것으로 보인다. 그러나 1985년 이후 이 정책은 다른 구조적 변화들, 특히 노동 비용의 절감(독일이 3%, 일본이 2.9%의 증가율을 보인데 비해 미국은 연평균 0.5% 증가하였다) 및 그에 따른 생산성 증가와 결합되어 미국의 생산과 수출을 상당히 증가시켰다(표 8.2와 표8.3). 그 결과 1985년에서 1995년 사이에 미국은 국가 경상수지 적자의 증가에도 불구하고 주요한 경쟁자들(일본과 독일)에 맞서 약간의 기반을 회복했다. 이러한 회복은 수익성 회복과 긴밀히 결합된 약간의 생산성 성장으로 나타났다.

이러한— 처음에는 독일 마르크 및 엔, 1990년 후반에는 유로화와의— 화폐 경쟁이라는 문제와 관련하여, 윌리엄 클라크William Clark는 "2000년 말 사담 후세인이 이라크의 100억 달러에 이르는 준비금을 유로화로 전환하기로 결정했을 때, 그는 자신에 대한 사형 선고에 서명했다"고 말한다. 그 시점에 "부시의 두 번째 걸프전은 불가피하게 되었다 …… 달러가 자신의 기반을 유지할 수 있는 능력이 위태로워졌기 때문이다 …… 미국이 처방책을 재빨리 찾아내지 못했다면, 불은 미국 경제 전체와 세계 무역으로까지 번져나갔을 것이다"(Clark 2003).

1996년 2월, 헬무트 콜Helmut Kohl 전 독일 총리는 루뱅 대학University of

Leuven에서의 연설에서 다음과 같은 말로 이와 동일한 우려를 표명하였다. "유럽 통합의 정치는 사실상 21세기의 전쟁과 평화의 문제입니다." 18개월 후, 미국의 네오콘 경제학자이자 조지 부시 주니어의 고문인 마틴 펠트스타인Martin Feldstein은 『포린 어페어』Foreign Affairs 에 기고한 글에서 이 문제를 미국 외교 정책의 관점에서 다시 한 번 다루었다. 펠트스타인(1997)이 생각한 바와 같이, 유로화의 도입은 "유럽의 국가들과 미국 사이뿐만 아니라 유럽 국가들 자체 내에서도 불화와 전쟁을 야기할 것이다." 이탈리아의 가장 유력한 경제 일간지와의 인터뷰에서 펠트스타인은 이 주장을 다시 한 번 확인한다. "나는 경제 및 화폐 통합의 도입으로 …… 전쟁의 위험이 감소하기보다는 증가할 것이라고 확신합니다. 내가 미국 정부에게 유럽과의 관계의 심각한 불안정화와 충돌의 관점에서 외교 정책에 대한 전반적인 접근을 수정할 것을 권하는 것은 바로 이러한 이유 때문입니다"(Vasapollo 2003).

브레튼우즈 세계 질서의 수립 이래로, 세계 경제는 금융 흐름을 통제하는 수단으로서 달러에 의존해 왔다. 유로존euro zone의 출현 및 확장과 함께 달러의 중심성은, 적어도 미국과 유럽이라는 두 개의 극이 공존하면서 새로운 균형 지점 혹은 충돌 지점을 찾아내야만 하는 체제에 자리를 내준 채 종언을 고할 수밖에 없다. 이러한 맥락에서, 몇 개의 경제 및 통화 지역(무엇보다 ALCA와 유럽연합)들로 세계가 분할되고 전 지구적 경제에서 달러의 역할이 약화되는 현상은, 부분적으로는 자본시장의 탈규제화 압력과 그로 인한 (1992년 유럽, 1995년 멕시코, 1997년 아시아, 1998년 러시아 그리고 1999년 브라질에서와 같은) 금융위기 경향이라는 결과로 구체화되고 있다.

『유에스 뉴스 앤 월드 리포트』US News and World Report 와의 인터뷰에서 매들린 올브라이트Madeleine Albright(2003) 전 미국 국무장관은 "다음 세기에 새로운 경제(와 통화) 그룹들은 과거의 군사 동맹들에 상응하는 것이 될 것입니다"라고 말했다. 그녀가 옳다면, 그리고 그것이 사실이라면, 미국과 유럽은 같은 군사 동맹의 일부가 될 수 없으며 또한 되지 않을 것이다. NATO 내부에서 일어나고 있는 일, 그리고 유럽군 창설을 위한 기획과 프라하 정상회담에서 미국과 영국이 제안한 NATO 대응군 Reaction Force 사이의 경쟁은 미국과 유럽 간의 전략적 분열이 중동과 같이 매우 중요한 지역의 안정성 관리와 물질적 이해관계에까지 확장되는 것은 매우 당연하다는 사실을 확인시켜준다. 월포위츠, 럼스펠드 등에 의해 선언된 "새로운 미국의 세기"는 폐허 위에, 심지어 아마도 전략적 경쟁자들의 피 위에 세워질 수밖에 없을 것이다.

워싱턴의 부시 정권에게는 유감스럽게도, 이러한 가능성에 대한 자각이 유럽의 일부에서 출현하면서 주요한 경쟁적 노력, 특히 경제성장의 근본적 동력원은 아니라 하더라도 추동력으로 간주되는 생산 기술에 있어서의 노력에 박차가 가해지고 있는 것으로 보인다. 이와 동시에 이러한 경쟁적 노력과 헤게모니를 향한 미국의 충동이 갖고 있는 한계를 정확하게 평가하는 것이 중요하다. 미국과 유럽 모두 쉽게 체제를 해체시키지는 않을 것이다. 사실, 유럽과 미국 사이의 대서양을 가로지르는 관계의 종말에 관한 보고들은 지나치게 과장되어 있다. 조지 W. 부시로부터 비롯된 현상들에도 불구하고, 유럽 권력과 미국 권력의 국제적 상호이해는 대서양을 가로지르는 제국주의 간 충돌의 조건을 훨씬 능가한다. 오랫동안 세계 지배의 전리품을 나눠가져 온 미국과 유럽연합은 틀림없이 서로의 차이를 연결하여, 한 세기가 넘도록 세계를 지배해 온 더 커다란 북대서양 헤게모니를 유지할 수 있는 방법을 찾을 것이다.

기술 경쟁 : 양날의 칼

유럽연합은 미국의 기술적 패권으로부터 독립하려고 노력하고 있다. 인공위성, 우주 산업, 군수물자 생산에서의 경쟁은 이미 치열하다. 이것은 전 지구적 경쟁의 결정적인 측면이다.[10]

2002년 3월초, 이탈리아 시간으로 오전 2시 7분, 유럽의 기술로 생산된 인공위성 — '엔비샛'Envisat — 이 프랑스령 기아나Guiana — 라틴아메리카에 남아있는 마지막 프랑스 식민지 — 의 쿠루Kourou에 설치된 발사대를 둘러싼 적도 지대의 삼림으로부터 이륙했다. '엔비샛'은 유럽우주국 European Space Agency, ESA이 궤도로 진입시킨 가장 크고 무거우며 비싼 인공위성이다. 이전에 동일한 유형의 로켓 발사에 실패했었기 때문에 기술자들과 과학자들은 매우 걱정했다.

'엔비샛'은 그때 이후로 지구 주위를 돌고 있다. 그것의 공식적인 임무는 환경 감시 등 비군사적이며 과학적인 성격을 지녔다. 실제로 스칸디나비아와 이탈리아에 있는 기지들에서 수집한 엔비셋의 데이터는 민간 부문들에 팔릴 수도 있다. 그러나 '엔비샛'은 무엇보다도 미국-유럽연합 관계에 영향을 미칠 것이다. 일례로, 이 프로젝트에 참여하고 있는 최고 기술자 중 한 사람은 "이 인공위성이 교토 의정서 시행을 관할하는 기구들이 요청하는 자료를 실시간으로 제공할 수 있는 유일한 인공위성"이라고 말한다. 지구 환경에 관한 교토 의정서와 그것을 시행하겠다는 합의문에 대한 미국의 서명 거부는 미국-유럽연합 상호관계에서 점증하

---

10. 〈경제-사회 변화 연구센터〉와 그것이 발행하는 저널인 『프로떼오』(*Proteo*)(Rappresentanze Sindacali di Base[RdB]와 공동편집)는 이러한 전 지구적 경쟁의 동역학과 그것이 이탈리아에 미치는 영향을 3년 넘게 분석해 왔다.

고 있는 분쟁의 원인들 가운데 하나이다.

'엔비샛' 덕분에 브뤼셀은 미국의 위성 시스템이 제공하는 데이터에 의존하지 않고도 미국이 교토 의정서를 준수하지 않은 결과들을 증명할 수— 그리고 세계에 고발할 수— 있을 것이다. 유럽 우주국 사무총장 안토니오 로도타Antonio Rodotá가 인정한 바와 같이, 2002년에서 2006년에 걸친 기간 동안 유럽 우주국은 **"우주를 더욱 철저하고 효과적인 방식으로 개발하고 이 기술들을 산업 및 연구의 강점들 가운데 하나로 만들기 위해"** 유럽의 거대한 전략적 프로그램을 계획하고 있다. 로도타는 현재 유럽이 발사 시장과 위성 시장의 50%를 점유하고 있고, 유럽의 기술적 경쟁력이 결코 미국의 그것에 비해 열등하지 않으며, 유럽의 인공위성 발사 성공률이 미국보다 더 높다고 덧붙여 말했다(「유럽의 우주산업에 대한 거대한 도전」, 『솔레 24 오레』 *Sole 24 Ore*, 2001년 11월 28일).

발전된 신기술을 위한 제국주의 간 경쟁은 착착 진행되고 있다. '엔비샛'이 발사된 것과 거의 같은 시점에 유럽연합은 "위성통신 분야에서 미국에 대한 유럽의 의존도를 감소시키는 것"(『코리에레 델라 세라』 *Il Corriere della Sera*, 2003년 9월 19일)을 명시적 목표로 하는 인공위성 프로젝트 갈릴레오에 착수했다. 그것이 미국을 겨냥한 전략적 무기로 고안되었다는 점에서 갈릴레오 프로젝트에 관한 소식은 충분히 놀라운 것이었다. 그러나 정말로 전 세계와 미국의 이목을 끌었던 것은 중국의 "참여"에 대비한다는 유럽연합과 중국 간의 협정이었다.

2002년 3월 26일 유럽연합의 교통부 장관들은 갈릴레오 프로젝트를 승인했고 2003년 3월 프로젝트를 위한 사무실이 독일에 차려졌다. 그것은 원래 이탈리아에 자리 잡을 예정이었으나 이 계획은 베를루스코니 Berlusconi의 친미주의로 인해 폐기되었다. 그의 그러한 태도가, 이탈리아 정부가 미국과의 경쟁에 있어 신뢰할 만한가 하는 심각한 의문을 불러일으켰기 때문이다.

지금까지 전 세계의 인공위성은 미국의 위성 위치추적 시스템(이하 GPS) 위성이거나 러시아의 글로나스Glonas였다. 글로나스는 소련 시절에는 미국의 것보다 더 훌륭했지만 지금은 다소 좋지 않은 상황에 있다. 두 시스템 모두 핵미사일을 목표물까지 유도하기 위해 고안되었다. GPS는 미군에 의해 관리되고 24개의 인공위성 시스템에 의존한다. 군에 의해 관리되고 있기 때문에 GPS에의 접근과 활용은 금지되거나 제한될 수 있다. 이는 유고슬라비아 폭격 당시, 좀더 최근에는 이라크 전쟁 동안 실제로 벌어진 일이다. 그러므로 GPS는 온전한 민간 위성항법체계라고 볼 수 없다. 알레니아 스파찌오Alenia Spazio사社의 이사의 말에 따르면 "GPS는 군에 의해, 군을 위해 만들어졌다. 우리는, 사용을 요청하고 그에 대한 [미국의] 친절한 [연장될 수도 있고 되지 않을 수도 있는] 허가가 있을 때에만 그것을 사용할 수 있다. GPS는 민간 이용에 적확하지도 [또한 적합하지도] 않다. 핵탄두를 발사할 때, 100미터 차이가 뭐 그리 중요한 것이겠는가?"(「갈릴레오의 도전, 유럽의 손에 있는 전지구적 GPS」, 『아파리 에 피난자』Affari e Finanza, 2002년 1월 21일).

갈릴레오 프로젝트와 관련하여, 『이탈리아 국방 평론』Rivista Italiana Difesa의 편집자인 안드레아 나티비Andrea Nativi는 그것이 "유럽의 기술과 디자인의 산물"이라는 것을 지적한다. 그러한 것으로서 갈릴레오 프로젝트는 "이론의 여지가 없는 GPS의 독점을 깨뜨릴 뿐만 아니라 그것보다 더욱 효과적이고 정확할 것이다. 미국이 그것을 가만히 보고만 있지 못하는 것은 놀랄 만한 일이 아니다." 이러한 맥락에서 유럽 사회에서는 2003년 초 미국 국방 장관 럼스펠드가 쓴, 갈릴레오 프로젝트에 대해 강한 반대를 표현한 격한 편지에 관해 많은 말들이 있었다(「갈릴레오에 반대하는 미국의 전쟁」, 『아파리 에 피난자』, 2003년 4월 14일).

이처럼 갈릴레오 프로젝트는 인공위성 분야에서 미국의 기술적 독점에 도전하고 그것을 대체하기 위해 시작된 것이다. 갈릴레오는 GPS 시스템보다 "더 많은 것을 더 잘 할" 뿐만 아니라 비용면에서도 더 경제적이고 효율적일 것이다. 유럽의 전문가들에 따르면 갈릴레오는 2020년경까지 39억 달러의 비용 대비 178억 달러의 소득을 벌어들일 수 있을 것이다. 이에 따라 사적, 공적 투자자들은 15년에 걸쳐 상당한 수익을 얻을 수 있으리라는 전망과 함께 이 프로젝트에 자금을 제공하도록 요청받았다.

한 전문 잡지는 유럽이 미국에게 정치적이고 외교적인 면에서만 적대적으로 비춰지는 것은 아니라고 보고한다. "9월 11일 이후 미국-유럽 연합 관계를 증가된 경제적, 산업적, 정치적 경쟁의 견지에서 재규정하는 것을 목표로 하는 정치적 움직임이 일어났다 …… 지난 수십 년과 달리 미국에서 유럽에로의 기술 이전은 더 이상 보장되지도, 당연한 것으로 여겨지지도 않는다"(「"기술의 힘", 알파를 보완하다」, 『솔레 24 오레』, 2002년 3월 22일).

로마의 〈경제-사회 변화 연구센터〉는 군사 기술에 있어서 다수의 유럽 국가들(특히 프랑스)과의 어떠한 형태의 협력도 배제한다는 내용이 담긴 펜타곤 기밀문서의 존재를 보고했다. 이러한 이유로 갈릴레오 프로젝트는 대서양을 가로지르는 관계에 큰 돌처럼 굴러 떨어졌다. 이 돌은 농업 보조금과 철강 수입 관세처럼 갈등의 소지가 많은 사안들보다 훨씬 더 무겁다.

럼스펠드의 위협적인 편지보다 훨씬 더 전에 갈릴레오 프로젝트에 대해 포문을 열었던 미국 행정부의 반응으로부터, 관건이 되고 있는 바에 대한 어떤 생각을 추론해볼 수 있다. "만류"의 편지는 2001년 12월 라켄Laeken에서의 유럽 정상회담 전날에 이미 도착했다. 그 편지에서 국무부는 유럽의 파트너들에게 GPS가 존재하는 상황에서 갈릴레오 프로젝트를 진행하는 것이 얼마나 무의미한지를 설명하고 미국 시스템의 관리에 유럽인들이 동참할 것을 권유했다. [이것이] 약간은 효과가 있기도 했다. 과도한 비용이 든다는 핑계로, 충실한 영국이 프로젝트로부터 빠졌고 그 다음으로는 독일, 덴마크, 오스트리아, 네덜란드, 스웨덴이 프로젝트에서 철수했다. 그러나 2002년 3월 초, 독일과 네덜란드는 입장을 바꿔 프로젝트를 지원하기로 하였다. 언제나 베를린이 무엇을 바라는지에 민감한 비엔나와 코펜하겐은 문제를 재고再考하였다.

정확히 3일 후인 3월 6일, 모든 국가들의 외무부에 미국 행정부로부터 새로운 편지가 도착했다. 이 편지에서 미국은 갈릴레오가 오직 민간 목적으로만 사용되어야 한다고 "요구했다." 다음날 조지 W. 부시는 GPS 시스템이 동일한 서비스를 무료로 제공할 것이라고 공언하고 갈릴레오 프로젝트를 완전히 거부함으로써 친히 압력을 가중시켰다.

3월 8일 EC의 대변인인 조나단 파울Jonathan Faull은 갈릴레오 프로젝트의 유용함을 강조하고 하나의 시스템만을 갖는 것은 유럽의 이해에 부합하지 않음을 다시 언급하는 것으로 이에 응답했다. 그는 "우리는 독점을 좋아하지 않는다"라고 선언했다(「부시, 갈릴레오를 반대하다」, 『마니페스토』Il Manifesto, 2002년 3월 10일).

그러나 미국은 단념하지 않고 갈릴레오의 창설을 공동으로 통제하기 위해 군사 전문가들로 이루어진 위원회가 구성되어야 한다고 요구했다. 이러한 최후통첩 앞에서 스페인과 이탈리아의 "제 5열" 덕분에 유럽의 단결에 균열이 일어나기 시작했다. 이 제 5열의 활동에는 핀메카니카

Finmeccanica 그룹이 결정적인 역할을 했다(Vasapollo 2003).

미국의 강력한 로비에도 불구하고 2002년 3월 16일 유럽연합은 갈릴레오 프로젝트의 진행을 결정하고 독일을 프로젝트의 주도국으로 선정했다. 2008년이면 30개의 인공위성으로 구성된 시스템이 작동하게 될 것이고, 그것이 위성항법 분야에서 유럽으로 하여금 미국으로부터 독립할 수 있도록 만들어줄 것이다. 이탈리아 신문이 말한 바와 같이 그것은 "위성항법 분야에 있어서 미국의 독점을 깨뜨릴 것이다."

EC 의장인 로마노 프로디는 열흘 간에 걸쳐 이루어진 진술들에서 갈릴레오 프로젝트의 정치적, 전략적, 시대적 중요성을 종합적으로 이야기했다. 우선 그는 "문제는 비용이 아니다. 오히려 우리는 우리가 독립을 원하는지 그렇지 않은지를 결정해야만 한다"고 말했다. 그리고 나서 그는 "철강에 있어서뿐만 아니라 이 문제에 관해서도 미국의 입장은 정당화되기 어렵다. 우리는 그들에게, 즉 우리가 통제할 수 없고, 자주 중지되거나 수정되며, 여하튼 군 당국에 의해 통제되는 시스템에 의존하라고 요구받고 있다"고 이야기했다. 마지막으로 프로디는 유럽 해방의 과정이 이미 시작되었으며, 이탈리아의 주요 일간지가 보도한 바와 같이 "그것은 분명히 단일 통화의 탄생과 어떤 연관을 가진 하나의 과정"이라는 사실을 강조했다(「갈릴레오, 미국에 대한 유럽의 도전」, 『코리에레 델라 세라』, 2002년 3월 27일).

항공우주산업과 군수산업 : 격렬한 전 지구적 경쟁

550석 규모의 "수퍼 점보" A380 덕분에, 유럽의 컨소시엄 에어버스 Airbus는 미국의 항공기 제조사인 보잉Boeing의 독점을 가까스로 능가했다. 사실, 2001년 에어버스는 367대의 항공기 생산을 주문받았는데 이는 보잉보다 32대 더 많은 것이었다. 게다가 유럽 항공 산업이 미국을 추월한 이 역사적인 사건은 이 분야의 세계적인 위기와 9/11의 영향으로 인해 전 세계적으로 주문량이 급감하는 국면에서 일어났다. 1998년에 보잉은 630대의 항공기 생산을 주문받았으나 2001년 주문량은 거의 반으로 줄었고 2002년의 주문량은 대세를 확인시켜 주었다. 미국의 또 다른 거대 항공사인 맥도넬-더글라스McDonnell-Douglas를 인수했던 보잉이 에어버스에게 추월당한 것은 유럽연합 항공산업의 성장을 공고히 했으며, 이는 보잉으로 하여금 민간 항공기 부문의 노동력을 감축하고 군용 항공기 제조로 무게중심을 돌리지 않을 수 없도록 만들었다. 군사 부문의 주문은 펜타곤의 알선 덕분에 증가 추세에 있다. 50여 년간 지속되었던 민간 항공 부문에서의 미국의 독점은 갑자기 과거의 일이 되어 버렸다(『아파리 에 피난자』, 2003년 6월 30일).

2002년 EC는 미국의 항공사들에 맞서기 위해 공공연하게 보호주의적인 규정을 제출했다. 그 규정은 9/11 이후 미국 항공사들에게 주어진 비합법적 보조금을 상쇄하기 위해 유럽 영공 접근에 대한 세금 징수를 규정하고 있다. 미국의 보조금은 항공 교통량 20% 감소라는 위기에 직면한 항공 산업에 원조를 제공했었다.

미국과 유럽연합의 경쟁이 제동장치 없이 일반화되고 있다는 사실을 보여주는 또 다른 징표는 이탈리아의 알레니아Alenia(핀메카니카 그룹)의 사례에서도 찾아볼 수 있다. 2001년 12월, 핀메카니카의 이사회는 유럽 에어버스 A380 프로그램에 참여하기로 결정했다. 4%의 지분을 가진 핀메카니카는 유럽 EADS(유럽항공방위우주산업) 및 영국의 BAE-시스템즈와 함께 위험을 분담하는 파트너가 될 것이었다. 핀메카니카와 이들 두 회사는 또한 세계에서 두 번째로 큰 미사일 그룹인 MBDA의 지분 25%를 공동으로 소유하고 있다. MBDA의 프랑스 대표인 브레지에 Brégier는 협정을 소개하면서 "미국인들이 유럽에서 엄청나게 팔고 있는데 반해, 유럽의 상품들에게 다소 배타적인" 미국 시장에 침투하고자 하는 의도를 숨기지 않았다(「알레니아, 슈퍼점보에 활기를 불어넣다」, 『솔레 24 오레』, 2001년 12월 20일).

미국은 "유럽의 분리"를 제지하려고 한다

2002년 9월말, 중국이 갈릴레오 프로젝트에 막대한 투자를 하기로 결정했다는 소식이 전해졌다. 『파이낸셜 타임즈』는 새롭게 출현하고 있는 중국과 유럽연합 사이의 매우 중요한 전략적 동맹을 굳건히 해 줄 2억 3천만 유로에 대한 기사를 실었다. 분명히 미국은 우려하고 있었다. 미국의 관리들은 자신들의 GPS 시스템을 유일하게 효율적인 것으로 여기고, 갈릴레오는 단지 복제품에 불과하다고 생각한다. 그러나 유럽연합 협정은 중국과 유럽의 다국적 기업 모두에게 엄청난 이익을 가져다 줄 것이었다. 그것이 중국의 민간 및 군사 통신시스템을 대폭 개선시킬 것이고, 이러한 개선은 유럽의 기업들에게 이윤을 가져다 줄 주문으로 이어질 것이기 때문이다.

요컨대, 유럽연합은 자본주의적 지구화 과정 속에서 자율적으로 팽창하고자 하는 그들의 의도를 보여주었다. 한편 중국은 신흥 시장이자 독립적인 산업 대국인 동시에 경제 강국으로서 자신이 가진 힘을 완전하게 행사하려 한다. 그러므로 유럽연합과 중국 사이에 출현하고 있는 연합은 전략적인 지정학적, 경제적 중요성을 가질 수 있으며 미국의 강력한 경쟁자가 될 것이다. 또 하나의 중요한 발견은, 기술적으로 매우 발전된 방위산업과 항공우주산업 분야의 경쟁이 협잡, 지분 거래, 산업 프로젝트에서의 포섭, 정부의 압력, 보호주의적 조치 등의 맥락 속에서 이루어진다는 사실이다. 매우 분명하게 드러나고 있는 것은, 미국에 기반한 다국적 기업들과 미국 행정부가 이용가능한 모든 수단을 동원하여, 미국의 기술과 군사 정책으로부터 독립적인 유럽 군산복합체의 형성을 저지하고자 애쓰고 있다는 것이다.

유럽인들은 성공할 것인가?

갈릴레오 프로젝트, 인공위성 시스템, 군사기술에서 확실한 위치를 추구하고 있는 유럽인들의 결정을 고려하면, 그들은 성공할 수도 있을 것 같다. 그러나 미국 헤게모니와 관련된 이해관계를 고려한다면, 에어버스 수송기들이 충돌하거나, 인공위성이 불가해하게 고장나거나, 톨로사Tolosa에서처럼 추진체 공장들이 알 수 없는 이유로 폭발하거나, 관료들과 기업인들이 "알 수 없는 테러리스트의 공격"의 희생양이 되는 일을 생각해 볼 수도 있다. 최근의 사건들을 주의 깊게 살펴보면 유럽연합과 미국의 경쟁이 일반 대중들이 이야기를 듣거나 일반적으로 이해하는 것보다 훨씬 더 날카롭고, 더 치명적일 수도 있다는 것을 알 수 있다.

유럽은 성장하고 있는 위협인가 아니면 뒤처지고 있는가? 생산성의 문제

1990년경에 분석가들은 미국 경제가 몰락하고 있는지 아닌지의 문제를 두고 심각하게 논쟁을 벌였다. 소련에 의해 구축된 공산주의와 전후戰

後의 위협을 이겨낸 미국이 전 지구적인 경제적 경쟁세력들, 그리고 자신의 제국을 유지하기 위한 비용 때문에 몰락하고 있다는 주장이 전개되었다. 폴 케네디Paul Kennedy(1989)와 레스터 써로우Lester Thurow(1992) 같은 분석가들은 네오콘 경제학자들이 그때나 지금이나 "헐렁한 이야기"loose talk로 치부하는 것에 동참했다. 그 헐렁한 이야기는 미국 경제의 임박한 몰락과 내파內波에 관한 것인데, 그에 따르면 미국 경제는 아시아와 유럽에서 성장하고 있는 경제 권력의 중심들, 그리고 일본과 독일식 자본주의의 우월함과 경쟁할 수 없다. 유럽은 미국의 경제적 지배뿐만 아니라 미국적 삶의 방식에 대한 주요한 도전과 위협을 제기하는 것으로 인식되었다.

십년 후, 논쟁은 결코 해결되지 않았지만, 중국으로 대표되는 잠재적 위협에 대한 새롭고 점증하는 우려를 포함하여 약간의 변화가 있었다. 임박한 미국의 몰락에 관한 새로운 "헐렁한 이야기"들 중 상당수는, 레스터 써로우와 폴 케네디 그리고 로고프Rogoff(2004)처럼 21세기를 유럽의 세기로 보기보다는, 중국을 미국에 대한 새로운 위협으로 지목하였다. 이러한 시나리오에서 일본과 러시아의 역할은 분명하지 않지만, 미국의 힘에 대해 회의적이고 비관적인 (미국의 "숨겨진 약점", "위기를 향한 경향", "제국으로서의 무리수" 등을 우려하는) 새로운 세대는 미래를 내다보기 위해 유럽과 중국 양자를 모두 주목했다.

이제 우리는 어떠한 결론을 내릴 수 있는가? 우선, 우리는 논쟁에 사용되는 용어들을 재구성해야 한다. 한편으로, 분석가들은 유럽연합을 구성하는 경제들과 중국 경제에 대한 미국 경제의 상대적 성과를 지적한다. 여기서 문제가 되는 것은 세 가지 "지표들"이었다. (1) 연평균 경제성장률 — 국민총생산 및 그와 연관된 GDP에 있어서의 연도별 성장; (2) 일인당 GDP의 성장— 총 "생산성"; 그리고 (3) 신자유주의자들이 경제성장의 기본 동력으로 간주하는 세계무역 점유율. 그러나 논점과 관련하여 가장 중요한, 미래 전망의 근본적인 지표는 생산성인바, 그것은 총 산출량(GDP, 국민소득)과 노동 및 자본 투입량 사이의 비율을 규정한다.

사실, 생산성 증가라는 쟁점에 관해서는 윌리엄 루이스William Lewis(2004)가 유럽과 미국에 관하여 제시한 증거에 의해 새롭게 촉발된 논쟁이 있다. 논의를 요약하면 다음과 같다. 써로우와 케네디의 주장이 전개된 바로 그 때인 1990년대 초반 미국 경제는 그들의 주장과는 반대로 유럽연합을 능가하여 월등히 앞서고 있었다. 유럽연합의 생산성은 겨우 미국의 생산성의 70%밖에 되지 않는다(독일에 비하면 80%). 미국 자본의 우월한 생산성은 유럽을 점점 더 뒤처지게 만들고 있다. (대체로 미국과 비슷한 규모인) 유럽연합 경제의 성과와 비교해 보면 미국식 자본주의 모델의 우월함이 드러난다.

자신이 제시한 증거로부터 루이스가 이끌어낸 결론은, 미국 경제는 위기를 향한다고 가정된 경향 위에 양호한 상태로 살아있을 뿐만 아니라, 미제국주의는 "숨겨진 약점"을 갖고 있지 않으며 우리는 "제국으로서의 무리수"— 전 지구적인 경제 권력을 자신이 감당할 수 있는 범위 너머까지 뻗는 것— 에 관해 말을 하거나 글을 쓸 수도 없다는 것이다.

루이스가 제시한 증거와 논변은 얼마나 건고한가? 활용 가능한 증거와 앞선 우리의 논의로부터 몇 가지 결론을 이끌어낼 수 있다. 우선, 미국과 유럽연합의 생산성(GDP 산출량/노동 및 자본 투입량)에 있어서의 추정된 차이는 실제적인 것이라기보다는 표면상의 것이고, 사실의 문제가 아니라 정의定議의 문제다. 루이스는 산출량(GDP) 데이터를 환율보다는 "구매력 평가"의 관점에서 규정하고 비교한다. 그러므로 그는 1990

년대 초반에 강했던 독일 마르크 효과와 최근 몇 년간 달러에 비해 성장하고 있는 유로화의 힘을 고려하지 않고 있다. 또한 루이스는 유럽이 상대적으로 더 높은 노동의 생산성보다는 미국이 상대적으로 더 높은 자본의 생산성을 강조한다.

이러한 차이를 고려하면, 일반적인 사회적 복지를 위하여 시장에서 유래한 소득을 재분배 — 루이스가 "가난의 정치"로 정의한 것 — 할 때 유럽의 국가는 미국보다 훨씬 더 큰 역할을 수행한다. 미국에서 생산성 이익과 생산 성장의 가장 큰 몫은, 일반적으로 자신의 소득을 투자하기보다는 소비해 버려서 저축할 여유가 별로 없는 노동자들과 빈자들보다는 자신들의 저축을 투자하려는 강한 경향을 가진 부자들, 고소득 "수령자들"에 의해 전유된다. 유럽의 정책결정자들은 복지에 좀더 우선순위를 부여하는, 자본주의 발전에 대한 좀더 인간적인 접근법을 취한다. 그래서 앞서 언급된 바와 같이, 유럽의 노동자들은 최저임금, 복지 안전망, 유급휴가 등과 같은 사회적 수당의 형태로 국민소득 중 더 많은 부분을 가져간다. (루이스를 비롯한 신자유주의자들은) 최저임금 정책이 실업을 유발시킨다고 주장하는데, 이는 유럽의 정부들과 노동자들이 더 큰 소득 안정성의 대가로 감당할 준비가 되어있는 비용이다. 유럽에서 더 긴 휴가와 더 짧은 노동시간은 "정당한 것"으로, 즉 정해진 수당 혹은 사회적 임금으로 인식된다. 미국에서는 (노동시장의 작동을 왜곡하는) 최저임금 정책과 같은 사회적 조건 혹은 수당은 기업을 경영함에 있어서 받아들일 수 없는 비용으로 간주된다. 사실, — 이것이 문제의 핵심이다 — 이러한 사회적 수당들이 루이스가 확인한 생산성의 차이를 100% 설명해 준다. 달리 말하면, 이러한 기준에 의해 측정된 미국과 유럽연합의 성과에 있어서의 차이는 생산성과는 아무런 관련이 없다. 차이는 선호되는 자본주의적 형태에 관한 것이며, 일반적으로 유럽인들은 기업 이윤을 희생해서라도 더 높은 수준의 사회적 복지를 선택한다.

에너지 자원과 지정학적 통제 : 제국주의 간 전쟁의 근거가 될 수 있는 것들

> 큰 사냥감은 중앙아시아다. 동유럽을 통치하는 자가 중앙 지역을 지배한다.
> 중앙 지역을 통치하는 자가 유라시아 전체를 지배한다.
> 유라시아를 통치하는 자가 세계를 지배한다.
> — 해롤드 맥킨더(Harold Mackinder, 2005)

자신의 제국을 지키기 위해, 미국은 다양한 전역戰域에서 전투를 벌이며 다수의 전선에서 전쟁에 묶여 있다. 이러한 전선들 가운데 하나가 세계시장인데, 여기서 미국은 2차 세계대전 이후 브레튼우즈 경제 질서의 제도적 틀 속에서, 자신의 옛 "적"이었던 독일과 일본을 국제무역의 지배를 위한 주요한 전투에 끌어들인다. 이러한 전투가 시작된 1948년 무렵 미국은 규모와 가치의 측면에서 모든 상거래의 50% 이상을 차지하면서 세계무역을 절대적으로 지배했지만, 체계 전반에 걸친 20년 간의 급격한 수출 주도적 성장이 이루어진 이후인 1971년경에 미국은 독일과 일본이 승리를 거둔 지독하고 필사적인 전투에서 패배했으며, 독일과 일본은 세계무역의 20%를 차지하여 미국의 점유율을 25% 감소시켰다. 이러한 제국주의 간 경쟁의 동학은 세계시장 점유율에 관한 데이터와 미국의 경상수지 불균형에 반영되었다.

표 8.1은 이러한 지점에 관한 자료를 제공해준다. 그것은 또한 1970년대와 1980년대 세계무역 구조의 주요한 재편 — 아시아에서 경제성장의

새로운 역동적 극을 가동시킨 새로운 국제적 노동 분업, 즉 "신흥공업국"NICs이라 알려지게 될 것의 출현 — 을 보여준다. 1980년대 체계 전반에 걸친 신자유주의적 재구조화 및 1991년 소련과 사회주의권의 붕괴라는 맥락 속에서, 세계시장의 전투는 새로운 참가자들, 새로워진 경쟁, 전 지구적 경제에 있어서 미국의 지위의 지속적인 침식 등과 함께 변화했다. 체계의 단연 가장 큰 경제이며 핵심 부문들에서 새로워진 활력을 향유했던 미국은 경제적 권력의 중심으로 남아 있었다. 그러나 미국은 세계시장을 향한 싸움에서 패배하고 있었다. 2003년 미국의 세계무역 점유율은 15% 감소했고, 이는 무역수지에서 계속해서 적자가 늘어나는 추세에 반영되었다. 2004년에 이 적자는 5,730억 달러에 이르렀다(반면에 독일은 1천8백억 달러, 일본은 1,250억 달러의 흑자를 기록했다).

미국의 경제적 지배력의 지속적인 침식에도 불구하고, 다른 지표들은 1990년대 미국 경제가 그럭저럭 버텼고, 위기를 향한 경향을 역전시키지는 못했다 하더라도 어느 정도 상쇄했다는 것을 보여줬다. 의심의 여지없이 이는, 산업생산의 기술적 전환, 새로운 규제적 정권으로의 이행 그리고 미국의 다국적 기업들로 하여금 "신흥 시장들"에 침투할 뿐만 아니라 수익성 있는 기업들을 사들이고 새롭게 풀려난 경제적 식민지들의 자원을 약탈할 수 있도록 해 주었던 세계화 및 구조조정 과정으로부터 쥐어짜낸 경제적 이익들을 포함한 다양한 요인들의 결과였다(이러한 과정의 동학에 관해서는 이 책의 4장을 보라). 재구조화 과정의 그 밖의 측면들은 다른 주요 통화들과의 교환비율에 있어서 달러의 급격한 평가절하; 그리고 노동비용의 감축에 기초한 생산성 증가를 포함했다. 전 지구적 경제의 이러한 재구조화와 그 속에서 미국이 점하고 있는 위치로 인해, 1990년대 미국 경제는 어느 정도 회복되었고, 그 과정에서 십년간의 경제적 쇠퇴가 시작되고 있었던 일본과 유럽연합 모두를 멀찌감치 따돌렸다. 표 8.1은 이러한 과정과 제국주의 간 경쟁의 기저에 놓여 있는 동학에 관해 많은 것을 말해 준다.

에너지 자원을 향한 경쟁과 유라시아에 대한 공격

근대 지정학의 아버지 해롤드 맥킨더(2005)는 "중앙 지역"을 지배하는 자가 유라시아를 지배하고, 유라시아를 지배하는 자가 세계를 지배한다고 주장한다. 소련 붕괴의 결과로, 미국이 중앙 지역을 지배하기 위해 움직이는 것으로 보인다. 미국이 세계의 패권을 차지하기 위해서는 유라시아를 지배해야 한다. 오래된 삼자주의 학파trilateralist school의 정치적 현실주의자인 즈비그뉴 브레진스키가 이야기했듯이, "미국이 진정으로 세계에 대한 패권을 획득할 수 있는 가능성은, 유라시아의 권력들 간의 복합적인 균형들을 어떻게 다룰 것인가, 더욱 중요하게는 이 지역에서 지배적이고 적대적인 권력이 출현하는 것을 어떻게 막을 수 있을 것인가에 달려있다"(1998 : 8).

1993년에 유럽연합은 유럽-카프카스간 고속도로Trans-European Caucasian Corridor 사업에 착수했다. 그것은 유라시아의 전략적 에너지 및 광물 자원과 관련된 교통, 송유관 그리고 투자에 대한 러시아의 통제를 우회하기 위한 것이었다. 여기에는 이들 자원에 대한 유럽과 미국의 이해관계 및 그에 관련된 제국적 야심뿐만 아니라, NATO의 멤버이며 일반적으로 미국의 충실한 동맹국이자 유럽연합 회원국 후보인 터키와 같은 그 지역의 다른 국가들의 지정학적 이해도 걸려있었다. 1994년 터키의 일간지 『밀리옛』Milliyet의 한 기사는 아제르바이잔Azerbaijan의 바쿠Baku와 터키의 제이한Ceyhan을 잇는 송유관 건설 기획을 공개했는데, 이것은 러시아를 유라시아의 게임으로부터 제외시키게 될 것이었다. 아제르바이잔과 브리티시 페트롤리움British Petroleum이 이끄는 석유회사들의 기업연합이 서명한 "세기의 계약"에 이어, 검은 금석유, 가스 그리고 중앙아시아의 시장을 향한 "경주"가 시작되었으며, 이와 함께 이 지역에 대한 미국의 지정학적 전략도 근본적으로 달라졌다. 1993년까지 미국은 유럽-카프카스간 고속도로 및 송유관 건설과 관련된 협약들을 통해 러시아를 포섭하려고 노력했다. 그러나 1995년경에 중앙아시아와 발칸 지역에 대한 미국 행정부의 정책은 근본적으로 변화했는데, 이는 아제르바이잔, 그루지야, 우즈베키스탄이 미국의 영향권 아래 놓이게 된 바에서도 드러난다. 같은 해에 탈레반은 파키스탄에서 카불에 이르는 승리의 행진을 시작했으며, 1996년 미국의 상당한 물질적 지원과 함께 그 지역들을 "정복했다."

폴란드, 체코 공화국, 헝가리 등과 같이 이전에 동유럽 경제공동체에 속했던 국가들에 관한 한, 미국은—러시아의 반대에 맞서—그들의 NATO 편입을 환영하고 장려했다. 이러한 대륙적 군사동맹에 편입하기 위한 전제조건은 경제적·정치적 개혁(자본주의, 민주주의) 과정이었는데, 이들 나라들은 이러한 개혁을 매우 기꺼이 받아들였다. 2000년 즈음에 "자본주의"(사유화, 자유화, 탈규제화, 자유시장)와 "민주주의"(법치, 인권존중, 사유재산의 우선권, "자유로운 선거")를 향한 이들 경제의 "이행"은, 이러한 국가들이 새로운 세계 질서에 통합되고 미국이 주도하는 "자유 진영"에 합류할 정도로 충분히 전개되었다.

이전에 소련에 속했던 아시아의 공화국들과 발칸 지역에서는 이러한 과정이 충분히 진행되지 못했다. 그러나 1999년에 발칸 지역은, 먼저 보스니아에서 그리고 그 후 코소보와 유고슬라비아 연방에서 있었던 두 차례의 군사적 개입을 통해 이 과정으로 끌려 들어와 "질서 속에 편입"되었으며, 그 결과 "서구 자본"의 투자와 유럽-미국 제국주의에 길을 열어 주었다. 코소보 작전의 결과, 미국은 이제 코소보의 거대한 군사기지(본스틸 기지Camp Bondsteel)와 러시아, 세르비아, 그리스 그리고 독일의 이해관계가 얽혀있는 전략적인 10번 고속도로Corridor 10의 중립화에 기댈 수 있게 되었다. 게다가 미국은 미국과 영국의 이해관계가 걸려있는 8번 고속도로의 서쪽 부분을 어렵사리 개방시켰다. 그리고 미국은 이제 이 고속도로를 유지하는 데 있어서 가장 중요한 세 나라 — 알바니아/코소보, 불가리아 그리고 얼마간은 통제를 벗어나 있는 마케도니아 — 와의 동맹에 의지할 수 있다. 이 지역의 민족주의적인 범-알바니아 운동과 다시 손잡은 덕분에, 미국은 이제 자신의 이해관계에 따라 코소보, 알바니아, 마케도니아 지역의 모든 전략적 교차점들을 통제하게 되었다.11 지금 미국의 상황은, 미국 국무부가 코소보, 마케도니아, 보스니아 지역에 주둔하고 있는 미군 중 일부를 철수시킴과 더불어 군사적 치안업무는 이탈리아 주둔군에게 맡기고 본스틸 기지에는 오직 작전 요원만을 남겨둘 가능성을 고려할 수 있을 정도로 나아졌다.

유라시아의 권력 관계

미국의 헤게모니와 통제에 있어서 더욱 문제가 되는 것은 러시아와 중국의 전략적 이해관계가 얽혀 있는 지역인 중앙아시아 서쪽의 상황이

---

11. 미국과 영국의 파견군이 "이 지역을 통과하는 전략적 송유관을 지키기 위해" 발칸에 머물고 있는 것이라고 선언한 잭슨 장군(General Jackson)과 알베르토 네그리(Alberto Negri)의 인터뷰를 생각해 보라.

다. 이 지역에서는 동맹국들(터키)뿐만 아니라 적대적 세력들(이란) 또한 찾아볼 수 있다. 미제국에게 있어서 또 하나의 골치 아픈 요소는, 소원한 적대적 관계를 유지하면서도 러시아든, 유럽이든 혹은 미국이든 간에 어떠한 제국적 권력도 외교적이거나 정치적인 이점을 누리는 것을 허용하려 하지 않는 두 개의 핵권력 — 파키스탄과 인도 — 과의 근접성이다. 그럼에도 불구하고, 파키스탄은 막대한 군사적·경제적 지원을 제공한 미국에 의해 포섭되었다. 이러한 전략적 상황의 한가운데에 아프가니스탄이라 불리는 주인 없는 땅이 있는데, 이 땅은 최근 미국이 꾀한 성공적인 침공, 점령과 정권교체 덕분에 미제국주의의 관할구역으로 전환되었다.

아프가니스탄에 대한 미국의 개입 직전(그리고 유고슬라비아에 대한 전쟁과 밀로세비치Milosevic "해임" 후)의 시점에, 유라시아의 시나리오는 다음과 같았다.

1. 8번 고속도로의 종착 지점인 발칸 지역은 대체로 미국의 통제 하에 떨어졌다. 이 지역에 대한 유럽의 야심과 러시아의 영향력은 축소되었다.

2. 카프카스 지역에서, 그루지야와 아제르바이잔(8번 고속도로의 중간부분)은 미국의 통제 아래로 들어갔다. 그루지야에 있는 흑해의 수프사Supsa항은 바쿠 송유관의 종착지점이다. 이 송유관은 바쿠로부터 시작되지만 러시아(와 체첸)를 거쳐 흑해에 위치한 러시아의 정유공장인 노보로시스크Novorossiysk에까지 이르는 송유관에 대한 대안적 루트를 제공한다.

3. 그루지야와 아제르바이잔은 NATO 회원국 가입을 신청했으며,

그 결과 이 지역에서 미국의 영향력이 증대되었다. 예상되는 NATO 회원국으로서의 지위가 결정되기 전인 1997년에 그루지야는 미국의 감독하에 그루지야, 우크라이나, 우즈베키스탄, 아제르바이잔, 몰도바 사이의 군사협력협정인 구암GUUAM을 창설했다(구암의 두 번째 회의는 워싱턴에서 열렸다).[12] 터키는, 미국의 동맹국으로서, 아제르바이잔의 보호자가 되는 책임을 떠맡았고, 그들의 공동의 적인 아르메니아 — 러시아에 묶여 있으며 몇몇 러시아 군사기지의 근거지이다 — 에 나란히 대항했다. 브레진스키(1993)가 이야기했듯이, "러시아가 지배하는 영역을 지나지 않는 송유관에 의해 서구 시장과 연결된 독립적인 아제르바이잔은 에너지를 소비하는 선진 경제와 중앙아시아의 풍부한 산유국을 연결하는 중요한 통로가 될 것이다."

4. 1999년 남서 지역의 바쿠-제이한 석유 프로젝트는 (세금 감면의 약속으로 인해) 아제르바이잔에서 활동하고 있던 미국 석유회사들의 저항을 이겨냈다. 이 프로젝트는 카스피해의 유전과 배출구에 접근할 때 러시아를 우회하기 위해 기획된 것이었다. "서구"에게 있어서 북쪽에서 벌어진 체첸 전쟁은 잠재적 투자자들에게 이 루트는 "더 이상 안전하지 않음"을 확실히 해두기 위한 것으로 여겨졌다. 그 후 "빈 라덴과 너무나 가까운" 이슬람 분리주의자들이 바쿠-노보르시스크 송유관(그리고 카자흐스탄과 노보로시스크를 잇는 건설 중인 송유관들)을 공격하고 그로부터 석유를 "빼내는" 일이 몇 달간 이어졌다.

5. 동쪽에서 미국은 남쪽을 향한 에너지 고속도로를 통해 러시아와 이란을 우회하려 시도했다. 이 고속도로는, 아마도 카자흐스탄과 투르크

---

12. [옮긴이] 2005년 5월 우즈베키스탄이 탈퇴를 선언하면서 현재 4개국 구암(GUAM)이 되었다.

메니스탄의 매장지역에서 시작되어 아프가니스탄과 파키스탄을 거쳐 파키스탄의 과다르Gwadar항에서 끝나기로 되어있었다. 이것은 8번 고속도로의 동쪽 종착점이 될 것이었다. 이것은 불가능해 보이는 일이었다. [그러나] 매장되어 있는 탄화수소는 엄격한 미국의 통제 하에, 러시아와 이란이라는 경쟁자를 "뛰어넘어" 서쪽과 동쪽으로 흘러갈 것이었다.

〈**실크로드 전략법**〉Silk Road Strategy Act

1993년 미국은 유라시아에 대한 통제력을 되찾기 위한 전면적인 행진을 시작했다. 행진을 가속화하기 위해 1997년 말 미국 의회는 〈실크로드 전략법〉을 논의했는데, 그것의 첫 번째 목적은 소련에 속했던 아시아의 공화국들과 러시아의 관계를 단절시키는 것이었다. 그 법안의 두 번째 목적은 브레진스키, 스코크로프트Scowcroft, 머피Murphy 등이 작성한 논설(『포린 어페어』 1997년 5월/6월호에 실렸다)과 부시 정권의 국방부 부장관이었던 폴 월포위츠가 1988년에 편집한 문서에서 제안되고 있는 바와 같이, "개혁주의자들"과 "보수주의자들" 간의 잠재적인 분열을 이용하여 이란과의 대화를 시작하는 것이었다.

세 번째 목적은 이 지역의 전략적 교차점에 영구적인 군사기지를 세우는 것이었다. 사실 이것은 NATO를 동쪽 지역(그루지야와 아제르바이잔)으로 확장시키기 위한 것이었다. 그러나 동쪽 지역에는 NATO와 비교될 만한 운용 가능한 구조나 적절한 시스템이 없었다. 이러한 이유에서 미국은 이 지역에서 직접 작전을 수행하는 것이 필요하다고 생각했으며, 무력을 필수적인 것으로서 준비했다. 미국의 『4년 주기 국방 검토 보고서』Quadrennial Defence Review (2001년 9월 31일)에 서술된 바와 같이,

"이 지역의 고정적이거나 유동적인 구조들의 밀집도는 다른 중요 지역에 비해 덜하다. 이 때문에 미국이 이 지역으로의 더 깊숙한 침투를 확보하고 작전 현장에서 최소한의 지원으로도 원거리의 고난도 작전을 수행할 수 있는 시스템을 발전시키는 것이 중요하다."

아프가니스탄, 우즈베키스탄 그리고 파키스탄에 미군 기지를 세우려는 계획은 중앙아시아에 대한 미국의 전략과 잘 들어맞는다. 걸프, 발칸 그리고 여타의 다른 지역에서와 마찬가지로 여기서도 또한 전쟁과 긴급 상황이 초래한 혼란이 정돈되고 나면, 영구적인 미군 기지들만이 남게 될 것이다.

중앙아시아에서의 경쟁과 각축

어떤 문제들이 유라시아의 전략적 교차점에 침투하여 통제하려는 미국의 제국주의적 기획의 경로를 가로막고 있는가? 그리고 이 지역에서 발생한 제국주의적 전쟁의 결과, 권력관계들은 어떻게 달라지고 있는가? 이러한 물음들에 대한 답변은 잠정적으로 다음과 같이 주어질 수 있다.

미국과 러시아의 관계

1999년 말, 보리스 옐친은 물러나야만 했고 블라디미르 푸틴이 권력을 잡았다. 푸틴과 함께 러시아의 "전략적" 이해관계에 대한 새로운 인식이 시작되었다. 석유회사와 가스회사 사장들의 지지를 등에 업고, 푸틴은 구소련의 공화국들을 향한 더욱 "공격적인" 정책을 채택했는데, 이 정책은 러시아 수출의 70%를 차지하는 석유 수송 루트에 대한 지속적인 접근을 확보하는 것을 목표로 했다. 그러나 이 점에 관해서는, 미국과 러시아의 이해가 석유 공급과 관련한 전략적 협력의 형태로 어느 정도 수렴되는 것으로 보인다. 이것의 징표는 카자흐스탄과 노보로시스크의 러시아 정유공장을 잇는 송유관의 개통과 카자흐스탄으로부터 러시아로 가스를 공급하기 위한 양국 간 합작사업 소식에서 찾아볼 수 있다. 1990년대였다면 이러한 일은 이 지역에서의 석유 및 가스 공급에 대한 러시아의 통제력을 약화시키려는 미국과 터키의 노력에 대한 도전으로 인식되었을 것이다. 그러나 미국의 에너지부 장관인 스펜서 아브라함Spencer Abraham이 송유관 개통식에 참석했고, 『솔레 24 오레』에 따르면 이는 "러시아의 승리"이다. 이 문제에 있어서 미국의 입장과 대립하는 대신, 러시아는 유가 상승을 촉발하기 위해 러시아의 석유생산을 감축해 달라는 석유수출국기구(이하 OPEC)의 요구를 무시했다. 미국 행정부는 러시아의 입장을 "매우 높이 평가했다"(Sinatti 2001).

미국, 러시아 그리고 중국의 관계

2001년 7월, 러시아와 중국은 향후 20년을 위해 입안된 러시아연방과 중화인민공화국 간의 선린우호협력조약 "Treaty of good neighbourhood, friendship and cooperation between the Russian Federation and the People's Republic of China"을 체결했다. 이 조약은 "점점 더 강해지고 있는 미국의 헤게모니에 대응하기 위한 전략적 동반자 관계"를 준비한다. 비슷한 시기에, 인도는 러시아와 100억 달러 규모의 군사-상업 협정을 맺었다. 분명히 이러한 선제적 조치들은 중앙아시아에서 미국의 전략적 이해에 깊은 타격을 줄

수 있었으며, 결과적으로 미국이 부득이 타협하지 않을 수 없는 전략적 강대국인 중국과의 국교 회복을 위한 조건의 창출로 이어졌다. 아프가니스탄 전쟁 및 "국제 테러리즘"과의 보다 광범위한 전쟁은 미국과 중국 간의 변화되고 다면적인 전략적 협력 관계를 위한 조건들을 창출했다. 중국은 러-중 협약이 체결된 지 3개월도 채 지나지 않은 2001년 10월에 열린 APEC 정상회담에서 주최국 역할을 수행했고, 보통 경제적 문제들만이 논의되던 자리에서 테러리즘에 관한 미국의 정치적 문건이 채택되도록 하였다.

이러한 맥락에서 중국은 "영구 전쟁"infinite war과 아프가니스탄에 대한 군사적 공격을 정당화하기 위해 워싱턴이 조직한 국제적 연합의 편에 가담했다. 대신 중국은 두 가지 소득을 얻었다. 하나는 러시아가 체첸과 관련하여 얻은 것과 유사한 것으로, 신장 지구의 이슬람 분리 세력에 대한 폭력적인 진압을 미국과 서방 세계가 묵인해 준 것이었다. 탕자쉬안 중국 외교부장은 "중국 역시 테러리즘의 피해자이다. 동東투르키스탄 집단은 확실히 테러리즘 조직이며, 그들을 공격하는 것은 테러리스트들에 맞선 싸움의 일부이다"라고 선언했다. 아마도 한층 더 강하게 바래 왔던 또 다른 소득은 부시가 — 적어도 이 시점에서는 — "하나의 중국" 원칙을 받아들인 것이었다.

다국적 석유기업들 간의 전면적인 경쟁

수년간 계속된 중앙아시아를 향한 무자비한 경쟁에서, 이탈리아 역시 다국적 기업인 에니ENI를 통해 제국적 위용의 야망을 드러내기 시작했다. 최근 에니는 엑손모빌로부터 카자흐스탄의 막대한 유전인 카샤간

Kashagan에 관한 계약을 "훔쳤다." 그것은 또한 아스트라한Astrakhan의 유전과 관련하여 러시아와 매우 큰 규모의 계약을 체결하였다. 에니는 또한 러시아와 협력하여 해저 가스수송관인 블루 스트림Blue Stream 사업에 착수했다. 미국 행정부가 기대를 걸었던 바쿠-제이한 프로젝트를 사실상 대체하는 이 기획에서 러시아에서 터키로 가스를 실어 나르게 될 이 수송관 때문에 모스크바는 다시 한 번 활발하게 움직였다. 1998년 미국은 공개적으로 블루스트림 프로젝트에 대한 반대를 선언했고, 2000년에는 터키의 국회의원들이 그것을 승인하지 못하도록 압력을 행사했다. 그러나 이러한 압력은 효과를 거두지 못했고, 자신의 동맹국을 통제하는 미국의 능력의 한계를 드러냈다.

게다가 에니와 피나엘프FinaELf는 이란 내에서 사업을 확장했다. 미국의 부재 — 미국에 대한 테헤란 출입금지 조치의 결과 — 를 틈타, 그들은 사우스 파South Pars 가스전에 대한 수십억 달러 규모의 계약과 영업허가 협정을 체결했다. 매들린 올브라이트 및 그 뒤를 이은 콜린 파월과 이탈리아 당국자들 간의 열띤 전화 통화 가운데 균열들이 발생했다. 미국의 이라크 전쟁에 대한 베를루스코니 치하 이탈리아의 지지에도 불구하고, 이탈리아와 미국의 관계는 이라크에서 경제적 이익을 취하려는 이탈리아 정부의 계속적인 노력을 둘러싸고 장애에 부딪혔다. 이러한 점에 대해 브레진스키(1998)는 다음과 같이 이야기한다. "미국은 이란 및 이라크와 관련한 유럽과의 의견 불일치를 동등한 주체 간의 다툼이 아니라 불복종의 표현으로 여긴다."

에너지 자원의 통제를 둘러싼 미국과 유럽 다국적 기업들 간의 충돌은 이제 명확하고 전면적이다. 당면한 문제는 각국 경제의 자본주의적 발전과 미국과 유럽의 기업들에게 주어진 이윤 창출의 기회이다. 이 문제의 기저에 자리 잡고 있는 것은 저비용 에너지의 문제, 민족 정책 및 전략적 이해관계의 문제 그리고 중국의 외교부장 탕자쉬안의 말처럼 제국주의 간 경쟁의 문제이다(2000년 9월 『라 스탐빠』 *La Stampa*와의 인터뷰, 미군의 『군사 리뷰』 *Military Review* 2001년 11월 24일자로부터 재인용).

탈레반 및 사우디아라비아와의 동맹

미국, 사우디아리비아 그리고 아프가니스탄의 탈레반 정권의 오랜 밀접한 관계에 대해 기록한 관찰자는 한 두 사람이 아니다(특히 Chossudovsky 2004를 보라). 공통적인 관심사는 투르크메니스탄에서 시작하여 아프가니스탄을 지나 파키스탄의 과다르에까지 이르는 가스·석유 수송관이었다. 미국 기업인 유노칼Unocal과 사우디의 기업인 델타 오일Delta Oil은 이 프로젝트에 공통된 이해관계를 가지고 있었다. 『르몽드 디플로마띠크』는 다음과 같이 썼다. "워싱턴은 [공식적으로는] 부인하고 있지만 이 프로젝트를 전적으로 지원하고 있다 …… [카불이] 탈레반의 수중에 떨어지자마자, 국무부는 그들의 승리가 "긍정적으로" 생각된다는 내용의 문서를 발표했으며, 카불에 대표단을 보내기로 결정했다고 알렸다"(Roy 1996).

그러나 유노칼, 사우디의 델타 오일 그리고 탈레반 정권 사이의 합의는 실패로 끝나고 말았다. 어떤 이들은 송유관과 가스관에 대한 로열티에 관해 합의하는 데 실패한 것을 원인으로 지목한다. 초스도프스키(2004)와 같은 다른 이들은 사우디가 사업 전체를 운영하겠다고 고집한 것이 원인이었다고 주장한다.

1998년 9월 미국은 케냐와 탄자니아의 미국 대사관 폭탄 공격에 대한 보복으로 아프가니스탄에 미사일 몇 개를 발사했다. 불과 네 달 뒤인 1998년 12월, 유노칼은 프로젝트를 폐기했고 아프가니스탄 역시 마찬가지였다. 그에 대한 화답으로 미국은 석유 이권에 관한 조언자이자 여전히 유노칼에 고용되어 있었던 하미드 키르자이Hamid Kirzai를 아프가니스탄의 대통령으로 선택했고 그는 미국의 충견이 되었다.

유라시아의 "거대한 게임" 속에 있는 아프가니스탄

비록 가난하고 황량한 나라이기는 하지만 아프가니스탄은 미국이 "유라시아의 거대한 게임"에 힘 있게 진입하고 직접적으로 참여하기 위해 필요한 적절한 지정학적 장소에 위치하고 있다. 이 지역에 관한 가장 저명한 군사 전문가 중 한 사람인 레스터 그라우Lester W. Grau 중령이 언급한 바와 같이, "그것의 지정학적 위치 때문에, 아프가니스탄은 언제나 이 지역의 안정을 위해 중요한 역할을 해 왔고 종종 열강들의 관심의 중심에 있었다"(Roy 1996). 이슬람 테러리즘에 맞선 전투는 이러한 시나리오에 잘 맞아 떨어진다. 1998년에 브레진스키는 다음과 같이 썼다.

불안정성으로 특징지어지는 지역에서는, 미국의 패권에 대한 이슬람 근본주의의 잠재적인 도전조차도 문제의 일부가 될 수 있다. 미국식 생활방식에 대한 종교적 비난과 아랍-이스라엘 갈등은 하나 이상의 친-서방 정권에 위기를 가져올 수 있다. 다시 말해 그것은 그 지역, 특히 페르시아만에서의 미국의 이권을 위태롭게 할 수 있다. 분명한 것은 단어의 진정한 의미에서 강력한 정치적 응집 없이, 이슬람 국가 없이는, 이슬람 근본주의의 도전은 진정한 지정학적 중심을 결여하게 될 것이며 분산된 폭력으로 자신을 표현하는 위험을 감수해야 할 것이라는 사실이다.

아프가니스탄은 미국의 이권을 위태롭게 할 수 있는 "강력한" 이슬람 국가— 지정학적 중심— 였는가? 우리가 지금 알고 있는 바, 그리고 20년간의 전쟁으로 황폐화된 이 황량하고 가난한 나라에 관해 우리가 이미 목격한 바에 비추어 봤을 때, 그것은 믿기 어려운 일이다. 그럼에도 불구하고 세계에서 가장 강력한 국가는 탈레반 정권을 "자유세계", "자유 세력, 민주주의 그리고 자유로운 기업"에 대한 주요한 위협으로 지목했다. 그리고 월포위츠, 럼스펠드 그리고 그들의 네오콘 동료들로 이루어진 워싱턴의 폭력배들은 아프가니스탄을 "자유"의 적들— 국제적 테러리즘과 급진적 이슬람— 에 맞선 "영구 전쟁" 전략의 첫 단계 목표로 삼았다.

러시아와 중국 역시— 인도가 카슈미르에서 그러하듯이, 각각 체첸과 신장에서— 동일한 문제, 즉 사뮤엘 헌팅턴(1996)이 전 지구적 패권을 위한 투쟁이 아닌 "문명의 충돌"로 파악한 문제로 시달리고 있다. 이러한 맥락에서 이란은 친이란적인 시아파가 탈레반에 의해 공격당하고 학살당하는 것을 막기 위해 아프가니스탄의 서부 지역을 침략하겠다고 위협하기까지 했다. 이것만으로도 이란은 이라크의 전철을 밟기에 충분했다. 흥미로운 것은 이렇게 경쟁하고 있는 유라시아의 열강들 가운데 누구도 탈레반 정권에 맞선 〈북부 동맹〉Northern Alliance의 무지헤딘Mujagedeen과 그 지역에서의 파키스탄의 야심에 대한 자신의 정치적·군사적 지원을 숨기지 않아 왔다는 사실이다. 북부 동맹과 파키스탄은 몇 년 전까지 미국의 지원을 받았으며, 오늘날에도 받고 있다.

유라시아의 자원을 둘러싼 유라시아의 여러 "경쟁자들"은 그 지역에 대한 미국의 관심을 잠시 동안은 수용할 수 있었지만, 오래 그럴 수는 없었다. 미국으로서는 아프가니스탄 전쟁을 끝내거나, 그렇지 않으면 끝이 보이지 않는 값비싼 분쟁의 수렁 속으로 빠져 들어가는 위험을 감수해야 한다. 때문에 미국은 이 지역에서 서로가 가지고 있는 한계와 공통의 이해에 관해 러시아 및 중국과 일정한 합의에 도달할 필요가 있다. 그러나 또한 워싱턴으로서는 상대적 안정성의 틀 내에서 이 지역에서의 군사적 주둔을 강화해야 할 전략적 필요도 존재한다. 유라시아에서 미국의 전략적 기획은 아프가니스탄과 파키스탄에 영구히 주둔하고, 유라시아의 대국인 우즈베키스탄과 카자흐스탄에 침투하며, 투르크메니스탄과 타지키스탄과의 관계를 시험함으로써 정점에 다다를 것이다.

목표물 카자흐스탄

2000년 12월 5일 러시아의 경제 신문 『주장과 사실』*Argumenty e Fakti*은 미국이 카자흐스탄, 그루지야, 아제르바이잔에 군사기지 건설을 계획하고 있다고 보도했다. 이들 세 구소련 공화국들 가운데 첫 번째인 카자흐스탄은 "황금알을 낳는 암탉"이다. 카자흐스탄은 가장 많은 탄화수소(석유와 가스) 매장량을 보유하고 있는데, 이 매장 에너지에 대한 접근은 수송관이 경제적으로 이익이 되도록 하는 데 없어서는 안 될 조건이다.

카자흐스탄의 유전을 획득하기 위한 전쟁은 이미 진행되고 있다. 이 전쟁은 미국, 러시아, 중국, 그리고 유라시아 게임에서 적지 않은 비중을 차지하는 참가자로 떠오르고 있는 이탈리아 사이에 일련의 충돌을 불러 일으켰다. 2000년에 셸 사社은 카자흐스탄 유전의 "운영자"로서의 역할을 상실했다. 2000년 12월부터 2001년 1월까지의 기간에는 오직 (이미 텡기즈Tengiz와 까라차이-체르케스Karachay Cherkess의 유전에서 활동 중이었던) 이탈리아의 에니와 프랑스의 피나엘프만이 여전히 카자흐스탄의 유전을 두고 경쟁하고 있었다. 미국에 기반을 둔 엑손 모빌은 모든 거래에서 제외되었다. 사실, 콘돌리자 라이스를 고문으로 두고 있으며 엑슨 모빌의 라이벌인 또 다른 미국계 회사 셰브론 텍사코Chevron Texaco는 텡기즈 유전을 둘러싼 싸움에 참여했다.

2000년 2월 12일, 카자흐스탄은 에니에게 카샤간 유전의 개발을 허용하는 합의서에 서명했다. 엑손 모빌은 콜린 파월 국무장관에게 이탈리아에 압력을 가할 것을 요구하면서 격렬하게 항의했으나, 카자흐스탄 정부는 (러시아는 좋아하고 체첸 반군은 거부하는) 텡기즈와 노보로시스크를 잇는 송유관이 2001년부터 가동되기 시작될 것이라고 발표했다. 그리하여 이 지역에서의 미국의 이해와 계획은 큰 타격을 받게 되었다. 러시아 및 중국과 국경을 맞대고 있는, 구소련의 두 번째 공화국인 카자흐스탄에서 권력을 장악하는 국가가 틀림없이 그것의 전략적 에너지 매장량을 차지할 것이고 그리하여 유라시아를 손에 넣게 될 것이라는 점에서 이 사건은 매우 중요하다.

카스피해 주변 : 준비되고 있는 전쟁

1990년대에 카스피 지역은 일반적으로 "저강도"의 충돌로 규정되었던 긴장, 갈등 그리고 전쟁으로 점철되어 있었다.

앞서 언급한 바와 같이, 바쿠(아제르바이잔)와 제이한(터키)을 연결하는 송유관 건설 계획이 폐기된 주된 이유는, 카자흐스탄의 석유를 이 프로젝트에 연결하는 것이 가능하지 않다면 바쿠-제이한 송유관은 비경제적일 것이기 때문인 것으로 보인다. 우즈베키스탄은 이러한 경쟁적 다툼과 전략적 충돌에 있어서 6년 동안 공개적으로 미국의 편을 들었다. 다른 한편 투르크메니스탄은 미국의 아프가니스탄 침공에 대해 공개적으로 중립을 선언함으로써 그럭저럭 버텨 나갔다. 그러나 두 나라의 공통적인 문제는 자국의 매장 석유와 가스를 어떻게 세계시장과 연결시킬 것인가 하는 것이다. 경제적 측면에서 러시아의 선택항은 좀더 유리할 것이다. 하지만 정치적 측면에서 미국이 지원하고 영토에 대한 통제력을 통해 탈레반이 강제하는 "아프가니스탄 길"은 지금까지는 실패했기 때문에 미국 행정부는 이 지역에 결정적으로 발을 들여놓기 위해 "어깨를 들이밀게" 되었다.

미국에게 아프가니스탄은 유리시아의 "심장"에 대한 영구적인 접근권을 획득함에 있어서 첫 번째 실험이었다. 아프가니스탄에 군사기지를 건설하는 하는 것에 관한 국방장관 럼스펠드의 인정은 이 점을 설명해 준다. 이와 유사하게, 제1차 걸프전이 끝나고 전쟁으로 인한 혼란이 진정된 이후에, 이전에는 아무런 군사기지도 없었던 곳(사우디아라비아, 쿠웨이트, 오만)에 세 개의 커다란 군사기지가 남게 되었다.

코소보의 본스틸 기지와 아프가니스탄의 리노^{Rhino} 기지는, "실크로드"를 따라 동에서 서로 이어진 대★ 8번 고속도로의 지배를 위한 두 전초기지 "요새"로 의도된 것이다. 그 사이에 터키, 그루지야, 아제르바이잔, 우즈베키스탄과 같은 미제국의 동맹국들이 있다. 적어도 한 지정학 이론가에 따르면, 여기가 바로 유라시아의 심장, 세계 지배의 잠재력이다.

미국이 자신의 헤게모니를 유지하고 강화하기를 바라면서 유라시아로 들어가는 길을 발견했다는 것은 분명하다. 미국과 경쟁하는 각축 세력들의 출현, 이 전략적 루트들로부터 러시아와 이란뿐만 아니라 중국마저도 배제하지 못한 현재까지의 미국의 실패 — 이러한 것들이 1992

년에 월포위츠가 언급하고, 좀더 최근에는 브레진스키가 경고했던 바로 그 위험들이다. 미국을 위한 시나리오는 더욱 우울해지고 있는데, 왜냐하면 중동의 가장 중요한 산유국들 가운데 일부가 국제 거래에서 달러 대신 유로화를 사용하려 하고 있기 때문이다. 이런 일이 일어나지 못하도록 하는 것이 "악의 세력"에 맞선 부시의 전쟁이 가진 한 측면이다. 물론 다른 측면들도 있는데, 이것은 11장에서 논의될 것이다.

9장
제국 안의 러시아와 중국
— 궁지에 몰린 서구의 제국주의

제국주의의 지리학과 정치경제학은 복합적이고 변화하고 있다. 이러한 변화들에 있어서 중요한 것은 전 지구적 지배와 제국적 권력의 기관들이다. 앞서 살펴본 바와 같이, 라틴아메리카에서 제국주의의 주요한 행위자는 다국적 기업인데, 제국적 국가들이 자신의 직접적 통제 하에 있는 다양한 기구들과 세계은행과 같은 부속 기관들을 통해 그것을 위한 길을 닦아준다. 이러한 제국적 시스템 내에서, 라틴아메리카의 정부들은 제국적 국가들의 손아귀에 놓여 있다. 필요한 경우에 그들은 종속국으로 전환되며, 그들의 농촌은 자원의 약탈에 적합한 사실상의 식민지로 전환된다. 이러한 과정에 대한 저항은 정부와 정책적 싸움을 벌이는 지형에서 움직이는 사회운동들에 국한되는 경향이 있다. 그러나 제국주의는, 세계의 다른 부분들에서는 그렇게 편안한 시간을 보내고 있지 못하다. 유럽연합에서, 그리고 정도가 덜하긴 하지만 일본에서, 세계 지배를 위한 미국의 계획들은 자원과 권력의 분배에 대한 정치적 요구와 경제적 경쟁이라는 장애물에 부딪혔다. [제국주의의] 최종 결과는 권력과 자원이 분배되는 양극적, 심지어 (동아시아의 지고 있는 권력인 일본 및 떠오르고 있는 권력인 중국과 관련하여) 삼자적 체계인 바, 이때 분배는 확실히 동등하게는 아니지만, 경제적, 정치적, 군사적 권력의 불균형을 반영하여 어느 정도 "공정하게" 이루어진다. 이러한 맥락에 적합하게 우리는 미제국주의보다는 유럽-미국 제국주의 ― 한 개 이상의 중심을 가진 제국, 전 지구적 통치의 새로운 형태들을 찾고 있는 체계 ― 에 관해 이야기하고 글을 써야 한다.

그러한 체계의 통치는 문제적이고, 정치적으로 논쟁적이다. 전 지구적 혹은 국제적 관계에 관한 이론가들 대부분에게 그 문제는 국제적 조직들을 통해 새로운 정치체계를 집단적으로 운영하기 위해 조화롭게 활동하는 문제로 이해된다. 그러나 미국의 부시 정권은 통치라는 이슈를 다른 방식으로 이해한다. 그것은 아나키즘 ― 조직되지 못한 권력 중심들의 느슨한 배치 ― 이냐, 아니면 오늘날 책임을 떠맡을 수 있는 자원, 의지 그리고 힘을 가진 세계 유일의 초강대국인 미국에 의한 지배이냐의 문제다. 그들은 미국의 기획에 동참하는 동맹국들이 이득을 공유하기를 기대하려면, 제국의 막대한 비용 중 일부를 부담할 준비가 되어 있어야 한다고 주장한다.

제국의 경제적 구조는 학술적 문헌에서 종종 "중심부"와 "주변부"로 (그리고 심지어 임마누엘 월러스틴[1976]이 발전시킨 매우 쓸모없는 모델에서의 "반주변부"로) 가시화되고 재현되어 왔다. 이러한 개념화 속에서, 중심은 체계를 지배하고 집단적으로 운영하는 부유한 자본주의적 "민주국가들"의 모임인 OECD에 속해 있는 국가들과 다국적 기업들로 구성된다. 동일한 이론적 관점에서, "주변부"는 아시아, 라틴아메리카 그리고 아프리카의 이른바 "제 3세계"에 속한 다수의 "전근대적" 혹은 "실패한" 국가들과 "저개발된" 혹은 "개발 중인" 경제들이라는 형태를 취한다. 이러한 세계에 속한 국가들은 "동맹국"으로, 그들의 경제는 사실상의 식민지로 전환될 수 있다. 그러나 실제의 세계는 이러한 이론적 단순화와 거의 아무런 유사성도 갖고 있지 않다. 우선 한 가지만 이야기하자면, 세계의 지역들 전체가 도무지 이러한 구조에 쉽게 들어맞지 않는다. 그리고 이미 언급했듯이, 중간쯤의 어딘가에 위치하는 나라들 ─ 캐나다와 같이 부유하지도 가난하지도 않으며, 지배하지도 지배받지도 않는 중간 수준의 권력들 ─ 을 한데 묶기 위해 사용된 "반주변부"라는 관념은 매우 쓸모없는 분석적 개념이다. 그러므로 문제는 러시아와 중국과 같은 나라들, 중동과 같은 지역들을 어떻게 생각할 것인가 ─ 하트와 네그리(2000)가 생각하는 것이 아닌, 실재하는 제국 속에서 그것들을 어떻게 설명할 것인가 ─ 이다.

제국주의의 눈에 비친 러시아: 전략적 고려들

제국주의적 국가들이 가장 큰 전략적 관심을 갖고 있는 지역들 가운데 하나는 중동, 특히 석유가 풍부한 걸프 해안과 아라비아 반도이다. 미 제국의 설계자들이 전략적으로 관심을 갖고 있는 또 하나의 지역은, 중앙아시아에 있는 러시아 연방과 구소련의 공화국들을 포함하는 지역인 유라시아이다. 그곳은 세계에서 전략적 자원들이 가장 많이 매장되어 있는 지역들 가운데 하나이다.

소련의 붕괴는 미국과 유럽연합의 자본 및 그와 관련되어 있는 이해

세력들이 유라시아 지역에 침투할 수 있는 길을 열어줌으로써, 그 지역의 전략적 중요성을 근본적으로 변화시켰다. 소련의 붕괴는 사회주의 공화국들의 연합 내에서 지배적인 권력인 러시아의 국제적 위상을 실추시켰을 뿐만 아니라, 소비에트 제국을 깨뜨림으로써 러시아를 미국의 패권에 도전할 수 있는 초강대국에서 중간 수준의 권력으로 전환시켰다. 그것은 또한 전략적으로 중요한 에너지 자원, 특히 석유와 가스의 이용 가능성과 관련한 지정학 상의 변화를 초래했다. 1991년 이래로 러시아는 근본적으로 달라진 현실에 적응해야만 했다. 러시아 제국이 아시아 영토에 지배력을 미치는 범위는 겨우 예전의 20% 수준으로 줄어들었다. 러시아의 지배하에 있는 아시아 인구는 7천5백만 명에서 3천만 명으로 감소한 데 반해, 카프카스 지역에 살고 있는 수백만 명의 러시아인들은 이제 자신들의 "모국"으로부터 분리되었다. 이러한 변화들 이외에, 예전에는 어느 정도 소비에트 체제의 통제 하에 있었던, 민족적 자율성을 지키기 위한 대규모 이주와 민족운동의 동학이 중대한 충돌과 사변들을 유발시켰다. 카프카스와 체첸에서 그 예를 찾아볼 수 있는 이러한 충돌과 사변들은 틀림없이 이 지역의 전략적 자원들을 둘러싼 임박한 제국주의적 전쟁 속으로 빨려들게 될 것이다. 이러한 충돌들은 그 형태에 있어서는 민족적이고 종교적인 것처럼 보이지만, 그 내부적인 다툼의 배후와 기저에는 이 지역의 거대한 에너지 자원 및 광물 자원 매장량— 세계에서 "가장 큰 에너지의 보고寶庫"— 에 대한 접근권을 지배하기 위한 싸움이 자리 잡고 있다.

현재 러시아 연방에는 미국 인구의 절반가량인 (대부분 러시아인인) 1억5천만 명 정도가 살고 있다. 그러나 또한 수백만 명의 러시아인들이 러시아의 경계 바깥에 살고 있는데, 바로 이들이 "제국을 회복"하고 러시아 바깥에서 살고 있는 같은 핏줄의 사람들을 지킨다는 꺼질 줄 모르고 타오르는 생각 — 유라시아 지역에서 나타나고 있는 다양한 민족성과 민족주의들의 탄생 및 강화와 충돌하는 생각 — 에 연료를 공급해 주고 있다. 상황은 다음과 같이 요약될 수 있다.

최근까지도 러시아는 거대한 영토 제국의 창조주이자 유럽의 핵심부와 남중국해에 이르는 위성 국가들로 구성된 이념적 블록의 리더였다. [그러나 그것은 외부 세계에 지리적으로 쉽게 접근하지 못하는 불안한 나라가 되었고 서쪽, 남쪽, 동쪽 국경을 따라 인접해 있는 국가들과의 파멸적인 충돌에 잠재적으로 노출되게 되었다. 오직, 거의 언제나 서리로 뒤덮여 있는 텅 비어있고 접근하기 어려운 북쪽의 공간만이 지정학적으로 안전한 것처럼 보인다(Brzezinski 1998 : 132).

이전에 소비에트 제국에 포함되어 있었던 아시아의 영토에는 타지키스탄, 키르기스스탄, 투르크메니스탄 그리고 우즈베키스탄이 속해 있다. 이 지역들은 끊임없는 내부 갈등과 정치적 불안정성으로 특징지어지는 어려운 경제적 국면을 통과하고 있다. 소련의 붕괴는 또한 사우디아라비아/이라크/쿠웨이트에 이어 세계에서 두 번째로 풍부한 석유와 가스 매장량을 보유하고 있는 카스피해 지역에 일종의 지정학적 지진을 불러 일으켰다. 1991년까지 이 지역의 통제는 소련과 이란이 나누어 맡고 있었다. 그러나 소련이 무너진 이후에는, 제국을 건설하려는 모든 전략적 고려에서 러시아 연방과 이란 이슬람공화국 말고도 다른 세 개의 나라, 즉 투르크메니스탄, 아제르바이잔, 카자흐스탄을 누락시켜서는 안 된다. 해안선을 따라 위치하고 있는 이들 다섯 개 국가들의 이해뿐 아니라 외부의 경제적 이해와도 관련되어 있는 전략적 자원에 대한 고려 이

외에, 카스피해는 일체의 중심적인 정치적 통제의 부재에 의해 악화된, 갈등하는 이해관계들의 대혼란과 문제를 품고 있다. 그 중 한 가지를 이야기하자면, 이 지역은 재앙적인 수준의 환경 파괴를 경험하고 있다. 다른 한 가지로는, 어업, 그리고 좀더 최근에는 관광 산업 등과 같은 전통적인 산업과 직업에 기초하고 있는 이 지역의 지역 경제가 심각한 압박을 받고 있으며, 수천 명의 거주자들과 수백 개의 공동체들의 생계가 위협받고 있다. 이러한 어려움들을 고려해 볼 때, 전략적 자원들의 광산 위에서 이루어지는 이 지역에 관한 국제적인 논의들은 이 지역에 살고 있는 사람들에게는 "자유와 평화의 이상理想을 진전시키"라는 부시 정권의 제안과 마찬가지로 잔인한 농담으로 비춰질 뿐이다.

카스피해 지역의 이들 다섯 개 나라들 사이에 에너지 자원과 기타 경제적 자원의 개발에 관한 명확한 합의가 존재하기 않기 때문에, 이해관계를 둘러싼 갈등은 해결되지 않은 채로 남아있다. 그리고 에너지 자원은 풍부하지만 정치적으로는 공백 상태에 있는 이 지역이 외부의 "이해 세력들", 특히 미국과 유럽의 이해 세력들에게 매우 큰 유혹이라는 것은 분명하다. 지정학적 관점에서 보았을 때, 이 전략적 지역의 자원에 대한 접근과 개발은 결국 해안선을 따라 있는 다섯 개 국가들 사이의 합의를 통해 관리되기 쉬울 것이다. 그러나 지금까지는 한편으로는 관련된 정부들 사이의 팽팽한 긴장관계 때문에 그리고 다른 한편으로는 미국, 유럽연합, 러시아가 모두 받아들일 수 있는 해결 방식의 부재 때문에 그러한 합의가 도출되지는 못했다.

경제적 관점에서 보았을 때, 소련의 붕괴와 그것의 자본주의로의 이행은 중대한 반향을 몰고 왔다. 1992년부터 1998년 사이, 러시아의 GDP는 40% 감소했고 현재는 유럽연합 GDP의 20%밖에 되지 않는다. 국내

총투자율 역시 60% 감소해서 GNP의 13% 수준으로 떨어졌다(동아시아의 31~35%, 중국의 44%와 비교해 보라). 1992년에서 1994년 사이, 제조업 생산은 50% 하락했다. 이러한 경제적 몰락의 여러 이유들 가운데 주요한 한 가지는 노동계급과 중산층의 구매 능력이 사실상 사라졌다는 사실이다. 1992년에 시행된 가격자유화, 국가 보조금의 회수 그리고 통화의 거의 전면적인 붕괴라는 조건 하에서, 만연한 가난은 내수시장의 심대한 수축을 초래했다. 극심한 수출부진과 결합된 이러한 내수시장의 수축은 생산설비의 대규모 가동 중단과 그에 따른 실업의 증가를 초래했다.

상황은 1998년부터 나아지기 시작했는데, 그때까지 러시아의 경제는, 1995년 첫 번째로 멕시코를 강타하고 1997년 중반에 아시아에 몰아닥쳤던 금융위기의 영향으로 휘청거렸다. 이 위기를 비롯한 여러 이유들로 인해 그 후 러시아 경제의 자본주의적 발전은 새로운 세계 경제질서의 요구들에 더 성공적으로 "적응"해 온 폴란드나 헝가리와 같은 다른 소위 "이행경제들"transition economies과 비교하기 어렵다. 1997년 러시아의 산업투자는 GNP의 13% 이하였으며, FDI는 GNP의 1%도 되지 않았다(0.8%). 러시아의 세계자본주의 체계로의 "통합"은 1998년 재앙적인 규모의 금융위기라는 보답을 받았는데, 이는 매우 다른 경제적 조건 아래서 형성된 자유롭지 못한 중산층의 대부분을 가난과 기타 저소득의 조건들로 밀어 넣었다. 이러한 상황에서 러시아는 한해 전의 아시아와 마찬가지로 통화 가치를 평가 절하하라는 IMF 및 여타 "국제"금융기구들의 압력에 굴복했다. 러시아는 또한 소비(수입)를 제한하고 수출을 촉진하여 미국 달러로 경화hard-currency와 외환보유고를 만들어 내라는 강요를 받았다. (그러나 러시아는 그때 이후로 유로화로 돌아서서 미국의 관료들을 경악하게 만들었다). 국가통계위원회Goskomstat에 따르면 이러한 조건 하에서 실제로 수입이 (45%) 감소하기는 했지만, 1999년 상반기 수출 역시 11.7% 감소했다.[1]

2000년에 러시아의 상황은 개선되었는데, 이는 주로 석유 및 가스 수출과 세계시장에서 이들 에너지 자원 자격의 상승으로 인한 것이었다. 이러한 수출이 기여한 덕분에 GNP는 2000년에 10%, 2001년과 2002년 5.5%, 2003년 7.6% 그리고 2004년에 7.4% 성장했다 - 성장률은 거의 전적으로 석유 및 가스 수출의 증가와 유가 상승에 의해 유지되었다. 이러한 개선된 조건 하에서 실업자 수는 2000년 7백만 명에서 2004년 570만 명으로 감소했고, 인플레이션율은 2000년의 약 20%에서 2004년의 10.2%로 하락했으며, 이는 임금 수준과 가계소득의 소폭 상승으로 이어졌다(2003년에 실질소득은 6% 상승했다). 이 모든 것은, 소비재와 기계류에 대한 수요의 증가와 함께 내수시장의 확장으로 이어졌다.

그러나 이러한 거시경제적 조건에서의 개선은 미시적이고 사회적인 층위에서는 나타나지 않고 있다. 국민소득에서 노동이 차지하는 몫은 예전의 50%에도 미치지 못 하고, 평균 임금률은 빈곤선에 가까스로 걸쳐 있으며, 정부가 제공하는 무료 사회복지사업은 더 이상 존재하지 않는다. 천연가스와 석유 수출로부터 나온 국가 수입 덕분에 공공재정이 꽤 회복되었음에도 불구하고, 공공복지서비스는 대체로 사유화되거나 폐지되었다. 러시아의 경제회복을 나타내는 가장 눈에 띄는 지표는 무

---

1. 미국과 유럽연합 간의 경쟁이라는 맥락 속에서, 1992년에서 1998년 사이에 유럽연합으로부터의 수입과 유럽연합으로의 수출이 감소했다는 것을 상기하는 것이 중요하다. 1992년에 유럽연합은 러시아 수출의 48%, 수입의 43%를 차지했지만, 1998년 그 수치는 각각 31%와 36%로 떨어졌다. 1998년 기준으로 러시아와 가장 큰 무역관계를 형성하고 있던 유럽연합의 국가들은 독일(유럽연합 전체 수출의 35%, 수입의 31%), 이탈리아(수출의 13%, 수입의 14%), 프랑스(수출의 8%, 수입의 10%) 그리고 영국(수출의 6%, 수입의 10%)이었다.

역흑자(2004년 670억 달러)의 증가이다. 러시아는 "신흥시장" 국가 가운데 단연 최대의 무역흑자를 기록했는데(중국의 2004년 무역흑자는 153억 달러였다), 이는 사실 세계에서 세 번째로 큰 규모이다. 오직 독일과 일본만이 2003년 6월 중순부터 2004년 6월 중순 사이에 그보다 더 큰 무역흑자 ― 각각 1,796억 달러와 1,240억 달러 ― 를 기록했다(『이코노미스트』, 2004년 7월 31일, 89면). 유로존 전체는 1,076억 달러의 무역흑자를 기록한데 반해, 미국의 무역적자는 5,729억 달러로 상승했다.

이러한 무역수지 상의 차이는 제국주의 간 경쟁의 동학에 의해 좌우되고 있다. 그러나 러시아에게 있어서 전 지구적 경제로의 통합이 일정한 거시경제적 이익을 만들어 내기 시작했다하더라도, 이러한 이익의 분배상의 불평등 증가는 다수의 노동하는 러시아인들의 경제적 조건이 계속해서 악화되고 있음을 의미한다. 그 이익의 대부분은 급격히 출현하고 있는 자본가 계급의 구성원들에 의해 전유되고 있는데, 이는 1980년대 중반과 기록적인 경제 호황기였던 1990년대 이래로 부유한 기업과 상위 10%의 "소득자"earner들이 경제로부터 발생한 경제적 잉여의 90%를 전유하고, 인구의 3분의 1(공식적으로는 15%)을 가난한 상태로 버려두는 미국의 상황과 다르지 않은 것이다(Collins, Hartman and Sklar 1999).

경제회복이 한창이었던 2001년 9월, 러시아 연방의 대외 부채는 1,433억 달러였는데, 이 중 933억 달러는 소련으로부터 물려받은 것이었다. 이 부채 가운데 176억 달러는 IMF와 세계은행으로 인한 것이었고, 39억 달러는 〈파리 클럽〉Paris Club에 빚진 것이었다(www.ICE.it 참조). 2000년부터 2001년의 첫 9개월 사이에 해외 투자는 23% 이상 증가했는데, 이는 이윤을 본국으로 송금할 수 있다는 전망, 신흥시장 그리고 모든 기업설립과 이윤획득에 대한 법적 안전보장의 약속으로 인한 것이었다. 주요한 투자국은 독일, 미국, 키프로스, 프랑스, 영국, 네덜란드 그리고 유럽에서 러시아의 상품을 두 번째로 많이 수입하는 국가인 이탈리아이다.

2002년과 2003년 초, 거시경제적 "기초요소들"fundamentals은 완만한 상승 곡선을 그리면서 긍정적인 기조를 유지했는데, 특히 GNP와 외국인 투자의 성장에서 그러했다. 러시아 증권시장의 가치와 거래량도 증가해서 2003년 9월에 정점을 찍었으며, 루블화는 일정한 상대적 안정성을 획득하여 국제환율에서 강세를 보였다. 2005년 6월, 달러에 대한 루블화의 교환비율은 1 : 27이었는데, 이는 수출에 유리한 상황을 조성했다. 1998년 금융위기 이후 일제히 떠나갔던 외국인 투자자들에게는 이 모든 것들이 긍정적인 신호이다.

실질 가치의 상승(2004년 3%에서 5% 사이)과 더불어, 국제시장에서 루블화의 태환성convertibility은 현실적인 가능성이 되었다. 러시아는 또한 준비 통화로서의 유로화에 점점 더 큰 관심을 보이기 시작했다. 러시아 정부는 금과 달러 외에 유로화로 준비 통화를 축적해 오고 있는데, 이는 미국이 무관심하게 지나칠 수 없는 사실이다.

러시아의 경제성장은 부분적으로는 세계 유가의 대폭 상승으로 인한 것인데, 유가는 2002년 배럴당 약 24달러에서 2005년 6월경에는 배럴당 58달러 이상으로 올랐다. 러시아는 중국과 마찬가지로 WTO에 가입해서 자신이 새로운 세계 질서에 통합되었음을 알리고 싶어 한다. 러시아는 이러한 통합이 GNP를 대폭 상승시키고, 루블화가 국제적 통화가 될 가능성을 증대시킬 것이라고 생각한다. 구소련의 몇몇 국가들 사이에서 루블화를 공통통화로 사용할 가능성에 관한 협상이 진행되었다.

그러나 러시아가 "서구"와 경쟁할 수 있는 경제적 강국이 되기 위해서는 우크라이나에 대한 지배력을 회복해야 한다. 우크라이나는 거대한 잠재적 시장인 5천만 명이 넘는 인구를 가지고 있을 뿐만 아니라, 흑해로 가는 길목을 통제하는 전략적 교차점이며 우크라이나에는 막대한 양의 훌륭한 지하자원이 묻혀 있다. 우크라이나에 대한 지배는 러시아에게 아시아와 유럽 모두에서의 존재감을 부여해줄 것이다. 만약 러시아가 우크라이나와 더불어, 역시 막대한 에너지 자원과 광물 자원을 보유하고 있는 아제르바이잔까지 통제할 수 있다면, 카스피해뿐만 아니라 중앙아시아에 대한 접근권까지 획득하게 될 것이다(Brzezinski 1998).

지리학적 연구들은 이 지역의 석유 매장량이 — 마치 새로운 페르시아만인 것처럼— 2,350억 배럴에 달할 수도 있다고 추정해 왔다. 카자흐스탄(카샤간)에는 거대한 유전이 있는데, 그것은 셸, 브리티시 가스British Gas, 비피-아모코BP-Amoco 등을 포함한 아홉 개의 국제적 기업들로 이루어진 그룹의 리더인 이탈리아 회사 아집Agip에 의해 개발되고 있다. 아제르바이잔은 200억 배럴 이상의 석유 매장량을 보유하고 있고, 투르크메니스탄은 카스피해 지역 전체 가스 매장량의 25%(즉, 세계 가스 매장량의 18%)를 보유하고 있다(Vasapollo 2003). 그리고 이러한 수치들은 지금까지 발견되지 않은 매장량은 고려하지 않은 것이다.

러시아는 더 이상 석유를 수출할 수 있는 원료로만 생각하지 않고 자신의 지정학적·지리-경제적 위치를 위한 전략적 가치를 석유에 부여한다. 러시아는, 특히 3억8천만 톤에서 5억2천만 톤으로의 세계 석유 생산량이 증가할 것으로 예상된다는 맥락에서, 자신의 석유 매장량을 페르시아만의 석유 매장량에 대한 전략적 대안으로 전환시키려 한다. 그러나 석유생산을 증가시키기 위해서는 5천억 달러에서 8천억 달러에 이르는 거액의 기반시설 투자와 국제적 자금원을 끌어들여야 한다

(Vasapollo 2003). 2003년 9월에 주요한 두 석유 수출국인 사우디아라비아와 러시아가 에너지 부문에서의 협조와 세계시장의 협력적 주도를 위한 5년짜리 합의서에 서명하려 한다는 소식이 전해진 것은 바로 이러한 맥락에서였다.

 석유, 가스 그리고 전기 에너지는 러시아의 "민족적" 발전의 플라이휠flywheel 2을 구성하며, 러시아로 하여금 다시 한 번 스스로를 (잠재적으로) 주요한 경제 강국이자 세계시장에서의 핵심적인 경쟁세력 — 그리고 미국의 경제적 지배에 대한 잠재적 위협 — 으로 여길 수 있도록 해 준다. 러시아가 구소련 전 지역에 대한 정치적·군사적 통제 조치를 유지하고 "내부 갈등"을 이러한 목적으로 이용하려 하는 것은 바로 이 때문이다. 이것은, 다름 아닌 모스크바가 구소련의 영토들에 군사기지를 설치하는 것을 막기 위해 새로운 국가들의 출현을 지지하는 "서구" 제국주의의 팽창주의적 기획과 분명히 대립한다.

 부시와 러시아의 "테러리즘에 대한 전쟁"은 이러한 전략적인 지정학적 고려들 속으로 어떻게 작동해 들어가는가? 무엇보다도, 세계가 아프가니스탄 영토와 그 주변에서 벌어지는 전쟁에 얽혀 있는 한, 러시아는 카자흐스탄으로부터 흑해의 러시아 해안에까지 이르는 카스피해 북쪽 연안의 송유관을 계속해서 이용할 수 있다. 이러한 방식으로, 노보로시스크 송유관은 러시아를, 카스피해로부터 유럽으로 석유를 공급할 수 있는 주요한 국가로 만들어 준다. 러시아가 구소련의 아시아 영토들에서의 미국의 존재를 호의적으로 바라보는 것처럼 보이는 것은 바로 이러한 이유 때문이다. 그러나 좀더 장기적인 관점에서, 러시아가 유라시

---

2. [옮긴이] 회전하는 물체의 회전 속도를 고르게 하기 위하여 회전축에 달아 놓은 바퀴.

아 지역의 많은 부분을 미국 혹은 서구에게 기꺼이 내어줄 것인지는 의심스럽다. 러시아 내부의 정치적 전선에는, 과거 러시아의 지리-경제적 권력을 염두에 두면서, 이전에 소련에 속했던 영역들에서의 미국의 존재를 전혀 호의적으로 바라보지 않는 많은 러시아인들이 존재한다.

이 모든 것으로부터, 소련의 붕괴 이후에 미국과 유럽연합 간의 전 지구적 경쟁에서 나타나는 지정학적 · 지리-경제적 이해관계에 있어서 중부유럽과 동유럽이 근본적인 중요성을 갖는 전략적 지역이 되었다는 사실이 분명해져야 한다. 사실, 분열과 파편화 그리고 경제적 · 사회적 침체에도 불구하고, 이들 지역은 아시아와 유럽을 잇는 다리 역할을 할 수 있는 지정학적 위치와 에너지 자원으로 인해 심대한 가능성을 품고 있다. 이러한 이유로, 투자 및 이 지역이 제공하는 무역 기회 ― 그리고 그것의 전략적 가치 ― 에 외부의 관심이 쏠려 왔다.

브레진스키는 미국이 처한 상황을 다음과 같은 말들로 요약한다.

소련의 붕괴는 미국의 영향력이 (특히 비-러시아적 국가들을 강화함으로써) 유라시아의 공백 상태로 침투할 수 있는 가능성을 창출할 뿐만 아니라, 서구의 영향 하에 있는 유라시아 지역에서 매우 중요한 지정학적 결과를 낳는다. 중동과 페르시아만은 분명 미국의 영향력만이 배타적으로 행사되는 지역으로 전환되었다 …… [비록 이 지역에서의 외국 헤게모니에 반대하는 종교적이고 민족주의적인 음모세력들 때문이기는 하지만, 현재 중동에서 미국의 패권은 말 그대로 모래 위에 기초하고 있다 (Brzezinski 1998 : 164~65).

브레진스키가 이야기하고 있듯이, 미국은 이곳에서 상당히 떨어져 있기는 하지만 이 지역을 군사적으로는 아니라 하더라도, 적어도 경제

적으로는 통제할 필요가 있다. 브레진스키의 말대로, "기본적인 선택은
…… 정치적 파편화와 함께 러시아 남쪽 국경을 따라 적대 행위들이 발
생할 수 있는 상황에서, 미묘한 지역적 균형과 인종적 갈등 사이에서 이
루어지게 될 것이다." 이러한 "지역적 균형"과 그것의 공고화에 도달하
는 것이 "유라시아에 대한 미국의 일반적인 지리적 전략의 주요한 목표"
로 남아있다(Brzezinski 1998 : 202).

미국의 중국 증후군

오늘날 중국은 사회 생산물의 절반 가까이를 수출한다. 그러나 중국
경제성장의 기본적인 동력은 세계시장이 아니라 이례적인 내부 저축률
과 국내 자본 형성률 — GNP의 44% — 이었다. 신자유주의의 새로운 경
제 모델에 굴복하여 ("자유화"와 "통합"이라고 불리는) 자본의 수입에 의
존했던 라틴아메리카와는 달리, 중국은 주로 세계에서 가장 낮은 노동
비용의 압박을 통해 발생되는 내부 저축에 의해 경제성장에 필요한 자
금을 조달해 왔다. 외국인 투자는 중국 GNP의 5.6% 정도밖에 되지 않는
다. 이는 세계은행에 따르면, 약 십년 전에는 중국과 경제 규모가 같았으
나, 오늘날에는 중국(14억 달러)의 50% 밖에 되지 않는 GNP를 가지고
있는 브라질의 경우와 극적으로 대비된다.

중국 경제성장의 속도는 너무나 놀라워서 세계에서 가장 빨리 성장
하는 경제의 "과열"과 불시착 가능성에 대한 우려가 제기될 정도였다. 이
러한 우려를 반영하여, 중국 정부는 연도별 경제성장률을 2002년의 12%
에서 2003년의 9%, 그리고 2004년 8.5%로 낮추기 위한 정책들을 추진

해 왔다. 대다수의 관찰자들은 중국 경제의 "불시착"보다는 "연착륙"을 예상하는데, 이는 무엇보다도 경제성장의 속도와 방향을 통제하는 〈중국 공산당〉의 능력 때문이다.

1997년 아시아 경제위기에서 제국주의의 영향력을 찾아내는 사람들이 있는데, 이들은 그 위기를 세계시장에서 아시아 수출국들의 경제성장률과 경쟁력을, 파괴하지는 않는다 하더라도, 감소시키기 위해 미국이 사용한 수단으로 파악한다. 그러나 중국은 다른 문제다. 우선 한 가지만 이야기하자면, 중국은 세계무역에서 너무나도 큰 부분(60%)을 차지하고 있어서 만약 중국이 무너진다면 세계의 모든 주요 경제들, 특히 중국의 21%의 수출성장에 직접적으로 기여하고 있는 미국에 심각한 영향을 미칠 것이다. 중국의 대(對)미국 수출은 5년간 111% 증가하여 2004년에 820억 달러에 도달했으며, 이로써 중국은 멕시코를 제치고 두 번째로 큰 대미 수출국이 되었다. 이러한 성장률을 유지한다면 몇 년 안에 매년 미국에 천억 달러가량을 수출하는 캐나다마저 제치게 될 것이다. 중국은 또한 독일 수출성장에 28%를 기여했다(Rahme 2004 : 16). 보다 일반적으로 이야기하자면, 중국은 세계 시멘트 생산량의 55%와 철 생산량의 36%를 소비하고 있는데, 이는 이 분야 미국 생산자들의 심각한 우려를 사고 있다. 또한 일본 경제성장의 3분의 2가 중국의 수출성장과 직접적으로 결부되어 있다고 추정되고 있다. 이처럼 높고 빠른 성장률을 추동하는 이 모든 요소들과 그 밖의 다른 요인들이 다가오는 십년 안에 중국을 경제적 초강대국으로 만들게 될 것이다.

미국의 중앙은행인 FRB의 의장인 앨런 그린스펀이 은행 규제에 관한 회의에서 중국의 "성공적인 감속"(경제성장률을 12%에서 2003년의 9%로 낮추는 것)이라고 이야기한 바의 예상되는 몇 가지 긍정적 효과들 가운데 하나는 세계 천연자원과 원료 시장에서 높은 가격 압력이 감소하는 것이다. 또 하나의 예상되는 효과는, 특히 궁극적으로는 투자된 상당량의 미국 국채에 타격을 입히게 될 아시아의 부풀려진 증권시장에서 인플레이션 압력이 감소하는 것이다. 그러나 미국에게 있어서 중국 경제성장 속도의 감소는, 세계 경제를 지배하려는 그것의 야망과 관련하여 더욱 넓은 함의를 가지고 있다. 만약 중국이 최근의 성장률을 지속한다면, 몇 십 년 후에는 그 규모와 중요성에 있어서 미국 경제를 능가하여 미국의 경제적 권력에 대한 위협 ― 존 미어샤이머John Mearsheimer(2002)에 따르면 유럽연합보다 한층 더 거대한 "강력한 라이벌" ― 이 될 것이다. 미어샤이머는 "떠오르고 있는 중국은 21세기 초 미국에게 가장 위험한 잠재적 위협이다"라고 주장한다. 그리하여 그는 다음과 같이 덧붙인다. "미국은 향후 몇 년간 중국의 경제성장이 상당히 둔화되는 것을 목격하는 데에 매우 큰 관심을 갖고 있다."

   그러므로 중국은 미국의 전략적 계산에 있어서 결정적인 요소이다. 그러나 중국이라는 요소는 또한 "세계화"의 작동 및/또는 그것에 대한 지원을 방해하였고, 일부 "자유주의적" 경제학자들로 하여금 전 지구적 경쟁이 미국 경제에 미치는 부정적인 영향을 과소평가하도록 했으며, 다른 일부의 사람들을 보호주의로 돌아서게 만들었다. 중국으로부터 들어온 값싼 수입품들은 미국 내 소비를 극적으로 증가시키고 가정용 시장의 성장을 지탱했지만, 그와 동시에 미국 산업생산의 기반을 심각하게 침식했으며, 그에 따라 2004년 7월 기준 5,730억 달러 적자를 기록한 무역수지에 부정적인 영향을 미쳤다(『이코노미스트』, 2004년 7월 31일). 전 세계로부터 투자와 자금을 끌어들일 수 있는 미국 경제의 지속적인 능력이 있었기에 미국은 이러한 수준의 무역수지 적자를 견딜 수 있었다. 153억 달러의 무역수지 흑자와 459억 달러의 경상수지 흑자를 기록한 중국은 당연히 고립주의를 향한 어떠한 압력에도 저항해 왔으며, 오히려 미국 내수시장에 대한 개방적 접근과 더불어 WTO 가입, 무역 확장, 세계화 그리고 자유무역을 위해 압력을 행사하고 있다.

다름 아닌 전 지구적 자본의 새로운 세계 질서에서 자신이 가진 비교우위를 활용할 줄 아는 능력으로 인해, 중국은 세계화와 "자유무역"의 핵심적인 승리자가 되었다. 비록 다국적 기업들이 중국 내에 지사를 설립하도록 격려하고 그들로 하여금 거대한 잠재적 신흥 시장에 침투할 뿐만 아니라 막대한 규모의 값싼 노동력 원천을 이용할 수 있도록 해줌으로써 외국의 경쟁자들에게 어느 정도 내수시장을 개방하기는 했지만 말이다. 중국이라는 요소의 영향이 그토록 심대한 한 가지 이유는 중국으로부터 미국에 수출되는 상품의 60%가 사실 중국에 있는 미국의 다국적 기업들에 의해 생산된 것이기 때문이다. 그러므로 미국 자본은 미국의 무역수지 적자로부터 이득을 얻고 있는 셈이다. 그러나 이러한 발전들은 또한 미국 내에서 잠자고 있던 보호주의 세력들을 각성시켰는데, 이들 가운데는 심지어 자유주의의 전통적인 옹호자였던 집단들도 포함되어 있다.

1990년대 전반기에, 세계 정세에 관한 "명망 있는" 자문회사인 맥그로힐DRI/McGraw Hill은 "10% 이론"10 percent theory을 내놓았다. 이 이론에 따르면, [생산자는] 신흥 국가들의 시장 전체에 의존해서는 안 되며, OECD 상위 국가들의 구매력에 견줄 만한 구매력을 가진 10%에만 기대야 한다. 전략적 목표는 중국과 여타 "신흥 시장" 소비자의 10분의 1이다. 중국의 경우 이는 — 유럽·미국 제국주의의 침샘을 자극할 만큼 충분히 매력적인 — 대략 1억2천만 명에서 1억8천만 명 정도의 사람들(10~15%)

을 의미한다.

　침체까지는 아니라 하더라도 둔한 모습을 보여준 세계 경제 — 2003년 체계 전반의 성장률은 2.3%밖에 되지 않았다 — 의 맥락 속에서 일관된 성장 경로를 유지했던 유일한 나라가 중국이었다. 미국 경제는 여전히 전 세계의 경제들, 특히 미국 경제에 너무나도 긴밀히 통합되어 있어서 수출과 수입 모두 거의 전적으로 미국에 의존하는 국가들인 멕시코와 캐나다를 이끄는 전 지구적 경제의 근본적인 엔진으로 여겨진다. 이와 유사하게 중국의 경제성장은 다른 나라들의 경제성장을, 아시아뿐만 아니라 미국 자체의 성장까지도 이끌어왔다. 중국이 공급의 측면(수출)에서 뿐만 아니라 수요의 측면(수입, 투자, 임금, 소비)에서도 성장하고 있다는 사실은 거의 평가되지 않거나 제대로 이해되지 못하고 있다. 중국은 많은 품목들과 일부 서비스 부문, 특히 원료 — 에너지에서 양모에 이르기까지, (알루미늄이나 구리 같은) 금속에서 면화에 이르기까지 — 에 있어서 전 지구적 수요를 이끌고 있다. 일부 추정에 따르면, 지금부터 2020년까지 중국의 전기 에너지 소비량은 매년 5.5%씩 증가할 것이라고 한다. 더욱이 중국은 자신이 생산하고 수출하는 것보다 더 많은 양을 소비한다. 이는 중국의 내수시장이 성장하기 시작하여 자신의 생산물들을 흡수하고 있으며, 외국인 투자가 중국의 산업 도시들로 모이게 될 것이라는 사실을 보여주는 것이다.

　다국적 기업들이 종종 기대했던 것처럼, 중국은 외국인 투자가 제공하는 기회를 통해 새로운 기술을 습득함으로써 수출뿐만 아니라 내수시장도 발전시킬 수 있게 되었다. 자동차와 휴대폰의 경우가 좋은 사례이다. 예컨대 자동차의 경우, 중국 정부는 인센티브를 통해 120개의 중국 자동차 제조사들이 그들의 조립부품을 주로 국경 내에서 구입하도록 유도함으로써 경쟁력 있고 전적으로 일국적인 자동차 산업을 발전시키려고 한다. 이를 위해 중국은 수입 관세를 인상했다. 2003년에 사적인 용도로 판매된 자동차의 숫자는 60% 증가했다. 현재 총 1천만대의 자동차를 보유하고 있는 중국이 처음으로 1백만대를 생산하기까지는 40년이 걸렸고, 2백만대를 생산하는 데는 그 후 9년이 걸렸으며, 3백만대를 생산하는 데는 2년 밖에 걸리지 않았다(「중국 국가 자동차세 인상장벽을 보호하다」, 『솔레 24 오레』, 2003년 8월 29일). 이러한 수입 대체 정책 또한 전 지구적 경제, 그리고 미국과 유럽의 일부 거대 다국적 기업들의 생존까지는 아니라 하더라도 시장 점유율에 큰 영향을 미친다.

WTO 내의 중국

중국은 2001년 11월에 WTO에 가입했다. 그리고 반세계화주의자인 월든 벨로Walden Bello(1998)가 이미 제기한 다음과 같은 물음은 적절하다. "WTO가 중국을 칠 것인가, 중국이 WTO를 칠 것인가?" 칸쿤 각료회의Cancun Summit의 실패라는 결과는 후자를 향하고 있다.

WTO 가입 조건으로 중국은 큰 대가를 치러야 했다. 그 대가에는 5천개에 달하는 (무엇보다도 농업 생산물에 관한) 수입 관세의 25% 삭감과 단계적 폐지, 2천3백여 개의 국내법과 규제의 개정이 포함되어 있었다. 2004년을 기점으로 외국의 은행들이 90개 도시에서 지역 통화를 취급하는 것이 허가되었다(2003년에는 5개의 은행이 있었다). 외국 기업들이 전화·통신 부문에서 35%까지 지분을 보유하는 것, (높은 기술 수준을 필요로 하는) 고부가가치 기업의 지분을 49%까지 보유하는 것이 가능해질 것이다.

그러나 『솔레 24 오레』에 따르면, 무역을 규제하는 WTO의 모호한 원칙의 틀 내에서 중국은 이미 승리하고 있다. 5년 전 중국은 미국으로부터, 1997년 금융위기의 무게 아래 일부 국가들이 무너진 아시아에서 안정성의 원천으로 기능할 수 있도록 위안화의 가치를 평가 절하하지 말아달라고 "정중히 부탁"받았다. 그리하여 아시아 호랑이들의 통화가 고통을 겪고 있는 동안, 중국은 이 국가들에게 수출을 통해 숨 쉴 수 있는 공간을 마련해주기 위해 이웃국가들과의 경쟁 — 일본과 달리 중국은 감당할 수 있었던 경쟁 — 을 견뎌내야만 했다. 중국은 위안화를 달러에 결부시키는 메커니즘을 받아들였다. 그러나 유로존을 비롯한 여타의 무역 블록을 힘들게 만들기 위해 미국이 달러 가치를 평가 절하하기로 결정했을 때, 달러의 뒤를 이은 위안화는 중국에게 무역에 있어서 예기치 못한 경쟁상의 이점을 가져다 주었다. 중국의 수출은 하늘 높은 줄 모르고 치솟았고, 공포의 파도를 일으켜 줄리오 트레몬티Guilio Tremonti와 조지 W. 부시로 하여금 보호주의적인 반격을 하도록 만들었다. 9/11 이후 다소 주춤했던 중국에 대한 미국의 압력이 다시 시작되었다.

정치 혹은 경제 : 누가 혹은 무엇이 책임지는가?

이제 중국은 선 시구석 경생에서 중요한 참가사이다. 나른 "신흥시장" 국가들과 달리, 중국은 자신의 국가적 이익에 맞게 세계화를 활용하면서도 내부시장을 강화할 수 있는 위치에 있다. 분명, 이러한 접근은 내부와 위로부터의 정치적 지원 없이는 가능하지 않다. 경제만으로는 중국이라는 요소를 설명할 수도, 이해할 수도 없다.

세계에서 가장 인구가 많으며, 이번 세기 이삼십년 안에 미국을 앞지르리라 예상되는 떠오르는 경제적 초강대국의 사회-경제적 구조의 그토록 중요한 변화들이 〈중국 공산당〉 내부의 심각한 논의 없이 이루어질 수 있다는 것은 생각하기 어려운 일이다. 사실 이 논의는 지금도 진행 중이며, 중국의 뜨거운 성장률이라는 맥락 속에서 매우 날카롭게 전개되어 왔다. 〈중국 공산당〉은 사회주의를 "제대로 작동하는 모든 것"(덩샤오핑)으로 간주할 뿐만 아니라 공적 소유가 계속해서 지배적일 혼합 경제로도 이해한다. 혼합 경제는 공공 재산(국가적이거나 집단적이거나 조합적인 소유), 공적 소유와 사적 소유를 결합한 기업들 그리고 (국내 혹은 국외의) 사적 소유를 포함한다.

〈중국 공산당〉 중앙위원회는 이 개념을 1999년 9월에 탄생시켰다. 그것의 결의 문건은 다음과 같이 강조한다. "전체적으로 한층 더 강력해진 국유화 경제는 국가 경제에 있어서 계속해서 중심적인 기능을 수행하며, 언제나 결정적인 방식으로 국가의 개혁과 건설을 뒷받침하는 소득의 주요한 원천이었다 …… 국가 소유 경제를 포함하는 공적 소유 경제는 중국 사회주의 체계의 경제적 기초를 구성한다"(『디 차이트』 *Die Zeit*, 2000년 7월 27일).

그러나 바로 그 〈중국 공산당〉이 국가 산업구조와 기업 소유 형태에 변화를 도입할 필요성을 역설하기도 했다. 정부가 전략적 기업에 대한 통제를 포기하고 몇 가지 소유 형태를 위한 여지를 제공하며 대규모 국가소유 기업들을 양도할 수 있다는 것이 결정되었다. 그와 동시에 정부는 다음과 같은 네 가지 범주의 국가 소유 기업에 대한 통제를 유지한다. (1) 무기 및 국가 안보 부문에서 운영 중인 기업, (2) 국가 독점기업(담배, 조폐造幣국), (3) 기반 시설, 물, 에너지, 철도, 의료, 교육 부문에서 활동하는 기업, (4) 제철, 석탄, 고기술, 신기술과 같은 기초 산업들. 그리하여 산업의 전략적 핵심은 국가의 손에 확고하게 남게 된다.

공적 부문과 사적 부문의 관계는 결정적인 문제이다. 〈경제 재구조화연구소〉 Research Institute on Economic Restructuring 소장인 양첸에 따르면, 중국 GNP에서 국유기업이 차지하는 비율은 1970년의 84%에서 하락하여 30%이고, 집단적 기업이 40%를 점유하고 있으며(전체 기업의 35%, 1970년의 21%에서 상승), 국내 혹은 국외의 사적 기업이 30%를 차지하고 있다(전체의 4~6%에서 상승). 사적 기업의 GNP 점유율이 40%까지 증가하는 것 — 이러한 발전은 정부 정책에 의해서 뿐만 아니라, 사적 기업의 관점에서 사유재산에 대한 더 큰 법적 안정성과 "부패"로 생각되는 것으로부터의 보호에 의해서도 결정된다 — 이 허용된다 하더라도, 국부 생산의 가장 큰 부분은 공적이거나 집단적인 형태로 남게 될 것이다.

〈중국 공산당〉 내부의 투쟁

2002년 〈중국 공산당〉의 전국인민대표회의에서 몇 가지 입장들이 충돌했다. 오랜 지도자인 장쩌민은 〈중국 공산당〉을 사적 기업가들에게도 개방된 혼성계급 interclass 당으로 만들게 될 "3개 대표사상" 노선을 고집스럽게 관철시키려 했다. 이 노선은 당 내에서 단호한 반대에 부딪혔는데, 그러한 반대는 14명의 당원이 서명하여 중앙위원회에 제출한 "14인의 편지"에서 정점에 다다랐다.

우리는 사적 기업의 소유자들이 당에 가입할 수 있어야 한다는 주장에 어떠한 유보도 없이 단호히 반대한다. 우리는 몇 가지 이유에서 장쩌민 동지의 입장이 틀렸다고 생각한다. 그것은 프롤레타리아 당에 관한 맑스주의 이론과 모순된다 …… 그것은 우리 당의 강령 및 지위와 모순된다 …… 그것은 당의 규율에 어긋난다 …… [그리고] 그것은 당과 국가의 의지에 반하여 작용한다(『먼쓰리 리뷰』Monthly Review, 2002년 5월).

서명자들은 사적 기업인들이 다른 당[3]에 가입하거나 전국인민대표회의의 대표로서 정치적 삶에 참여해야 한다고 주장했다. 후에, 첫 번째 편지에 서명했던 마빈과 한야시가 장쩌민과 중앙위원회에 두 번째 편지를 보냈고, 그리하여 〈중국 공산당〉 내부의 투쟁이 밖으로 드러나게 되었다. 이 투쟁의 많은 부분은 "자본가들"의 역할을 정확히 규정하는 것과 관계된 것이다. 현재 중국에서는 200만 명의 사적 기업가들이 2,713만 명의 노동자들(전체 중국 노동자의 3.7%)을 고용하고 있다.

〈중국 공산당〉의 한 부분은 사적 기업가들을 통제하기 위해서 그들을 당원으로 받아들이는 것이 낫다고 생각했다. 다른 부분은 당의 계급적 성격을 지키고 "자본가들"이 그들 자신의 대표를 갖는 진정한 계급이 되는 것을 막고자 했다. 그리고 맑스주의 가치이론에 관한 논쟁이 시작되었던 1999년에 당기관지에 실린 한 공식 논설은, 기업가들은 "착취자"라기보다는 "노동자"라는 생각을 제출하였다.

2002년 전국인민대표회의에서는 세 가지 경향들, 즉 좌파, 우파, 중도파가 대결을 벌였다. 좌파는 계획을 시장보다 우선시하는 경제 개혁을 원하고 "부르주아적 자유화"로서의 정치 개혁을 거부한다. 우파는 시장의 역할과 중요성을 증가시키는 개혁을 원하고 국가에게는 단지 지원하는 기능만을 할당한다. 중도파는 계획과 시장이 똑같이 중요하다고 생각하고 국가의 정치구조를 그대로 유지하기를 원한다. 그러나 좌파

---

3. 중국에는 공산당 외에도 7개의 당이 있다. 그것들 가운데 하나가 70만 명의 당원을 가진 사적 기업인들의 당인 '조국민주건설'(Democratic Construction of the Fatherland)이다 (『아파리 에 피난자』, 2002년 11월 11일).

내부에도 세 가지 흐름이 존재한다. 하나는 사회주의를 왜곡한다는 이유로 덩샤오핑의 개혁에 반대하는 이들이고, 다른 하나는 개혁을 반대하지는 않지만 그것이 적용되는 범위와 속도를 비판하는 사람들이며, 마지막은 경제와 국가에 대한 더 큰 노동자 통제와 민주화를 요구하는 "신마오주의 좌파"New Maoist Left이다(Theuret 2002).

2002년 전국인민대표회의에서, 장쩌민을 대체하게 될 후진타오와 8명의 새로운 상무위원들이 등장했는데, 이는 전면적인 교체를 의미하는 것이었다. 상무위원회 자체가 7인 체제에서 9인 체제로 확대되었다. 정치국원 역시 22명에서 24명으로 확대되었는데, 그들 중 16명이 새로운 인물이었다. 누가 어떤 자리를 대표하거나 차지하고 있는지를 정확히 이해하는 것은 어렵지만 한 가지는 확실하다. 중국의 정치적 상황은 결코 얼어붙어 있지 않다.

중국과 아시아 : 눈에 띄는 놀라운 일들

거의 아무도 아시아 지역에서 중국이 택한 일련의 상호적이고 다자적인 조치들에 주목하지 않았다. 그러나 이러한 활력의 일부분은 국제적 균형상의 중요한 변화들에 의해, 그리고 미국의 제국주의적 공격성을 봉쇄할 방법으로 많은 이들에게 호소되고 있는 다자주의에 의해 표현되고 있다.

2003년 11월, 동남아시아국가연합(이하 ASEAN) 정상회담이 중국이 참여한 가운데 프놈펜에서 개최되었다. ASEAN은 원래 인도네시아, 말레이시아, 필리핀, 싱가포르, 태국으로 구성되었으나 후에 베트남, 브루나이, 라오스, 미얀마, 캄포디아를 포함하는 조직으로 확대되었다. 이 조직의 설립은 미국에 의해 추진되었으며, 냉전 기간 동안에는 중국에 반대하는 역할을 수행했었다.

이 정상회담에서 ASEAN의 국가들은 십년 안에 세계에서 가장 큰 무역지대 — 17억 명의 인구, 1조2천억에서 2조 달러에 이르는 총 GNP, 1조2천억 달러에 달하는 지역 내 무역량 — 를 낳게 될 협상을 시작한다는 내용을 담은 중국과의 합의서에 서명했다.

1년 전, 중국은 일본과 한국을 제외한 자유무역지대의 창설을 제안했었다. 그러나 프놈펜에서 열린 이번 회담에는 이들 국가도 참여했다. 2004년에 첫 번째 포괄적인 합의서에 대한 서명이 이루어질 것이라는 예측이 있었으며(안젤라 파스쿠찌, 『마니페스토』, 2002년 11월 5일), 실제로 그렇게 되었다.

중국은 2001년에 러시아, 중국, 타지키스탄, 키르기스스탄 그리고 무엇보다도 풍부한 에너지를 보유하고 있는 국가들인 카자흐스탄과 우즈베키스탄이 참여하는 상하이협력기구 Shanghai Organization for Cooperation 를 설립했다. 미국은 아프가니스탄에의 개입을 비롯한 다양한 수단들을 통해 이 조직을 약화시키려고 노력했지만, 이들 국가, 특히 러시아 및 카자흐스탄과 중국의 상호적 관계는 눈에 띄게 좋아지고 있는 것으로 보인다. 잠들어 있지만 이제 서서히 깨어나고 있으며, 세계화의 힘들에 개방되어 있지만 미국이 통제하기 어렵다는 것을 알게 될 조건 하에 있는 또 다른 아시아의 대국大國인 인도 — 미제국주의의 촉수는 인도가 중국만큼이나 마음대로 하기 어렵다는 것을 알게 될 것이다 — 와 중국 사이에서도 역시 고위급 회담이 개최되었다.

40년도 넘었으나 아직도 그 여파가 남아있는 피비린내 나는 전쟁(이로 인해 구세계 질서에서 인도의 반反북경, 친親모스크바 성향이 촉발되었다)과 적대의 세월을 넘어, 아시아의 두 대국은 자신들이 다수의 공통적 이해관계를 갖고 있다는 사실을 알게 되었다. 중국은 예전에 분쟁의 원인이 되었던 시킴Sikkim의 국경을 인정하기로 합의했으며, 인도는 티벳이 "중국의 영토"라고 선언했다(인도가 달라이 라마를 망명객으로 받아들이기도 했다는 점을 생각하면, 이에 대해서는 균형 잡힌 시각이 필요하다). 이들의 경제적 합의들은 인도의 최첨단 소프트웨어 지식과 중국의 산업구조 사이의, 잠재력으로 가득 찬 동반상승 효과를 가리킨다. 인도와 중국 같이 핵을 보유한 인구학적으로나 경제적으로 중대한 강대국들 간의 협력은 많은 것들을 의미할 수 있는바, 이미 이것은 칸쿤 각료회의의 실패에서 일정한 역할을 했고, 전 지구적 경제 구조와 자신의 세계 지배 전망에 관한 미국 행정부의 걱정이 매일같이 늘어나는 원인으로 작용하기도 한다.

10장

지역개발로서의 제국주의

공적개발원조ODA 혹은 좀더 흔한 말로 대외원조는 경제개발의 촉매제로 널리 인식되고 있다. 그것은, 산업발전과 근대화 과정에 있는 경제개발국들을 돕기 위해 필요한 부양책을 제공하는데, 이 산업발전과 근대화라는 것은 [대체로] 오늘날 체계의 중심에 있는 부유한 "개발된 국가들"의 집단을 구성하는 선진국들에 의해 미리 계획된 것이다. 그러나 이와는 아주 다른 방식으로 대외원조를 바라보는 것이 가능하다. 말하자면, 대외원조를 원조를 제공하는 정부나 기구들의 지정학적이고 전략적인 이해관계를 증진시키는 수단으로, 즉 피원조자가 아니라 원조자의 이익을 위해 고안된 것으로 보는 관점도 가능하다는 것이다. 이러한 견해는 브레튼우즈 세계 경제질서가 절정에 달했던 1971년에 "제국주의로서의 원조"라는 개념으로 표현되었다(Hayter 1971).

그러나 1970년대 초반, "자본주의의 황금기"(Marglin and Schor 1990)가 끝나감에 따라 이러한 세계 경제질서도 붕괴하게 되었다. 그 결과 전 지구적 수준의 새로운 팽창과 자본 축적의 조건들을 창출할 수 있도록 체계 전체를 재설계해야 했다. 그러나 신자유주의적인 자본주의 발전 모델, 즉 자유기업 및 자유시장의 원리에 기초한 전 지구적 경제에서 위기에 대한 전략적 해법이 발견된 것은 1980년대가 되어서였다. 이 모델 역시 미국 정부에 의해 자신의 헤게모니를 재확립하는 수단으로, 즉 세계 체제에 대한 미국의 지배를 확보하는 새로운 방법으로 이용될 것이었다.

이러한 변화—새로운 세계 경제질서의 수립과 세계화 및 신제국주의의 과정들—의 동학은 상당한 양의 이론 작업 및 분석의 주제로 다뤄져 왔다(예컨대, Petras and Veltmeyer 2001, 2003a를 보라). 다소 연구가 부족한 부분은 이러한 구조적(그리고 정치적) 변화들이 ODA 기획에 미친 영향인데, 어떤 이들은 이것을 자신들의 관점에서 "시대를 규정하는 것"으로 바라보기도 한다. 이번 장은 이러한 과정의 결정적 특징들을 조망한다.

1940년대와 1950년대의 원조 : 공산주의의 유혹과 싸우기

볼프강 작스Wolfgang Sachs(1992)와 그의 동료들에 따르면, 개발이라는 개념은 1940년대 후반에 제국주의의 또 다른 형태로 "발명"되었는데, 이는 식민주의의 속박에서 해방되기 위해 투쟁하는 민중들(그리고 국가들)에게 새로운 지배관계를 부과하기 위한 것이었다. 실제로 개발이라는 개념의 기원은 트루먼 대통령이 1949년 1월 10일 공표한 ODA에 관한 포인트포 계획Point Four Program까지 거슬러 올라간다. 그러나 다자적 형태의 개발을 고려한다면, 그 기원은 국제부흥개발은행(후에 세계은행으로 알려짐)International Bank of Reconstruction and Development, IBRD 1이 자금을 제공하여 1948년 칠레, 1949년 브라질과 멕시코에서 실행했던 프로젝트로까지도 거슬러 올라갈 수 있다.

미국 정부는 ODA의 양자적 형태와 다자적 형태 모두에 있어서 단연 주요한 원조국이었고, 대외원조의 형태를 결정함에 있어서 가장 관건이 되는 것은 미국 정부의 지정학적이고 전략적인 고려들이었다. 처음부터 미국 내부에서는 대외원조의 가치나 가능한 활용 방법에 관한 광범위한 정책적 논쟁이 벌어졌다. 이러한 논쟁에서 핵심적인 문제는 대외원조가 미국의 경제적 이해관계를 비롯한 여타의 이해관계들에 도움이 되는지 아닌지, 된다면 어떻게 도움이 되는지 등에 관한 것이었다. 세계의 낙후 지역들의 개발을 촉진하는 것은 미국에게 경제적 이익을 가져다주지 않을 것이고, 또한 서구 블록 안에 저개발국들을 포함하려는 노력은 "비현실적"이며 미국의 이익에 도움이 되지 않을 것이라는 목소리들이 제기되었다. 지배적인, 그리고 결국 우위를 점한 것은, ODA가 미국의 경제적 이익을 해하지 않으면서도 동시에 공산주의를 봉쇄하려는 광대한 목표를 달성함에 있어서 미국의 대외 경제 정책의 유용한 도구가 될 수 있다는 견해였다.

"전 지구적 봉쇄"(그리고 간접적인 "지배")라는 2차 세계대전 이후의 미국의 외교 정책과 대외 경제 정책은 다음의 인용문에 반영되어 있다. "1945년 이래로 미국의 대외 경제 정책은 우리의 일반적인 외교 정책에 최대한의 지원을 제공하는 데 …… 공공연하게 이용되었다. …… 오늘날

---

1. 국제부흥개발은행은 1944년 브레튼우즈에서 만난 자본주의적 민주주의의 대표들이 계획한 새로운 세계 경제질서의 세 기구들 가운데 하나였다. 다른 제도적 기둥들로는, 국제수지에 있어서 일시적인 문제를 겪고 있는 나라들을 돕기 위해 고안된 기구인 IMF, 그리고 미국의 보호주의에 막혀 출범이 무산되어 50년 후 마침내 WTO로 태어나기 전까지는 GATT라는 형태를 취했던 국제무역기구(ITO)가 있었다.

상업과 금융은 [모두] 외교적 이해관계에 따라 조작된다"(Cohen 외 1968 : 2). 레빗Levitt(1985 : 33)의 지적대로, 이러한 외교 정책은 미국 내에서 한스 모겐소Hans Morgenthau, 조지 볼George Ball, 조지 케넌George Kennan을 포함한 일군의 정치적 "현실주의자들"에 의해 도전받았다. 그러나 우세를 점했던 것은 아이젠하워 행정부의 대외정책의 틀을 만든 존 포스터 덜레스John Foster Dulles의 반대 입장이었다. 덜레스는 사회주의든 제 3세계 중립국이든 간에 일체의 동정이나 관용을 보이지 않았다. 차기 행정부들의 대외정책 고문이었던 로스토W. W. Rostow와 마찬가지로 덜레스는 사회주의와 자본주의(그리고 "민주주의") 간의 이러한 "냉전" 투쟁에서 ODA를 하나의 무기로 사용함에 있어서 어떠한 거리낌도 없었다.

1960년대와 1970년대의 원조 : 개혁이냐 혁명이냐?

수십 혹은 수백 년의 식민지배에서 벗어난 개발도상에 있는 지역들에서 이루어진 "원조"의 강조점은 국가의 행정 역량을 구축하고, 공기업과 사기업 모두에게 기반 시설을 제공하는 것 — 제국적 정책의 용어법에 의하면 "국가 건설" — 에 있었다. 그러나 1960년대와 1970년대 라틴아메리카에서의 주된 관심은 혁명적 변화에 대한 압력을 감소시키는 것, 즉 또 다른 쿠바를 예방하는 것이었다. 이러한 목적으로 USAID는 국가 주도의 개혁과 공적 신용 제공, 그리고 지역의 소생산자들 및 농업 생산자들 다수에 대한 기술적 지원을 장려했다. ODA의 상당 부분은 양자적 형태를 취했지만, USAID는 점차 NGO들을 자신의 집행기관으로 삼아 해당 지역의 정부를 건너뛰고 지역 공동체들에 직접적으로 자금을 공급했다. 이러한 NGO들은 원조국들에게 부수적인 "서비스"나 이득을 제공했는데, 여기에는 개발을 선호하는 지역 조직들을 강화시키고 반체제 성향을 가진 계급 기반의 조직들을 약화시키는 일이 포함된다. 또한 이러한 맥락에서 NGO들은 거의 부수적으로 — 그리고 구성원 개개인의 관점에서 보았을 때는 다소 "무의식적으로" — (사회변화와 혁명보다는) 경제적·사회적 개발을 증진시킬 뿐만 아니라, 자본주의와 민주적 조직 형태(정치에 있어서 선거 메커니즘과 경제에 있어서 시장의 활용)의 가치를 장려하는 데 이용되었다.[2]

사실상, 이러한 NGO들은 성장하고 있던 미제국에게 경제적·정치적으로 이익이 되는 방식으로 기능한다고 생각되었던 가치와 행위들을 장려함으로써 미제국주의의 집행기관으로 복무했다. 이 점에서 그들은 옛 제국주의의 선교사들을 닮았다. 선교사들이 복음의 전파를 위임받았던 것처럼, 이들은 자본주의와 민주주의(선거, 시장)에 대한 칭송을 퍼뜨렸고, 세계에 잠복해 있으면서 국가 권력에 도전하는 "악의 세력들"(공산주의, 혁명적 변화)에 관한 지식을 설파했다.

새로운 선교사들이 옛 선교사들과 다른 점은, — 이들 사이에는 근본적인 차이가 없을지도 모르지만 — 새로운 선교사들은 대개 자신들의 개입이 지닌 보다 광범위한 정치적이고 문화적인 함의를 전혀 의식하지 않는다는 사실이다. 일반적으로 NGO 활동가들은 복음을 전파하는 데 관심을 둔 이데올로그들이라기보다는, 자신들의 "개발 기획"을 가지고 접촉할 수 있는 사람들의 삶에 작은 차이를 만들려고 애쓰는 선의를 가진 개인들이었다.[3] 그럼에도 불구하고 그들은 원조 기구들과 풀뿌리 조직

---

2. 이러한 맥락에서 대외원조의 배후에 놓여있는 동기, 그리고 그것의 이용과 오용에 관해서는 Maizels and Mssanke(1984)와 Griffin and Evans(1970)를 보라.

을 매개하는 자신들의 개입과 활동 속에서 혁명적 변화의 정치에 대한 대안을 홍보하지 않을 수 없었다. 실제로 USAID와 여타의 양자적 혹은 다자적 원조자들이 그들에게 자금을 대준 것은 바로 이러한 목적에서였다(Friedmann 1992). 원조자들은 기획 단계에 있는 자신들의 경제 개발 프로그램을 보완하기 위해 "사적인 자발적 조직들"을 경제 및 사회 개발이라는 공동사업상의 파트너로 활용했다. 이러한 파트너 관계 속에서 NGO들은 지역 공동체들이 반체제적인 직접행동을 선동하려는 조직들에 등을 돌리는 데 일조했고, 그 대신 사회 변화에 대한 개혁주의적 접근을 장려했다. 이러한 점에서 1960년대와 1970년대의 NGO들은 1980년대의 매우 다른 환경 하에서 출현하여 급성장했던 수천 개의 NGO들과 전혀 다르지 않았다.

이행기 체제에서의 대외원조 : 1973~1983

1948년부터 1973년 사이의 시기는, 체제 전체를 가로질러, 북과 남 모두에서 평균 5%에 이르렀던 전례 없는 성장률을 이룩했던 "자본주의

---

3. 이러한 연유에서, NGO와 연결된 개발 활동가들은 종종 스스로를 풀뿌리 조직의 일원으로 여기고, 자신들에게 자금을 공급해 주는 원조 기관들과 대립하기도 하는데, 이 대립은 자신이 그 기관의 조직원으로 비춰지는 일을 막기 위해 기관과의 연결을 단절하는 정도에 이르기도 한다. 그러나 원조 기관의 관점에서 보면, NGO가 자신들에게 부과된 한도 내에서 움직이는 한, 그러한 일은 통상 아무런 문제도 제기하지 않는다. 그러나 부시 행정부의 현재 흐름에 있어서, 대외원조의 문제는 정부가 NGO에게 자신과의 관계를 유지하도록 압력을 행사해야 할 정도로 많은 논란이 되고 있다. 이러한 점과 관련하여, 160개 미국 NGO들의 연합체인 〈인터액션〉(Interaction)의 2003년 5월 21일 회의에서 미국 국제개발처(USAID)장 앤드류 나치오스(Andrew Natsios)가 행한 여러 발표들이 있는데, 그 발표들에서 그는 NGO들에게 사적 계약자로서 정부와의 관계를 좀더 잘 유지해 나가지 않으면 앞으로 자금 지원을 받지 못하게 될 것이라고 명시적으로 경고했다.

의 황금기"로 묘사되어 왔다. 그러나 1960년대 후반에 이러한 성장의 조건과 역동적인 힘들을 낳았던 체계의 토대에서 균열이 발견되기 시작했고, 성장의 엔진은 삐거덕거리고 속도가 저하되기 시작했다. 그 결과 위기의 시기가 연장되었고, 위기로부터 벗어나는 길을 재구축하기 위한 일련의 전략적 노력들 역시 확대되었다. 이러한 대응들 가운데 하나는 노동 ─ 그때까지 생산성 증가와 연동되어 있었던 국민소득에서의 노동의 몫, 노동의 조직적 역량, 노동의 정치적 권력 ─ 에 대한 자본의 직접적인 공격을 수반했다.4 (임금 인상과 노동 조건 개선을 위한 투쟁에서 노동이 가한 일련의 공격들에 대한) 이러한 역공의 목적은 투자 자본의 풀을 증대시키는 것이었다. 그것의 효과는 미국의 노동의 경우 2003년 노동자들의 평균임금이 1973년 평균임금률의 수준 혹은 그 이하로 삭감되는 것으로 나타났다. 똑같은 상황이 세계의 다른 부분들, 특히 민족적-대중주의 모델 아래서 급격한 성장을 경험했던 라틴아메리카의 아르헨티나, 브라질, 멕시코 등에서 전개되었다. 이러저러한 나라들의 국민소득에서 임금이 차지하는 부분은 ─ 평균 24%인 멕시코와 38%인 칠레에서부터 20% 미만인 많은 사례들에 이르기까지 ─ 극적으로 감소하였고, 임금률은 1970년대 초반에 달성되었던 수준보다 훨씬 더 낮은 수준으로 하락했다.

세계 전역의 생산 위기에 대한 그 밖의 전략적 대응들에는 다음과 같은 것들이 포함되었다.

- ECLAC가 자신들의 표준적인 1990년 연구에서 요청한 "형평성"이

---

4. 이러한 공격 ─ 오랫동안 계속된 노동에 대한 자본의 계급 전쟁에 있어서의 선제공격 ─ 의 정치적 동역학에 관해서는 Davis(1984)를 보라. 그리고 이 전쟁의 유럽판(版)과 관련해서는 Crouch and Pizzorno(1978)를, 칠레판과 관련해서는 Leiva and Petras (1994)를 보라.

결여된 기술적 전환과 생산적 변형의 과정
- 새롭고 보다 유연한 규제 형태 — 포스트포드주의 — 의 진화
- 한때는 전 지구적인 북-남 자본 흐름(공식적 담론에서 말하는 "재원의 국제적 이전")을 지배하며 공식적 ODA 형태로 제공되던 개발 금융의 전 지구적 재구조화
- 세계은행의 경제학자들이 "구조조정 프로그램"(후에 광범위한 비판의 맥락에서 "구조적", "정책", "개혁"이라는 이름을 새롭게 부여받은 SAP)이라고 일컫는 것에 기초한 국가 거시 경제 정책의 재구조화

앞서 언급했듯이, 금융자본의 흐름과 관련하여 지배적인 조류는 경제성장 과정을 자극하는 데 필요한 보조적인 금융 형태로 고안된 ODA의 형태를 취했다. 1983년까지 다양한 다자적·양자적 경로들을 통해 제공되었던 그러한 원조는 개발 기획을 위해 이용되거나, 경제활동을 위한 기반 시설을 세우는 데 활용되었다. 그러나 1983년 당시 광범위하게 퍼져 있던 부채 위기의 진통을 겪으면서, 공적 원조는 다른 형태를 취하기 시작했다. 그것은 프로젝트 대출이 아닌 정책 대출, 즉 자유시장을 지향하는 정책 개혁을 전제하는 대출이 되었다.

이 지점까지 세계은행과 여타의 국제 금융기구들의 입장은, 원조는 개발도상국들이 "소유"하고 있는 국가발전 전략늘에 복무할 깃이며 이 개도국들은 고유의 발전 경로를 따를 것으로 기대된다는 것이었다. 그러나 1983년 이후로는 새로운 자본에 접근해야 할뿐만 아니라 빚을 차환(借換)해야 하는 여러 국가들의 필요와 더불어, 세계은행, IMF 그리고 그것들을 간접적으로 통제하는 미국 정부와 같은 양자적 기관들에 의한 대출은 구조조정 프로그램에 따라 설계된 정책 개혁에 입각하여 이루어졌다.

전 지구적 위기에 뒤이어, 미국과 유럽 — 이후에는 일본 — 의 상업은행들은 사적인 형태의 막대한 자본 흐름으로 이어지는 해외 대부정책을 개시하였다. 이러한 대부자본 혹은 부채 금융의 폭발적 증가는 라틴아메리카와 같은 개발 세계의 일부에서 ODA를 초과할 정도였다. 그것은 또한 FDI의 형태로 다국적 기업들에게 이전되는 자본의 양을 초과했다. 표 10.1은 민간자산의 자본 흐름에 따른 수익(FDI에 대한 수익)과 외채에 대한 지불을 비롯한 이러한 자본의 상대적 흐름들을 보여주고 있다.

표 10.1은 1990년대 민간 자본에 의해 초래된 ODA의 쇠퇴, (부채 위기가 있었던) 1980년대와 (라틴아메리카 및 아시아에서의 금융위기 이후인) 1990년대 후반기에 있었던 상업대부의 극적인 감소 그리고 지배적인 자본 흐름으로서의 FDI(IMF의 표현대로, "사적 부문의 외부 금융 흐름의 중추")의 증가 등을 포함한 전 지구적인 경향들을 보여주고 있는데, FDI는 주로 사유화된 기업의 인수 및 다른 회사들의 합병에 이용되었으며 이는 전 지구적인 자산 및 소득 집중 과정으로 이어졌다. 표 10.1은 또한 개발도상국에서 체제의 중심에 있는 국가들로 생산적 자원들(따라서 잠재적 자본)이 엄청나게 유출되었음을 보여주고 있다. 1990년대에 라틴아메리카 한 곳에서만 투자에 대한 수익 형태(이윤 송환, 채무 및 자산 투자에 대한 이자 지불)로 발생한 자본 유출이 5천억 달러를 넘는 것으로 추정된다(ECLAC 2002).

이러한 유출은 개발도상국에서 생산을 확대하는 데 사용될 수 있는 잠재적 자본이 엄청나게 고갈되었음을 의미한다. 그것들은 그 자체로 세계화와 구조조정 체제 하에 있는 사하라 이남의 아프리카와 라틴아메리카를 포함하는 대부분의 제3세계에서 발견되는 경제성장과 발전의 "결여"를 적절히 설명해 준다. 심지어 ODA조차도 자본 고갈의 메커니즘

	1985-1989	1990-1994	1995	1996	1997	1998	1999	2000	2001
ODA	200.0	274.6	55.3	31.2	43.0	54.5	46.1	37.9	36.2
사적 부문	157.0	547.5	206.1	276.6	300.8	283.2	224.4	225.8	160.0
FDI	76.0	268.5	106.8	130.8	172.5	178.3	184.4	166.7	168.2
자기자본투자	6.0	111.5	36.1	49.2	30.2	15.6	34.5	50.9	18.5
기타	75.0	172.5	63.2	126.2	98.1	-10.7	25.5	8.2	-26.7
순자산유입	357.0	822.5	261.4	307.8	343.8	337.7	270.5	263.7	196.2
FDI 이윤	66.0	96.5	26.5	30.0	31.8	35.2	40.3	45.4	55.3
부채상환	354.0	356.5	100.8	106.6	112.9	118.7	121.9	126.7	122.2
순자산유출 *	420.0	453.0	227.3	136.6	144.7	153.9	162.2	172.1	177.5

* 이 수치는 포트폴리오 투자에 대한 이자 지불, 로열티 지불, 선박, 보험 등 기타 서비스 수수료 등을 포함하지 않은 것이다. 또한 수십억 달러로 추정되는 금융 자산의 불법적 유출이나, 무역 메커니즘을 통한 생산적 자원의 한층 더 거대한 "손실" 역시 제외한 것이다. UNCTAD는 생산적 자원의 이러한 손실(보이지 않는 간접적인 이전)이 이자 지불과 이윤 송환을 통해 개발도상국들이 입은 금융 자산 손실보다 더 크다고 추정한다(UNCTAD 2003).

표 10.1 북 - 남의 장기금융흐름, 1985~2001 (단위 : 10억 미국 달러)
(출처 : IMF 2002a; World Bank, Global Development Finance, Country Table 2002; OECD 2003.)

으로 작용했다. 2002년에 개발도상국들이 세계은행에 상환한 액수는 새로운 "금융 재원"의 지출액을 초과했다. 그리고 이러한 계산들은 무역 기구 및 노동 착취를 통한 생산적 자원의 손실과 같은 덜 공공연한 여타의 자본 고갈 형태들을 고려하지 않은 것이다. 이와 관련해서는 특히, 라틴아메리카로부터 생산적 자원과 금융자원을 강탈하여 미국으로 이전하는 데 사용된 다양한 방법들을 파헤친 삭스 페르난데스와 누네스 Núñez(2001)의 연구를 참고할 만하다.

ECLAC(2002)에 따르면 단 1년 동안 이자 지불과 이윤의 형태로 690억 달러가 넘는 돈이 라틴아메리카로부터 미국에 있는 다국적 기업들과 은행들의 본사로 송금되었다. 삭스 페르난데스와 누네스(2001)는, 만일 우리가 로열티 지불, 선박, 보험 및 기타 서비스 수수료로 지출된 수십억 달러와 라틴아메리카의 엘리트들이 미국과 유럽의 은행을 통해 해외 계좌로 좀더 불법적으로 빼돌린 수십억 달러를 고려한다면, 2002년의 총

강탈액은 1천억 달러에 달한다고 적고 있다. 그리고 이것은 미제국의 단지 한 부분에서 단 1년 동안에 일어난 일이다.

세계화 시대의 원조: 1980년대와 1990년대

부채 위기와 함께 은행 대출은 말라붙었고, 채권자들은 세계은행과 IMF의 뒤에 줄지어 서서 이 기관들이 채무자들의 채무 이행을 보증해주길 기대했다. 그리고 세계은행과 IMF는 빚을 갚을 채무자들의 역량과 준비 상태를 보증함으로써 실제로 그와 같은 기대에 부응했다. 표 10.1은 1985년에서 1989년까지 3,540억 달러가 (주로 라틴아메리카) 개발도상국들의 개발 프로젝트와 프로그램으로부터 상업은행의 본사로 이전되었음 — 라틴아메리카와 사하라 이남의 아프리카 모두에서 "발전 없는 십 년"을 직접적으로 초래한 자본 고갈 — 을 보여준다. 상업은행들이 개발도상국들에게 사실상 어떠한 새로운 대출도 실행하지 않은 또 다른 시기인 1995년과 2001년 사이에, 외채에 대한 이자 지불의 형태로 8천억 달러가 추가로 "개발에 이르지 못하고 사라졌다." 이렇게 개발이 이루어지지 못한 것은 구조조정 프로그램 — 세계은행이 기존의 부채를 재구성하거나 추가 원조를 제공하는 조건으로 설정한 일단의 정책 개혁들 — 을 시행 혹은 강요했기 때문이었다(Burnside and Dollar 1997; Kreuger 외 1989; Mosley 1999; Rodrik 1995). 이러한 구조개혁은 자유무역과 자본의 자유로운 순환 — 그리고 자유로운 기업의 구속받지 않는 전 지구적 활동 — 이라는 조직적 원리에 기반한 새로운 세계 질서의 요구에 따라 계획되었다.

1982년 멕시코 정부는 자신이 부채 의무를 이행할 수 없을 것이라고 공표했는데, 이는 라틴아메리카 지역에서 그리고 어느 정도는 전 지구적 차원에서 부채 위기의 방아쇠를 당겼다. 이러한 맥락에서 IMF는 세계은행과 유사하게 "거시경제적 균형" — 즉, 더 낮은 인플레이션과 균형 잡힌 국민 계정 — 을 확립하기 위해 고안된 일단의 긴축조치들을 강요했다.

이러한 정책 개혁들에 대해서는 잘 알려져 있고, 상당한 수의 연구의 주제가 되었는데, 특히 그것의 사회-경제적이고 정치적인 영향에 관한 연구들이 많다(예컨대, Collier 1997; Veltmeyer and Petras 1997과 2000을 보라). 그것들은 "신경제 모델" 혹은 좀더 진실에 가까운 표현인 "신자유주의" — "새로운 세계 경제질서"의 틀 내에서 모든 경제를 새로운 전 지구적 경제 속으로 통합하기 위해 고안된 정책적 처방들을 포함하는 경제 독트린 — 로 알려진 것에 기초한다.

이러한 정책들은 다음과 같은 것을 포함한다.

- 생산수단 및 관련 기업들의 사유화
- 무역 및 금융 흐름의 자유화
- 생산 및 노동시장의 탈규제화
- 위 세 가지 구조개혁의 맥락에서 국가를 축소하기, 즉 국가를 사적 기업과 "자유의 세력들"의 제도들로 대체하기(Bulmer-Thomas 1996; Veltmeyer and Petras 1997; Veltmeyer, Petras and Vieux 2000).

이론과 실천 모두에서 이 정책들은 세계화와 구조조정의 과정을, 그리고 그에 따라 새로운 전 지구적 자본 축적 과정을 촉진하기 위해 기획된 것이다.

1990년대 후반기는, 먼저 멕시코에 영향을 주었고 이후 1997년 중반에 동남아시아를 감염시켰던 바이러스와 함께 시작되었다. 단기 수익을 추구하는 수천억 달러 자본의 휘발성 강하고 통제되지 않은(규제되지 않은) 운동에 의해 야기된 "아시아 (금융)위기"는 그 지역의 경제들을 차례로 황폐화시켰으며, 세계체제의 한 부분에서 일어난 급격한 성장이라는 "경제적 기적"에 관한 일체의 논의들(그리고, 특히 세계은행이 작성한 많은 저술들)을 침묵시켰다.

라틴아메리카와 아시아의 금융위기는 좀더 일반화된 위기, 심지어 체제 자체의 붕괴라는 유령을 되살려 냈다. 이러한 조건 하에서 다국적 상업은행들은 부분적으로는 FDI를 통해 공백을 벌충하면서 다시 한 번 위기를 모면하고자 애썼고, 이로써 라틴아메리카를 비롯한 여타의 지역에서 발전이 없는 또 다른 5년이 시작되었다(ECLAC 2002; UNCTAD 2003). 이러한 맥락에서 이루어진 공적 원조의 흐름은 최소한에 불과했으며 그마저도 대개 비생산적이었다(즉, 생산을 확장하는 데 사용되지 않았다). 공적 원조보다 훨씬 더 규모가 큰 FDI의 흐름 역시 대체로 비생산적이었다(즉, 사적 기업들의 합병과 인수에 자금을 공급하는 데 사용되었다). 이러한 "개발들"의 최종적 결과 — 신자유주의적 거시경제 정책의 실행, 생산적 자원과 금융 자원의 착취와 이전, FDI 및 ODA 형태의 자본의 비생산적인 작용 — 를 발견하는 일은 어렵지 않다. 그 결과들의 예는, 이전까지는 라틴아메리카에서 가장 강력한 경제 대국이었지만 지금은 (그리고 지난 몇 년 간은) 광범위하고 재앙적인 위기로 고통 받고 있는 아르헨티나의 경험 속에서 찾아볼 수 있다.

세계화 시대의 대안적 개발과 제국주의: 1983~2003

ODA는 원래 미국 대외정책의 전략적 요구와 이익을 만족시키기 위해 고안된 것이었다. 그것은 미국의 지배와 헤게모니를 확립하기 위한 의제에 복무하는 제국적 정책으로 매우 적절히 묘사될 수 있다. 미제국은 양자적이거나 다자적인 자금원과 NGO라는 대리자들을 통해 실행된 후기의 개발 프로젝트를 종속국들 내에서 혁명적 변화의 압력을 완화시키는 수단으로 이용했다. 중앙아메리카 — (베트남과 걸프 지역에서의 실패와는 대조적으로) 미국 권력이 좀더 성공적으로 투영된 무대들 가운데 하나 — 에 대한 미국의 (정치적·군사적) 개입의 역사는 개발 프로젝트가 대개는 제대로 작동하지 않았다는 사실에 대한 증거이다. 정말로, 이 지역에서 제2, 제3의 쿠바는 나타나지 않았다. 그러나 이것은 USAID의 활동이나 개발 프로젝트의 결과였다기보다는 무력의 사용과 그 지역의 역반란 세력들에게 제공된 광범위한 "원조"의 결과였다.

1980년대에는 구조조정 프로그램에 기반한 신자유주의적인 세계화 기획에 의해 ODA를 둘러싼 완전히 새로운 맥락이 창출되었다. 이러한 맥락에서 개발 프로젝트는 위와 바깥으로부터가 아니라 아래와 안으로부터 시작되도록 재구조화되고 기획되었다. 그것은 정부간 ODA 기구와 NGO들의 협력에 기초한 대안적이고 좀더 참여적인 형태의 개발이 되었는데, 이때 정부간 ODA 기구와 NGO들 사이의 협력은 빈곤 문제를 해결하기 위한 새로운 세대의 개발 프로젝트를 실행함에 있어서 원조자와 풀뿌리 조직들 사이를 매개하게 될 것이었다.[5] 부지불식간에 신제국

---

5. 개발 과정에서의 이러한 NGO들의 역할에 관한 문헌은 방대하지만, 그 중에서도 예컨대 Macdonald(1997)과 Reilly(1989)를 볼 것을 권한다. 1980년대에 (공적 부문과 사

주의의 대리인으로 전환된 많은 NGO들을 통해 이루어진 실제적인 자금의 흐름은 사실 매우 온건했지만, 대중 조직들로 하여금 체제와 신자유주의적 정책 프로그램에 맞서 움직이려는 집단들을 외면하고 그 대신 "지역 개발"이라는 보다 참여적인 형태를 선택하도록 하는 유인책으로 기능하기에는 충분했다. 이러한 개발은 자연적, 물리적, 금융적 자산이 아닌 "사회적 자본"의 축적에 입각해 있는데, 이때 사회적 자본이라는 것은 빈자들이 풍부하게 갖고 있는 것으로 인식되며, 권력 구조와의 정치적 대결이나 실질적인 구조 변화를 요구하지 않는다(Knack 1999; Woolcock and Narayan 2000).[6]

퇴행의 촉매제로서의 대외원조

1980년대까지 ODA는 국제적인 재원 흐름의 지배적인 형태였다. ODA라는 공적 자금을 이전시키는 행위의 배후에 놓여 있는 가정은 개발도상국들은 개발에 필요한 자금을 댈 수 있을 만큼 충분한 자본을 축적할 수 없다는 것이었다. 대외원조의 근거는, 추가적 자금의 공급과 이 자본의 적절한 투자가 수혜국들의 경제에 촉매 효과를 일으켜서, 빈곤을 감소시키고 경제성장을 자극할 조건들을 산출할 것이라는 생각이었다. 그러나 지난 50여 년 간의 경험은, 사실 원조는 원조국에게 더 많은

적 부문에 대비하여) "제3부문"으로, 그리고 1990년대에 새롭게 등장하는 시민사회의 일부로 개념화되었던 이러한 NGO들에 대한 매우 비판적인 견해로는, Petras and Veltmeyer(2001)를 보라.
6. 이러한 "대안적 개발" 프로젝트의 정치적 동역학에 관해서는, 여러 가지 중에서도, Veltmeyer(2002a)를 보라.

이득과 수익을 가져다준다는 것을 증명해주었다. 사실상 ODA는, 제국주의의 한 형태로서 — 자원 흐름의 다른 형태들이 그러하듯이 — 잉여가치 이전의 메커니즘으로, 그리하여 개발이 아닌 퇴행의 촉매제로 기능한다.

증거는 명백하다. 브레튼우즈 국제질서 안에서의 20년간에 걸친 고속 성장 이후 개발 과정은 구조조정에 종속되고 FDI, 상업은행 대부, 대외원조에 의존적인 바로 그 지역들에서 멈춰 섰다. 제3세계의 일부분 — 정확히 말하자면, 신흥 공업 국가들로 이루어진 소집단과 빠르게 성장한 동아시아의 8개국 — 은 높은 경제성장률을 지속했고, 이러한 성장과 함께 사회적·경제적 조건들의 실질적인 개선에 대한 경험 역시 계속되었다. 그러나 빈펠드Bienefeld(1988)가 보여주었듯이, 이러한 나라들은 신자유주의적 모델을 추구하지도, 구조조정 프로그램에 종속되지도 않았다. 라틴아메리카와 사하라 이남의 아프리카에서 신자유주의적 개혁 및 대외원조 정책들은, 부와 소득의 분배상 불평등의 극적인 증가와 극단적인 가난의 조건 속에서 일하고 살아가는 사람들의 엄청난 증가를 비롯한 사회·경제적 조건들의 결정적인 악화와 결합되어 있었다(그리고 지금도 결합되어 있다).

1990년대 말 즈음, 세계 전체 인구의 44%에 상당하는 약 30억 명의 사람들이 자신들의 기본적인 욕구를 충족시킬 수 없는 것으로 확인되었다. 그리고 대략 14억 명의 사람들이 절망적인 빈곤과 비참의 조건 하에서 하루 1달러도 안 되는 돈으로 연명하도록 강제되고 있다.[7] 이러한 빈곤은 어느 정도 고착된 사회적 배제의 구조에 뿌리박고 있다. 그러나 그 중 많은 부분이 대외원조와 결합된 정책 개혁들에 기인하거나 그것에

---

7. 이러한 빈곤의 구조적이고 정치적인 조건들은 다양한 관점에서 잘 밝혀지고 분석되어 왔다. 예컨대, Morley(1995), World Bank(1989), UNDP(1996)를 보라.

의해 악화되었다는 것은 충분히 분명하다. 이러한 맥락에서 원조는 실제로 경제적 저개발과 사회적 퇴행의 촉매제로 간주될 수 있다. 이 점에 관한 역사적 기록은 더할 나위 없이 명백하다. 신자유주의적 세계화와 구조조정의 시대에, 이러한 퇴행의 조건들은 대외원조 제공에 첨부된 정책 이행조건들의 직접적인 결과이다.[8]

결론

대외원조의 동학은 2차 세계대전 이후에 발전된 세 가지의 전략적인 지정학적·경제적 기획들, 즉 **국제 개발, 세계화 그리고 제국주의**와의 관련 속에서 이해될 수 있다. 이러한 기획들의 실행에 의해 창출된 조건 하에서, 대외원조는 미국 대외경제 정책의 수단이자 저개발과 퇴행의 촉매제이다. 물론 퇴행이 개발 사업의 의도된 결과는 아니지만, 그것은 원조의 제공에 딸린 정책 이행조건들의 불가피한 산물이다. 문제는 경제 성장과 개발이 ─ 그리고 ODA 사업 전체가 ─ 수혜국보다는 원조국의 이해에 기여하도록 계획된 제도적·정책적 개혁들을 채택하는 것에 입각해 있다는 사실이다. 역사적 기록이 보여주고 있는 것은, 대외원조와 개발 프로젝트가 바로 이러한 의미에서 일반적이고 탁월한 성공을 거둬왔다는 사실이다. 헤이터Hayter가 30년도 더 전에 지적했듯이, 대외원조는 제국주의의 한 형태이며, 그 이상도 이하도 아닌 것이다.

---

8. 사실, 이 주제와 관련하여 논쟁이 진행 중인데, 세계은행의 경제학자들은 다수의 학술적 연구와 내부 평가에 의해 제시된 타당한 증거를 끈질기게 외면하거나 조작하고 있다.

11장

전쟁으로서의 제국주의
─ 네오콘이 행동을 취하다

유일한 초강대국에 대한 대안은 다자적 유토피아가 아니라 새로운 암흑기의 무정부적 악몽이다.
― 니얼 퍼거슨(Niall Ferguson, 2004)

[부시는] 20세기 초에 테어도어 루즈벨트(Theodore Roosevelt)와 우드로 윌슨(Woodrow Wilson)이 배운 것과 동일한 교훈을 21세기 초에 배우게 될 것 같다. …… 미국이 ― 제국적 권력들이 이미 밟고 지나간 지형을 탐험하며 ― 파괴할 괴물들을 찾아 홀로 나선다면, 그 자신이 괴물이 될 수도 있다.
― 존 주디스(John Judis, 2004)

미국은 국제적 합법성과 품위를 존중하는 척하는 태도를 벗어던지고, 날 것의 제국주의가 미쳐 날뛰는 과정에 진입했다.
― 뉘른베르크 법정의 검사 윌리엄 로클러(William Rockler, 초스도프스키[2004]에서 인용)

네오콘과 미국의 전 지구적 제국

로널드 레이건이 미국 대통령이 되기 약 5년 전, 네오콘의 첫 번째 물결은 악명 높은 〈현존하는 위험에 관한 위원회〉Committee on the Present Danger, CPD를 구성했다. 61명의 창립 위원들 가운데 29명은 결국 레이건 행정부에 자리를 잡았다. 이 그룹의 핵심적 구성원들 가운데는 국방장관 도널드 럼스펠드, 레이건 밑에서 국무장관이 된 조지 P. 슐츠, 리처드 펄Richard Perle, 윌리엄 크리스톨William Kristol 그리고 아버지 부시가 CIA 국장이었을 때 조직한 CIA 외부의 비밀 조직("팀B")의 구성원이었던 리처드 파이프스Richard Pipes를 비롯한, 당대 네오콘을 상징하는 몇 명의 다른 매파 학자들이 포함되어 있었다. 이후 이 네오콘 집단에 폴 월포위츠가 합류하게 되는데, 그는 아버지 부시 행정부의 국방장관이었던 딕 체니의 보좌관 리처드 펄과 합류하여 중동 및 석유 지정학에 대한 관심사를 체니와 공유하게 될 것이었다.

미국의 이라크 및 페르시아만 정책에 대한 언론 보도는 항상 석유가 그 정책과 일정한 관련을 갖고 있으며 이라크 전쟁 역시 마찬가지라는 생각이 틀렸음을 주장해 왔지만, 석유는 실제로 그것과 깊은 연관이 있었고, 미국의 국가기구를 장악한 네오콘 갱단이 만들어 낸, 전 지구적 지배를 위한 여러 가지 계획들 또한 그러했다. 사실 미국과 중동은 1970년대의 "석유위기"와 OPEC의 형성 이래로 석유를 둘러싼 줄다리기에 휘말려 왔다. 그러나 당시에는 아랍의 유전을 무력으로 장악할 가능성은 고려되지 않았으며, 정치적으로 실현가능하지 않은 것으로 생각되었다. 그럼에도, 중동의 석유 자원을 통제한다는 생각은 이 워싱턴 내부의 강경론자 그룹에게는 매우 매력적인 것이었고 여전히 그러한 것으로 남아 있다. 만약 사우디아라비아에서 혼란이 발생한다면, 러시아가 송유관을 잠가 버린다면, 베네수엘라의 볼리바르 혁명에서 "대의민주주의"가 계속 발전한다면, 그리고 미국이 이라크를 잃는다면, 석유 의존적인 미국 경제는 당연히 붕괴하게 될 것이다. 그리고 맥퀘이드McQuaid(2004)가 너무나 잘 입증했듯이, 안정적인 석유 공급을 확보하는 것에 대한 이러한 전략적인 국가적 관심은 공교롭게도 체니 자신에 의해 대표되는 미국 기업의 이익과 직접적으로 연결되어 있다. 워싱턴의 네오콘들과 석유 부문 기업들을 한데 묶는 그 밖의 연결 관계들은 말할 것도 없고 말이다.

클린턴의 임기 동안 네오콘들은 보수적인 싱크탱크와 PNAC와 같은 프로젝트들에서 활동했는데, 그것은 9/11이 일어나기 오래 전부터 이라크와 아프가니스탄을 공격하고 중동의 유전에 대한 통제권을 획득하려는 계획을 포함하고 있었다. 그러나 그들은 조지 W. 부시가 대통령직에 오르기까지 때를 기다려야 했다.

전 지구적인 미제국에 복무하는 방식으로 "집단행동이 조율될 수 없을 때" 미국이 자신의 권력을 일방적으로 주장해야 한다는 내용의 문서인 "국방정책지침"Defence Guidance Planning, DGP의 저자들인 콘돌리자 라이스와 콜린 파월이라는 보완적인 인물들이 추가되면서, 미국 외교 정책의 목에 걸려 있던 네오콘의 올가미가 조여지기 시작했다.

네오콘의 전 지구적 미제국 프로젝트 — 전 지구적 지배를 위한, "언제 어디서든 필요하다면 [강압적] 무력 사용을 주저하지" 않을 "새로운 제국주의"를 위한, 그리고 필요할 경우 일방적 행동을 위한 계획 — 는 적어도 십년의 준비 과정을 거쳤으며, 조지 부시 주니어의 임기 중에 (그보다 더 일찍은 아니라 하더라도) 꾸며졌다. 1992년 『워싱턴 포스트』는 펜타곤의 기밀문서 — 악명 높은 "월포위츠 보고서" — 를 공개했다. [펜타곤은] 그 보고서의 존재와 기원을 부인했지만, 그럼에도 그것은 특히 미국의 "동맹국들" 사이에서 논란을 불러일으켰다. 보고서는 후에 마틴 펠드스타인이 주장하게 될 것을 미리 이야기하고 있었다. "우리는 다른 산업 국가들이 미국의 주도권에 도전하고, 확립된 경제·정치 질서에 의문을 제기하는 것을 막아야 한다. 우리는 잠재적 라이벌들이 더 큰 지역적 혹은 세계적 역할을 꿈꾸지 못 하도록 군사적 우위를 유지해야 한다." 1992년 월포위츠 보고서는, 미국이 지역적 혹은 전 지구적 라이벌들을 좌절시킬 수 있을 만큼 강력한 군사기구와 패권을 유지해야 하며, 이라크와 북한의 핵, 화학 혹은 생물학 무기들의 확산을 강제로 종식시켜야 한다고 노골적으로 역설했다. 월포위츠는 8년 후에 작성된 저 악명 높은 "새로운 미국의 세기를 위한 프로젝트" 문건의 주요 작성자이기도 한데, 그 문건은 제국을 위해 ― 미국이 전 지구적인 책임과 제국으로서의 임무를 수행하는 것을 돕고, 세계를 자유롭게 하며, 새로운 미국적 세계 질서를 보장하기 위해 ― 미국의 정치적·군사적 권력을 일방적으로 표출할 것을 제안했다. 이 문건은 자신의 영감과 정책적 권고의 많은 부분을 1992년 보고서로부터 끌어오고 있으며, 미국의 도덕적·군사적 우위에 대한 신념으로 가득 차 있다.

2000년에 이르러 네오콘 그룹은 조지 W. 부시에게서 자신들의 전 지구적 지배 계획을 위한 완벽한 꼭두각시를 발견했고, 1990년의 국방 정책지침을 미국의 공식적 정책으로 체계화할 수 있었다. 국가 권력을 장악하고 난 뒤, 그들은 본격적으로 이라크 침공을 모의하기 시작했다. 나머지는 우리가 알고 있는 그대로다.

부시 독트린: 거침없는 제국 건설

자신의 미국 국가 안보전략 보고서와 2002년 9월 20일의 연설에서 제시된 부시 독트린은, 미국 권력의 일방적 투사와 제한 없는 공세적 ("선제") 전쟁이라는 기초 위에서 "성공을 위한 유일한 지속가능한 모델"을 선전한다. "방어"와 "자유"라는 언어를 사용하고 있기는 하지만, 부시 독트린은 이전의 (소비에트의 영향력을 제한하는) "봉쇄"라는 트루먼 독트린, 심지어는 (소비에트의 영향력을 무력화하는) "반격"rollback이라는 레이건 독트린으로부터의 극단적인 이탈이라고 할 수 있다. 부시 독트린은 불확정적인 음모적 적들 — 미국의 정책과 권력에 반대("악의 축")하고 "자유와 선의 세력들"을 위협하는 테러 전술과 위험한 기술("대량살상무기")로 미국에 대한 "즉각적인" 공격을 계획하고 있는 "불량 국가들"과 "겹쳐지는, 비밀스러운 개인들의 네트워크" — 에 대한 언급에 기초하고 있다.

부시가 행한 대부분의 연설에서 — 그리고 럼스펠드를 비롯한 네오콘 갱단의 연설에서 — 미국 정치의 제국주의적 출발점은 명확하게 드러난다. "오늘날 미국은 압도적인 군사적 힘과 정치적 영향력을 가진 지위를 누리고 있다. …… 우리는 인류의 자유를(즉, 미제국을) 이롭게 하는 권력의 균형을 창출 …… 하고자 한다." 미제국의 정복을 수용하거나 지지하지 않는 나라는 크든 작든 적으로 규정된다. 부시는, "당신은 우리와 함께하거나 우리에게 맞서거나 둘 중 하나이다"라고 말한다. 미국은 다른 국가들에게 "스스로의 주권적 책임을 받아들이도록 납득시키거나 강제함으로써" 미제국 건설을 지지하도록 설득할 것이다. 미국의 이라크 전쟁에 반대한 독일의 게르하르트 슈뢰더 총리에 대한 워싱턴의 신랄한 공격이 한 가지 사례였다.

공세적 전쟁을 통한 세계 정복이라는 워싱턴의 전망은 전적으로 불합리한 논리에 의해 옹호되고 있다. "약한 국가들은 …… 강한 국가들만큼이나 우리의 국익에 커다란 위험을 제기할 수 있다." 그러나 아프가니스탄과 이라크는 미국을 폭격하지 않았다. 사태는 그 반대였다.

부시 독트린은 9/11에 대해 언급하면서 "위험한 기술들과 결합된 새로이 출현하고 있는 위협"을 말한다. 비행기 납치범들이 여객기를 장악하여 쌍둥이 빌딩과 펜타곤에 충돌시키기 위해 사용한 것은 2달러짜리 플라스틱 상자 칼들 — 38달러짜리 첨단 기술 — 이었는데도 말이다.

부시 독트린은 무기를 들고 위해를 가하는 데 몰두해 있는 현재 활동 중인 테러리스트들을 겨냥하지 않는다. 오히려 부시 독트린은 "계획"과 "새로이 출현하고 있는 위협"을 파괴하려고 한다. "계획"은 — 행동도, 심지어 무기 확보도 아닌 — 토론, 생각, 논쟁을 가리킨다. 다시 말해 "새로이 출현하고 있는 위협"에 대한 미국의 파괴는 "위험한 기술"과 연결된 일체의 "국제적 테러리스트"에 대한 암살 허가를 의미한다. 면도할 때는 말조심하는 편이 좋을 것이다.

더욱 심각한 점은, 부시 독트린이 필요하다면 미국이 공세적 전쟁을 통해서 군사적으로라도 방어할 만한 중요한 "가치들" 중 하나로 "경제적 자유" — 실패한 신자유주의적 경제 체제 — 를 언급한다는 사실이다. 독트린의 이 부분은 특히, 미국식의 "경제적 자유"가 수억 명의 삶을 황폐화시킨 라틴아메리카와 관련되어 있다. 부시 독트린은 라틴아메리카에서 "경제적 자유"가 빈곤, 권위주의, 불안으로 귀결되었음을 인정하는 대신, 콜롬비아에서의 미국의 군사적 개입을 하나의 모델로 언급하면서 "지역적 갈등"을 "마약 카르텔"과 "테러리스트 및 극단주의자 그룹들"에 관한 문제로 환원한다.

그러나 아르헨티나, 볼리비아, 브라질, 베네수엘라 그리고 여타의 지역에서 미국의 지배와 그 종속국들에 반대하여 대중적인 사회·선거 운동들이 부활함으로써, "우리는 서반구에서 우리와 우선순위를 공유하는 나라들, 특히 멕시코, 브라질, 캐나다, 칠레 그리고 콜롬비아와 유연한 연합을 형성했다"는 부시의 주장이 거짓임이 드러났다. 소위 "외무부들"이 활동하는 층위 아래에서는, 대다수의 라틴아메리카인들이 미국의 우선순위들을 거부한다. ALCA에 반대하여 투표한 천만 명의 브라질인들,

미국의 이라크 전쟁에 대한 지지를 거부한 멕시코 의회의 다수, 우리베 정권과 IMF의 긴축 계획에 맞서 총파업에 참여한 수십만 명의 사람들이 그러하듯이 말이다.

부시 독트린은 "협의", "연합적 협력" 그리고 "자유"를 언급하지만, 동일한 문건에서 미국이 일방적으로 행동할 "권리"를 열두 번도 넘게 주장한다. 그것은 "연합적 협력"을 말하지만, 워싱턴은 프랑스와 독일을, 간접적으로 캐나다를, 그리고 사실상 미국의 전쟁 도발을 지지하지 않는 모든 NATO 동맹국들과 (부자 나라들의 모임인) G8 회원국들을 악의적으로 공격한다. 부시는 "협의"를 이야기하면서도, 무기 사찰관들의 이라크 복귀를 주장하는 만장일치에 가까운 유엔의 목소리를 거부했다. 부시 독트린은 "독립적이고 민주적인 팔레스타인"을 지지한다고 주장하지만, 부시 행정부는 이스라엘에게 아라파트의 본부에 대한 폭격을 중단할 것을 요구하는 유엔 결의에서 기권했다.

부시 독트린은 자유, 연합 구축, 협의, 평화 등의 수사를 전쟁 준비, 일방적 행동, 군사적 정복과 결합시킨다. 그것은 러시아와 중국뿐만 아니라 유럽의 경쟁국들과 비판자들에게도 "자유와 평화"라는 대의에 입각한 세계 제국을 건설하려는 미국의 노력에 도전하지 말 것을 노골적으로 경고한다. 부시 독트린은 중국의 지도자들에게 "선진 군사력"을 추구하지 말고 "그들이 처한 상황의 성격에" 알맞은 "선택"을 하라고 경고한다. 부시 독트린은 러시아인들과 유럽인들에게 미국의 군사력의 본질적인 역할을 다시금 확인시켜 주며 "미국의 도전 불가능한 방어력을 건설하고 유지해야 한다"고 말한다. "낡은 방식의 거대 권력 경쟁의 쇄신"을 겨냥한 경고인 것이다.

부시 독트린은 미국의 군사력을 과시하는 것에 그치지 않고, 경쟁국들과 동맹국들을 얌전하게 만들고 "자유와 평화의 적들"에게 겁을 주기 위해 그것을 정치적 협박의 형태로 제시하는 데까지 나아간다. 이러한 이유로 이 독트린은 자유와 민주주의의 새로운 세계 질서의 수호자로서 미국이 자임한 역할에 반대하는 일체의 국가나 집단에 대한 전쟁을 정당화할 뿐만 아니라, 별 다른 도발 없이도 공격할 필요, 즉 적절하다고 판단될 때는 예방적 행동을 취할 필요 또한 정당화한다. 부시 독트린의 극단주의는 "방어적"(즉, 공세적) 전쟁의 용인, 그리고 비록 종속국들로 이루어져 있기는 하지만 현재 제국의 경계를 지킬 뿐만 아니라 지정학적, 군사적, 정치적 경계를 확장해서 새로운 "전략적 지역들"을 정복하고 착취하려는 노골적인 노력에서 발견된다.

워싱턴이 전쟁에 집착한 결과, 그리고 국가적·세계적 안보에 가해지는, 자유와 평화의 세력들에게 가해지는 위협에 대한 편집증적 수사의 결과는 무엇이었는가?

슈뢰더는 워싱턴에 대한 그의 최초의 반항과 럼스펠드의 악랄한 공격 덕분에 독일 선거에서 승리했다. 볼리비아에서는 대통령 선거에 미국 대사가 개입함으로써 〈사회주의 운동당〉Movimiento a Socialismo, MAS에 대한 대중들의 표가 [오히려] 두 배로 늘어났고, 3만 명의 코카재배 농민들의 강력한 운동의 지도자가 거의 국가 권력에 근접하게 되었다.[1] 이라크에 대한 워싱턴의 일방주의적인 전쟁은 거리에서, 의회에서, 유엔에서 전 세계적인 반대를 불러일으켰다. 최근의 역사에서 발생했던 다른 어떤 사건보다 더 말이다. 부시 행정부에서 라틴아메리카를 담당하고 있는 열한 명의 고위 관료들 가운데 여덟 명이 쿠바에 심히 적대적인 쿠바

---

1. [옮긴이] 2005년 12월 18일에 치러진 볼리비아 대통령 선거에서 〈사회주의 운동당〉의 에보 모랄레스가 50%가 넘는 득표율로 당선되었다.

망명자들이다. 그럼에도, 7백여 명의 미국 경영자들, 농업 생산자들, 정치인들이 아바나에서 열린 푸드페어Food Fair에 참여했고, 미국 의회는 여행금지법을 폐지하는 데 아슬아슬하게 실패했다. 여론조사들은 미국 시민 3명 중 2명이 전쟁보다 국내 경제문제를 더욱 중요하게 여긴다는 것을 보여주었다. 결국 부시가 이라크에서 전략적으로 s후퇴할 것을 결정하고 이라크인들(즉, 기꺼이 미국의 명령을 따를 사람들)에게 "주권"을 돌려주게 된 것은 2004년 11월 선거에서 패배할 것이라는 전망 때문이었다.

부시 독트린에서 분명하게 표현된 초제국주의적 정책들이야말로 인류에 대한 진정한 위협이다. 이스라엘 및 미국에 대한 이스라엘의 로비 그리고 미국 행정부와 그 주변의 극단적인 군 관련 인사들을 제외하고 나면, 부시 독트린과 이라크 전쟁에 대한 지지는 제한적으로만 존재했는데, 이는 주로 전쟁이 경제에 부정적이고 거의 재앙에 가까운 영향을 미칠 것이며 더 많은 폭력을 불러일으킬 것이라는 공포로 인한 것이었다. CNN의 2005년 6월 28일자 여론조사는 미국인의 58%가 전쟁에 반대하며, 부시 행정부가 전쟁 동기에 대해 자신들에게 그릇된 정보를 주어 진실을 보지 못하게 만들었다고 믿고 있다는 것을 보여주었다.

미국 역사의 깊숙한 곳까지 추적될 수 있으며 분명 케네디 행정부와 클린턴 행정부를 포함한 여러 민주당 행정부를 아우르는 더 오랫동안 유지되어 온 제국주의적 의제를 비판하고 거부하는 것이 중요한 것 만큼이나, 부시 독트린이 제기하는 즉각적인 위협을 비판하고 거부하는 것은 특히 중요하다. 그러나 제국주의 시스템과 그것을 유지시키는 군사주의적 지배계급을 인식하고 반대하는 것 또한 중요하다. 캐나다에서 조지 W. 부시는 "바보들의 연합을 이끄는 얼간이"로 묘사되어 왔다. 그를 얼간이로 간주하는 것은 매력적인 일이며(그의 수많은 부시주의

Bushism 2들이 그가 얼간이임을 선언하는 것으로 보인다), 자신의 국가 권력에 대한 미국의 주장에 아무런 문제를 느끼지 못하는 것처럼 보이는 다수의 미국인들이 "악의 군대"("자유와 민주주의의 적들")에 맞선 부시의 성전을 맹목적으로 혹은 노예처럼 추종하는 것은 확실히 바보 같은 짓으로 묘사될 만하다. 그러나 부시를 바보 취급하는 것은 실수일 수 있다. 그는 미국과 세계 경제에서 작용하고 있는 계급세력의 인격화이자 정치적 대표로 간주되어야 한다. [우리는] 이 계급세력을 연구하고 이해할 필요가 있다.

중동과 제국주의적 전쟁의 지정학

베트남전 이래 미국이 수행한 다른 어떤 전쟁보다 더 많은 비용이 투여되고 더 불안정했던 이라크 전쟁을 배경으로, 또 다른 오래된 문제가 중앙 무대에 등장할 조짐을 보이고 있다. 팔레스타인 문제를 둘러싼 이스라엘과 아랍 국가들 간의 지역적 갈등에 미국이 개입하고 있는 것이다.

팔레스타인인들은 "최종적 해법"3의 위협 아래 있다. 많은 사람들은 샤론 정부가 팔레스타인 자치 정부를 제거하기 위해서 — 팔레스타인 문제에 대한 "최종적 해법"을 도출하고, 그것의 구성이 수많은 팔레스타인인들의 추방을 필요로 하고 남은 사람들을 반투스탄4 유형의 시스템 안에 가두게

---

2. [옮긴이] 부시가 공식적인 자리에서 저지른 말실수들을 가리키는 신조어.
3. [옮긴이] 나치는 1942년 1월 20일 반제가(街)의 한 저택에서 열린 회의에서, 유태 인종을 유럽에서 완전히 말살하려는 이른바 "유태인 문제에 대한 최종적 해법"(Final Solution of the Jewish Question)을 결정했다. 즉, '최종적 해법'(Final Solution)이란 대량학살을 의미한다.
4. [옮긴이] 남아프리카 공화국이 국내 흑인들의 분리 거주 구역으로 지정한 10개 종족

될 "에레쯔 이스라엘"Eretz Israel, 즉 "더 위대한 이스라엘"의 꿈을 실현시키기 위해— 미국의 실제적이고 효과적인 지원을 이용하고 싶어 한다고 생각한다. 산드로 비올라Sandro Viola는 "팔레스타인 친구에게 보내는 편지"에서 이 점을 강조하는데, 이 글에서 그는 미국과 이스라엘이 예방적 전쟁이라는 틀 속에서 강제하려고 하는 "중동 정세의 폭력적 재편"을 팔레스타인인들의 뇌리를 떠나지 않는 위협과 대칭적인 것으로 간주한다(『라 레푸블리카』La Repubblica, 2003년 2월 25일).

끝없는 일련의 선택적 살인과 인종 청소 과정은 매일같이 계속해서 팔레스타인의 도시, 마을, 난민촌을 파괴한다. 막대한 "부수적 피해"(여성과 어린이를 포함한 수많은 무고한 시민들의 죽음 혹은 불구화)를 수반하는 지속적이고, 거의 매일같이 일어나는 투사들을 겨냥한 검거와 살인은 영구 난민촌의 황폐화, 폭격 그리고 대량 체포 등을 동반한다. 발칸에서 일어난 일은, 이스라엘의 식민지 이주자들과 군인들에 의해 점령된 팔레스타인 영토에서 일어날 일을 창백하게 재연한 것일지도 모른다. 이스라엘을 노린 자살 폭탄 테러와 공격으로 인한 이스라엘 사람들의 고통과 슬픔의 정서가 팔레스타인인들의 그것에 못지않다는 주장은, 팔레스타인 영토에 대한 군사적·식민적 점령에 관한 진정한 이야기가 빛을 보게 된다면 무색해질 수밖에 없을 것이다. 문제는 무력에 의한 외국군의 점령에 맞선 저항, 그리고 유럽 식민주의의 역사적 공모이다.

이스라엘의 탱크와 항공기가 레바논을 침공하기 직전인 1982년 3월, 이탈리아의 이스라엘 대사관은 "아랍-이스라엘 갈등의 정치 및 안보 관련 문제들에 관한 이스라엘의 관점을 요약한 문건"을 국회의원들에게

영토의 총칭.

전달했다(Vasapollo 2003). 그 문건은 런던에서 열린 회의에서 발표된 이스라엘 대사 슬로모 아르고브Shlomo Argov의 원고였다. 그에 대한 암살 기도가 "갈릴리의 평화" 작전의 개시와 레바논 침공을 위한 구실이었다. 아르고브는 자신의 연설에서, "평화에 대한 이스라엘의 집념은 영원할 것이며 소멸될 수 없을 것"이라고 역설했다. 그는 또한 "낡은 1967년의 국경보다 더 안전한 새로운 국경을 확보하기 위한 결의"에 대해 말했고, "[캠프 데이비드 협정에 따라 이루어진 — 저재 시나이 반도로부터의 철수와 같은 전면적인 철수의 전망은 다른 어떤 곳에서도 반복되지 않을 것"임을 보장했다.

이 세 가지 전략적인, 거의 신학적인 개념들 — 안보, 새로운 국경, 철수 거부 — 은 약 20년 후에 이스라엘 정부가 이스라엘-아랍 갈등을 자기 방식대로 "해결"하기 위해 밀어붙이는 기획으로 재현되었다. 이 세 가지 개념들 위에서는 어떠한 진지한 평화 협상과 "로드맵"도 불가능하지만, 이스라엘 정부는 계속해서 세계에 '기정사실'fait accompli을 보여주어야 한다는 생각을 유지했다. 이러한 맥락에서 오슬로 평화회담은, 러시아로부터 온 80만 명에 달하는 "결정적인 대량" 식민이주자들에 의해 초래된 식민화 때문에 실패할 수밖에 없었다. 뒤이어 팔레스타인 영토에 정착하려는 유행이 일면서 팔레스타인인들은 자신들의 땅, 우물 그리고 생존 그 자체를 지키기 위해 결사적으로 투쟁할 수밖에 없었다. 그러나 팔레스타인의 땅, 물 그리고 정착촌을 백만 명에 가까운 이스라엘인들이 점령하여 정착하는 과정을 역전시킨다는 것은 이스라엘 사회 내에서 첨예하고 아마도 치명적인 사회적 갈등을 감수해야 하는 일이다. 가자 지구의 정착촌들을 폐쇄하고 서안 지구의 정착촌을 확대하는 식의 책략으로 문제를 해결하려는 샤론 정권의 노력은 갈등을 해결하지 못한 채 실패할 수밖에 없다.

거의 18년간의 점령 이후 남부 레바논에서 이스라엘이 철수한 것은, (수백 명의 이스라엘군 사상자를 발생시킨) 레바논과 팔레스타인 저항 세력의 지속적인 게릴라 작전으로 인한 인적, 물질적, 정치적 비용을 부각시켰다. 모데카이 리클러Mordecai Richler가 자신의 어느 소설들에서 말한 바와 같이, 어려움과 많은 갈등에도 불구하고 "서구적" 생활 양식과 신앙 고백적 몽매주의obscurantism가 공존하는 이스라엘과 같은 사회가 그러한 비용을 영원히 감당할 수는 없다.

두 번째 인티파다Intifada와 그것의 해방 전쟁으로의 변형은 분명 갈등의 이러한 "레바논화"Lebanonization — 이스라엘 정부를 지치게 만들어서 팔레스타인 영토에서 "식민적 정착이라는 정책을 폐기"하고 "두 개의 국민, 두 개의 국가" 테제를 수용할 것을 고려하도록 강제하는 효과 — 에 근거한 것이었다.

고통스럽지만 객관적인 설명은, 이스라엘의 점령에 대한 자살 공격이 1990년대 들어 점점 잦아들었고 1999년과 2000년 초반에는 완전히 중단되었음을 보여준다. 이는 오슬로 협정 및 독립적인 팔레스타인 국가의 수립을 가져올 지속성 있는 합의에 대한 전망이 자살 공격이라는 전략을 약화시켰음을 의미한다. 그러나 회교사원의 공개적 장소에서 이루어진 샤론의 도발과 이스라엘의 억압의 강화가 자살 공격의 부활을 가져왔다는 점 또한 마찬가지로 분명하다. 사실, 자살 공격은 이스라엘이 팔레스타인 지도자들을 살해한 것에 대한 대응으로 이스라엘의 도시들과 식민지들을 겨냥한 것이었다. 이로써 원인과 결과 간의 관계, 그리고 팔레스타인 문제의 군사적 해결이 불가능함이 선명하게 드러난다. 게다가 두 번째 인티파다가 시작된 후 1년이 지난 2001년 가을에 에드워드 루탁Edward Luttak에 의해 알려진 한 문건에서, 이스라엘 당국은 아주 작은 인명 손실만으로 팔레스타인의 반란을 진압할 수 있다는 자신들의 확신을 언명했다. 그러나 사태는 다른 방향으로 흘러갔다.

많은 기자들이 보도한 바와 같이, 정착지들과 이스라엘 국가의 핵심부에 존재하는 불안감은 이스라엘 사회의 경제와 화합에 상당한 피해를 유발하고 있다. 샤론이 전면전이라는 선택지를 제시한 것은 아마도 이러한 상황을 타개하기 위함이었을 것이다. 실제로 그것의 목적은 신속하고도 결정적인 억압, 즉 분쟁 중인 영토에서 가능한 한 많은 팔레스타인인들을 추방하고, 남는 사람들은 남아프리카 공화국의 반투스탄과 같은 조건 속으로 밀어 넣는 것이었다.

이러한 목적을 달성하기 위해 이스라엘에게 필요한 것은 미국의 지원, 그리고 유럽의 공모에 가까운 중립과 방관이다. 모든 주요 국가들에서 체계적으로 활성화된 친이스라엘적 로비는 어떠한 "유대인"도 벗어날 수 없는 일종의 전면적인 동원이 되었다. 모든 주요 매체에 논평자들, 작가들, 전문가들, 역사가들 그리고 이스라엘 국적을 가진 혹은 친이스라엘적인 노벨상 수상자들이 질식할 정도로 많이 등장하여 사태를 과장하는 대가를 치르고라도 말이다.

이것은 이스라엘-팔레스타인의 식민적 갈등을 문명의 충돌로 그리려는 시도를 의미하는데, 그러한 관점에서 이스라엘은 서구 문명을 위협하는 아랍-이슬람적 테러리즘과 야만주의에 맞선 (그것이 갖고 있는 모든 결점들에도 불구하고 그 지역에서 "가장 가능한 모델"인) 서구 모델의 민주적 요새로 이해된다. 뉴욕 쌍둥이 빌딩에 대한 공격 이후 미국과 유럽에서 갑자기 나타난, 이슬람과 아랍에 대한 병적인 공포를 조장하는 캠페인은 중동에서 이스라엘이라는 요새를 지키기 위해 조직된 캠페인과 정확히 — 어쩌면 너무나 정확히 — 일치한다. 그런데 왜 이 점령된 영토의 작은 조각인 팔레스타인은 계속해서 중동의 해결되지 않는 모순인 것일까?

중동과 미제국

우리는 바레인에서 불타는 자동차들, 모로코에서 시위하는 50만 명의 사람들, 이집트에서 그 밖의 다른 시위들처럼 우리가 결코 보게 되리라고 꿈꿔본 적이 없는 것들을 보았습니다. 우리는 이러한 상황에 대해 우려하는 바이며, 이러한 걱정은 우리가 마주하고 있는 것이 더 이상 점령지의 양쪽 편 사이의 갈등이 아니라는 사실로부터 기인합니다. 정확히 말하자면 우리는 가마솥처럼 부글부글 끓어서 넘쳐흐르는 무언가, 오랜 기간 장기적으로 이스라엘의 이해관계뿐만 아니라 미국의 이해관계에도 영향을 미치는 무언가와 마주하고 있습니다.
— 콜린 파월 (Vasapollo 2003)

  국무장관으로서 다녀온 중동 여행들 가운데 한 여행에 대한 콜린 파월의 이러한 평가는 중동의 새로운 상황을 보여준다. 팔레스타인에 대한 이스라엘의 군사적이고 식민적인 점령에 의해 시작된 갈등은 중동 위기 및 미국 행정부의 부시 갱단이 시작한 "끝없는 전쟁"에 걸려있는 것에 관한 공공연한 비밀의 핵심이다. 국제 문제 논평가인 우고 트람발리 Ugo Tramballi가 『솔레 24 오레』에서 말한 바와 같이, 미국이 중앙아시아로 나아가기 위한 길을 닦아주었던 아프가니스탄 전쟁 이후, "문제의 핵심"은 "저 멀리 떨어진 나라(아프가니스탄)가 아니라 이스라엘에 박혀 있는 서구 문명의 쐐기를 품고 있는 중동"이다(2001년 9월 16일).
  파월의 묵시론적 시나리오와 트람발리의 평가는, 유럽과 북미의 자본주의적 민주국가들에게 오일쇼크를 포함한 강력한 일단의 도전을 제기했던 "1973년 대위기"로까지 거슬러 올라갈 수 있는 제국주의 간 경쟁에 대한 상이한 인식을 제공한다.
  1973년 위기 당시의 주역이었던 헨리 키신저 Henry Kissinger는 얼마 전

널리 공표된 논평에서 팔레스타인 문제를 다음과 같이 다소 단정적으로 처리해 버렸다. 국제 평화회의는 "미국을 고립"시킬 것이기 때문에 안 된다, 어떠한 이스라엘 총리도 그러한 노선이 제안될 수 있을 것이라고 생각해본 적이 없기 때문에 1967년에 점령한 영토에서 이스라엘이 철수하는 것은 안 된다, 그리고 "전 세계를 배회하고 있는 지하드Jihad 광신자들을 고무시킬 것이기 때문에" 사우디아라비아의 계획에 대한 지원도 안 된다는 것이다. 키신저가 내놓은 해법은 미국과 미국의 유럽 동맹국들 사이의 "그들 각자의 이해관계에 따른" 세계 분할이었다. 키신저의 시나리오에서 전자는 주요협상가 역할을, 그리고 후자는 "아랍세계에서 자신들의 지위를 향상시키는 것을 목표로 평화제안의 흐름을 방해하는 데 기여하는, 그러나 실제로는 아랍인들의 기대와 입장의 급진화를 필연적으로 촉진하는" 역할을 수행해야 한다(『로스 앤젤레스 타임즈』Los Angeles Times / 『라 스땀빠』La Stampa, 2001년 5월 9일).

미국의 관료들과 외교 정책 전략가들은 미국이 파월이 그린 시나리오를 피하고, 부드럽게 표현하자면 관계가 껄끄러워진 중동의 전략적 국가들을 자신의 영향력과 통제 아래로 다시 가져오려면 강경한 태도를 취해야 한다고 생각한다. 미국의 지배를 거부하는 "불량 국가들"의 목록에 이미 시리아와 이란이 올라가 있으며, 만약 앞으로의 정치적 상황이 미국에 이롭지 않은 쪽으로 전개된다면 레바논과 사우디아라비아 역시 이 목록에 올라갈 수 있다. 이들 국가 중 세 나라가 세계 석유 생산량의 절반을 차지하지만, 네 국가 모두 미국보다는 오히려 유럽연합 및 러시아와 특권적인 관계를 맺어 왔다.

빈 라덴과 알 카에다를 둘러싼 사건들은 아랍 및 이슬람 국가들에서 미국의 헤게모니와 경쟁하기로 결심한 경제적 집단들이 성장했음을 보여주었다. 사우디아라비아, 이집트, 파키스탄, 인도네시아 그리고 말레이시아에서 금융 세계에 강한 관심을 갖고 있는 "석유-봉건" 부르주아 부문들이 미국의 통제를 벗어나려고 한다.

1998년에 월포위츠가 작성한 문건은, 아랍 국가들이 그들의 석유뿐만 아니라 유정油井도 다국적 기업들에게 팔도록 강제해야 하며, 사우디아라비아와 같은 전략적 국가들의 탈안정화를 막는 것이 필수적이라고 주장했다. 그것은 시대를 앞선 문건이지만, 그 지역에 대한 미국의 집착을 보여주기도 한다.

부시 행정부의 네오콘 강경파(럼스펠드, 체니, 월포위츠)의 생각과 더불어 키신저의 평가에 따르면, 중동의 위기를 관리함에 있어서는 유럽연합뿐만 아니라 이른바 온건 아랍 국가들과의 협력도 필요 없다. 제프리 애론슨Geoffrey Aronson이 『르몽드 디플로마띠크』(2002년 5월)에 쓴 바와 같이, "만약 아랍의 협력이 본질적인 것도 아니고, 미국이 승리할 경우 그것을 얻을 것이 확실하다면, 이 아랍 협력을 위한 정치적 비용을 치르는 것에 어떠한 이점이 있을 것인가?" (쿠웨이트 및 걸프 지역 아랍 에미리트 연합국 중 일부의 예외가 있긴 했지만) 이라크와의 전쟁에 어떠한 아랍 동맹국도 없었다는 사실은 이러한 관점을 미국의 정책으로 확고히 자리 잡게 만들었다.

미제국주의의 희생양 이라크

조지 W. 부시 정권은 중동 갈등의 다른 관련자들에게 몇 가지 경고를 보내기 위해 이라크에 보복해야 했다. 첫 번째 경고는 정부를 무너뜨리려고 하거나 정부로 하여금 이스라엘과 미국에 대해 더 강경한 정책을 채택하도록 강제하며 민족적 정체성과 독립성을 되찾고자 노력하는 아랍 세계의 대중운동들을 향한 것이었다.

두 번째 경고는 오사마 빈 라덴과 알 카에다에 대한 자금 지원을 둘러싼 시비가 일기 전부터 독립의 신호를 보이기 시작한 사우디아라비아를 향한 것이었다. 사우디아라비아는 사우디에 있는 미군 기지의 존재를 위협했으며, "석유 달러" 자본을 유로화로 전환하여 미국으로부터 자본의 결정적인 재원을 앗아갈 준비를 하고 있었다(「워싱턴과 찬물 샤워의 관계」, 『르몽드 디플로마띠끄』, 2002년 5월). 미국에 대한 빈 라덴과 알 카에다의 도전의 배후에는 이제 막 태어난 아랍 부르주아들의 야망 또한 자리 잡고 있는데, 석유와 영국 및 미국의 은행들에 예치된 자본에 의존하고 있는 그들은 — 세계적인 평형은 아니라 하더라도 — 중동의 지역적 평형에 있어서 자신들이 확실히 새로운 권력의 극이 될 수 있으며 아슬아슬하게 균형을 잡을 수 있다는 깨달음에 점점 다가갔다. TV 채널 알자지라Al-Jazeera가 획득한 영향력과 명성은 달라진 문화적 분위기의 지표이다. 9/11의 사건들은 미국이 이러한 가능성을 얼마나 두려워해 왔는가를 보여주었다. 그 게임이 무엇보다도 걸프 지역에서 진행된다는 것, 그리고 이런 의미에서 이라크가 사우디아라비아, 이란, 아랍에미리트에게 폭격 없이 매우 심각한 경고를 보내기 위한 "희생양"이라는 것은 분명하다.

부시 행정부의 세 번째 경고는 유럽을 겨냥한 것이었다. 한 가지 메시지는, 미국은 세계 질서를 유지하고 자신의 국익 — 미국 경제의 확고한 발전과 전 지구적 경제의 근본적인 성장 엔진 — 을 보호하기 위해 어떤 대가를 치르더라도 필요한 모든 것을 할 것이라는 것이었다. 또 다른 메시지는, 미국은 자유와 민주주의를 위한 전 지구적 투쟁에서 도덕적 책임과 지도의 임무 모두를 — 그리고 이러한 지도력을 행사할 의지와 수단을 — 갖고 있다는 것이었다.

역사의 아이러니와 이라크의 비극

이 대량 학살 전쟁을 정당화하기 위해 부시/블레어 정권과 그들의 대중매체가 쏟아낸 가장 교활한 거짓말과 왜곡들 가운데 하나는, 이라크 민중들이 침략자를 해방자로 여기며 환영할 것이고, (특히 시아파가) 사담 후세인을 타도하기 위해 봉기할 것이라는 생각이다. 아무 일도 일어나지 않았을 때 — 이라크 사람들은 침략자들에 대해 적대적이었다 — 영국과 미국의 미디어들은, 이것은 이라크 군대, 〈바트당〉의 간부들 그리고 지역 민병대들에 대한 이라크 사람들의 공포로 인한 것이라고 주장했다. 미디어는 계속해서 이라크 민중들을 (자신들이 그러했듯이) 사담 후세인에게 "테러당한" 사람들로, 그리고 침략자들과 그들의 탱크, 미사일, 파쇄성 폭탄fragmentation bomb에 감사하는 그들의 "진심"을 표현하기에 앞서 미국이 후세인 정권을 무너뜨리기를 열망하는 사람들로 묘사했다. 그와 반대되는 많은 증거들이 존재하는 오늘날까지도 미디어는 이라크 저항 세력들을 오로지 "테러리스트"로 폄하하면서 이러한 관점을 계속해서 밀고 나간다.

서구 미디어와 영미의 장군들 및 정치가들의 이론은, 후세인, 즉 이라크 국가와 "민중들" 사이에는 좁힐 수 없는 간극이 있으며, 일단 미국과 영국의 군대가 도시와 마을을 정복하기만 하면 그 간극이 이라크군의 붕괴로 이어질 것이라고 주장했다. 말할 필요도 없이 이런 일은 일어나지 않았다. 어림도 없는 일이었다. 미국을 방어하고 (제국주의적 침략은 전혀 괘념치 않는) 이라크인들을 "해방"시키기 위한 성전에 나선 "의지의 연합"coalition of the willing은 해방자로서 환영받은 것이 아니라 있는 그대로 점령군 대접을 받았다.

우선, 군부대들이 탈중심화되고 바그다드 사령부로부터 자주 고립되었다는 사실에도 불구하고, 전쟁은 군대나 정치적 지도자들 내에 어떠한 분열이나 이탈도 초래하지 않았다.

둘째, 미국 침략 초기나 침략자들이 도시에 진입했을 때, 이라크 정권에 대한 민중 봉기는 없었다. 반대로, 미국 침략자들에 맞서 이라크 남부에서 활동한 가장 효과적이고 끈질긴 저항 세력은 민병대와 게릴라 세력들이었는데, 그들 대다수는 정예군인 공화국 수비대나 정규군과 관련되어 있지 않은 민간인과 시민들이었다.

바스라에 대량 폭격이 가해지고 영국군이 도시를 포위한 것은 시민, 민병대, 군인들이 함께 싸웠다는 사실 때문이었다. 그들이 함께 싸운 것은, 억압적 체제의 강압 때문이 아니라 그들이 침략자들로부터 자신들의 가족, 공동체, 민족을 지키려는 애국자들이기 때문이었다. 수천 명의 이라크 아이들, 여성들, 노인들 그리고 평범한 시민들을 죽이고 불구로 만드는 대규모 폭격 앞에서, 혹시 존재했을지도 모를 체제에 대한 어떠한 적개심도 사라졌다. 럼스펠드의 "총력전"은 시골, 마을, 도시에서 이라크인들의 다양한 정치적·사회적 부문들을 결집시켰다. 늙은 농부들이 호위대에서 총을 쏘고, 임산부들이 미국 해병대를 폭파했으며, 소년들은 지붕 위에서 헬리콥터를 저격했다. 남부의 바스라, 알나자프al-Najaf 그리고 알나시리야al-Nasiriya의 대부분은, 몇 주 간에 걸친 공중 폭격과 포격이 있고 나서야 장악되었다. 거의 보편적이라 할 수 있는 적개심과 거부감을 발견한 영미 침략군은 아군의 것과 다른 부츠를 신은 젊은 남자들과 크고 헐렁한 옷을 입은 여자들을 무차별적으로 쏘기 시작했다. 무엇보다도, 총사령부는 도시 주민들을 대량 살상하기 위해 공군에게 파쇄성 폭탄을 사용하도록 지시했다.

지역 민병대들이 단지 〈바트당〉의 활동가들로만 이루어진 것은 아니었다. 그들 대부분은 친구들과 가족이 죽거나 불구가 되어버리고 집, 학교, 공장, 사무실과 자신들의 삶터가 파괴된 것에 분노하는 비정치적인 이라크인들이었다. 〈바트당〉 활동가들은, 가난한 주민들 그리고 이라크 민족을 위해 싸우려고 돌아온 중간 계급 망명자들로부터 나온 수천 명의 자원자들과 섞여 있었다. 물론 이슬람 시아파와 더불어 저항은 다른 형태와 다른 양상 — 미국이 임명한 괴뢰정권에 맞선, ("서구식" 세속 문화의 담지자로 잘못 묘사된) 미제국주의 세력으로부터의 해방투쟁 — 을 띠었다.

서구의 미디어가 전쟁이라는 조건 아래에 있는 이라크 저항 세력을 묘사할 때 행한 구분들은 잘못된 것이다. 폭탄과 미사일은 살인적 공격을 수행할 때 어떠한 구별도 두지 않기 때문이다.

서방 국가의 대중매체는, 특히 (그리고 점점 더) 미국 "연합군"이 주도한 전쟁과 점령 이후에 사담 후세인을 민중들의 미움을 받는 독재자이자 폭군으로 그렸다. 전쟁 이전에는 이러한 성격 규정이 일부 측면에서 적절했을지도 — 그리고 혹자들은 후세인 지배의 독재적 성격에 대해 논쟁했을지도 — 모르겠다. 그러나 공포 폭격terror bombing, 유정油井 강탈, 국가 점령 그리고 물, 전기, 식량 공급의 파괴 앞에서, 미국이 주도한 침략은 일부 집단에서 후세인을 민족적 준영웅quasi-hero로 탈바꿈시켰다. 어쨌든, 극소수의 이라크인들만이 침략자들을 해방자들로 환영했다. 그러나 만약 전쟁의 목적이 실제로 이라크인들을 전제적인 통치로부터 해방시키는 것이었다면 상황은 그와 달랐을 것이다. 그러나 미국인들을 포함한 대부분의 사람들은 (미국이 후세인을 포함한 독재자들을 지원해 온 오랜 역사로부터) 진실이 그와는 다르다는 것을 너무나 잘 알고 있다.

많은 선의의 "진보적인" 서방 언론인들은 후세인이 점령군에 의해 체포되기 전에나 후에나 마찬가지로, 마치 그의 원죄가 여전히 ─ 심지어 전쟁 수행의 이유로 제시된 것들(국제적 테러리즘, 알 카에다, 9/11, 미국의 국가 안보)과 아무런 관련이 없는 식민적 침략자들과의 전쟁의 한가운데서도 ─ 그와 그의 정치적 정체성을 규정하기라도 한다는 듯이 그가 이십년 간 저지른 지난 범죄들을 계속해서 지적함으로써 미국과 영국의 잔학 행위들에 대한 자신들의 보도에 "균형"을 부여하려 했다. 이러한 "진보적인" 혹은 자유주의적인 언론인들은 과거에 심대한 범죄를 저지른 사담 후세인과 같은 정치인이 새로운 상황에서 스스로를 뉘우치고 새롭게 거듭날 수 있다는 생각을 받아들일 수 없었다. 비록 전에는 전범이었을지언정, 당시 그는 살인적인 침략에 맞선 싸움에 참여하고 있었다. 그러나 이 언론인들은 정치적 반대자들에 대한 그의 가혹한 전술과 억압적인 조치들, 그리고 그의 정권에 의해 자행된 잔학 행위가 부시의 전쟁을 어떤 방식으로든 정당화해 준다고 느꼈다. 심지어 전쟁이 전적으로 거짓말들로 만들어졌다는 이론의 여지가 없는 증거에도 불구하고, 미국의 대중매체는 부당한 전쟁의 제국주의적 성격을 계속해서 얼버무리거나 무시하여 부시 정권이 곤경에서 벗어날 수 있도록 해 주고 있다.

역사는 이상한 방식으로 움직인다. 이란과 대립하는 미국의 졸개였던 사담 후세인은 한동안, 중동의 부패한 친미 종속정권들을 전복하려는 범아랍권 운동 부흥의 지도자가 되었다. 이 지역의 아랍인들과 무슬림들에게 그것은 두 악마들, 즉 민간인들에게 비 오듯 쏟아지는 집속탄과, 민중들을 무장시키고 재식민지화로부터 무슬림 국가를 지키고자 홀로 서 있는 아랍의 독재자 사담 후세인 가운데 하나를 선택하는 문제처럼 보였다. 여하튼 사담 후세인이 체포됨으로써—미제국주의와 이 지역의 아랍 지도자들 모두에 대한—이러한 위협은 잠잠해졌다. 오늘날 그것은 자살 폭탄이라는 형태로 이루어지는 이라크인들의 저항을 의미한다.5

영화 〈알제리 전투〉 The Battle of Algiers에서, 프랑스 식민지 당국에 의해 투옥되었던 젊고 보잘 것 없는 도둑은 석방된 뒤 민족해방전선에 참여하여 반식민지 저항의 지도자이자 알제리 대중들의 영웅이 된다. 식민지 국가의 선전 기관은 아마도 그를 프랑스 식민주의자들의 상징과 존재에 도전하기 위한 "범죄적-테러리즘적 음모"의 일부로 그렸을 것이다. 그러나 식민지 민중들에게 그는 고문자들과 폭격자들에 맞서 저항하는 민족의 영웅을 상징했고, 투쟁의 과정에서 스스로를 보잘 것 없는 도둑에서 민중의 영웅으로 변모시킨 사람이었다. 만약 체포되지 않았다면, 이런 일은 사담 후세인에게도 일어났을 가능성이 있으며 그 가능성은 상당히 높다. 그러나 그것이 어떻든지 간에, 우리는 한 가지 점을 분명히 해야 한다. 상대적으로 알려지지 않은 성직자에서 강력한 이데올로기적 힘을 대표하는 자로 고양된 오늘날의 무크타다 알사드르Muqtada al-Sadr가 그러하듯이, 많은 이들에게 사담은 민족적 저항을 체현하고 있는 것으로 생각될지도 모른다. 그러나 고작 라이플과 로켓포로 무장한

---

5. 이상하게도 유럽과 미국의 많은 지적·정치적 좌파들은, 전쟁을 전적으로 부당하고 거짓된 구실들에 근거한 것으로 일반적으로 비난하면서도, 이라크에서 수행되고 있는 저항 전쟁을 지원하지는 못했다. 그리하여, 예컨대 2003년 5월부터 2004년 8월까지의 Z넷(znet, www.zmag.org)을 훑어보면, 과거나 지금이나 모든 곳에서 일어나는 저항 운동들을 보통 이데올로기적으로 지원해 왔던 알버트(Albert), 촘스키, 월러스틴, 진을 비롯한 여타의 좌파 지식인들이 이라크의 저항을 지지하기 위해 쓴 글이 단 한 개도 없다는 사실을 알게 될 것이다.

채 미국의 에이브람스 탱크, 코브라 헬리콥터, B-52 폭격기와 싸우는 대다수의 이라크인들에게, 투쟁은 사담 후세인과 무크타다 알사드르 모두를 넘어서는 목표들에 관한 것이다. 부시 및 그의 제국의 측근들이 "폭력배와 범죄자들"이라고 부르고 있는 이라크의 저항 세력은 자신들의 나라, 자신들의 민족, 자신들의 5천년 문명 그리고 독립된 민중으로서의 자신들의 존엄을 위해 싸우는 사람들이다.

수백만 명은 아니라 하더라도, 수천 명의 이라크인들이 계속해서 침략자들에 맞서 저항하는 이유가 바로 이것이며, 임산부들과 청소년들이 점령군을 계속해서 공격하는 이유이다. 이 분명한 사실 — 당당하고 독립적인 민중이, 살인적인 정복적 침략자에 맞선 용감한 지도자로 변신한 민족적 폭군과 함께 싸울 것이라는 사실 — 을, 펜타곤의 전문가들, 대중매체의 논평가들, 이스라엘의 조언자들은 이해할 수 없고 이해하려 하지도 않을 것이다. 무력은 정복할 수는 있어도 결코 지배하지는 못할 것이다.

언젠가 중동의 학자들은 틀림없이, 자칭 "서구의 민주국가들"이 인간성에 반하는 범죄를 저지르는 동안, 한 때의 독재자가 자신의 국민들을 지켰던 역사의 아이러니에 대해 쓸 것이다. 그는 독재자로서의 과거가 아니라 그가 지켜낸 것으로 인해, 살아있을 때보다 죽은 후에 더 존경을 받게 될 것이다.

이라크의 의미와 용도: 군사력, 석유 그리고 기업 이익의 확보

미국이 이라크 전쟁을 벌인 진정한 이유는 논란의 여지가 있는 문제로 남아있다. 한편으로, 월포위츠와 체니를 비롯한 부시 정권의 다른 구성원들의 전략적 관심과 경제적 이해관계는 부인할 수 없을 정도로 명백하다(McQuaid 2004). 다른 한편으로, 이라크에서 전쟁을 수행한 한 가지 근본적인 이유는 현저하게 상징적이었던 것으로 보인다. 그것은 미국이 어떤 형태로든 반대를 견뎌내야 하지만 그렇게 할 생각이 없는 경우 세계 패권에 대한 요구를 일방적으로 주장하고자 한다는 분명한 메시지를 동맹국들과 적들에게 똑같이 보내는 것이다. 이러한 논의는 부시의 심리(저항에 맞서 자신의 의지 — 니체가 "권력에의 의지"라고 칭한 것 — 를 확고히 주장할 필요)뿐만 아니라, (베트남에서 보스니아와 소말리아에 이르기까지) 국가 권력을 행사함에 있어서 일련의 패배를 경험했던 미국의 심리의 관점에서 이라크 전쟁을 이해하는 것이다. 그러나 답은 정권 교체를 확고히 하고 이라크 석유에 대한 접근권을 획득한 것 이외에 미국이 이라크에서 실제로 한 일 속에서 가장 잘 찾아낼 수 있을 것이다.

사회생태학 연구소의 푸에르토리코 출신 연구자이자 생명안보프로젝트Bio-Security Project의 책임자인 까르멜로 루이스 마레로Carmelo Ruiz Marrero는 이러한 측면에서 더욱 주의를 기울일 만한 흥미로운 주장을 제시한다. 그는 석유가 미국이 이라크에서 찾은 유일한 전리품이 아니라는 점에 주목한다. 루이즈 마레로(2004 : 2)는 (이라크의 경제와 사회 구조를 파괴한 후) 이라크 재건 프로젝트를 통해 직접적으로 충족되는 경제적 이익과 별개로, 미국이 수립한 꼭두각시 정권에게 "주권"을 이양하기 전의 위임 통치 기간 동안 미국의 민간 행정관이었던 폴 브레머Paul Bremer가 내린 백여 가지에 달하는 지시들을 지적한다. 이러한 지시들에는 법의 강제력이 부여되었다. 특히 81번 지시Directive 81는 미국의 관심사를 드러낸다. 그것은 이라크 농부들이 수천 년 동안 관례적으로 해 왔던 것처럼 씨를 수확하여 다음 해의 농작물 생산을 위해 그것을 뿌리는 것을 명시적으로 금지한다. 사실상 그 지시는 이라크 농부들이 종자의 상업화를 지배하는 농업기업 — 몬산토Monsanto, 듀퐁Dupont, 신젠타Syngenta, 바이엘Bayer, 다우케미칼Dow Chemical — 에게서 다음 해의 씨앗을 사도록 강요하는 것이다.

81번 지시는 그레인GRAIN과 글로벌 싸우스Global South와 같은, 생산자들의 인권 및 생명다양성 옹호자들 사이에서 분노를 불러 일으켰다. 그들은 이라크가 이 지시를 받아들이게 되면 다국적 농업기업들이 종자 생산에 대한 자신들의 독점적 소유권을 부과하고 그리하여 세계 농업 생산물 무역에 대한 자신들의 지배력을 유지하려 하는 (그리고 그렇게 하도록 허가받은) 몇몇 지역들 가운데 하나가 될 것이라는 권고적 경고를 보냈다. 이 경우 이라크가 종자 생산의 사유화에 있어서 결코 유일한 사례가 아니긴 하지만, 이 상황에서 독특한 것은 81번 지시가 상업적 협상의 산물이 아니었다는 점이다. 그것은 어떠한 주권적 입법 기관에 의해서도 승인되지 않았으며, 이 지시에 영향을 받는 생산자들과의 어떠한 협의도 존재하지 않았다. 대신 그것은 외국 정부인 미국에 의해 강제되었다.

방글라데시에서 생태주의적 농업을 장려하는 사업을 진행하고 있는 NGO인 〈개발 대안을 위한 정책 연구〉(이하 UBINIG)는, 81번 지시가 기업의 소유권을 부과하고, 장래에 농부들이 거대 농업 기업들의 종자 구매에 의존하게 되는 것을 훨씬 넘어서는 효과를 가져 올 것이라고 경고했다. 이 문제와 관련하여 세계식량계획World Food Program과 다른 유엔 개발기구들에 제출한 보고서에서 UBINIG는 "미국은 죽고 다친 이라크인들을 희생양으로 삼아서 자신의 경제적 문제들을 해결할 준비를 하고 있다"고 주장한다. 그것은 81번 지시를 통해 미국이 이라크인들의 굶주림을 착취하고 있으며, 아프리카 사하라 이남의 정부들이 비슷한 조건 — USAID 주관 하에 세계식량계획을 통한 유전자 변형 식품의 도입 — 하에서 거부했던 유전자 변형 식품의 수용과 소비를 강제함으로써 그들의 취약성을 이용하고 있다고 덧붙인다.

같은 문제에 대해 피터 러셋Peter Russet은 "미국은 이라크 전쟁 그리고 …… 남반구 국가들에 있는 군사기지들과 더불어, 제3세계에서의 새로운 식민전쟁에서 자신의 경쟁국들에 대해 상대적인 이점을 추구한다"고 주장한다(Ruiz Marrero 2004 : 2). 러셋은 이 점에 대해 숙고하면서 "자유무역은 다른 수단에 의한 전쟁, 북반구와 남반구의 민중들에 맞서 수행되는 전쟁 이외에 아무것도 아니다"라고 덧붙인다.

다음은 이란?

이라크 전쟁을 위해 필요한 군사기지에 관한 미국과 터키의 협상, 〈이슬람 당〉Islamic Party 집행부의 약간의 망설임 그리고 전쟁에 대한 터키 여론의 공공연한 적대감은, 워싱턴과 중동 문턱에 자리하고 있는 워싱턴의 충실한 NATO 소속 파수꾼 간의 관계에 불확실한 요소들을 도입했다.

이 지점에서 미국의 유일한 진정한 동맹국은 이스라엘이다. 제프리 애론슨(2002)에 따르면, 이스라엘의 지도자들은 이란, 이라크, 시리아로 대표되는 미국에 대한 새로운 위험을 미국이 인식하도록 하기 위해 20년 이상을 애써 왔다. 평화주의적 지식인인 유리 아브네리Uri Avnery는 9/11 이후 이스라엘의 지배층이 미국이 이란에 맞서 움직이도록 하기 위해 얼마나 노력해 왔는지를 매우 잘 설명한다. 아브네리는 이스라엘인들이 몇 달 동안 이러한 활동을 벌여 왔다고 주장한다. 그는 다음과 같이 말한다.

이스라엘은 의회와 미디어에 막대한 영향력을 행사한다. 일은 다음과 같이 진행될 것이다. 이스라엘 장성들은 매일 이란이 대량살상무기를 생산하고 있으며 이스라엘 국가에게 두 번째 홀로코스트라는 위협을 가하고 있다고 말할 것이다. 샤론은 무기로 가득한 이란 선박을 압수하고는 그것이 아라파트가 이란의 음모와 관계되어 있음을 보여준다고 발표한다. 페레스Peres는 모든 이들에게, 이란의 미사일이 전 세계를 위협한다고 말한다. 미국 신문은 매일 빈 라덴이 이란에 있거나 레바논의 헤즈볼라와 함께 있다고 쓴다. …… 샤론은 팔레스타인인들을 억압하고, 아라파트를 체포하고, 투사들을 암살하고, 정착촌을 확대할 자유를 얻는다. 거래는 간단하다. 당신이 나에게 미디어와 의회의 지원을 제공하면, 나는 당신에게 은접시에 담긴 팔레스타인인들을 줄 것이다. 미국이 여전히 유럽이나 아랍 동맹국들의 지원을 필요로 한다면, 이런 일은 일어나지 않을 수도 있다. 그러나 아프가니스탄에서 그들은 자신들이 유럽과 아랍 동맹국의 지원 없이도 할 수 있다는 것을 깨달았다(www.Gush-Shalom.org).

2002년 11월 8일 『뉴욕 포스트』The New York Post 와의 인터뷰에서 샤론은 이라크에서의 전쟁이 끝나자마자 미국으로 하여금 "이란을 해결해야 할 문제들의 목록 맨 위에 올려놓도록" 압박할 것이라고 말했다. 그는 다음과 같이 덧붙인다. "테헤란은 대량살상무기와 탄도 미사일을 손에 넣기 위해 할 수 있는 일은 뭐든 다 한다. 그것은 중동과 유럽에 닥친 위험이다"(Ury Avnery, www.Gush-Shalom.org)

이스라엘의 관점에서, 이란은 이라크보다 더욱 심각한 문제이다. 이란은 제 1차 걸프전쟁으로 인한 황폐화와 뒤이은 무역 봉쇄를 겪지 않았으며, 유엔 사찰관 시스템에 스며들어가 있는 워싱턴의 숨 막히는 사찰에도 여태껏 종속된 적이 없다 ― 이란에서는 국제원자력기구(이하 IAEA)가 다소 모호한 게임밖에는 벌이지 못한다 하더라도 말이다. 이란은 미국 의회가 통과시킨 〈이란법〉Iran Act에 의해 부과된 상업적 금수禁輸조치를 쉽게 피해서 유럽 및 러시아의 기업들과 (그리고 일부 미국 기업들과도) 거래를 계속해 왔다. 이란은 풍부한 석유를 보유하고 있는 대국이며, 러시아, 프랑스 그리고 중국으로부터의 수년간에 걸친 조달 덕분에 잘 무장되어 있다. 이란은, 1982년에 이스라엘이 남부 점령 지역으로부터 철수할 수밖에 없도록 함으로써 이스라엘에게 굴욕을 안겨 주었던 레바논의 헤즈볼라 저항 세력을 공개적으로 지지해 왔으며, 팔레스타인 점령지의 하마스Hamas와 이슬람 지하드를 지지한다.

2003년 12월 미국 정보부로부터 빌려와 CNN이 방송으로 내보낸 이미지들은 IAEA가 이미 알고 있었으나 이제야 공식화한 것, 즉 이란은 두 개의 원자력 발전소를 갖고 있는데, 하나는 이스파한Isfahan에 다른 하나는 부셰르Bushehr에 있다는 사실을 보여주었다. 그러나 이란은 핵확산금지조약에 서명했고 IAEA의 사찰관들은 두 발전소 모두가 비군사적 성격의 것임을 확인했다. 그러나 이스라엘에게 그것은 사실이 아니었다.

알 카에다의 지도자 중 한 명인 아부 무사브 알자르카위Abu Musab al-Zarqawi가 이란과 이라크를 오가고 있다는 것을 보여주기 위한 언론 활동이 시작되었다. 이것은 그들 간의 긴장 관계와 갈등에도 불구하고 두 나라 모두가 9/11 공격의 배후에 있었던 동일한 테러리스트들을 지원하고 있다는 것을 보여주기 위해 계획되었다(「이란보다 바그다드가 편한 알 케이다 조직원들」, 『코리에레 델라 세라』, 2003년 2월 7일). 이란을 공격하기 위한 언론 활동이 진행되고 있는 것이다. 바그다드를 지나 이제 이란과의 경계에 있는 미국의 전쟁 기계는 유리한 조건 하에서 테헤란을 향해 움직일 수 있을 것이며, 그리하여 이스라엘-미국 2인조가 공유하고 있는 전략적 목표들을 실현시킬 것이다.

이라크는 자신의 독립성에 대해 자부심을 갖고 있는 나라이다. 그러나 이란과 달리 이라크는 약 15년간 계속된 치명적인 무역 봉쇄로 인해 계속해서 휘청거리고 있었고, 체제에 일방적인 무장 해제를 부과하는 유엔 사찰관들에게 예속되었다. 미국과 영국이 고안하고 통제한 "석유-식량 교환"Food for Oil 프로그램과 이른바 "지능적 제재"는 이라크가 경제 위기로부터 회복하여 그것이 이전에 달성했던 사회-경제적·기술적 수준으로 되돌아가는 것을 방해했다. 따라서 이스라엘에 대한 "이라크의 위협"은 상대적으로 그다지 크지 않은 것이었다.

미국의 정책에 관해 말하자면, 이스라엘을 향한 미국의 우선순위는 뒤집어졌다. 이라크를 점령하고 아프가니스탄을 침략함에 있어서 미국 정부(와 석유회사들)의 목적은 다음과 같은 세 가지 목표를 달성하는 것이었다.

1. 중앙아시아의 거의 모든 공화국들에 침투하면 미국이 오랫동안 추구해 온 전략적 목표를 달성 할 수 있다. 즉 러시아 전역과 구소련 영토 내에 군사기지를 가질 수 있다.

2. 아프가니스탄과 파키스탄에서 미국의 권력이 위력을 떨치는 덕분에, 중앙아시아의 공화국들에서 인도양까지 이어지는 석유 및 가스 수송관들은 러시아와 이란을 우회할 것이다. 이것은 워싱턴 및 유노칼과 같은 석유 회사들로 하여금 각자의 목표를 실현하고, 그들이 과거에 가

지고 놀았던 탈레반을 버릴 수 있도록 해줄 것이다(Rashid 2001).

3. 이란에서, 새로운 세대와 이슬람 신정神政 세력 사이의 갈등은 미국의 군사적 개입 없이도 내부 변화를 유발할 수 있다. 이란과 국경을 맞대고 있는 이라크에 미군 기지와 군인들이 존재한다는 것은 미국의 목표를 달성하기 위한 "최소한의 억지력"minimum deterrent이라 할 수 있다.

『리메스』Limes는, "이스라엘군의 참모들은 이란 공격 계획을 지속적으로 갱신한다"고 적고 있다. 그러나 "정치적 의사결정자들은 이란의 온건파가 더 강해지기를 바라면서, 이란을—정치적으로든 군사적으로든—단념시키는 일을 미국에게 맡겨둔다"(「사담 후세인 이후 샤론의 목표물은 아야톨라」, 『리메스』, 2003년, 제1호). 만약 이것이 사실이라 해도, 이스라엘인들의 바람과는 반대로, 부시의 끝없는 전쟁에서 이란에 대한 "처벌"은 미뤄져야할지도 모른다. 그러한 불가피한 유예의 다른 이유는 이라크의 저항인데, 그것은 인적, 경제적, 정치적 측면에서 미국의 군사적 점령에 계속해서 심대한 손실을 입히고 있다. 그리고 아프가니스탄이 완전히 평정되지 않았는데, 이는 미제국에게 더 많은 문제와 끝없는 비용을 의미한다.

결론

"세계화", "발전" 혹은 "(제국주의 없는) 제국"과 같은 개념들로 세계를 이해하는 것은 불가능하다. 제국주의 국가들과 제국주의 체제는 오늘날의 세계에서 핵심적인 사실이며, 자신의 사무실에 편히 앉아서 사이버공간과 담론 분석에만 익숙해져 있는 학자들의 정치적 상상 속에서 녹아 없어져 버릴 수 있을 만한 것이 아니다. 판돈은 너무나 크고, 문제는 너무나 심각하다.

제국주의는 여러 가지 형태를 취한다. 그것은 권력관계들의 연속체의 두 극단인 전쟁과 지역 개발 모두를 이용한다. 그것은 또한 다양한 지배 형태들에 의존하며, 전 세계 민중과 국가들을 서로 맞물려 있는 정치적·경제적 엘리트들 — 초국적 자본가계급 — 의 의지 및 제도화된 실천에 예속시킨다.

현대적 맥락과 국면에서, 제국주의는 자본주의를 진전시키기 위한 수단으로, 경제적 착취와 정치적 억압에 기반한 발전 형태로 이용된다. 제국주의라는 기획은 직접적 생산자들을 생산수단으로부터 분리하고 그것의 새로운 소유자들에게 이윤을 창출해 주기 위해 계획된 것이다.

미국은 이 같은 경제적·정치적 권력 및 강압적 무력으로 이루어진 성운의 중심에 있다. 그러나 그것은 주로 유럽에 있는 다른 국가들과의 연합 체제에 의존한다. 이 권력은 여러 매개체와 수단들에 의해 다양한 방식으로 행사되고 기획되는데, 여기에는 무엇보다도 특히 국가기구와 그것의 국제적 부가물이 있으며, 그 밖에도 새로운 세계 질서의 제도성 institutionality, 국제 금융기구 및 세계 경제 질서의 수호자들, 제국적 국가의 무력, 체계의 집행자(다국적 기업들) 그리고 심지어 체계 속으로 끌어들여진 북반구와 남반구의 NGO들의 큰 행렬도 있다.

제국주의는, 조직된 노동의 협상 능력에 대한 공격, 자본주의 국가의 개입과 정책, 다국적 기업과 국제 금융기구의 작용, 지역 개발 프로젝트, 반체제적 사회운동들에 대한 억압 그리고 전쟁 등을 통해 다양한 방식으로 전진한다.

그러나 제국주의는 내적 모순들로 가득하고 결국 충돌에 이르게 될 힘들에 종속되어 있으며, 그리하여 스스로 사멸될 주객관적 조건들을 창출하고 있다. 이 점에 대해 역사가들은 일반적으로 동의한다. 오래 지속될 것이라는 한결같은 전망과 제국에 해가 지는 일은 없을 것이라는 선전가들의 흔한 주장에도 불구하고, 모든 제국들은 자기 파괴의 씨앗을 품고 있다. 그럼에도 불구하고 우리는 이 과정이 전개되기를 그저 기다리기만 해서는 안 된다. 우리는 종말을 앞당기고, 새로운 세계의 여명이 밝아오는 데 도움이 되기 위해 할 수 있는 것을 해야 한다.

12장
제국과 제국주의에 관한 숙고

하트와 네그리 : 현실을 찾고 있는 이론

　하트와 네그리는 『제국』(2000)과 『다중 : 제국이 지배하는 시대의 전쟁과 민주주의』(2004)이라는 두 권의 책을 썼는데, 두 권 모두 대부분의 대중매체에서 크게 환영받았다. 두 번째 책은, 『제국』의 이론적, 개념적, 경험적 약점들 중에서 좀더 많이 엉터리 같은 일부를 바로잡으려는 시도이다. 하트와 네그리의 독창적인 작품은 미국의 역사를 오해하고, 미국이 세 차례의 식민전쟁에 참여하는 동안에 제국주의의 묘비명을 쓰고 있으며, 아르헨티나, 볼리비아, 에콰도르에서 주요한 계급봉기가 일어나고 베네수엘라에서 계급 양극화가 악화되고 있는 상황에서 계급 구조와 계급 운동들을 무정형의 "다중"으로 해체해 버리는 일을 저지르고 있다.

　유고슬라비아, 아프가니스탄, 이라크에서 미국이 일으킨 식민전쟁들, 그리고 앞으로 적어도 60개의 다른 잠재적 "테러리스트 피난처"에서 전쟁을 벌이겠다는 위협은 미국이 제국주의에 기초한 제국임을 보여주고 있다. 가장 규모가 큰 5백 개의 다국적 기업들 중 거의 75%가 미국과 유럽의 소유이고 그곳에 본사를 두고 있으며, 제국적 국가들은 미국과 유럽에서 시장을 개방하고 유리한 투자 조건을 부과하기 위해 다투고 있다. 주도적인 다국적 기업들의 내부 운영에 관한 연구들은, 지역 물색, 기술, 조사에 관한 전략적 결정의 거의 80%가 미국과 유럽에 있는 본사에서 이루어진다는 것을 보여준다. 그럼에도 불구하고 하트와 네그리는 제국이 제국주의로부터 분리되었다고 주장한다. 제국적 전쟁의 시대는 심각한 근시안적 사고를 초래하는데, 이 심각한 근시안적 사고에 젖어 추상적 이론화를 하려는 사명감에 빠진 저자들은 일상의 현실들에 눈감게 된다. 국가 없는 다국적 기업들의 세계라는 이들의 관념은 기이하다. 미국과 유럽의 정부들은 매일, 모든 방법으로 WTO, 도하 무역라운드 Doha Trade Rounds, 세계은행/IMF 등을 통해 자신들의 기업들을 이롭게 할 규정을 제정하고 구조를 강제하고 있기 때문이다.

오늘날 가장 중요한 갈등은 베네수엘라, 이라크, 아프가니스탄, 볼리비아 그리고 그 밖의 지역들에서 일어나고 있는 민족 해방 투쟁이다. 하트와 네그리의 반대되는 "분석"에도 불구하고, "민족"도 "민족주의"도 사라지거나 부적절해지지 않았다. 더욱이 국제주의의 성장은 전 세계 운동들과 이러한 민족적 투쟁들의 연대에 직접적으로 관련된다. 이러한 측면에서 베네수엘라의 사례는 두드러진다. 미국의 지지를 등에 업은 반차베스 국민투표는 라틴아메리카 전역에서 개인과 당, 운동들의 반대를 촉발시켰고, 그들 중 다수가 카라카스에 나타나서 차베스에 대한 자신들의 적극적인 지지를 표현했다.

하트와 네그리의 두 번째 책은, 정상 참작의 사유(전쟁)를 임시변통으로 만들어 내고, 또 그들의 "제국"이 제국주의 없이 존재할 시간틀을 연장함으로써, 『제국』의 재앙적인 (이론적·경험적) 결함들을 구제하려는 시도이다. 그러나 그들은 다음과 같은 기도企圖, 즉 미국의 정치가 중동 국가들(예컨대, 이란)에 대한 군사적 개입을 더 늘리고 이들에 대한 "예방 전쟁"을 벌이겠다는 군사적 위협을 더 많이 하는 쪽으로 나아가는 이유를 설명할 어떠한 증거도 제시하지 않는다. 제국주의적 전쟁들의 기도는, 제3세계 국가들이 통제하는 고가의 희소 에너지 자원에 의존하고 있고 그것을 획득하기 위해 경쟁하고 있는 미국-유럽-아시아 자본주의의 구조에 기초를 두고 있다. 오늘날 유럽과 미국의 다국적 은행들은 그 어느 때보다도 더, 해외 시장과 기업에 대한 통제를 통해 자신들의 이윤과 이자를 확보하고 있다. 하트와 네그리의 책에서는 미국, 유럽 그리고 아시아의 경제와 국가 정책에 대한 어떠한 깊이 있는 구조적 분석도 찾아볼 수 없는데, 바로 이 때문에 이들의 최근작은 앞선 실패에 대한 성공적이지 못한 변호사의 변론으로 전락하고 만다.

사회적·정치적 행동의 개념적 중심지는 무정형의 "다중"에게서 발견되는 것이 아니라 계급적·인종적·민족적 정체성들, 그리고 특정한 일단의 정치적 싸움으로부터 발생하는 의식에서 발견되는 것이다. 하트와 네그리에게는 "산업 프롤레타리아트"가 아닌 것은 곧 "다중"이다. 특수한 국면에서 비노동계급들이 우연히 주도적인 역할을 수행하기 때문에 계급은 사라진다. 볼리비아의 주석 광부들은, 그들 중 다수가 코카 농부가 되었을 때에도 계속해서 정치적 역할을 수행하며, 심지어 더 큰 주동성protagonism을 보여준다. 실직한 아르헨티나의 제조업 노동자들은 최근의 주요한 반란에서 주도적 세력이었으며, 그들의 실업 상태는 그들이 계급 정체성을 잃어버렸다는 것을 의미하지 않는다. "다중"이 집단적으로 행동하는 다양한 집단들을 가리킨다 할지라도, 그 다양성은 그들의 계급 역사, 계급의식 혹은 사회적 요구들을 지워버리지 않는다. 미국 독립 혁명의 지적 기원— 그들은 주요한 영향력을 존 로크보다는 스피노자에게서 찾는다— 에 대한 하트와 네그리의 논의는 어떠한 학술적 기초도 갖고 있지 않다. 이라크를 비롯한 여러 지역들에서 미국의 이익에 무기력하게 굴종하는 유엔 사무총장의 모습 앞에서, 유엔을 모델로 하는 국제 체제에 대한 하트와 네그리의 요구는 초현실적인 것에 지나지 않는다. 제국주의와 계급 갈등에 대한 저자들의 부정을 생각해 보면, 대중적 주간지에서 그들의 책을 우호적으로 평가하는 것을 이해할 만하다. 이해할 수 없는 것은 그들이 비판적 지식인들 사이에서 독자를 확보하고 있다는 것이다. 하트와 네그리의 책들이 현실을 찾고 있는 이론으로 요약될 수 있다면, 그들의 책에 대한 좌파 지식인들의 주목은 이론을 필사적으로 찾고 있는 현실을 반영한다.

제국은 어떻게 작동하는가 : 다궤도 전략 Multi-Track Strategy

미국의 제국 건설은 주로 군사적 정복, 지역적 전쟁 위협 그리고 비밀 군사작전과 정보작전의 대규모 확장에 초점을 맞춰 왔다. 특히 아프가니스탄과 이라크에 대한 전쟁과 점령, 그리고 베네수엘라에서의 쿠데타 실패 이후에, 미국 정책의 군사적 성격이 가장 먼저 공적 논쟁에 부쳐졌다. 그러나 제국적 권력을 확장하고 공고히하려는 미국의 정책은 적어도 네 가지 궤도 — **군사, 정치-외교, 경제, 지역개발** — 위에서 작동한다. 그날그날의 많은 결정적 이슈들에 관해, 미국의 외교관들, 정보공작원들, 기관장들은 잠재적 적대자들로 하여금 미제국주의를 받아들이고 협력하도록, 혹은 적어도 그것에 대한 비판을 자제하도록 협박하고 뇌물을 주고 압력을 가하고 있다. 이와 관련된 많은 사례들을 떠올려 볼 수 있다. 미국이 늘 반대해 왔던 국제사법재판소의 활동을 방해하기 위해, 워싱턴의 외교관들은 여러 나라들에 성공적으로 압력을 가하여 그들 나라에서 미군이 한 행동에 면책권을 부여하는 양자 협정에 서명하도록 해 왔다. 그러한 국가들의 목록에는 루마니아, 아르헨티나, 콜롬비아, 영국 그리고 당연히도, 자국의 전범들에 대한 면책권을 획득할 기회를 잡았던 이스라엘 등이 포함되며, 목록은 더 연장되고 있다. 요하네스버그에서 열린 국제회의에서, 미국 외교관들은 유럽연합을 비롯한 다른 회원국들이 화석 연료 감축 목표, 지구온난화 혹은 빈곤 감소와 같은 주요한 문제들에 관해 어떠한 중대한 결의도 통과시키지 못하도록 저지할 수 있었다. 미국의 무역 관행에 관한 WTO의 불리한 결정들과 관련하여 말하자면, 미국 관료들은 유럽 및 다른 나라들의 외교관들에게, 만약 그들이 WTO가 승인한 제재를 실제로 이행한다면 끔찍한 결과를 초래하게 될 것이라고 협박했다. 유럽인들은 그 결정들을 이행하는 것을 자제했다. 제국 건설이 상호 관련된 두 궤도 — 언제나 군사력에 의해 뒷받침되고 있는, 종속적 동맹 경쟁국들과 의존국들에 대한 정치적·경제적 협박, 혹은 인지된 적들에 대한 위협 — 위에서 이루어진다는 것은 분명하다.

외교적 채널의 작용들

해외 대사관에 설치되어 있는 미국 정치 사무소들의 주요한 목적들 가운데 한 가지는 반대파 정치지도자들을 워싱턴의 동맹자로 만드는 것이다. 그렇게 하기 위한 수법에는, 대중에 기반한 (군사적 혹은 비군사적) 직접행동에서 선거 정치로 전환하도록 그들을 설득하는 일이 포함된다. 대사관은 이 지도자들에게, 근본적인 사회-경제적 변화를 위한 대중 투쟁으로부터 분리되는 것에 대한 대가로 합법성을 제공한다. 합법성과 제도적 연루와 함께, 이 반대파 정치인들은 미국의 정책에 대한 직접적 공격을 삼가라는 대사관의 가중된 압력에 취약해진다. 반대파에게 반격을 가함에 있어서 대사관은, 자신이 보유하고 있는 현지 및 해외의 정치적 "정보제공자들"을 활용하여 — 그러므로 직접적인 대결은 피하고, 마치 논쟁이 국내 적대자들 혹은 지역적 적대자들 사이에서 벌어지는 것처럼 보이게 만듦으로써 — 워싱턴의 정치적 입지를 뒷받침한다.

외교적 채널이 합법적 반대를 침묵시키거나 제한하기 위해 작동하는 과정은, 플랜 콜롬비아와 미국 정책 그리고 그것들이 라틴아메리카에 대해 갖는 함의를 논의하고 토론하기 위해 조직된 최근의 국제회의에서 명백하게 드러난다. 그 국제회의는 2001년 7월 20일에서 22일 사이에 엘살바도르에서 열렸고, 엘살바도르 대학 철학부가 후원했다.

미국의 외교적 개입에 관한 다음과 같은 사례에 대한 연구는, 대사관의 관료들이 그 회의의 유효성을 약화시키기 위해 앞서 언급한 여러 가지 수법들을 어떻게 결합하여 사용했는가를 보여준다. 그들의 선전과는 반대로, 워싱턴은 자유롭고 개방적인 논의보다는 자신의 정치노선을 지지하는 획일성을 강제하기 위한 정치 조작에 더 큰 관심을 갖고 있다. 이러한 결론은 2001년 7월에 엘살바도르에 있는 미국 대사관이 발행했고, 〈정보자유법〉 Freedom of Information Act에 의해 확보된 방대한 비망록에 근거한 것이다.

첫 번째로 분명히 해야 할 점은, 유명한 노벨상 수상자들(주제 사라마구José Saramago와 아돌포 뻬레스 에스끼벨Adolfo Pérez Esquivel, 〈세계교회협의회〉World Council of Churches 회장(아르헨티나의 파구라Pagura 주교), 당시 알제리 국회의장(아흐메드 벤 벨라Ahmed Ben Bella) 그리고 멕시코와 미국에서 온 저명한 두 명의 교수들(하인츠 디트리히Heinz Dieterich와 제임스 페트라스)이 참석하고 학술적으로 조직되었음에도 불구하고, 미국 대사관은 그 회의를 조직된 선전 활동으로 규정했다는 것이다. 후원자들 가운데는 주요 야당인 파라분도 마르띠 민족 해방 전선(이하 FMLN)과 많은 지역 사회 사업단들, 그리고 미국 NGO들이 포함되어 있었다.

비망록에 따르면, 대사관의 정치 관료인 폴로프Poloff는 "FMLN 당원들에게, [미국에 비판적인] 보도자료는 선동적인 수사로 가득 차 있었으며, 만약 회의가 이런 식으로 계속된다면 두 가지 심각한 대가를 치르게 될 것이라고 노골적이고도 강력하게 말했다." 폴로프가 언급한 FMLN이 치르게 될 심각한 대가 중 하나는, "FMLN이 진지한 문제에 대한 책임 있는 토론보다는 미국에 대한 낡은 비난을 선호한다는 것을 보여줌으로써 자신의 이미지를 손상시키게 될 것"이라는 것이었다. 폴로프는 FMLN의 임원(입법부 해외사무위원회의 FMLN 자문위원인 에우게니온 치꾸스Eugenion Chicus)을 수세에 몰아넣으면서 FMLN이 다른 참가자들이 말하는 것을 통제할 수 없을 것이라고 말했다. 폴로프는, "주최자로서 FMLN은 표현된 [견해들에 대해] 책임감을 보여 주었다"고 주장했다. 그리고 나서 그는 "만약 FMLN이 선동적 수사로부터 거리를 두지 않는다면, FMLN은 암묵적으로 그러한 견해들과 연결되어 있다고 해야 할 것"이라고 계속해서 경고했다.

이 비망록은 몇 가지 중요한 문제들을 제기한다. 우선, 대사관은 보복("심각한 대가들")을 하겠다면서 정당을 위협했는데, 그 보복이란 FMLN을 불법조직으로 회귀시킬 수도 있음을 의미한다. 왜냐하면 그 대사관 관료는 (합법적 선거 정당으로서의) FMLN의 이미지가 미국에 대한 낡은 비난(민중적 반란을 대표할 당시 FMLN의 반제국주의 정치를 가리킴)으로 되돌아감으로써 손상되었다고 주장하기 때문이다. 노벨상 수상자들, 주교 그리고 학자들의 반체제적 견해들을 가리키기 위해 대사관이 사용한 폭력적이고 과장된 수사는, 미국이 관용할 수 있는 조건은 미국의 제국 건설에 대한 체계적 비판을 그만두는 것임을 FMLN에게 상기시키기 위해 고안된 수법이다.

미국의 전략은 FMLN이 회의의 비판적 성격을 감소시키고 대사관이 정해 놓은 한계 내에서 움직이도록 압박하는 것에 기초를 두었다. 진지한 문제들에 대한 책임 있는 토론을 장려하라는 워싱턴의 주장은, 엘살바도르 의회의 소수파인 FMLN의 입법자문위원들의 비대결적 스타일에 호소하는 단순한 선전술책이었다. 실제로 대사관은 그 회의와 그것에 관한 주요 언론망의 보도에 대응하기 위한 그 나름의 전략을 기획했다. 대사관은 "미국의 관점이 잘 표현되는 것을 보장해줄 우호적인" 콜롬비아 언론인들과 정치가들을 모집했다(비망록). 전략은 엘살바도르에서 존경할 만한 콜롬비아 언론인과 "좌파 출신의 합리적인 목소리"를 찾아 우파 싱크탱크 출신의 미국 관리나 필자들과 만나게 해서, 그들에게 [미국 측의] 주장들을 제공한 후, 그들을 엘살바도르로 다시 데리고 와서 회의에 반대하도록 하는 것이었다. 에두아르도 토레스Eduardo Torres(세 개의 텔레비전 채널의 앵커이자 콜롬비아의 보수적 일간지 『엘 디아리오 데 호이』El Diario de Hoy의 칼럼리스트)라고 알려진 존경할 만한 콜롬비아 언론인에게 영향을 주게 될 사람들 중에는 보고타의 가장 큰 일간

지인 『엘 띠엠포』 *El Tiempo*의 소유주 가운데 한 명인 프란씨스꼬 산또스 Francisco Santos가 있었는데, 미국 대사관은 그가 미국의 관점을 표현하리라고 생각했다. 산또스가 미국 정보부의 정보제공자인지 아닌지는 분명치 않다. 그러나 오늘날 그는 (예나 지금이나 준군사적 암살대의 조직자인) 우리베 대통령 밑에서 일하는 콜롬비아의 부대통령이다.

대사관이 "좌파 출신의 합리적인 목소리"를 찾는 것은, 약간의 좌파적 배경을 가지고 기존 질서에 대해 다소 온건한 비판을 하는 개인들을 끌어들여서 회의에 초청된 사람들처럼 저명한 비판가들에 대한 불신을 조장하는 더러운 일을 하게 만드는 흔한 술책이다. 스스로 만든 "인권" 활동가로서의 신임장을 사용하는 그들은 대부분의 시간을 좌파를 공격하고 워싱턴의 수사적 관심사들을 찬양하면서 보낸다. 그들의 견해는 과장된다. 비망록에는 다음과 같이 씌어 있다. "우리는 언론인들과 공사 公私 부문의 콜롬비아 전문가들 사이의 원격회의를 추가로 기획할 수 있었다. 더욱이 정보원(대사관의 첩보요원)이 미디어 및 관심을 가진 관련자들에게 그 소식을 확실히 알릴 것이다."

대사관은 국제회의를 저지하는 데 성공하지는 못했지만, 대학이 마지막 순간에 대학 회의실 사용허가를 취소했고 미디어의 취재 범위를 그 회의에 참석한 수백 명으로 제한하도록 압력을 가했다.

두 궤도 전략은 분명 제국 건설의 중요한 구성 요소이다. 엘살바도르에서 한 가지 궤도는 1980년대의 군사적 개입과 7만5천 명이 넘는 엘살바도르인들의 살해를 포함하는 것이었다. 그에 뒤이은 두 번째 궤도는 이른바 평화 협약, FMLN의 합법화 그리고 압력 및 흡수 전술로 구성되어 있었다. 두 번째 궤도는 개인적 접촉, 합법적 지위와 대사의 호의를 철회하겠다는 위협 등에 주로 의존하며, 때로는 미디어에 대한 접근권을 갖고 있으며 좌파를 불신하도록 만드는 데 이용될 수 있는 좌파 인사들의 흡수에 의존하기도 한다.

좌파가 해야 할 일은 이 두 궤도 모두를 반대하는 것, 즉 군사화뿐만 아니라 외교-정치적 협박과 흡수에도 반대하는 것이다. 좌파는, 반제국주의에 구식이라는 딱지를 붙이고, 실제로는 세계 곳곳에서 인권을 침해하는 일에 가담하면서 인권에 대한 합리적인 관심을 이야기하는 제국적 수사를 거부해야 한다. 제국 건설은 폭력과 외교, 억압과 흡수를 결합하는 통합적 과정이다. 외교관들과 군국주의자들은 동일한 제국적 목표 달성을 촉진하기 위해 나란히 움직인다. 그들은 평행한 궤도에 있지 않다. 두 궤도는 저항의 목소리들이 폭력에 의해 그리고 좌파로부터 나오는 "합리적인" 목소리들에 의해 침묵당하는 세계에서 합류한다.

2003~2004 : 진단, 예측 그리고 사후 검토

2003년도 2004년도 역사적 승리나 패배의 해는 아니었다. 이 두 해는 제국주의와 대중적 저항 운동 사이의 역관계가 부단히 변화하는 시간이었다. 미국은 이라크에서 좌절을 맛본 후 이라크 주권의 반환으로 위장된 점령을 계속했다. 미제국과 그것의 식민 파트너 이스라엘은 새로운 나라들과 영토들을 정복할 수 있었지만, 점증하는 대중적 저항에 직면하여 지배를 공고히할 수는 없었다. 미국 경제는, 일부 좌파 인사들의 예측과는 달리 쇠퇴하거나 붕괴하지 않았다. 경제적 기초 요소들, 특히 경상수지와 예산 적자가 악화되었음에도 불구하고 미국의 경제는 오히려 확장되고 추진력을 얻었다. 좌파의 예언과 우파의 예언 모두가 틀린 것으로 판명되었다. 미국은 종국적 위기도 항구적 승리도 경험하지 않았다.

우파 쪽에서는, 이라크와 팔레스타인에서 시작하여 이란, 시리아, 레바논으로 이어지는 성공적인 식민전쟁을 예언했던 예언가들이 급격히 신뢰를 상실했다. 팔레스타인의 영웅적 저항 투사들의 희생과 헌신은 인종적으로 순수한 유대 국가를 건설하려는 샤론의 전체주의적 전망을 가로막았다. 이라크에서는, 식민적 정복 이후에 대규모의 대중 저항이 일어나 점령군 측에 수천 명의 부상자와 천여 명의 사망자를 발생시킴으로써, 펜타곤의 럼스펠드-시온주의자 "비밀결사"를 거짓말쟁이로 만들었으며 도처에서, 심지어 워싱턴 권력 질서 내부에서도 그들의 권위를 실추시켰다.

미국에게는 결정적인 군사적 승리도, 성공적인 정치적 승리도 없었다. 주된 패배자는, 중동과 유럽에서 이스라엘의 적대자들 모두를 파괴하거나 약화시키기 위해 미국이 수행한 일련의 전쟁들을 기획했던, 월포위츠, 펄, 페이쓰와 같은 시온주의자들이었다. 부시가 주도하고 블레어가 지원했던 이라크 침략과 점령의 높은 비용, "의지의 연합"의 정치적 고립 그리고 이라크에서의 계속된 저항은 미국의 새로운 식민 침략에 중대한 제약을 가했으며, 이란 및 북한 정권 — 그리고 콜롬비아, 쿠바, 베네수엘라 정권 — 과의 묵은 원한을 해결하려던 계획에 찬물을 끼얹었다. 중동과 관련하여, 보수적인 아랍 석유 이해 세력들과 연계된, (아버지 부시 아래서 국무장관을 지낸) 제임스 베이커James Baker와 같은 제국주의적 "현실주의자들"은 친이스라엘적 방향으로의 체제 변화를 부과하기 위한 미국의 전쟁들을 옹호하는 미국 내 시온주의적 선동가들을 거부한다. 이라크가 대량살상무기를 가졌다는, 전쟁을 정당화하기 위한 월포위츠를 비롯한 샤론 지지자들로부터 나온 기만적인 주장은 미국 정치에 시온주의자들이 행사한 전례 없는 영향력의 정점이었다. 그러나 공화당과 민주당의 처절한 선거 경쟁의 맥락 속에서 나타난 이 자칭 "비밀결사"의 불명예와 부분적인 노출은 부시 행정부 내부의 이 분파의 신뢰성과 공적 존재감을 적어도 일시적으로는 쇠퇴시켰다. 미제국에 대한 지지는 이렇게 한편으로는 이중적인 국가적 충성심을 가진 선동가들, 그리고 다른 한편으로는 미국과 아랍 석유 이해 세력들 및 유럽 은행들과 연계된 "현실주의자들"로 나누어진다. 이들의 차이가 지금 드러나고 있는바, 이것이, 미국이 유럽, 러시아, 아랍의 엘리트들과 제국적 전리품들을 공유할 것인가 아니면 맹목적인 군사적 식민주의 정치를 계속 밀고나갈 것인가를 결정하면서 대외정책의 틀을 어느 정도 만들어 내게 될 것이다.

2003년에 역동적인 중국 경제가 세계 정치의 중심부에 출현했다. 세계에서 세 번째로 큰 경제 규모를 갖고 있는 중국은 미국과의 관계에서 막대한 무역 흑자를 축적해 왔으며, 아시아 및 오세아니아의 크고 작은 나라들 모두와 점점 더 강력한 연계를 맺고 있다. 미제국주의는 중국과 타협하지 않고는 아시아에서 살아남을 수 없다. 다시 한 번 제국적 정책 결정자들은 분화된다. "현실주의자들"은 조정과 상보적이고 점진적인 동화라는 장기적 전략을 제안한다. 이것은 수천억 달러의 투자, 수출입뿐만 아니라 중국의 대규모 미국 채권 구입에 기초한 전략이다. "대결주의자들"은 미국 산업의 경쟁력 없는 후진 부문들, 노동조합 관료, 군국주의적 선동가들로 구성되어 있는데, 이들은 자신들의 공격적 정책을 "인권", "불공정 무역", "노동 착취 공장의 노동" 등의 수사 속에 감추고 있다. 유사-포퓰리즘적인 선거적 수사와는 별개로 "현실주의자들"은 이 선동가들이 북한 및 대만과의 갈등을 창출하는 데 초점을 맞추도록 강제하면서 중국과의 제국적 관계를 지휘하고 있는 것으로 보인다.

라틴아메리카와 관련해서는, 우파와 좌파의 예언 모두 2003년과 2004년의 정치적 사건들에 영향을 미쳤던 깊은 구조적 요인들을 인식하는 데 실패했다. 좌파의 경우, 에콰도르의 루씨오 구띠에레스Lucio Gutierrez, 브라질의 이나씨오 룰라 다 실바, 아르헨티나의 네스또르 키르츠네르Néstor Kirchner가 당선된 것, 그리고 포르토 알레그레에서 열린 세계사회포럼에 수많은 사람들이 참석한 것이 ALCA의 패배, 신자유주의의 종말 그리고 미제국의 거부에 이르는 주요한 정치적 전환점들로 이야기되었다. 미국의 극우파, 특히 부시 행정부 내의 쿠바 이민자들(특히 오토 라이히Otto Reich) 역시 끔찍한 앞날을 예상했다. 그러나 루치오 구티에레즈가 가격 인상, 임금 삭감, 석유 및 전기의 사유화에 대한 지지와 더불어 IMF, ALCA 그리고 플랜 콜롬비아에 대한 전적인 충성을 선언한 것은 2003년이 불과 몇 개월밖에 지나지 않아서였다. 룰라 역시 IMF의 처방을 극단적으로 적용하면서 뒤를 따랐다. 모든 핵심적 경제 직위에 신자유주의적 우파 은행가들, 기업 임원들 및 선동가들을 임명하고, 수정된 형태의 ALCA를 지지하며, 차베스 대통령에 공공연히 반대하는 라틴아메리카 대통령들이 지배하는, 제대로 기능하지 못하는 '베네수엘라의 친구들 위원회'Friends of Venezuela Committee를 설립한 것이 그것이다. 아르헨티나에서 새로 선출된 키르츠네르는, 대중적 사회운동들의 강도 높은 압력 하에서, 인권 침해자들에 대한 면책을 제한하는 진보적인 사법 개혁과 부채 상환의 축소 및 전투적 실업노동자 운동을 분할하고 약화시키기 위한 정치적 전술을 결합했다.

좌파들의 예언은 실현되지 않았다. 국가 수준에서 미국과 라틴아메리카의 관계는 달라지지 않았다. ALCA는 사소한 변화들과 함께 전진했고, 신자유주의적 경제 정책들은, "워싱턴 콘센서스"를 넘어서 좀더 인간적인 형태를 취하려는 기만적인 노력에도 불구하고 계속해서 적용되었으며, 이 지역 전체가 저속 성장, 부채 증가 그리고 빈곤의 심화라는 늪 속으로 더 깊이 미끄러져 들어갔다.

2003년과 2004년 사이 미제국의 주요한 패배들은 베네수엘라와 쿠바에서 일어났다. 베네수엘라에서 회사 측의 직장 폐쇄에 대한 미국의 지지는 패배했고, 쿠바에서 미국이 후원한 테러리스트들과 유급 선전가들은 무력화되었다. 라틴아메리카에서 제국적 권력은 계속해서 쇠락했고 반제국적 저항은 몇 가지 정치적 제약들에도 불구하고 힘을 얻었다. 볼리비아에서 미국의 졸개였던 산체스 데 로사다 Gonzalo Sanchez de Lozada 가 타도되었고, 우루과이와 콜롬비아에서는 사유화를 위한 국민투표가 결정적으로 부결되었다. 에콰도르에서는, 의회 내 반대파와 2000년의 봉기를 상기시키는 대규모 대중 행진이 구티에레즈를 자리에서 물러나게 만드는 데 성공했고, 페루에서는 톨레도가 전체 인구의 84%가 넘는 사람들의 반대에 부딪혀 아마도 자신의 임기를 끝마치지 못할 것으로 보인다. 2004년 8월, 차베스는 자신을 축출하려는 "민주적" 반대 세력들(중산층의 상당 부분을 포함하는 지배계급)의 또 한 차례의 시도를 이겨냈는데, 이번에는 국민소환투표를 통한 것이었다.

사회운동 전선에서, 브라질의 무토지 농업 노동자 운동은 룰라가 약속을 지키지 않은 상황에서도 5만5천 가구 이상이 참여한 330회 이상의 토지 점거에 관여해 왔다. 아르헨티나에서는 5만 명의 삐께데로 piquetero 들이 2001년 12월 19일과 20일의 봉기를 기념하기 위해 행진했다. 사이비 인민주의 대통령들의 친제국주의적 변절에도 불구하고 사회-정치적 운동들이 마비되지 않았다는 것은 분명하다. 그러나 제국의 졸개들에게 패배를 안겨준 이 대중운동들의 힘에도 불구하고, 그것들이 현직에 있는 반동적 인사들을 자신들의 계급 출신 지도자들로 대체하지 못했던 것 또한 분명한 사실이다. 이것은 심지어 2003년 10월의 볼리비아 반란의 사례에서도 분명했다. 새로운 대통령 까를로스 메사Carlos Meza는 임기의 마지막까지 산체스 데 라사도를 지지했던 평생에 걸친 신자유주의자였다. 취임 후 메사는 코카 농부들을 공격하고 체포하기를 멈추지 않았고, ALCA에 대한 지지를 천명했으며, 가스 산업과 석유산업을 해외 자본에 넘기려는 정부 계획에 반대하는 사람들이 국민투표에 승리한 이후에야 겨우 내놓은 모호한 약속들을 제외하고는 현존하는 가스 및 석유 협정을 변화시키기 위한 어떠한 조치도 취하지 않았다. 이를 통해 그가 기대한 것은 볼리비아의 석유 및 가스 매장지의 더 좋은 관리자들로부터 약간의 빵부스러기라도 받을 수 있지 않을까 하는 것이었다.

2003년은 대중봉기의 해였고, 도래할 사회혁명을 연습한 해였다. 그러나 실제로 사회혁명이 일어나기 위해서는 사회운동의 지도자들과 좌파로 남아있는 사람들이, 볼리비아의 에보 모랄레스와 같은 대중적 지도자들이 추구하는, 정치권력에 이르는 선거 중심적이고 개혁주의적인 노선의 함정에 좀더 주의할 필요가 있다.

미국의 제국적 권력은 체계적 후퇴를 경험하지 않았다. 미제국의 권력은 차베스의 베네수엘라에서는 졌지만, 브라질에서는 룰라와 더불어 승리했다. 미제국의 권력은 사담 후세인을 물리치고 체포할 때는 승리했지만, 점령 기간 동안 끈질기게 버티면서 많은 희생을 발생시킨 민중들의 전쟁에 직면해서는 패배했다. 국제 금융회의들은 반지구화의 주창자들에 의해 중단되었지만, 양자적이고 지역적인 자유무역협정들은 조인되었다. 하트와 네그리가 "제국"에 대한 "다중"의 대응으로 잘못 인식한 대중 저항이 점령의 비용을 증가시켰지만, 제국과 그에 고용된 총독들은 더욱 야만적으로 되었다. 이라크의 저항과 반대에도 불구하고, 미군은 이라크를 계속 점령한다. 수많은 젊은이들이 체포되어 넘쳐나는 감옥 수용소로 실려가 심문받고 고문당해 왔다. 점령된 팔레스타인에서 이스라엘은 펜타곤에 있는 자신의 "형제들"의 자애로운 보호 아래, 거의 보편적인 비난에도 불구하고 계속해서 인종차별적 장벽을 구축하고, 저항 세력의 지도자와 활동가들에 대한 암살 정책을 멈추지 않는다. 제국의 상부구조 — 부시, 체니 등— 는 도전받지만, 그 토대(군사 예산, 석유 이해 세력들)는 문제시되지 않는다.

경제위기는 잠재적인 것으로 남아있지만 폭발하지는 않고 있다. 미국은 세계시장에서 엄청난 돈을 빌리고 있고, 거액의 아시아 자본을 이용하여 대규모 수입을 지탱하고 있다. 쇠퇴나 과잉 확대("제국적 과잉 확장")에 대한 예측들은 분명 과장된 것이다. 의지의 연합에서 군사적 제국의 비용을 분담할 만한 동맹국을 얻지 못했음에도 불구하고, 워싱턴은 (2004년 한 해에만 8백억 달러에 달하는) 추가 자금에 대한 의회의 지지와 더불어, 수천 명의 이라크 용병들을 사서 훈련시키고 있고, 또 동유럽이나 민간안보기업 출신의 사람들을 확보할 수 있다. 미국의 비판적 지식인들은 미국 내에서보다는 해외에서 더 영향력이 있다. 제국의 점증하는 비용(이라크의 군사적 방어에만도 한 달에 4백만 달러가 소요되고, 2004년 미국의 군사 예산은 4,013억 달러였다)에도 불구하고, 제국의 정치를 변화시키기 위한 동력은 분명 외부에 — 이라크, 라틴아메리카 그리고 아마도 유럽의 일부에 — 있다.

제국주의와 대중 저항의 관계는 너무나 복잡하고 모순적이어서 정리하기가 쉽지 않다. 우리가 결론내릴 수 있는 것은, 미제국이 위험스러울 정도로 폭력적이긴 하지만 결코 전능하지는 않다는 것, 대중운동은 식민 지배에 성공적으로 도전할 수 있고 또 꼭두각시 정권을 붕괴시킬 수 있다는 것 그리고 불안정한 토대에도 불구하고 미국 경제는 잠시 동안이라도 회복할 수 있다는 것 등이다. 2003년과 2004년의 발전들은 또한, 좌파들이 대중운동으로부터 유리된 장엄한 전 지구적 예언들보다는 계급투쟁과 민족투쟁의 복합적이고 모순적인 현실들에 대한 인내심 있는 연구로부터 더 많은 것을 얻으리라는 것을 보여준다.

제국적 전쟁, 경제위기 그리고 대중봉기

지난 십년에 걸친 정치적·사회적 투쟁들은, 경제적 관념에 기초한 장기 순환의 예언자들은 당대의 가장 의미심장한 사건들을 이해할 수 없다는 것을 다시 한 번 증명해 주었다. 역사의 추동력은 "생산력"이 아니라, 국가 권력, 생산체제, 계급관계 등으로 폭넓게 이해된 사회적·정치적 생산관계들이다. 체제는 무정형의 "세계자본주의"나 "제국"이 아니라 제국주의라는 형태를 띠고 있다. 체제는 ("주변"과 대비되는) 텅 빈 "중심"이 아니라, 제 3세계를 재식민화하고 유럽과 아시아의 제국적 경쟁자들을 굴복시킨 미제국에 의해 통제된다. 제국적 국가는 단순히 "시장의 힘"의 산물이 아니라, 지도적인 제국적 경제들의 지배계급이 행사하는 군사적·정치적 권력의 결과이다. 지배계급들의 행동은 "장기 순환" 혹은 다른 구조적 힘들의 파생물이 아니라, 그들 자신의 전략적 정책과 정치적 동맹의 결과이다. 과거, 현재, 미래의 중요한 사건들을 이해하기 위해서 우리는, 주요한 정치적·사회적 투쟁들로부터 유리된 추상적 정식들에 기초한 장기적 예상이 아니라, 구체적 상황 속에서 행동하는 명확히 확인된 정치 세력들로부터 도출된 이론을 가져야만 한다.

현재 제국주의 체제 안에는 네 개의 세계사적 투쟁들이 있다. 첫째는, 전쟁(이라크, 아프가니스탄), 군사 주둔(콜롬비아, 우즈베키스탄), 경제 봉쇄(베네수엘라), 대량살상무기의 위협(북한) 그리고 외교적 협박(유럽과 일본) 등을 통해 세계를 정복하려는 미제국주의의 투쟁이다. 두 번째 주요한 투쟁은, 민족적·사회적 해방운동들, 제국주의에 대한 그들의 저항, 그리고 정치적 공간을 ― 전 세계의 거리, 농촌, 정글, 의회 등에서 ― 정복할 수 있는 그들의 능력에서 발견된다. 세 번째 거대한 투쟁은, 전 지구적 경제 재구조화 과정과 악화되는 국내경제로 인한 타격을 정면으로 받고 있는 임금노동자와 비임금노동자, 고용노동자와 실업노동자 그리고 피착취자들과 사회적으로 배재된 자들을 희생시켜서 전 세계의 시장을 정복하고 투자와 무역을 확장하려는 제국의 대도시 중심부의 지배계급들 사이에서 벌어진다. 네 번째의 커다란 갈등은 전쟁과 정복의 제국주의적 정권들과 유럽, 중동, 라틴아메리카, 아시아, 북아프리카 등지에서 벌어지는 반제국주의, 반전운동 사이에 존재한다. 이들의 투쟁의 결과는 인류의 미래에 심대한 영향을 미칠 것이다.

중단기적으로, 미국이라는 제국주의 국가는, 아프가니스탄과 이라크에서 시작하여 아마도 이란을 비롯한 중동의 풍부한 석유 매장 국가들로, 유라시아의 카스피해 지역으로, 라틴아메리카(베네수엘라)로, 북한으로, 그리고 미국의 뒷마당에 있는 영원한 가시인 쿠바를 비롯한 여타의 "불량" 국가들로 나아갈 일련의 정복 전쟁들을 벌일 준비가 되어있다. 이러한 맥락에서 조지 W. 부시와 그의 앞잡이들은, 2004년 12월 관계 개선 차 방문한 캐나다에서, 만약 피델 카스트로가 부시의 재선 때까지 살아있다면 쿠바에 대한 무력 개입도 있을 수 있다고 협박했다. 이러한 움직임과 책동은 결과적으로 세계 경제에서 미국의 지정학적, 석유지리적, 군사적 지위를 강화해 주는 것처럼 보인다. 세계 무대에서의 이러한 발전들과 동시에, 미국의 국내경제는 깊은 경기침체로 진입하고 있다. 그것은 미제국의 재정적·국내적 기반을 위협하고, 미국의 시장과 투자에 의존하는 세계 전역의 친제국주의 체제들의 경제에 심대한 부정적 영향을 미칠 것이다.

제국주의적 정복 전쟁과 전 세계적 경기침체가 결합된 효과는 제3세계에서 해방운동들의 발전을 강화시킬 것이다. 신자유주의의 몰락, "자유무역"의 붕괴, 친미적 종속정권의 약화 등은 비의회 좌파 운동에 유리한 환경을 조성할 것이다. 주요한 봉기들은 아랍 세계에서 일어날 것으로 보인다. 향후 몇 년 안에 라틴아메리카의 강력한 운동들이 아르헨티나, 볼리비아, 에콰도르 그리고 그 밖의 나라의 정권을 타도할 수도 있을 것이다. 베네수엘라, 브라질, 우루과이 그리고 페루에서 사회 변혁에 대한 정치적 압력이 증가할 것이다. 제국적 전쟁, 경제위기, 강력한 해방운동의 결합 효과는 유럽에서 대중운동들이 성장하는 데 있어서 주요한 자극제가 될 것이고, 그보다 정도가 덜하기는 해도 일본과 북미에서도 같은 결과를 낳게 될 것이다. 미국이 벌인 정복전쟁들에 정부가 공모한 것에 도전하는 중요한 투쟁들이 스페인, 프랑스, 이탈리아를 비롯한 여타의 지역들에서 나타났다. 경기침체, 임금 삭감, 사회복지 축소에서 기인하는 점증하는 실업은 이러한 운동을 급진화시킬 수 있을 것이다.

제국적 전쟁, 세계적 경기침체 그리고 해방운동과 반제국주의 운동의 성장의 정치적 효과는 틀림없이 미국의 국내정치에 침투해 들어갈 것이다. 그러나 대중매체의 테러 선전, 대규모의 경찰 국가적 감시, 부패하고 무능한 노조 지도부 그리고 제국주의적 국가에 연결된 양당 체제는 미국 내부에서 반전/반지구화 운동의 정치적 영향력을 제한할 것이고, 그것이 반제국주의적 형태를 취하는 것을 막을 것이다. 체제에 대항하는 정치적으로 중요하고 아마도 결정적인 운동은 미국에서는 일어나지 않을 것이다. 그러나 반제국주의 세력은 다른 곳에서 — 사실은 세계 전역에서 — 구축되고 있다.

2003년과 2004년은 제국주의 체제 내에서 이후에 전개될 상황을 그려보는 데 있어서 결정적으로 중요한 해였다. 미제국주의는 이라크를 정복할 수 있었다. 그러나 그것은 그렇게 하는 동안 결과적으로 자신의 파괴를 낳게 될 몇 개의 씨앗을 뿌렸다. 그 중 한 가지는 제국적 국가의 단기적인 군사적 성공으로 국내의 경기침체를 막을 수 없었던 것이다. 실제로는 치솟는 전쟁 비용이 국내 경기침체를 더욱 악화시켰다. 유가 상승, 달러 가치의 하락, 재정과 무역수지 모두에서 풍선처럼 부푸는 적자 등은 장차 미국 경제를 심각한 시험에 들게 할 것이다. 제국에 필요한 안보를 제공하는 데 소요되는 비용의 상승이 그러하듯이 말이다. ("질서"를 유지하는 책임과 그 비용을 분산시키는) "선한 통치"good governance의 전 지구적 조건을 확보하기 위한 다양하고, 점점 더 필사적인 노력들은 결국 실패할 것이고, 그것의 나쁜 효과들은 제국의 중심인 미국으로 되돌아오게 될 것이다.

제국과 제국적 정복을 유지하고 그것의 안보를 보장하기 위한 과도적 비용은 틀림없이 미국의 노동계급, 그리고 더 중요하게는 제 3세계, 특히 라틴아메리카의 노동계급에게 전가될 것이다. 이것은 더 거대한 부의 이전과 군사화의 증가라는 형태를 취할 것이고, 이러한 상황은 높은 정치적·경제적 비용을 수반하게 될 것이다. 라틴아메리카의 종속정권들은 ALCA나 그와 유사한 다른 제국적 장치들에 의해 제국의 지배를 받아들이지 않을 수 없도록 강제될 것이다. 워싱턴은 틀림없이 에콰도르, 베네수엘라, 멕시코의 국가 석유 자원의 사유화를 요구할 것이고, 부채의 신속하고 완전한 상환뿐만 아니라 이 지역의 무역 장벽을 더 낮출 것을 요구할 것이다. 이를 통해 워싱턴은 신식민화 과정, 그리고 이 지역의 생산적 자원에 대한 추가적인 탈국유화 및 약탈의 과정을 촉진할 것이다.

제국의 안보를 확보하는 데 소요되는 비용은, 콜롬비아, 베네수엘라, 아르헨티나, 볼리비아 등지에서 주요한 사회-정치적 대결이 일어날 때, 그리고 신자유주의적 모델이 공격받거나, 내적 모순의 압박으로 혹은 시스템 자체가 낳은 반대 세력과 저항 세력으로부터의 공격으로 붕괴할 때 증가한다.

이처럼 광범위하고 점증하는 저항이라는 조건 하에서, 워싱턴은 라틴아메리카의 가난하지만 투쟁적인 민중들로부터 더 이상의 경제적 자원을 쥐어짜 내는 것은 어렵다는 사실을 알게 될 것이다. 중간 영역에서, 제국의 군사적 비용과 쇠퇴하는 국내경제 사이의 충돌, 그리고 해방운동의 고양과 신자유주의적 라틴아메리카 경제의 몰락 사이의 충돌은 "중간 경로" — 국제 협정들과 제국 및 국내적 사회 개혁들의 결합 — 를 탐색하려는 중도좌파 정권들에게 엄청난 압력을 가하게 될 것이다. 워싱턴의 세계 제국의 사슬은 라틴아메리카에서 그것의 가장 강한 고리와 가장 약한 고리 모두를 갖고 있다.

라틴아메리카의 사회-정치적 운동들의 파편화 및 전국적 지도력의 부재 그리고 불균등한 발전은 미국이라는 제국적 국가의 중앙집권화된 군사적·경제적 권력 앞에서 좌파의 심각한 전략적 취약성이 된다. 세계

사회포럼은 다양한 논의를 위한 회합의 장으로는 유용하지만, 제국의 전진을 패퇴시키고 그 종속정권들을 약화시키는 데 필요한 강령적이고 전략적인 응집력을 제공하지는 못한다. 기대할 수 있는 것은, 심원한 변화들이 국민국가 층위에서 일어날 것이며, 다시 그것이 다른 나라들에서 움트고 있는 해방운동들에게 정치적 지원을 제공하는 "미덕의 축"으로 기능할 수 있으리라는 것이다.

누구도 중동과 라틴아메리카에서 진행되고 있는 (콜롬비아와 쿠바에서는 잠시 중단된) 미국의 제국적 공세가 가져올 결과들을 완벽하게 예측할 수는 없다. 왜냐하면 매우 많은 것들이 세계 전역의 민중들의 전략적·정치적 대응에 — 저항의 힘과 그것을 동원할 수 있는 다양한 정치조직들의 역량에 — 달려 있을 것이기 때문이다. 또한 많은 것들이 다음과 같은 정치적 물음들에 대한 응답에 의해 결정될 것이다.

• 아프가니스탄과 이라크에서 시작하여 이란 그리고 아마도 (팔레스타인의 해결되지 않은 문제 및 이스라엘에 대한 미국의 명확한 지지와 관련된 정치적 상황의 전개에 따라) 시리아로 나아갈 중동의 군사적 모험가들은 결국 사우디아라비아에서 봉기를 촉진하고, 그 결과 걸프 지역에 대한 미국의 더 많은 개입과 갈등의 상승을 초래하게 될 것인가?

• 브라질과의 IMF 협정은 중대한 채무불이행을, 정권의 위기를, 그리고 급진화의 심화를 촉진하게 될 것인가?

• 유럽의 정권들은 경제위기의 심화, 대중운동의 고양 그리고 석유 공급 축소의 가능성 등에 직면하여 미국의 공격적 행동들에 대한 공모를 계속할 수 있는가?

• 미국은 자신의 헤게모니에 대해 체제 내로부터 — 통합된 유럽에 의

해, 그리고 제국주의 내부의 경쟁 및 제국주의 간의 경쟁에 의해 — 제기되는 도전을 극복할 수 있는가?

• 미제국은, 에너지 자원, 배럴당 50달러의 원유 그리고 초음파 미사일이나 컴퓨터 소프트웨어와 같은 선별된 고도 기술 분야에서 인도 기업들과의 합작회사들을 이용하여 유라시아에서(예전에 소련의 일부였던 15개 공화국 내부에서) 자신의 권력 기반을 공고히 다지고 있는 부활한 러시아¹와 중국이 미국의 권력에 대해 제기하는 도전을 견뎌낼 수 있는가?

• 미제국은 자신이 필요로 하는 전략적 자원들에 대한 접근과 통제를 강화할 수 있는가? 미제국주의가 "감춰진 약점"을 가지고 있다는 주장, 즉 제국주의의 모든 이전 형태들을 몰락으로 이끈 바로 그 힘들에 미제국도 굴복할 수 있다는 주장이 제기되고 있으며, 또 그것이 점점 더 분명해지고 있다.

• 경제위기와 제국 운영의 비용 증가를 향한 경향 앞에서, 체제는 스스로를 지탱할 수 있는가?

이러한 물음들, 그리고 이와 비슷한 맥락의 다른 질문들에 대한 대답은 "세계자본주의의 위기"에 관한 추상적인 경제적 정식들로부터 연

---

1. 이러한 전략의 한 가지 사례는, 푸틴 대통령이 뉴델리를 방문했을 때 인도 정부와 체결한 협약이다(『라호르나다』, 2004년 12월 5일, 27면). 그 협약은 러시아의 준국가기관적 비영리단체인 마쉬노스트로예니아(Mashinostroyenia)와 인도의 국방연구개발기구 사이의 군사기술 공유와 신세대 초음파 미사일 제조를 위한 합작투자에 관한 것이었다. 특히 유라시아에서 권력과 영향력을 회복하기 위해 러시아가 사용한 전략의 다른 예들로는, 최근에 부채 청산의 일부로 아르메니아의 에너지 생산설비들을 인수한 것, 에스토니아의 가장 큰 석유집하장에 대한 통제지분을 구매한 것, 리투아니아의 몇몇 가스 회사들에 투자한 것, 그루지야 자본의 공기업에 대한 통제지분을 구매한 것, 우크라이나의 전기 생산에 대한 투자를 확대한 것 등이 있다.

역될 수 없다. 그 대답들은 『제국』이나 『다중』과 같은 책에서 발견될 수 없다. 오히려 그러한 학술적 저술들은, 고의적으로든 아니든, 그러한 물음들 자체를 회피하도록 기획된다. 그 대답들은 제국주의 간의 경쟁 속에서 발견될 수 있는 것도 아니다. 비록 체제 내부의 이러한 경쟁, 경제적 각축 및 권력투쟁들이 반제국주의적 행동을 가능하게 하는 조건들을 창출할 것이긴 하지만 말이다. 위의 물음들에 대한 대답은 직접적인 정치적 개입을 통해 표현되는 계급의식과 민족의식의 층위로부터 도출될 것이다. 제국주의에 대한 대답은 행동 속에, 더 이상 자신의 현실을 주어진 대로 살려고 하지 않는 전 세계 민중들의 행동 속에 있다.

옮긴이 후기

솔직히 말해서 처음에는 상당히 당황스러웠다. 저자들의 입장에서 보면 나이브하기 짝이 없는 정치적 입장의 소유자로서 꼭 그렇게까지 날이 선 비판을 해야 하나 싶었기 때문이다. 특히 세계사회포럼이나 반전운동에 대한 비판에 이르러서는 이에 대해 상당히 우호적인 입장을 가진 나 자신에 대한 공격으로 느껴서 분노가 끓어오르기까지 했다. 하지만 어느정도 시간적 간격을 두고 다시 원고를 찬찬히 검토하니 저자들의 주장을 좀더 이성적으로 볼 수 있는 여유 같은 것이 생기는 듯했다. 무엇보다 저자들이 말하고 싶은 바는 자본주의 발전과정에서 끊임없이 유지되는 국민국가의 주도성이며, 이것은 네그리와 하트가 주장하는 '제국'과는 엄연히 다른 성질의 것이라고 보고 있기 때문이었다.

과연 네그리와 하트가 주장하는 '제국'의 성질이 단순히 '국민국가 해체'에만 근거한 것인가에 대해서는 논의의 여지가 많지만, 여하 간에 세계화라고 부르는 현상 이후 국민국가의 쇠락 여부는 사회과학 내에서 중요한 주제임이 틀림없다. 또한 저자들이 단순히 학문세계에만 머물지 않고 직간접적으로 현장운동과 오랜 관계를 맺어 왔다는 점을 염두에 두었을 때 세계사회포럼이나 반전운동에 대한 비판적인 목소리는 오늘날의 진보운동을 성찰하는 계기로서 곱씹어 볼 만하다. 이것이 혹시 무언가 중요한 핵심을 관통하지 못하고 사회진보에 대한 환상만 심어준 것은 아닌가, 진보세력들은 그저 눈앞의 대오에 환희하며 스스로 만족감에 빠지게 된 것은 아닌가 등과 같은 성찰은 그렇게 무익하지만은 않을 것이기 때문이다.

저자들의 모든 주장에 동의하기엔 지식도 신념도 부족하지만, 최소한 이들의 학문적, 실천적 열정에 대해서는 경의를 표하고 싶다. 정치적 견해가 일치하지 않는다는 핑계로 후반 번역을 거부해 버린 역자의 심정을 너그럽게 헤아려준 갈무리 출판사와, 당치 않는 핑계로 거부한 후반부 번역을 기꺼이 맡아준 윤영광 님께 이 자리를 빌어 진심으로 감사의 말씀을 전하고 싶다. 부족한 실력으로나마 좀더 나은 사회를 기획하는 사람들의 깊은 고민에 조금이라도 도움이 될 만한 자료를 제공하는 계기가 되었기를 바란다.

2010년 2월
황성원

:: 참고문헌

Aglietta, M. (1982), "World Capitalism in the 1980s," *New Left Review* 136 (November/ December : 5~41).

Albright, Madeleine (2003), "Interview : Madeleine Albright talks about her new book, 'Madam Secretary,'" *US News and World Report* NPR, September.

Amador, Robert Gonzalez (2003), "Más de dos billones de dólares : La sangria de America Latina en dos decadas," *La Jornada*, November 29, www.Argenpress .info.

Amsden, A.M. (1989), *Asia's Next Giant : South Korea and Late Industrialisation* (New York : Oxford University Press).

Anand, Sudhir, and Ravi Kanbur (1993), "Inequality and Development : A Critique," *Journal of Development Economics* 41 (June).

Annan, Kofi (1998), "The Quiet Revolution," *Global Governance* 4 (2 : 123~38).

Aronson, Geoffrey (2002), "A Sideshow to the Conquest of Iraq," *Le Monde Diplomatique* (May).

Baily, Martin Neil (2001), "US Economic Performance and the Challenge for Europe," Keynote address to the Brussels Economic Forum European Commission, www.iie.com/publications (May 3).

Becht, M. (1997), *Corporate Ownership and Control : The European Experience* (Brussels : ECGN).

Bello, W. (1994), *Dark Victory : United States, Structural Adjustment and Global Poverty* (London : Pluto Press).

＿＿＿ (1998), "VFA Will Make Washington's Foes Ours, Too," PDI, palaris-l@lists.best. com (August 31).

Bienefeld, Manfred (1988), "The NICS in the Development Debate," *Studies in Political Economy* 25 (Spring).

Birdsall, Nancy, David Ross and Richard Sabot (1999), "Inequality and Growth Reconsidered : Lessons from East Asia," *World Bank Economic Observer* 9 (3).

Brass, T. (1991), "Moral Economists, Subalterns, New Social Movements and the (Re)Emergence of a (Post) Modernised (Middle) Peasant," *Journal of Peasant Studies* 18(2).

Brenner, Robert (1998), "The Economics of Global Turbulence," *New Left Review* 229 (May/June).

Brzezinski, Zbignieuw (1993), *Global Turmoil on the Eve of the Twenty-first Century* (New York : Scribner's).

＿＿＿ (1998), *La Grande Scacchiera* (Milan : Longanesi).

Bulmer-Thomas, Victor (1996), *The New Economic Model in Latin America and its*

Impact on Income Distribution and Power (New York : St. Martin's Press).

Burnside, Craig, and David Dollar (1997), *Aid, Policies and Growth* (Washington, DC : World Bank).

Cassen, Bernard (2003), "On the Attack," *New Left Review* 19 (January/February).

Castells, Manuel (2000), *The Rise of the Network Society*, Vol. 1, Second edition (Oxford : Blackwell) [김묵한·박행웅·오은주 옮김, 『네트워크 사회의 도래』, 한울, 2003].

Chossudovsky, Michel (2004), "Abandon the Battlefield," www.globalresearch.ca, June 25.

Clark, W (2003), "Dollaro contro euro. Guerra di valute," *La Contraddizione* (August).

Cohen, B.J., et al. (1968), *American Foreign Policy : Essays and Comments* (New York : Harper and Row).

Collier, Paul (1997), "The Failure of Conditionality," In Catherine Gwin and Joan Nelson (eds.), *Perspectives on Aid and Development* (Washington, DC : ODI; Baltimore, MD : Johns Hopkins University Press).

Collins, Chuck, Chris Hartman and Holly Sklar (1999), "Divided Decade : Economic Disparity at the Century's Turn," In UFE (United for a Fair Economy) Report (December 15).

Cooper, Robert (2000a), "The Post-Modern State, Reordering the World : The Long Term Implications of September 11," Foreign Policy Centre website info@fpc.org.uk.

____ (2000b), "The New Liberal Imperialism," *The Guardian* (April 7).

Crouch, C., and A. Pizzorno (1978), *Resurgence of Class Conflict in Western Europe since 1968* (London : Holmes and Meier).

Davis, Mike (1984), "The Political Economy of Late-Imperial America," *New Left Review* 143 (Jan/Feb).

Deaglio, Mario (2001), *Lefine dell'euforia* (Milan : Feltrinelli).

Delgado Wise, Raúl (2004), "Critical Dimension of Mexico-US Migration under the Aegis of Neoliberalism and NAFTA," *Canadian Journal of International Development Studies* 24 (4 : 591~605).

Doremus, Paul, William Kelly, Louis Pauly and Simon Reich (1999), *The Myth of the Global Corporation* (Princeton, NJ : Princeton University Press).

ECLAC (United Nations Economic Commission for Latin America and the Caribbean) (1990), *Productive Transformation with Equity* (Santiago : ECLAC).

____ (1998), *Foreign Investment in Latin America and the Caribbean* (Santiago : ECLAC).

____ (2000a), *Panorama Preliminar de las Economies de America y el Caribe* (Santiago : ECLAC/CEPAL).

____ (2000b, 2002), *Statistical Yearbook* (Santiago : ECLAC/CEPAL).

Feldstein, Martin (1997), "EMU and International Conflict," *Foreign Affairs* (November/December).

Ferguson, Niall (2001), "Clashing Civilizations or Mad Mullah : The United States Between Informal and Formal Empire," In Strobe Talbott and Nayan Chanda (eds.), *The Age of Terror : America and the World after September 11* (New York : Basic).

_____ (2003), *Empire : The Rise and Demise of the British World Order and the Lessons for Global Power* (New York : Basic) [김종원 옮김, 『제국』, 민음사, 2006].

_____ (2004), *Colossus : The Rise and Fall of the American Empire* (London : Allen Lane).

Financial Times (2004), "Global 500, Special Report," May 27.

Fitoussi J.E (1997), *Il dibattito proibito* (Bologna : II Mulino).

Franks, J., and C. Mayer (1997), "Corporate Ownership and Control in the UK, Germany and France", *Journal of Applied Corporate Finance* 9 (4).

Friedmann, John (1992), *Empowerment : The Politics of Alternative Development*, (Cambridge : Blackwell).

Frobel, Folker, Jürgen Heinrichs and Otto Kreye (1980), *The New International Division of Labour : Structural Unemployment in Industrial Countries and Industrialisation in Developing Countries* (Cambridge : Cambridge University Press).

Gabetta, Carlos, Alfredo Calcagno and Eric Calcagno (2002), "Dossier : Attac Sevilla Debate," *Le Monde Diplomatique Info-Diplo* (March 9).

Gordon, Robert (1999), "Has the New Economy Rendered the Productivity Slowdown Obsolete," June, http://faculty-web.at.northwestera.edu/economics/gordon/334.html (accessed August 2005).

Griffin, K. B., and J. L. Evans (1970), "Foreign Assistance : Objectives and Consequences," *Economic Development and Cultural Change* 18 (3 : 313~27).

Hardt, Michael, and Antonio Negri (2000), *Empire* (Cambridge : Harvard University Press) [윤수종 옮김, 『제국』, 이학사, 2001].

_____ (2004), *Multitude : War and Democracy in the Age of Empire* (New York : Penguin [조정환·정남영·서창현 옮김, 『다중 — 제국이 지배하는 시대의 전쟁과 민주주의』, 세종서적, 2008].

Hayter, Teresa (1971), *Aid as Imperialism* (Harmondsmouth, UK : Penguin).

Hobsbawm, E. J. (1987), *The Age of Empire : 1875~1984*, (New York : Pantheon) [박현채 옮김, 『혁명의 시대』, 한길사, 1998].

_____ (1999), *Intervista sul nuovo secolo* (Bari, Italy : Laterza Edizioni).

Holloway, John (2002), *Cambiar el mundo sin tomar el poder* (Buenos Aires : Editor Andres, Alfredo Mendez) [조정환 옮김, 『권력으로 세상을 바꿀 수 있는가?』, 갈무리, 2002].

Huntington, E Samuel (1996), *The Clash of Civilisations and the Remaking of World Order* (New York : Simon and Schuster) [이희재 옮김, 『문명의 충돌』, 김영사, 1997].

International Monetary Fund (IMF) (2002a), *Recent Trends in the Transfer of Reto Developing Countries*, August 27.

_____ (2002b), *World Economic Outlook : Trade and Finance*, September (Washington,

DC).
____ (2004, 2005), *International Financial Statistics Yearbook* (Washington, DC).
Isenberg, Davis (1999), "Imperial Overreach : Washington's Dubious Strategy to Overthrow Saddam Hussein," *Policy Analysis* 360 (November 17).
Judis, John B (2004), "Imperial Amnesia," *Foreign Policy* (July/August).
Kanbur, Ravi, and Nora Lustig (1999, "Why is Inequality Back on the Agenda?" Paper prepared for the Annual Bank Conference on Development Economics, World Bank, Washington, DC, April 28~30.
Kapstein, Ethan (1996), "Workers and the World Economy," *Foreign Affairs* 75 (3).
Kennedy, Paul (1989), *The Rise and Fall of the Great Powers : Economic Change and Military Conflict from 1500 to 2000* (New York : Vintage) [이일수·전남석·황건 옮김, 『강대국의 흥망』, 한국경제신문, 1997].
Knack, S. (1999), "Social Capital, Growth and Poverty : A Survey of Cross-Country Evidence," *Social Capital Initiative Working Paper* 7, World Bank, Social Development Department, Washington, DC.
Kohl, Helmut (1996), Speech at the University of Leuven, Belgium, February. In L. Vasapollo (ed.), "Il piano inclinato del Capitale. Crisi, competizione globale e Guerra" (Rome : Jaca).
Krueger, Anne, C. Michalopoulos and V. Ruttan (1989), *Aid and Development* (Baltimore : Johns Hopkins University Press).
Krugman, P. (1995), Geografia e commercio internazionale (Italy : Garzanti), www.garzanti.it.
Leiva, Fernando, and James Petras (1994), *Democracy and Poverty in Chile* (Boulder, CO : Westview).
Lenin, V. I. (1950), "Imperialism : The Highest Stage of Capitalism," *Selected Works*, Vol. I. (Moscow : Foreign Languages Publishing House).
Levitt, Kari. (1985), "The State of Development Studies," *IDS Occasional Paper* no. 92.1, Saint Mary's University, Halifax, NS.
Lewis, William (2004), *The Power of Productivity : Wealth, Poverty and the Threat to Global Stability* (Chicago : University of Chicago Press).
Lipietz, Alain (1982), "Towards Global Fordism," *New Left Review* 132 (March/ April),
____ (1987), *Mirages and Miracles : The Crisis in Global Fordism* (London : Verso).
Macdonald, Laura (1997), *Supporting Civil Society : The Political Role of NGOs in Central America* (London : Macmillan).
Mackinder, Harold (2005), "La Russia e.i. suoi vicini," *Rivista di Studi Geopolitici* 2.
Maizels, Alfred (1970), *Industrial Growth and World Trade* (Cambridge : Cambridge University Press).
Maizels, A., and M.K. Mssanke (1984), "Motivations for Aid to Developing Countries," *World Development 100* (September) : 879~901.
Marcos, Subcomandante (1994), "A Tourist Guide to Chiapas," *Monthly Review* 46 (May)

: 8~18.
Marglin, Stephen, and Juliet Schor, eds. (1990), *The Golden Age of Capitalism : Reinterpreting Post-War Experience* (Oxford : Clarendon).
Martufi, R., and L. Vasapollo (2000), *Eurobang. La sfida del polo europeo nella competizione globale : Inchiesta su lavoro e capitals* (Rome : Mediaprint).
_____ (2003), *Vizi privati... senza pubbliche virtù. Lo stato dette privatizzazioni e il Reddito Sociale Minima* (Rome : Mediaprint).
McQuaid, Linda (2004), *It's the Crude, Dude : War, Big Oil and the Fight for the Planet* (Toronto : Doubleday Canada).
Mearsheimer, John (2002), *Tragedy of Great Power Politics* (New York : W. W. Norton).
Mokhiber, Russel, and Robert Weissman (2001), "Corporate Globalization and the Poor," August 6, http://www.cornmondreams.org/views01/0807-Ol.htm (accessed August 2005).
Montbrial, Tierry de (2003), "Stati Uniti contro la potenza Europa," *Le Monde*, August 5.
Morley, Samuel (1995), "Structural Adjustment and Determinants of Poverty in Latin America," In Nora Lustig (ed.), *Coping with Austerity : Poverty and Inequality in Latin America* (Washington, DC : Brookings Institution).
Mosley, Paul (1999), "Globalization, Economic Policy and Growth Performance," *International Monetary and Financial Issues for the 1990*, 10 : 157~74 (New York and Geneva : United Nations).
Organisation for Economic Co-operation and Development (OECD) (2003), *DAC Geographic Distribution of Flows* (Paris : OECD).
Patel, Surendra (1998), "East Asia's Explosive Development and Its Relevance for Development Theory," *IDS Working Paper*, October, Saint Mary's University, Halifax, Canada.
Petras, James (2000), *Globaloney* (Buenos Aires : Antidote).
Petras, James, and Henry Veltmeyer (2001), *Globalization Unmasked : Imperialism in the 2lst Century* (London : Zed; Halifax : Fernwood) [원영수 옮김, 『세계화의 가면을 벗겨라』, 메이데이, 2008].
_____ (2003a), *System in Crisis : The Dynamics of Free Market Capitalism* (London : Zed; Halifax : Fernwood).
_____ (2003b), *Cardoso's Brazil : A Land for Sale* (Boulder, CO : Rowman and Littlefield).
Pomfret, John (2001), "China Is Rising," *Washington Post National Weekly Edition* Oct. 29~Nov. 4.
Prodi, R (1999), *Un'idea dell'Europa* (Bologna : II Mulino).
Rahme, Alfredo (2004) "Bajo la Lupa : Rusia y China eclipsan a EU," *La Jornada*, November 21.
Rashid, Ahmed (2001), *Talibani. Islam, petrolio e il grande scontro in Asia Centrale* (Milan : Feltrinelli).

Reilly, Charles (1989), *The Demoralization of Development: Partnership at the Grassroots*, Annual report, (Arlington : Inter-American Foundation).
Rodota, Antonio (2001), "Le grande sfida europea allo spazio," *Sole 24 Ore*, No28.
Rodrik, Dani (1995), "Why is there multilateral lending?" In Michael Bruno and Boris Pleskovic(eds.), *Annual World Bank Conference on Development Economics* (Washington, DC : World Bank).
Rogoff, Kenneth (2004), "Europe's Quiet Leap Forward," *Foreign Policy* (July/ August) : 74~75.
Roy, Olivier (1996), "Sharia e gasdotto, la ricettadei Talebani," *Le Monde Diplomatique* (November).
Ruiz Marrero, Carmelo (2004), "Iraq, basurero de Estados Unidos," *Masiosare*, Sunday Supplement to *La Jornada*, December 5.
Sachs, Wolfgang, ed. (1992), *The Development Dictionary : A Guide to Knowledge and Power* (London : Zed).
Salbuchi, Adrian (2000), *El cerebro del mundo : la cara oculta de la globalizacion* (Cordoba : Ediciones del Copista).
Salop, Joanne (1992), "Reducing Poverty : Spreading the Word," *Finance & Development* 29 (4) (December).
Saxe-Fernandez, John (2002), *La compra-venta de México* (Mexico City : Plaza and Janes Editores).
Saxe-Fernandez, John, and Omar Nunez (2001), "Globalizacion e Imperialismo : La transferencia de Excedentes de America Latina," In Saxe-Fernandez et al. (eds.), *Globalizacion, Imperialismo y Clase Social* (Buenos Aires/Mexico : Editorial Lúmen.
Scott, James C. (1990), *Domination and the Arts of Resistance : Hidden Transcripts* (New Haven : Yale University Press).
Sinatti, Piero (2001), "E nel gioco del petrolio Russia e USA sono alleati," *Il Sole 24 Ore* (December 4).
Sklair, Leslie (1997), "Social Movements for Global Capitalism : The Transnational Capitalist Class in Action," *Review of International Political Economy* 2 (3).
Solano, Javier. n.d. "Europe's Magic Bullet : Defence, Security and Control," CDS Infocentrre, www.gdsinternational.com/infocentre.
Soros, George (2000), *Open Society : Reforming Global Capitalism* (New York : Public Affairs).
Stedile, Joao Pedro (2003), *A Luta pela Terra No Brasil* (Sao Paulo : Scritta).
Strassman, Paul (1999), *Information Productivity* (New Canaan, CT : Strassman Inc).
Summers, Lawrence (2004), "America Overdrawn," *Foreign Policy* (July/August) : 46~9.
Theuret, Patrice (2002), "Dove va la Cina," *L'Ernesto* (November/December).
Thompson, G. F. (1992), *The Economic Emergence of a New Europe?* (Cheltenham, UK : Edward Elgar).

Thurow, Lester C (1992), *Head to Head : The Coming Battle among Japan, Europe and America* (New York : Morrow).

UNCTAD (United Nations Conference on Trade and Development), Division of Transnational Corporations (1994, 1998, 2002, 2004), *World Investment Report : Transnational Corporations, Employment and the Workplace* (New York and Geneva : UN).

_____ (2003), *Trade and Development Report* (New York and Geneva : UN).

UNDP (United Nations Development Programme) (1996), "Good Governance and Sustainable Human Development," Governance Policy Paper, http://magnet.undp.org/policy.

US Census Bureau (2002), *US Direct Investment Position Abroad on a Historical Cost Basis*. Washington, DC.

_____ (2003), *US Trade Balances*, http://www.census.gov.foreign-trade/balance.

US Department of Commerce (1994, 1998 and 1999), *US Direct Investment Abroad* (Washington, DC).

US Senate, 106th Congress (1999), *Private Banking and Money Laundering : A Case Study of Opportunities and Vulnerabilities Hearings before the Permanent Sub-Committee on Investigations of the Committee on Governmental Affairs*. Report, November 9~10.

US Senate, Permanent Subcommittee on Investigations (2001), *A Gateway to Money Laundering*, Minority Staff Report on Correspondent Banking, February.

Vasapollo L. (2003), *Ilpiano inclinato del capitale. Crisi, competisione globale e Guerra* (Rome : Jaca).

Veltmeyer, Henry (1997), "New Social Movements in Latin America : The Dynamics of Class and Identity," *Journal of Peasant Studies* 25 (1).

_____ (2002a), "The Politics of Language : Deconstructing the Discourse of Postdevelopment," *Canadian Journal of Development Studies* 22 (3) : 597~624.

_____ (2002b), "Social exclusion and Rural Development on Latin America," *Canadian Journal of Latin American and Caribbean Studies* 23 (54).

Veltmeyer, Henry, and James Petras (1997), *Economic Liberalism and Class Conflict in Latin America* (London : MacMillan).

Veltmeyer, Henry, James Petras and Steve Vieux (2000), *The Dynamics of Social Change in Latin America* (London : Macmillan).

Wallerstein, I. (1976), *The Modern World System* (New York : Academic Press).

Weiss, Linda (1998), *The Myth of the Powerless State : Governing the Economy in a Global Era* (Cambridge : Polity).

Wolf, Martin (1999), "Not So New Economy," *Financial Times* (August 1).

_____ (2002), "Countries Still Rule the World," *Financial Times* (February 5).

Woolcock M., and D. Narayan (2000), "Social Capital : Implications for Development

Theory, Research and Policy," *World Bank Research Observer* 15 (2) (August).
World Bank (1989), *Sub-Saharan Africa : From Crisis to Sustainable Growth* (Washinton DC).
____ (1994), *Governance : The World Bank Experience* (Washington, DC : World Bank).
____ (1997), *World Development Report* (New York : Oxford University Press).
____ (2000, 2002), *Global Development Finance* (Washington, DC : World Bank).
____ (2002), *Global Economic Prospects and the Developing Countries*, www.world bank.org.
____ (2003), *Global Development Finance, Statistical Appendix* (Washington, DC : World Bank).
____ (2004), *Global Development Finance, Statistical Appendix* (Washington, DC : World Bank).
Young, I.M. (2003), "Europa provincia del mondo," *Il Manifesto* (August 7).

:: 찾아보기

ㄱ

거버넌스 74
경제협력개발기구(OECD) 9, 120, 121, 200, 237, 241, 258, 296, 311, 330, 400
게릴라 132, 175, 176, 184, 193, 199, 209, 222, 223, 228, 235, 350, 357
계급 갈등 6, 374
계급 조직 215
계급 착취 103
계급갈등 25, 172
계급관계 51, 80, 172, 234, 235, 387
공적개발원조(ODA) 9, 110, 115, 200, 321~324, 328~330, 333~337
관세 및 무역에 관한 일반협정(GATT) 8, 31, 87, 323
관세장벽 66, 201
교토 161, 264, 265
구조조정 프로그램 9, 94, 212, 213, 215, 218, 219, 229, 254, 328, 329, 331, 334, 336
국가 권력 38, 53, 54, 74, 79, 81, 82, 92, 96, 136, 138, 162, 181, 182, 198, 222, 325, 341, 345, 347, 362, 387
국방정책지침 340, 341
국유화 105, 144, 216, 315
국제금융기관(IFI) 31, 32, 36~38, 62, 71~75, 79, 83, 85, 87, 93, 95, 99, 100, 106, 108, 112, 126, 127, 149, 200, 211~214
국제부흥개발은행(IBRD) 323
국제사법재판소 375
국제통화기금(IMF) 8, 28, 37, 43, 54, 66, 71, 75, 82, 83, 91, 100, 109, 115, 117, 121, 210, 218, 219, 224, 229, 237, 252, 254, 301, 303, 323, 328~332, 344, 372, 383, 392, 399
군사 쿠데타 106, 170, 207, 230
군사기지 66, 128, 132, 143, 144, 171, 191, 193, 205, 280, 282, 284, 291, 293, 306, 364, 367
군사력 6, 7, 14, 53, 67, 85, 89, 133, 135, 143,
158, 209, 225, 234, 344, 361, 375
그레나다 24, 171, 197, 208
근대화 20, 49, 50, 175, 321
근본주의 15, 44, 50, 170, 194, 209, 290
금융위기 97, 116, 262, 301, 304, 314, 329, 333
까르도소(Cardoso) 31, 86, 116
꼬차밤바(Cochabamba) 180, 213, 218.

ㄴ

노동개혁 180
노동관계 96, 113
노동생산성 239, 247, 256
노동시장 249, 255, 275, 332
노동유연성 95
노동조합연맹(CUT) 181, 227
농장 노동자(campesino) 175, 212

ㄷ

다국적 기업 19, 23, 24, 28~38, 44, 54~60, 62~70, 72~75, 79, 81, 82, 84, 85, 87~90, 93, 98~101, 106, 107, 109, 111, 112, 114, 118, 122, 123, 126~128, 138~142, 144, 146, 148~153, 155, 160~162, 180, 182, 190~194, 196, 198, 200, 205, 214, 216, 217, 226, 227, 231, 241~244, 246, 271, 272, 277, 287, 288, 295, 296, 311~313, 329, 330, 354, 369, 370, 372
다보스 17, 18, 229
대량살상무기 148, 150, 159, 189, 342, 365, 365, 381, 388
대외원조 7, 321, 323, 325, 326, 335~337,
대중운동 21, 91, 93, 102, 106, 129, 137, 169, 180, 181, 198, 206, 208, 355, 385, 387, 389, 392
도날드 럼스펠드 14, 147, 158~160, 171, 186,

찾아보기 405

187, 263, 267, 268, 290, 293, 338, 342, 345, 354, 357, 381, 403
동남아시아국가연합(ASEAN) 8, 318, 319
딕 체니 67, 339

ㄹ

라틴아메리카자유무역지대(LAFTA) 8, 32, 87
로메 협정(Lome Convention) 31, 32, 87
룰라 다 실바 192, 383

ㅁ

마낄라도라(maquilladores) 123, 125, 173, 213
마약 단속국 202
마약 카르텔 343
무역장벽 120, 201
무역협정 66, 86, 385
무토지 농업 노동자 운동(MST) 121, 175, 384
미국 국제개발처(US AID) 9, 129, 324~326, 334, 364
미주간개발은행 71
미주개발은행 211
미주자유무역지대(ALCA) 44, 105, 119, 126, 131~134, 176, 178, 180, 193, 196, 201~203, 205, 211, 213, 215, 218, 222, 224, 226, 233, 235, 262, 343, 383, 385, 391
민족해방군(ELN) 8, 176, 179, 222, 235

ㅂ

반덤핑 31, 86
반제국주의 6, 168, 174, 175, 182, 190, 194~199, 202~206, 210, 211, 213~231, 233~235, 378, 380, 389, 390
반제국주의 운동 6, 174, 182, 190, 195~199, 202~206, 210, 211, 213~225, 228~231, 233, 234, 389
보호주의 45, 46, 88, 128, 130, 153, 181, 230, 233, 270, 272, 310, 311, 314, 323

볼리바르 서클(Bolivarian Circle) 227
부시 독트린 7, 341, 342~346
부시 행정부 154, 159, 161~163, 186, 193, 209, 326, 339, 344~346, 354, 355, 382, 383
부채 위기 29, 104, 328, 329, 331, 332
부채 지불 121, 126, 177, 181
북대서양조약기구(NATO) 8, 34, 89, 145, 197, 198, 234, 250, 251, 263, 279, 282, 284, 345, 364, 399, 401
북미자유무역지대(NAFTA) 8, 32, 87, 107, 251, 398
브라질 노동자당 230
브라질 위기 28, 83
브레튼우즈 118, 236, 243, 244, 252, 261, 262, 276, 321, 323, 336
비정부기구(NGO) 8, 72, 129, 183, 229, 231~233, 325, 326, 334, 335, 363, 369, 377, 399
빈 라덴 283, 353, 355, 365
삐께데로(piquetero) 384

ㅅ

사담 후세인 186, 232, 261, 356, 358~361, 368, 385
사빠띠스따 107
사유화 31, 57, 61, 66, 82, 84, 85, 91~93, 95, 105, 107, 112, 114, 115~117, 123, 126, 128, 130, 131, 134, 140, 147, 169, 177, 178, 180, 182, 200, 202, 212~214, 218, 224, 226, 229, 230, 248, 254, 257, 279, 302, 329, 332, 363, 383, 384, 391
사회주의 운동당(MAS) 345
삼자위원회(Trilateral Commission) 239, 242
세계 정부 36, 74
세계무역기구(WTO) 9, 31, 36, 37, 71, 74, 86, 87, 98, 205, 229, 304, 311, 313, 314, 323, 372, 375
세계사회포럼 72, 181, 220, 230, 383, 391, 395, 396
세계식량계획(World Food Program) 363, 364
세계은행(World Bank) 28, 44, 54, 66, 71, 75,

83, 91, 100, 109, 110, 115~117, 156, 210, 244, 246, 252, 254, 259, 295, 303, 308, 323, 328, 330~333, 337, 372
세계체제이론 38, 80, 135
세계화주의자/세계화 이론가(globalist) 37~39, 72~77, 79~81, 88, 90, 92, 96, 313
수출진흥계획 30
시온주의 14, 64~69, 157, 158, 187, 188, 194, 220, 381, 382
신경제(New Economy) 77, 78, 96, 100, 104, 116, 125, 332
신국가주의 33, 96
신식민지 국가 36, 74
신자유주의적 의제 92
실업 15, 43, 123, 151, 164, 166, 167, 173, 174, 178, 179, 181, 183, 185, 202, 209, 212, 213, 216, 234, 254, 258, 259, 275, 301, 302, 373, 383, 388, 389
실크로드 전략법(Silkroad Strategy Act) 283

ㄹ

아시아 독감 83
아시아 위기 28
아시아 은행 71
아우또노미아 47, 48
알 카에다 355, 359, 366
애국자법 13, 15, 17
에콰도르 원주민 민족연합(CONAIE) 181
엑손 모빌 92
엔론 150
연방준비은행(FRB) 29
우고 차베스(Hugo Chavez) 179, 226
월포위츠 64, 147, 156, 158, 159, 171, 187, 263, 283, 290, 294, 339~341, 354, 362, 381
월포위츠 보고서 340
유럽연합(EU) 7, 32, 33, 34, 45, 46, 71, 73, 81~84, 86, 88, 89, 98, 107, 118, 128, 130, 142, 147, 180, 188, 191, 192, 199~202, 204, 240, 244~246, 249~252, 255~257, 259, 260, 262~267, 269~272, 274

유엔개발계획(UNDP) 253, 254, 336, 401
이윤율 41, 126, 127, 237, 242, 244
인티파다 350
임금노동자 123, 212, 216, 228, 388

ㅈ

자본주의 생산성 19
자본주의 황금기 61, 165
자유무역 8, 32, 43~45, 66, 88, 154, 173, 192, 193, 195, 196, 202, 211, 219, 223, 247, 311, 319, 331, 364, 385, 389
자유시장 28, 33, 43~45, 79, 100, 116, 211, 215, 254, 279, 322, 328
자유화 31, 86, 88, 91, 92, 111, 113, 120, 121, 126, 132, 133, 279, 301, 308, 317, 332
정보 혁명 23, 38, 40, 41, 75, 76, 77
정보기술 38, 40, 41, 75, 76, 77
제3세계 국가 85, 91
제3세계 부채 116
제국적 이데올로기 12
제국적 정복 12, 148, 171, 202~204, 229, 230, 233, 390
제임스 베이커(James Baker) 381
조지 부시 67, 138, 166, 262, 340
종속국가 6, 104, 105, 171, 188, 192, 204, 205
주권 12, 26, 94, 168, 220, 342, 346, 362, 363, 380
라틴아메리카 카리브해 경제위원회(CEPAL/ECLAC) 8, 108~112, 114, 120, 135, 328~330, 333,
중상주의적 제국주의 44, 45, 202
중앙정보국(CIA) 144, 187, 208, 339
지역 시장 30, 85, 113, 174, 201, 202
직접행동 217, 224, 228, 326, 376

ㅋ

케인즈주의 44, 45
코소보 46, 146, 205, 280, 293
코카 132, 154, 171, 175, 176, 179, 180, 182,

199, 202, 212, 216, 218, 223, 224, 230, 345, 373, 385
콘돌리자 라이스 292, 340
콜롬비아 무장혁명군(FARC-EP) 8, 132, 222, 235
콜린 파월 287, 292, 340, 352

할리버튼(Halliburton) 152
해외직접투자(FDI) 106, 110~112, 114, 115, 120, 121, 124, 140, 153, 301, 329, 333, 336
허위세계화(globaloney) 51
헤게모니 45, 135, 141, 212, 216, 236, 242, 251, 263, 264, 272, 281, 286, 294, 307, 322, 334, 354, 392
헨리 키신저(Henry Kissinger) 353

ㅌ

탈규제 60~62, 96, 97, 126, 262, 279, 332
탈레반 7, 279, 288~291, 293, 368
탈맑스주의 52
탈제국주의 24
테러리스트 12, 45, 152, 157, 163, 180, 205, 209, 225, 232, 272, 286, 343, 366, 384,
테러리즘 12, 13, 17, 134, 187, 205, 248, 286, 289, 290, 306, 351, 359, 360, 406
토미 프랭크 장군(General Tommy Frank) 17
토빈세 231
토지개혁 49, 103
투기적 자본/투기자본 83, 97, 214, 231
투자협정 87

ㅍ

파라분도 마르띠 민족해방전선(FMLN) 8, 377~379
파리클럽(Paris Club) 303
파시즘 16, 17
파차쿠틱 당(Pachakutik Party) 134
펜타곤 14, 64, 65, 158, 191, 225, 268, 270, 340, 342, 361, 381, 386
폴 브레머(Paul Bremer) 362
풀뿌리 48, 326, 334
프롤레타리아트 24, 47~49, 177, 212, 373
플랜 콜롬비아(Plan Colombia) 24, 132, 134, 191, 199, 222, 224, 226, 235, 376, 383
피델 카스트로(Fidel Castro) 225, 388

ㅎ

하위주체(subaltern) 6, 24, 46~49, 51